“十三五”国家重点出版物出版规划项目
面向可持续发展的土建类工程教育丛书

隧道与地下工程

刘远明 饶军应 刘滔 编

机械工业出版社

本教材是“面向可持续发展的土建类工程教育丛书”之一，主要介绍隧道及地下工程构造、设计和施工方法等方面的知识，包括隧道及地下工程的概念及发展历程、隧道结构、隧道总体设计、围岩压力理论与计算、喷锚支护理论与计算、隧道结构理论与计算、隧道施工方法与技术、地下铁道、城市地下街、地下仓库等地下工程和隧道工程计算实例。

本教材可作为土建类土木工程专业隧道及地下工程方向和城市地下空间工程专业本科生教材，也可供相关专业研究生和地下工程设计、施工人员参考。

本教材配有授课 PPT 等资源，免费提供给选用本书的授课教师，需要者请登录机械工业出版社教育服务网（www.cmpedu.com）注册下载。

图书在版编目（CIP）数据

隧道与地下工程/刘远明，饶军应，刘滔编．—北京：机械工业出版社，2021.6（2025.6 重印）

（面向可持续发展的土建类工程教育丛书）

“十三五”国家重点出版物出版规划项目

ISBN 978-7-111-68291-2

Ⅰ.①隧…　Ⅱ.①刘…②饶…③刘…　Ⅲ.①隧道工程—高等学校—教材②地下工程—高等学校—教材　Ⅳ.①U45②TU94

中国版本图书馆 CIP 数据核字（2021）第 097750 号

机械工业出版社（北京市百万庄大街 22 号　邮政编码 100037）
策划编辑：李　帅　责任编辑：李　帅
责任校对：王　延　封面设计：张　静
责任印制：常天培
河北虎彩印刷有限公司印刷
2025 年 6 月第 1 版第 3 次印刷
184mm×260mm · 15.25 印张 · 376 千字
标准书号：ISBN 978-7-111-68291-2
定价：49.00 元

电话服务　　　　　　　　　　网络服务
客服电话：010-88361066　　机　工　官　网：www.cmpbook.com
　　　　　010-88379833　　机　工　官　博：weibo.com/cmp1952
　　　　　010-68326294　　金　　书　　网：www.golden-book.com
　　机工教育服务网：www.cmpedu.com

前　言

进入 21 世纪以来，我国各地大力发展地下空间工程，需要大量的隧道及地下工程技术人才。为满足社会发展的需求，许多高校开设了城市地下空间工程专业，或者在土木工程专业下增设了隧道及地下工程方向，向学生传授隧道及地下工程设计与施工方面的基本知识、基本理论和新技术、新方法。党的二十大报告指出：“坚持把发展经济的着力点放在实体经济上，推进新型工业化，加快建设制造强国、质量强国、航天强国、交通强国、网络强国、数字中国。”“加快建设西部陆海新通道。”结合国家对隧道及地下工程领域建设人才的需求，以及服务加快建设交通强国、加快建设西部陆海新通道的需要，在总结多年隧道及地下工程课程教学实践的基础上，我们编写了本教材。

本教材介绍了隧道及地下工程的发展历程和成就，着重介绍隧道结构构造、围岩分级理论与方法、围岩压力理论与计算、喷锚支护原理与计算、隧道衬砌理论与计算、隧道施工方法与技术。

本教材注重培养学生解决实际工程技术问题的能力，知识结构系统，理论与实践并重，并将经典理论与新理论相结合，新方法和新技术相结合，引导学生掌握相关知识。

本教材可作为土建类土木工程专业隧道及地下工程方向和城市地下空间工程专业本科生教材，也可供相关专业研究生和地下工程设计、施工人员参考。

在编写过程中，本教材参考了一些学者的著作和成果，在此对相关人员表示诚挚的谢意。由于编写水平有限，书中难免存在不足和错误之处，期望同行专家及读者批评指正。

编　者

目 录

第1章　绪　　论

本章提要： 本章主要介绍了隧道及地下工程的概念、分类、特性及发展历程，其中需要重点学习掌握隧道及地下工程的概念、分类及特性等知识点。

1.1　隧道及地下工程的概念

地球表面以下是一层很厚的岩石圈，岩层表面风化形成不同的土层。岩层和土层在自然状态下都为实体，在外部条件下可形成空间。在岩层和土层中天然形成或人工开挖形成的空间称为地下空间。地下空间能满足某些在地面上对空间无法实现的要求，是一种宝贵的资源。

随着国际隧道协会（ITA）提出“大力发展地下空间，开始人类新的穴居时代”的倡议，以及人类社会的高速发展和人口的急剧性膨胀，各国政府都把地下空间的利用作为一项国策来推进，使地下空间为国民经济和社会发展做出了巨大贡献，地下空间的开发和利用也快速发展，已扩展到交通运输方面的铁路、道路和运河隧道，以及地下铁道和水底隧道等；工业和民用方面的市政、采矿、储存和生产等用途的地下工程；军用方面的各种防护坑道；水力发电工程方面的水工隧道等。

隧道及地下工程是土木工程的一个分支，是研究各种隧道及地下工程的规划、勘察、设计、施工与养护的一门应用科学和工程技术。

隧道是指两端有出入口，具有特定使用功能的人工修建的地下建筑物。1970 年 OECD（经济合作与发展组织）举行的隧道会议从技术方面将隧道定义为：以任何方式修建，最终使用于地面以下的条形建筑物，其空洞内部净空断面在 $2m^2$ 以上者均为隧道。

地下工程是指为开发利用地下空间资源而深入地面以下所建造的地下土木工程，包括铁路隧道、公路隧道、综合管廊、过街地下通道、地下房屋及地下构筑物等。

对于地下工程，不同的行业由于侧重点不同而形成不同的称谓。如公路和铁路部门称之为隧道工程，矿山行业称之为巷道，水利部门称之为隧洞，军事部门称之为坑道，市政部门称之为通道。

1.2 隧道及地下工程的分类

1.2.1 地下工程分类

1. 按使用功能分类

（1）交通工程　如：公路隧道、铁路隧道、城市地铁、地下过街通道等。

（2）水利工程　如：输水隧道、水电站地下厂房、地下抽水蓄能电站、地下水库等。

（3）市政工程　如：给水排水管道及煤气、供电、通信管线等。

（4）人防工程　如：军事指挥所、地下医院、军火物资库等。

（5）工业工程　如：地下厂房、地下核电站、地下火电站等。

（6）民用工程　如：地下商场、图书馆、体育馆、展览馆等。

（7）仓储工程　如：食物、石油及核废料地下储存库等。

（8）采矿工程　如：矿山运输巷道、开采巷道等。

2. 按所处的环境（介质）分类

（1）岩石地下工程　如：人工开挖洞室、天然洞室。

（2）土体地下工程　如：黄土洞室及其他土层洞室。

（3）水下地下工程　如：水底隧道。

3. 按埋置的深度分类

各类地下工程都埋藏在地下不同深度处。按埋深与跨度之比分为深埋地下工程和浅埋地下工程。

（1）深埋地下工程　$\frac{h}{b} \geqslant a$ 时为深埋地下工程。

（2）浅埋地下工程　$\frac{h}{b} < a$ 时为浅埋地下工程。

式中　h——洞顶衬砌外缘至地面的垂直距离（m）；

b——洞室衬砌外缘的跨度（m）；

a——系数，根据围岩压力理论计算约为2.5。

也可按埋藏深度（简称埋深），将地下工程分为浅埋地下工程、中埋地下工程和深埋地下工程，见表1-1。

表1-1　地下工程按埋深分类　（单位：m）

名称	埋深范围			
	小型结构	中型结构	大型运输系统结构	采矿结构
浅埋地下工程	0~2	0~10	0~10	0~100
中埋地下工程	2~4	10~30	10~50	100~1000
深埋地下工程	>4	>30	>50	>1000

1.2.2 交通隧道

交通隧道是一种应用最广泛的地下工程，其作用是提供交通运输和人行的通道。隧道由主体建筑物和附属建筑物构成，主体建筑物是指洞身衬砌、洞门，附属建筑物包括通风、防水排水、照明及使用安全所需的设施和设备。

1. 按使用功能分类

隧道按用途不同可分为公路隧道、铁路隧道、地下铁道、水底隧道、航运隧道、人行地道。

（1）公路隧道　公路隧道是指专供汽车运输行驶的通道。随着社会经济和生产的发展，高速公路大量出现，对道路的修建技术提出了较高的标准，要求线路顺直、坡度平缓、路面宽敞等。因此，在道路穿越山区时，多由过去盘山绕行的方案改为隧道方案。隧道的修建在改善公路技术状态、缩短运行距离、提高运输能力、减少事故等方面起到了重要的作用。

（2）铁路隧道　铁路隧道是指专供火车运输行驶的通道。我国山地、丘陵、高原等山区面积约占全国面积的2/3。铁路穿越山岭地区时，由于牵引能力有限和最大限坡要求（小于24‰），需要克服高程障碍。开挖隧道穿越山岭是一种合理的选择，其作用是缩短线路、减小坡度、改善运营条件、提高牵引能力。

（3）地下铁道　地下铁道是指修建于城市地层中，为解决城市交通问题的火车运输的通道。地下铁道是解决大城市交通拥挤、车辆堵塞等问题，并能大量快速运送乘客的一种城市交通设施。它可以使很大一部分地面客流转入地下，可以高速行车，且可缩短车次间隔时间，节省乘客的乘车时间，便利乘客的活动。在战时，还可以起到人防功能。

（4）水底隧道　水底隧道是指修建于江、河、湖、海下的供汽车和火车运输行驶的通道。当交通线路跨越江河、湖、海时，可以选择的方案有架桥、轮渡和隧道，但架桥有净空的限制，轮渡限制了通行量，若采用水底隧道，既不影响河道通航，也避免了风暴天气轮渡中断的情况。此外，在战时隧道不易暴露交通设施的目标，且防护层厚，是国防上的较好选择。

（5）航运隧道　航运隧道是指专供轮船运输行驶而修建的通道。当运河需要越过分水岭时，克服高程的有效手段是修建航运隧道。修建航运隧道可把分水岭两边的河道沟通起来，缩短航程，航船可迅速而顺直地驶过，大大改善了航运条件。

（6）人行地道　人行地道是指专供行人通过的通道。城市闹市区行人众多，而且与车辆混行。在横跨十字路口处，即使有指示灯和人行横道线，快速行驶的机动车也不得不频频减速，甚至要停车避让。人行通道一般修建于城市闹市区穿越街道，可以缓解地面交通压力，大大减少了交通事故的发生，方便行人通行。

2. 其他分类

1）按隧道所处地质条件不同分为土层隧道和岩石隧道。

2）按埋置深度不同分为浅埋隧道和深埋隧道。

3）按隧道所在位置不同分为山岭隧道、水底隧道和城市隧道等。

4）按施工方式不同分为明挖隧道和暗挖隧道。

5）按长度不同分为特长隧道、长隧道、中长隧道和短隧道。铁路隧道和公路隧道有不同的划分标准，见表1-2。

表1-2　隧道按长度分类

（单位：m）

隧道分类	特长隧道	长隧道	中长隧道	短隧道
铁路隧道	>10000	3000~10000	500~3000	≤500
公路隧道	>3000	1000~3000	500~1000	≤500

1.2.3 水工隧道

水工隧道（也称为隧洞）是水利枢纽的一个重要组成部分，其按用途可分为引水隧道、尾水隧道、导流隧道或泄洪隧道、排沙隧道。

（1）引水隧道　引水隧道是指为将水引入水电站的发电机组或水资源的调动而修建的孔道。引水隧道将水引入水电站的发电机组，产生动力资源。引水隧道有的全部充水因而内壁承压，称为压力隧道；有的只是部分过水因而内部承受大气压力和部分水压，称为无压隧道。

（2）尾水隧道　尾水隧道是指为将水电站发电机组排出的废水送出去而修建的隧道。尾水隧道是发电机组的排水通道。

（3）导流隧道或泄洪隧道　导流隧道或泄洪隧道是指疏导水流或水库容量超限后的泄洪通道，是水利工程中的重要建筑，其主要作用是泄洪。

（4）排沙隧道　排沙隧道是指用来冲刷水库中淤积的泥沙而修建的隧道。排沙隧道的作用是把泥沙裹带送出水库，有时也用来放空水库里的水，以进行库身检查或建筑物修缮。

1.2.4 市政隧道

市政隧道是指为安置城市中各种不同市政设施而修建的地下工程。许多城市利用地下空间，把市政设施安置在地下，既可不占用地表土地，又不致扰乱高空位置和影响市容。

按用途，市政隧道进一步分类如下：

（1）给水隧道　给水隧道是指为城市自来水管网敷设系统修建的隧道。城市自来水管网遍布市区，利用地下孔道来容纳安置这些管道，既不占用地面，又可避免遭受人为的损坏。

（2）污水隧道　污水隧道是指为城市污水排送系统修建的隧道。城市污水需要引入污水处理厂进行集中处理，有时仍有部分污水要排放到城市以外，这就需要地下的排污隧道。这种隧道可能是本身导流排送，也可能是在孔道中安放排污管，由管道排污。

（3）管路隧道　管路隧道是指为城市能源（如燃气、暖气等）供给系统修建的隧道。城市所供燃气、暖气、热水等的管路，一般放置在地下的管路隧道中，采取防漏及保温措施，把这些能源送到居民家中。

（4）线路隧道　线路隧道是指为电力、通信系统修建的隧道。城市中，输送电力的电缆以及通信电缆都安置在地下孔道中，这样既可以保证其不被人们的活动而损伤或破坏，又避免其悬挂于高空而有碍市容。这些地下孔道多半沿着街道两侧敷设。

（5）人防隧道　人防隧道是指为战时的防空目的而修建的防空避难隧道。为了战时防空，城市中需要建造人防工程。人防工程除应设有排水、通风、照明和通信设备以外，在洞口处还需设置各种防爆装置，以阻止冲击波的侵入。同时，要做到多口联通、互相贯穿，在紧急时刻可以随时找到出口。

（6）综合管廊　综合管廊是指将电力、通信、燃气、供热、给水排水等各种工程管线集于一体的城市地下隧道。综合管廊设有专门的检修口、吊装口和监测系统，实施统一规划、统一设计、统一建设和管理，是保障城市运行的重要基础设施和“生命线”。

1.2.5 矿山隧道

矿山开采常设一些隧道，也称为巷道，从山体以外通向地下矿体。矿山隧道包括：

（1）运输巷道　运输巷道是指矿车与行人的主要通道，用于人员、矿物、材料、设备的运输。向山体开凿隧道到矿床，并逐步开辟巷道，通往各个开采面。

（2）通风巷道　通风巷道是指用于输送新鲜空气，排除有害气体和废气，调节温度的通道。有时还根据风流要求，在矿山井下设置专门的通风巷，以保证风量和风压，使有害气体不会进入危险区，不让新鲜风流与回风流混合。

（3）给水隧道　给水隧道为开采机械送入清洁水，并将废水及积水通过泵油排出洞外。

（4）其他巷道　其他巷道如水仓（存放地下水的巷道）、联络巷道、人行巷道等。

1.3 隧道及地下工程的特性

1.3.1 工程特性

地下工程是指在岩体或土体中开挖构筑的结构，与地面工程相比，地下工程具有完全不同的特点，主要表现在以下几个方面：

1. 工程受力特点不同

工程受力特点不同，主要有以下两点：

1）地面工程是先有结构，后有荷载。地面工程结构是经过工程施工形成结构后，承受自重、风荷载、雪荷载以及其他静荷载或动荷载。

2）地下工程是先有荷载，后有结构。地下工程是在处于自然状态下的岩、土地质体内开挖后形成结构的，在工程开挖之前就存在着应力环境（地应力）。

2. 工程材料特性的不确定性

地面工程材料多为人工材料，如钢筋混凝土、钢材和黏土砖等，这些材料虽然在力学与变形性质等方面也存在变异性，但与岩土体材料相比，不仅变异性要小得多，而且人们可以对其加以控制和改变。地下工程中，除了支护材料性质可控制外，工程围岩是难以预测和控制的地质体。由于地质体是漫长的地质构造运动的产物，因此地质体不仅包含大量的断层节理和夹层等不连续介质，还存在着较大程度的不确定性，其不确定性主要体现在空间分布和随时间的变化上。

（1）空间的不确定性　对于地下工程来说，不同位置围岩的地质条件（如岩性、断层、节理、地下水条件和地应力等）都存在着差异。这就是地下工程地质条件和力学特性的空间不确定性。因此，人们通过勘察和取样试验，仅仅是对整个工程岩体的特性进行抽样分析和研究，很难全面掌握整个工程岩体的地质条件和力学特性。

（2）时间的不确定性　即使对于同一地点，在不同的历史时期，其地应力和力学特性等也会发生变化，这就是时间上的不确定性。尤其开挖后的工程岩体特性除随时间变化外，更重要的是还与开挖方式、支护形式和施工时间与工艺等密切相关，这通常是一个十分复杂的变化过程。

3. 工程荷载的不确定性

地面结构所受到的荷载比较明显。尽管某些荷载也存在随机性（如风荷载、雪荷载和地震荷载等)，但是其荷载量值和变异性与地下工程比相对较小。

对于地下工程而言，工程围岩的地质体不仅会对支护结构产生荷载，而且它也是一种承载体。不仅难以估计作用到支护结构上的荷载，而且此荷载又随着支护类型、支护时间及施工工艺的变化而变化，一般难以准确地确定作用在地下工程结构上的荷载类型和具体量值。

4. 破坏模式的不确定性

对于地面工程而言，其破坏模式一般比较容易确定，通过结构力学和土力学可以了解，诸如强度破坏、变形破坏和旋转失稳等破坏模式。

对于地下工程而言，其破坏模式一般难以确定，它不仅取决于岩土体结构、地应力环境和地下水条件，而且还与支护结构类型、支护时间及施工工艺密切相关。

5. 地下工程信息的不完备性

地质力学与变形特性的描述或定量评价取决于所获取信息的数量与质量。

地下工程信息具有不完备性。地下工程只能从局部的有限工作面或从露头处获取信息。因此，所获取的信息是有限且不充分的，而且可能存在错误资料或信息。

6. 地下工程信息的模糊性

地下工程围岩的力学与变形特征的描述对地下工程的设计与分析是非常重要的。影响岩体工程特性的材料与参数多数是定性的，而节理特征、充填物性质以及对岩性的描述等，又具有模糊性。

1.3.2 空间特性

地下工程中的空间阴暗而潮湿，几乎完全与地面隔离，对人们来说不是一个舒适的场所。所以，在利用地下空间时，必须充分了解其空间特性。

(1) 构造特性　包括：空间性、密闭性、隔离性、耐压性、耐寒性和抗震性等。

(2) 物理特性　包括：隔热性、恒温性、恒湿性、遮光性、难透性和隔声性等。

(3) 化学特性　包括：反应性等。

这些特性有的对地下空间有利，有的不利。因此，在规划地下空间时，应充分了解这些特性并加以充分利用。

1.3.3 经济性及可持续性

修建地下工程时，不可避免地会导致附加投资，但修筑地下工程带来的附加投资通常被其上的地表发展带来的效益所抵消，因为修筑地下工程意味着其上的地表还可以作为其他发展之用，即投资-效益法则。不仅考虑直接效益，还要考虑间接效益。所以选择地下工程解决方案可以减少地面建设带来的一系列问题，尤其是在繁华的大都市，从补偿和索赔角度来看，这可以节省一笔不小的投资。

同时，对地下空间的利用可以作为可持续发展战略的一部分。可持续发展意味着要保持一种平衡，即一方面要保护为地表生物提供地基的那部分岩层，另一方面要开发地下空间以增加人类的生活空间，这两者之间要达到一种平衡。经验告诉我们，合理的统筹及创新往往能够带来更多的附加价值，所以在发展中合理地考虑利用地下空间将从中创造价值。

1.3.4 地下工程的优点和缺点

一般从地下工程的空间因素、环境因素、设备因素和施工因素四个方面来分析地下工程的优点和缺点，见表1-3。

表1-3 地下工程的优点和缺点

因素	优 点	缺 点
空间因素	建筑物的高度向地下转换 1）城市的高密度化：打破地上的建设密度的界限 2）确保地面上的空地：保存景观，保护环境，确保动植物的生存空间 3）建筑物高度的限制：保存景观，确保飞机通过、视程、雷达视程等；形成建筑空间上下重叠效果 4）缩短步行距离：把各种设施集中在距车站一定距离之内 5）上下位置的关系：在正下方设置的情况	（1）修筑地下空间场所的限制 地上空间确保困难，如人、物的出入，通风，采光等，需设置开口部 （2）过度集中的弊病 超过城市的允许密度：人口集中、能源消耗、给水排水的高密度化 （3）建筑空间上下多层重叠 人的移动距离增大 （4）影响地下空间自身 1）对地下空间固有的影响：切断地下水脉 2）崩塌、埋没：危险性、塌方被埋没的恐怖 （5）避难的安全性 振动作用时影响出入口气密性紧急水源、氧气等供给困难
环境因素	可利用厚地层的遮蔽性能和热容量 1）热：恒温、恒湿 2）光：遮挡日照 3）水：雨、雪等的下渗 4）放射线、宇宙线：核设施 5）电波、磁力等：各种实验 6）地震力 7）人、物和外敌等	（1）进入因素的弊病 地下水、洪水、漏水等的自然排水非常困难 （2）没有进入的作用因素的弊病 1）无日照 2）不能眺望 3）自然排水困难 4）自然通风困难 （3）心理的影响 封闭场所引起人们的恐怖、潜在的被埋没恐怖
设备因素	工作环境的隐蔽性 1）设备作业不受气候影响 2）设备作业产生噪声对周边影响小	完全的人工环境 1）排水：废水、雨水、地下水和结露水等的重力排水非常困难 2）设备运转需较大能量 3）设备空间的增大
施工因素	地下开挖、建筑施工的优点 1）外装的省略：没有必要考虑结构物的外观 2）既有的空洞：可对既有空洞加以利用	地下开挖、建筑施工中的缺点 1）开挖硬地层 2）搬运土砂 3）崩塌的可能性：崩塌事故的增加

1.4 隧道及地下工程的发展历程

1.4.1 世界隧道地下工程的发展历程

人类的出现到公元前3000年，人类利用隧道来防御自然威胁，修筑了可以自身稳定而无须支撑的隧道，采用兽骨、石器等工具开挖。从公元前3000年到公元5世纪的古代时期，人类开始修建生活和军事隧道，形成了现代隧道开发技术的基础。约从公元5世纪起，隧道技术缓慢发展。从公元18世纪以后开始，炸药的应用加速了隧道技术的发展，铁路的出现对隧道建造起到了很大的推动作用。

世界上第一座交通隧道是公元前 2180 年—公元前 2160 年在巴比伦城中的幼发拉底河下修筑的人行通道，采用明挖法建造。古罗马时代，人们修建了较多数量的军事和水工隧道，开挖方法是火烧开挖面，烧热后急速泼冷水使岩石开裂而后形成，利用棚架支护岩层，卷扬机提升土石。

约公元 6 世纪发明了火药，1679 年法国运用火药开挖拉恩开得克运河隧道获得成功，隧道挖掘技术得到发展。

19 世纪隧道开挖出现了各种新方法，迎来了近代隧道开挖技术的曙光。蒸汽机的应用及铁路和炼钢工业的发展促进了隧道及地下工程的发展。1818 年，布鲁内尔（Brunel）发明了盾构。1826—1830 年在英国利物浦至曼彻斯特铁路线上修建了第一座蒸汽机车通行铁路隧道，全长 1190m。19 世纪 60 年代以前，修建隧道都是用人工凿孔和黑火药爆破施工。后来，火药的改进和钻眼工具的创新与制造促使隧道的修建技术有了显著的提高。1857—1871 年建成了连接法国和意大利长 12840m 的仙尼斯峰隧道。1898 年开工修建的穿越阿尔卑斯山的辛普朗隧道第一次应用了 TNT 炸药（硝化甘油）和凿岩机。意大利物理学家欧拉顿（Erardon）提出以压缩空气平衡软弱地层涌水压力防止地层坍塌的方法，英国的科克伦（Co-chrane）利用该原理发明用压缩空气开挖水底隧道的方法。第一次应用压缩空气和盾构修建水底隧道是 1847 年英国人格雷特黑德（Greathead）实现的。1971—1979 年日本新干线上修建了大清水隧道，全长 22230m。

另外，人们在城市附近修建了跨越河海的水底隧道。例如，美国修建了宾夕法尼亚东河水底隧道，长为 7190m。日本 1988 年建成了自本州青森至北海道函馆间的青函海底隧道，长达 53850m，海底部分长 23km。1994 年建成通车的英吉利海峡隧道，长 50. 5km。

随着欧洲运输量急剧增长，迫切需要扩大公路网，因而出现了不少的公路隧道。奥地利修建了阿尔贝格公路隧道，长为 13980m；瑞士修建了圣哥达公路隧道，长为 16285m。

城市不断发展，城区交通繁忙，地下铁道随之兴起。1863 年英国伦敦建成了第一条地下铁道。德国慕尼黑地下铁道的卡尔广场车站建筑上下共六层：一层是人行通道及商店餐厅；二层作为货栈及仓库；三、四层为地下停车场，可同时容纳 800 辆汽车；五、六层才是车站集散厅及车道。

1964 年日本铁路新干线的运营，标志着铁路高速技术进入实用化阶段。日本九州新干线新八代—鹿儿岛中央段，长 1211. 2km，隧道约占 70%。德国 20 世纪 80 年代初期动工修建的汉诺威—维尔茨堡新干线，长 327km，隧道约占 37%。

至 20 世纪 50 年代，人们才总结出各类隧道及地下工程的规划、设计和施工的基本原理，并在土木工程中形成一个独立的工程领域。

1974 年成立的国际隧道协会（ITA），每年轮流在不同国家召开一次年会，为各国的隧道专家学者交流隧道建设经验提供了一个重要的平台。

1.4.2 我国隧道及地下工程的发展历程

我国古代在地下工程方面具有悠久的历史和辉煌的成就。公元前 1122 年金属矿石开采已经较为发达，1271—1368 年就有深达数百米的盐井。

我国春秋时代的《左传·隐公元年》记载了郑庄公与母亲武姜“阙地及泉，隧而相见”的故事，说明当时已经有通道式隧道。建于东汉明帝永平九年的“石门”隧道，位于今陕西省汉中市褒谷口内，是我国最早用于交通的隧道。我国有关地下工程方面的最早书籍是17世纪初宋应星所著《天工开物》，其详细记载了竖井采煤法。

1888—1891年，我国修建了第一座铁路隧道——狮球岭隧道，其位于台北—基隆线上，长261.4m。1907年在京包线上动工修建的八达岭隧道完全由中国人自行设计，且由我国著名工程师詹天佑主持施工。1949年以前我国经济不发达，隧道修建得不多，且主要靠人力开挖。

1949年新中国成立后，为改变国家的经济布局，发展内地和山区的经济，先后修建了数十条隧道占比较大的山区铁路，使得我国在铁路隧道的数量和施工技术上都有了较大发展，逐渐掌握了隧道建筑的现代技术，从人力为主体的施工转向以机械开挖为主体的施工，技术上有了质的飞跃。20世纪50年代我国建成的最长隧道是夹马石隧道，长为2387m。20世纪60年代我国建成的最长隧道是川黔线上的凉风垭隧道，长为4270m。20世纪70年代我国交付使用的最长隧道是京原线上的驿马岭隧道，长为7032m。到了20世纪80年代，衡广线上的大瑶山隧道长度达到14295m。20世纪90年代，我国建成的最长隧道是西康线上的秦岭Ⅰ线隧道，长达18460m。

隧道文化——凉风垭隧道

随着时代的发展，修建铁路隧道的技术不断提高，隧道的长度和修建质量不断提高。21世纪以来，我国已经成功修建了9座长度在20km以上的交通隧道。2014年建成的青藏铁路新关角隧道全长32645m，是世界第一高海拔长隧，也是我国已运营的最长铁路隧道。新关角隧道的建成标志着我国实现了长大隧道施工技术由20km级向30km级的突破，给“截弯取直”选线带来了更大的空间。其他长度超过20km的隧道是：西秦岭隧道（28238m）、太行山隧道（27839m）、中天山隧道（22449m）、乌鞘岭隧道（20050m）、吕梁山隧道（20785m）、燕山隧道（21154m）、青云山隧道（22175m）。截至2018年底，我国投入运营的铁路隧道15117座，总长16331km，在建铁路隧道3477座，总长7465km，规划铁路隧道6327座，总长15634km。截至2018年底，我国共建成高速铁路隧道3028座，总长4896km。规划隧道3126座，累计长度约6924km。

随着我国高速公路建设的快速发展，公路隧道的建造也取得迅猛发展。我国建成了很多特长高速公路隧道，如米仓山隧道（巴陕高速，长13.8km）、西山隧道（太古高速，长13.6km）、新二郎山隧道（雅康高速，13.46km）、虹梯关隧道（长平高速，长13.12km）、雪山隧道（台湾省蒋渭水高速，长12.9km）、麦积山隧道（宝天高速，12.29km）、云山隧道（11.39km）、包家山隧道（小康高速，11.2km）、宝塔山隧道（和汾高速，10.2km）、泥巴山隧道（雅西高速，10.0km）。秦岭终南山公路隧道位于陕西省秦岭，是西安至安康高速公路重要组成部分，单洞长18.02km，双洞共长36.04km，是我国最长的公路隧道，建设规模居公路隧道世界第一位。港珠澳大桥沉管隧道全长5.664km，最大水深44m，由33节沉管对接而成，包括28节直线段沉管和5节曲线段沉管。截至2018年底，我国（不含港澳台地区）等级运营公路上的隧道有17738座，总长约17236km。

较长的公路隧道还有川藏公路的二郎山隧道，长4160m，海拔为2200m；广渝高速公路华蓥山隧道，双洞分别长4705m和4686m；成渝高速公路的中梁山隧道，长3562m。上海至瑞丽高速公路湖南境内的邵阳至怀化段采用7km的隧道穿越雪峰山脉。1993年建成的广州珠江水底隧道是我国第一条采用沉管法修建的隧道，长1.23km。

京张高铁八达岭隧道全长 12.01km，八达岭地下车站最大埋深 102m，地下建筑面积 3.98 万 m^2，是世界最大、埋深最大的高铁地下车站。车站层次多、洞室数量大、洞型复杂、交叉节点密集，是目前国内最复杂的暗挖洞群车站。

根据功能需要，水工隧道的长度往往超过交通隧道。大伙房水库输水隧洞长 85.3km，是目前世界上最长的隧洞之一。在建的引汉济渭工程穿越秦岭隧洞长 98.30km。新疆北部引水工程喀双隧洞长达 283.27km，堪称世界同类之最。

截至 2018 年底，我国（不含港澳台地区）共计 35 个城市 185 条线路投入运营，运营地铁线路长度达 5761km。

珠海横琴综合管廊工程全长 33.4km，沿环岛北路、港澳大道、横琴大道等地形呈“日”字形环状管廊系统，是我国已建成的里程最长、规模最大、体系最完善的地下综合管廊。

截至 2018 年底，经过几十年几代建设者的不懈努力，我国的隧道及地下工程修建水平已跻身国际先进行列。

1.4.3 我国在隧道工程领域取得的成就

中国创造：彩云号　　青藏铁路精神

纵观我国隧道修建史，其修建技术的发展经历了三个阶段：中华人民共和国成立之前，基本上依靠人力开挖，手工操作，机具十分简单。中华人民共和国成立之后的 20 世纪 50—70 年代，是隧道技术大发展时期，隧道施工由以人为主转为普遍采用中、小型机械施工。20 世纪 80 年代以后是隧道技术进大发展时期，隧道修建由以传统矿山法为主的建设方法，转向以光面爆破、喷锚支护、监控量测信息反馈、复合式衬砌结构等为特征的施工。一系列的新技术、新设备在工程实践中涌现出来，隧道施工形成了大型、配套的机械化施工，隧道修建技术达到世界先进水平。

从成昆铁路隧道和衡广线大瑶山双线隧道开始使以喷射混凝土—锚杆支护为主体的方法以来，经过高速铁路隧道的建设，目前我国隧道修建技术已步入世界先进行列，在勘察设计、施工、运营、科研等方面取得了许多重大的成就和创新。

在克服不良地质困难条件方面，我国已经取得了修建各种隧道的丰富经验。在渝怀线上，克服了 2000m^3/h 大量涌水的困难，修建了圆梁山隧道（11068m）；在南昆线上，克服瓦斯量达到 6m^3/h 的威胁，建成了家竹箐隧道；在海拔 4600~4900m 的高原多年冻土地带的青藏线上修建了昆仑山和风火山隧道；在零下 40℃的严寒地区修建了枫叶岭隧道。

在隧道施工机械化方面，20 世纪 80 年代在大瑶山隧道施工中开始应用大型全液压的钻孔台车。修建衬砌已用混凝土就地模筑，混凝土泵送，进而采用喷射混凝土的柔性衬砌，目前已普遍推广使用双层复合式衬砌。开挖程序由小导坑超前掘进，进而采用少分块的大断面开挖，并普遍采用锚杆支护。在施工方法上，从传统矿山法逐步过渡到新奥法，以量测信息指导并调整施工。20 世纪 90 年代中期，又引进全断面掘进机，用于西康线的秦岭隧道施工中。而在广州、上海、南京、深圳等城市的地下铁道建设中，已普遍开始使用机械化盾构。

在隧道工程的理论方面，分析结构内力的方法已经从应用结构力学计算转到采用计算机以矩阵分析方式的计算，并进一步用有限元方法进行分析；从把地层压力视为外力荷载，到把围岩和支护结构组成受力统一体系的共同作用理论；从过去认为地层岩体为松散介质，到考虑岩体的弹性、塑性和黏性，以及各种性质的转变，模拟出各种能进一步体现岩性的模型，从而进行受力分析。

尽管近年来隧道工程已经取得了一定的成就，但是还存在着许多问题和不足。从总体来看，隧道结构还比较粗大厚实，施工环境还很恶劣，工人劳动强度还很大，工程造价还较高。截至目前，对围岩性质的研究还有待深入，计算模型的选用和计算理论还不完全符合实际，施工技术水平和管理方法还比较落后，人力和物力的消耗和浪费较大。以上所述有待隧道建设者去研究和解决。

大量工程的修建说明：我国是世界上隧道修建数量最多、发展速度最快、地质条件与施工环境最复杂、隧道结构形式多样的国家。可以自豪地说，我国修建大型复杂地下工程的技术水平已位居国际前列，中国已经跻身世界隧道大国的行列。我国隧道修建技术已有长足的发展，许多大型隧道工程成果处于国际先进水平。

1.4.4 我国隧道工程发展趋势

随着我国经济的持续发展，综合国力不断增强，高新技术不断发展，我国隧道工程发展前景广阔，同时隧道的发展也是我国国民经济发展、国家西部大开发及“一带一路”倡议的迫切需要。随着西部进一步的开发，我国铁路隧道、公路隧道的单洞长度及数量纪录都将不断被刷新。在跨海、跨江隧道方面，目前我国国内已对琼州海峡隧道完成了可行性研究，不少有识之士已提出了跨越渤海湾连接辽东与胶州半岛的南桥北隧固定联络通道的设想。

在水工隧道方面，我国在深埋、长、大隧道及大跨度地下厂房的设计与施工能力上，都已经达到或将要达到世界先进水平，随着我国西部大开发的进行，雅鲁藏布江、金沙江等水力资源丰富的江河上梯级电站建设，我国水工隧道的建设也将进入一个全新的发展时期。

城市地下工程的大力发展，能够有效地缓解经济发展，特别是城市发展与我国土地资源紧张的矛盾。据测算，1986—1996 年 10 年间，全国 31 个特大城市城区实际占地规模扩大了 50.2%。城市不能无限制地蔓延扩张，充分利用城市地下资源，建设各类地下工程是城市经济高速发展的客观需要。另外，隧道设计与施工技术的发展也为其提供了充分的技术保障。目前，我国很多城市人均国民生产总值已超过 1000 美元，我国地下工程的建设将迎来建设高潮。

由于地下工程不占用地面面积，具有抗震稳定性及国防上的隐蔽性等优点，充分利用地下空间的途径逐渐为人们所重视。在工业方面，我国建成了许多地下仓库、地下工厂、地下电站、地下武器库、地下停车场、地下粮仓等；在人民生活方面，建造了形成网络的防空洞、地下影院、地下招待所、地下游乐场、地下体育中心、地下街、地下餐厅、地下会堂、地下战备医院和地下养殖场等。到目前为止，地下工程已经发展渗透到国民经济的各个部门中，成为人们活动的又一层空间。

我国是个多山国家，大规模公路、铁路、地铁建设项目的开展，为隧道修建技术进步和创新提供了很好的发展机遇，设计理念、施工技术和管理水平的提高，使得隧道修建技术越来越精湛。

1. 特长隧道的修建技术

我国已经开工和规划了很多特长隧道，对于特长隧道的辅助坑道设置、缓冲措施、防灾救援、运营通风和维护管理、施工方法和建设工期等问题，都需要结合工程实际进行认真研究，不断完善和优化，逐步形成一套适合我国的特长隧道修建技术。

2. 跨越江河、海峡的水下隧道

我国已经开工和规划了多个采用隧道方式穿越江河的项目，这将对我国水底隧道的修建技术发展起到促进作用。

3. 掘进机技术

掘进机具有掘进速度快、施工质量高、沉降控制好、劳动强度低等优越性，在长大铁路隧道中应用越来越广泛。随着大规模高速铁路隧道的修建，对于地质和作业条件适宜的特长山岭隧道、下穿城市建构筑物的隧道、水底隧道等，会更多地采用掘进机施工，掘进机技术将会得到广泛应用。

4. 大断面、特大断面隧道快速施工技术

要实现大断面、特大断面隧道的快速施工，减少施工工序最为关键。应尽量多地采用机械化施工，加大一次施工的断面面积和作业循环长度。在能够保证有效控制变形和沉降的情况下，尽早实现初期支护的封闭，为了充分发挥掘进机和钻爆法施工的各自优势，采用小断面掘进机施工超前导坑，然后采用钻爆法扩挖的工法，也是解决大断面、特大断面隧道快速施工的有效措施。

复习思考题

1. 什么是地下工程？
2. 什么是隧道工程？
3. 隧道按用途如何分类？
4. 我国隧道及地下工程取得的成就体现在哪些方面？
5. 我国隧道及地下工程的发展趋势是什么？

第2章 隧道结构

本章提要： 本章主要介绍隧道的主体结构及附属结构，其中隧道的主体结构是学习的重点及难点，防水排水附属结构也是需要了解的知识点。

隧道结构由主体结构物和附属结构物两大类组成。主体结构物是为了保持岩体的稳定和行车安全而修建的人工永久建筑物，通常指洞门和洞身衬砌。附属结构物是为了使隧道能够正常使用，保证车辆安全通过而设置的一些附属建筑物，包括：排水构造、通风、消防、电力及通信设备等。

洞身衬砌的平、纵、横断面的形状由几何设计确定，衬砌断面的轴线形状和厚度由衬砌计算确定。洞门构造形式由多方面的因素决定，如岩体的稳定性、通风方式、照明情况、地形地貌以及环境条件等。在山体坡面可能发生崩塌和落石时，经常需要接长洞身或修筑明洞。

2.1 隧道主体结构

隧道结构构造

2.1.1 洞身衬砌类型

当隧道开挖以后，坑道周围的岩体原有的平衡条件遭到破坏，引起洞周围岩变形甚至崩塌。因此，除在岩体坚固、整体性好且不易风化的稳定地层中可以开挖成毛洞不用支护以外，在其他地层中的隧道进行开挖后都必须及时修建支护结构。

可将隧道衬砌的形式分为喷锚支护、整体式衬砌、装配式衬砌、复合式衬砌。

1. 喷锚支护

喷锚支护是指由喷射混凝土、锚杆、钢筋网和钢架等单独或组合使用的隧道围岩支护结构，如图2-1所示。喷射混凝土是以压缩空气为动力，将掺有速凝剂的混凝土拌合料与水拌和成浆状，喷射到坑道的岩壁上凝结而成的，当岩壁不够稳定时，可加设锚杆、金属网和钢架。

喷锚支护包括锚杆支护、喷射混凝土支护、喷射混凝土锚杆联合支护、喷射混凝土钢筋网联合支护、喷射混凝土与锚杆及钢筋网联合支护、喷射钢纤维混凝土支护、喷射钢纤维混凝土锚杆联合支护，以及上述几种类型加设型钢支撑（或格栅支撑）而成的联合支护等。

喷锚支护是一种符合岩体力学原理的支护方法，它与围岩密贴，支护及时，柔性好，同时封闭了围岩壁面防止风化，并能封闭围岩的张性裂隙和节理，提高围岩的固有强度，控制围岩的变形，能充分调动围岩本身的自稳能力，从而更好地起到支护作用。

喷锚支护是目前常用的一种围岩支护手段，适用于各种围岩地质条件，但是如果作为永久衬砌，一般应考虑在Ⅰ、Ⅱ级等围岩的地层中采用。

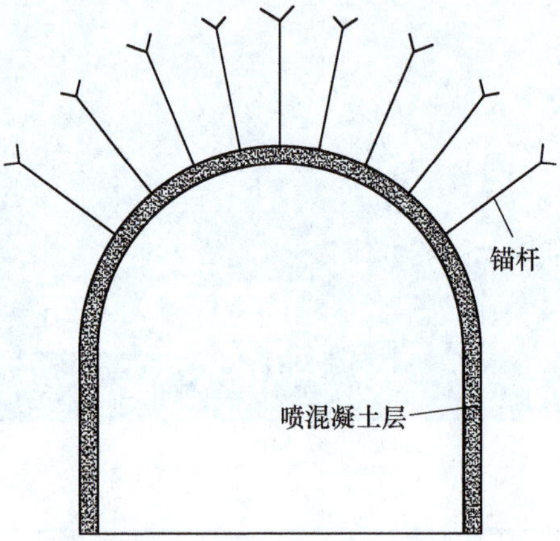

图 2-1　喷锚支护

2. 整体式衬砌

整体式衬砌是指隧道开挖后用模注混凝土或砌体修建的隧道衬砌结构。整体式衬砌也称为模筑混凝土衬砌，是一种传统衬砌结构类型。整体式衬砌作为支护结构，是从外部支撑坑道围岩的。

整体式衬砌特点：对地质条件的适用性较强，易于按需要成形，整体性好，抗渗性强，并适用于多种施工条件，如可用木模板、钢模板或衬砌模板台车等。

根据不同的地质条件，或是不同的围岩级别，整体式衬砌可分为直墙式衬砌、曲墙式衬砌等。

3. 装配式衬砌

装配式衬砌是指在坑道内用机械手臂将预制的块件拼装成一环接着一环的衬砌。装配式衬砌一般由预制的构件组成，构件可在现场或工厂预制。

装配式衬砌应满足的条件：承载力足够而且耐久，能立即承受荷载；装配简便，构件类型少，形式简单，尺寸统一，便于工业化制作和机械化拼装；构件尺寸大小和重量适合拼装机械的能力；有配套的防水设施。目前在盾构法施工的城市地下铁道中多采用装配式衬砌。

装配式衬砌的特点：

1）一经装配成环，不需养护时间，即可承受围岩压力。

2）预制的构件可以在工厂成批生产，在洞内可以机械化拼装，从而改善了劳动条件。

3）在拼装拱架、模板等时，不需要临时支撑，从而节省大量的支撑材料和劳力。

4）拼装速度因机械化而提高，缩短了工期，还有可能降低造价。

4. 复合式衬砌

复合式衬砌是指由喷锚衬砌、防水层和模注混凝土衬砌构成的复合衬砌结构。

复合式衬砌也称为双层衬砌，外衬喷锚衬砌常称为初期支护，既能允许围岩有所变形而又不让它变形太大太快；内衬模注混凝土衬砌常称为二次衬砌，表面光滑平整，可以防止外层风化，装修内壁，增强安全感。复合式衬砌是先在开挖好的洞壁施作初期支护，待初期支护与围岩变形基本稳定后施作二次衬砌。为了防止地下水流入或渗入隧道内，在外衬和内衬之间设防水层，防水材料可采用软聚氯乙烯薄膜、聚氯乙烯片、聚乙烯等防水卷材，或用喷涂乳化沥青等防水剂。

复合式衬砌结构形式合理，使围岩和衬砌共同参与受力。初期支护是限制围岩在施工期间的变形，达到围岩的暂时稳定，二次衬砌是提供结构的安全储备或承受后期围岩压力。

复合式衬砌是目前隧道工程常用的衬砌形式，适用于多种围岩地质条件，有广阔的发展前途。如图 2-2 所示为复合式衬砌示意图。

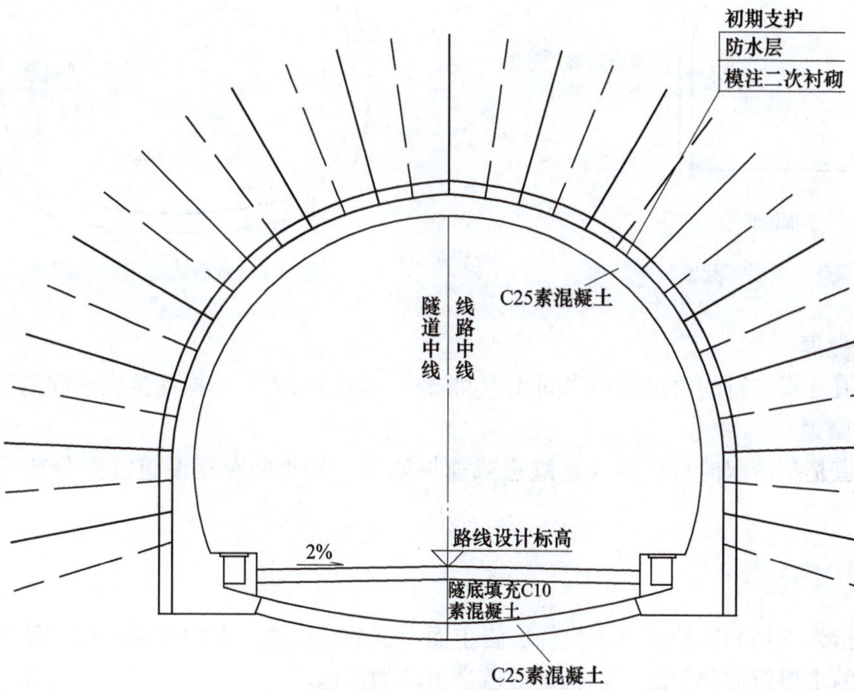

图 2-2　复合式衬砌示意图

2.1.2　衬砌形状

1．直墙式衬砌

直墙式衬砌由上部拱圈、两侧竖直边墙和下部铺底三部分组合而成。顶部拱圈可采用圆弧形拱、三心圆拱等，两侧边墙是与拱圈等厚的竖直墙。这种形式的衬砌适用于地质条件比较好，围岩压力以竖向为主，几乎没有或仅有很小的水平侧向压力的场合。如图 2-3 所示为直墙式隧道衬砌断面。

2. 曲墙式衬砌

曲墙式衬砌由顶部拱圈、侧面曲边墙和底部仰拱（或铺底）所组成。顶部拱圈的内轮廓与直墙式衬砌的拱部一样，边墙做成向外拱的曲线形，以抵抗较大的水平压力。除在Ⅲ级围岩无地下水，且基础不产生沉降的情况下可不设置仰拱，只做平铺底外，一般均应设置仰拱，以抵御底部围岩压力和防止衬砌沉降，并使衬砌形成一个环状的封闭整体结构，以提高衬砌的承载能力。

曲墙式衬砌适用于地质条件比较差、岩石松散破碎、强度不高，又有地下水，侧向水平压力也相当大的围岩情况。如图 2-4 所示为曲墙式隧道衬砌断面。

3. 小间距隧道

小间距隧道是指并行的两条隧道间净距较小、两洞结构可能彼此产生不利影响的隧道。

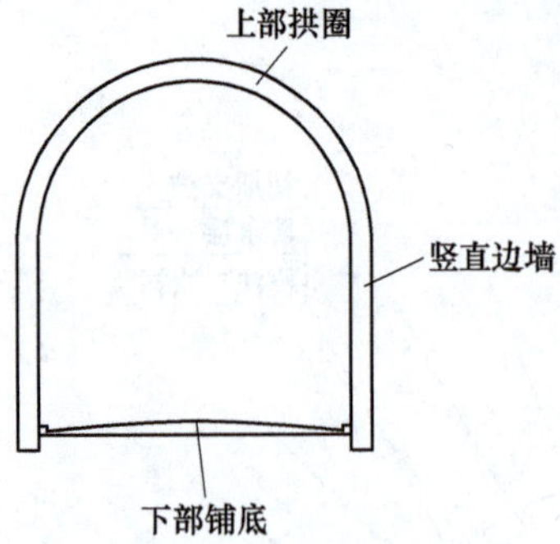

图 2-3　直墙式隧道衬砌断面

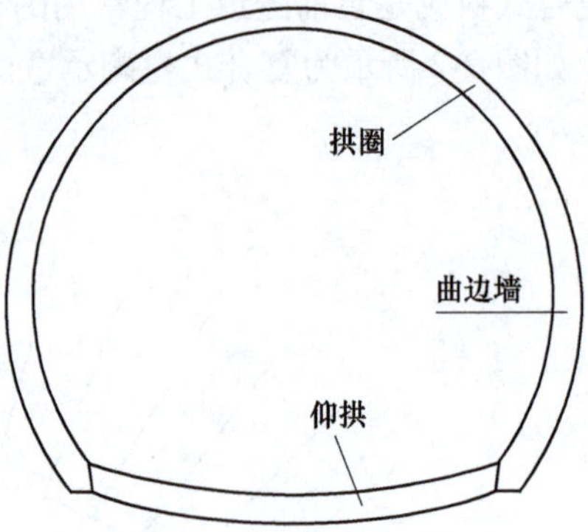

图 2-4　曲墙式隧道衬砌断面

4. 连拱隧道

连拱隧道是指并行的两拱隧道之间无中间岩柱、隧道的人工结构连接在一起的隧道。

5. 分岔隧道

分岔隧道是指由双向行驶的大跨隧道或连拱隧道，经小间距逐渐过渡到分离式双洞的隧道。

2.1.3　洞门结构

洞门是指为支挡和防护隧道洞口仰坡岩土而设置的结构物。洞门联系衬砌和路堑，是整个隧道结构的主要组成部分之一，也是隧道进出口的标志。

明洞是用明挖法修建的隧道，是在露天的路堑地面上，或是在敞口的基坑内，先修筑地面结构物，然后回填覆盖土石。

当隧道进出口处地质条件差且洞顶覆盖层薄，用暗挖法难以进洞时，或洞口路堑边坡上有落石而危及行车安全时，均需修建明洞。

1. 洞门作用

隧道两端洞口处应设置洞门。洞门的作用有以下几方面：

(1) 减少洞口土石方开挖量　当隧道埋深较大时，开挖量就很大，设置隧道洞门起到挡土墙的作用，可以减少土石开挖量。

(2) 稳定边仰坡　洞口对于隧道洞口的边坡和仰坡的稳定性有很好的控制，起到限制作用。

(3) 引离地表流水　地表流水往往汇集在洞口，若不予以排除，将会浸及线路，妨碍行车安全。修建洞门时，洞门上方女儿墙应有一定的高度，并设有排水沟渠，以便把流水引入侧沟排走，保证洞口的正常干燥状态。

(4) 装饰洞口　洞门是隧道的咽喉，也是隧道的外露部分，在保证安全的同时，还应根据实际情况，选择适合的洞门形式，并应适当进行洞门美化和环境美化。

2. 洞门形式

根据洞口地形、地质及衬砌类型等不同的情况和要求，洞门结构主要有隧道门和明洞门两大类型。

(1) 隧道门　隧道门是指修建在不设明洞的隧道洞口的支挡结构物，包括端墙式洞门、翼墙式洞门、台阶式洞门、削竹式洞门、环框式洞门、柱式洞门等。

1）端墙式洞门。端墙式洞门如图2-5所示，端墙式门洞俗称一字式洞门，适用于自然山坡陡峻，洞门地形开阔，岩层较为坚硬完整，山体压力很小，开挖坡度1∶0.3~1∶0.5的洞口地段。这种洞门只在隧道正面设置一面能抵抗山体纵向推力的端墙。它的作用是支护洞口仰坡，保持其稳定，并将仰坡水流汇集排出。端墙一般是采用等厚的直墙。直墙圬工体积比其他形式都小，而且施工方便。墙身微向后倾斜，斜度约为1∶0.1（这样其受到的土石压力比竖直墙所受土石压力小，同时抗倾覆对端墙的稳定有利）。

图2-5　端墙式洞门

对端墙构造，有以下的要求：

① 端墙的高度应使洞身衬砌的上方尚有1m以上的回填层，以减缓山坡滚石对衬砌的冲击；洞顶水沟深度不应小于0.4m；为保证仰坡滚石不会跃过洞门落到线路上去，端墙应适当上延，形成挡砟防护墙，其高度从仰坡坡脚算起，不应小于0.5m；洞顶仰坡与洞顶回填顶面的交线至洞门端墙背的水平距离不宜小于1.5m；端墙基础应设置在稳固的地基上，其深度视地质条件、冻害程度而定，一般应为0.6~1.0m。按照上述要求，端墙的高度约为11.0m。

② 端墙厚度应按挡土墙的方法计算，且对于浆砌片石或混凝土不小于0.5m；对于混凝土、块石不小于0.3m；对于钢筋混凝土不小于0.2m。

③ 端墙宽度与路堑横断面相适应。下底宽度应为路堑底宽加上两侧水沟及马道的宽度。上方则依边坡坡度按高度比例增宽。端墙两侧还要嵌入边坡以内约30cm，以增加洞门的稳定性。

端墙式洞门具有结构简单、工程量小、施工简便的优点，在岩层较好时使用最为经济，也是最常见的一种洞门，但洞门顶排水条件稍差，若横向山坡一侧较低时，宜开挖沟槽横向引排。

2）翼墙式洞门。当洞口地质较差，山体纵向推力较大时，可以在端墙式洞门以外增加单侧或双侧的翼墙（挡墙），成为翼墙式洞门，俗称八字式洞门。翼墙起支撑端墙及保持路堑边坡稳定的作用，同时对减少洞口开挖高度和压缩端墙宽度也有利。翼墙与端墙共同作用，抵抗山体纵向推力，增强洞门的抗滑和抗倾覆能力。

翼墙式洞门的正面端墙一般采用等厚的直墙，微向后方倾斜，斜度为1∶0.1。翼墙前面与端墙垂直，顶面斜度与仰坡坡度一致（顶面一般与仰坡的延长面一致），墙顶上设流水凹槽，将洞顶上的水从凹槽引至路堑边沟内。翼墙基础应设在稳定的地基上，其埋深与端墙基础相同。

洞门顶上，端墙与仰坡坡脚之间的排水沟一般采用宽 0.6m 和深 0.4m 的槽，沟底应有坡度不小于 0.3%的排水坡。排水沟的形式视洞口的地形和洞门的构造而定。较多使用的是单向顺坡排水，把水引到洞门一侧以外的低洼山体处，或引到路堑侧沟中。当地形不允许向一侧排水时，则可采用双向排水，把水引到端墙两侧，水从端墙后面沿预留的泄水孔流出墙外，也可以引到翼墙顶上，沿着倾斜的凹槽流入路堑边沟。翼墙式洞门如图 2-6 所示。

当路堑开挖坡度缓于 1：0.75，岩层较差时，若采用端墙式洞门，则由于边坡较缓，端墙宽度增加很多，相应需加大工程量，不经济，不如采用翼墙式洞门。由于翼墙式洞门的翼墙与端墙很大一部分面积相接触，设计时考虑其共同作用，可节省大量圬工，且能增强洞门的抗滑和抗倾稳定性。当地质条件较差，仰坡、边坡较缓时，通常均采用翼墙式洞门。

图 2-6　翼墙式洞门

3）台阶式洞门。当洞门处于傍山侧坡地区，地面横坡较陡，洞门一侧边坡较高时，为了减小仰坡高度及外露坡长，可以将端墙一侧顶部改为逐步升级的台阶形式，以适应地形的特点，减少仰坡土石开挖量，这种洞门也有一定的美化作用。台阶式洞门如图 2-7 所示。台阶式洞门一般配合偏压隧道衬砌使用，故也称为偏压隧道门。在其靠山侧通常需要设置挡墙，以降低边坡开挖高度，并缩小端墙宽度。低山坡一侧如果地质较差，地面较高，也可采用矮挡墙。选用台阶式洞门时，通常需要根据洞口的地形地质条件，与采用明洞或斜交式洞门进行技术经济比较。

4）削竹式洞门。这种洞门结构因形式类似竹筒被斜向削断的样子而得其名，如图 2-8 所示。该种洞门适用于隧道洞口段有较长的明洞衬砌时，由于洞门背后一定范围内是以回填土为主，山体的推滑力不大，地形较对称且不太陡峻。削竹式洞门的特点是洞口边仰坡开挖量少，减少对植被的破坏，有利于保护环境，适用于各种围岩类别。

5）环框式洞门。环框式洞门只镶饰隧道衬砌两端部分。它适用于隧道洞口仰坡极为稳固，岩层坚硬，节理不发育，不易风化，地形陡峻而又无排水要求的地段。其结构似框形门，是一种不承载的简单洞口环框，这种洞门的作用是加固洞口，减少雨后洞口滴水，对洞

图 2-7 台阶式洞门

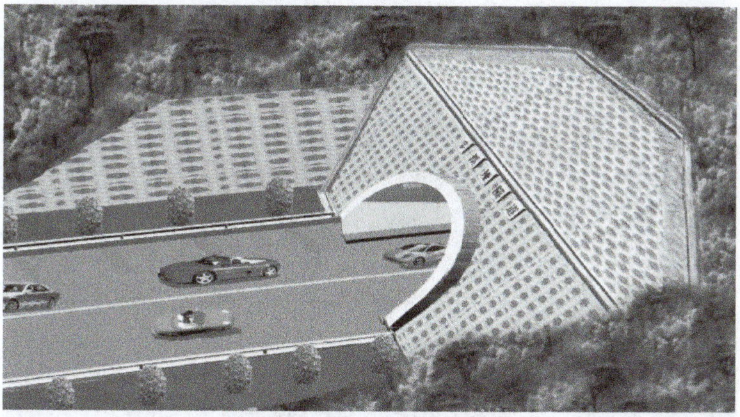

图 2-8 削竹式洞门

口进行简单的装饰。洞门框应与洞口环节衬砌用同一种材料整体砌筑或衔接。环框微向后倾，其倾斜度与顶上的仰坡一致。环框的宽度与洞口外观匹配，一般不小于 0.7m，凸出仰坡坡面不少于 0.3m，使仰坡上流下的水从洞口正面淌下。环框式洞门如图 2-9 所示。

6）柱式洞门。柱式洞门是从端墙式洞门发展起来的，它实际也是一种端墙形式的洞门。当岩层有较大主动侧压力时，若仍像端墙式洞门那样采用同一厚度的端墙，则虽然安全，但浪费圬工。为此，根据受力大小，将洞门设计成横向不等厚，且最厚处为柱形的柱式洞门。柱式洞门适用于洞口地形较陡，地质条件较差，岩层有较大侧压力，仰坡有下滑可能性的地段，或洞口处地形狭窄，受地形或地质条件限制，设置翼墙无良好基础或不能设置翼墙的地段，这时可以在端墙中部设置两个断面较大的柱墩，以增加端墙的稳定性，如图 2-10 所示。此外，由于柱式洞门墙面有凸出线条，较为雄伟美观，所以在城市、风景区或有建筑艺术装饰要求的地区，适宜采用柱式洞门，特别是对于较长的隧道，采用柱式洞门比较壮

图 2-9　环框式洞门

观。但柱式洞门工程量较翼墙式洞门大，造价较高，施工也较复杂。柱式洞门两侧与路堑边坡接触处需嵌入岩层内以使其稳固，其嵌入深度及形式可视岩层情况确定。

图 2-10　柱式洞门

（2）明洞门　明洞门是指为隧道洞口仰坡而设置的坡面护坡并使隧道衬砌结构适当外延的结构物。明洞门包括拱形明洞门和棚式洞门。棚式洞门并不单独设置，通常在棚洞洞口端横向顶梁上加设端墙，以拦截落石，避免其坠入线路影响行车安全。故一般所说的明洞门形式多指拱形明洞门。

1）拱形明洞门。拱形明洞门可分为路堑式和半路堑式两类。路堑式明洞门有端墙式（常用柱式）和翼墙式两种，与一般隧道门形式相类似，如图 2-11 所示。半路堑式明洞门多用于傍山线路，其山侧与原地层相接，为了适应傍山、横向地面坡陡的地形，一般也多以台阶形式加高端墙，并在山侧设置挡墙支挡边坡，降低开挖高度，外侧有覆盖填土的偏压明洞，为了支挡填土，设置了较低的翼墙，并将洞门顶水沟的水经翼墙顶引排。为了争取明洞的有效长度和方便施工，明洞门端墙常做成直立式，端墙墙身设计为衡重式挡土墙形式。

图 2-11　路堑式柱式拱形明洞门（路堑对称）

2）棚式洞门。棚式洞门如图 2-12 所示，对于公路隧道，当洞外需要设置遮光棚时，其入口通常外伸很远。遮光构造物有开放式和封闭式之分，开放式的遮光板之间是透空的，封闭式则用透光材料将前者透空部分封闭。但由于透光材料容易沾染油污，养护困难，因此很少使用封闭遮光构造物。

图 2-12　棚式洞门

3. 明洞

明洞是用明挖法修建的隧道，是在露天的路堑地面上，或是在敞口的基坑内，先修筑地面结构物，然后回填覆盖土石。

当隧道进出口处地质条件差且洞顶覆盖层薄，用暗挖法难以进洞时，或洞口路堑边坡上有落石而危及行车安全时，均需修建明洞。

明洞具有地面和地下建筑的两重特点：

1）作为地面建筑物可以抵御边坡、仰坡的塌方、落石、滑坡等危害。

2）作为地下建筑物用在深路堑、浅埋地段不适宜暗挖隧道时取代隧道的作用。

按结构类型，明洞分为拱形明洞和棚式明洞。

（1）拱形明洞　隧道进出口两端的接长明洞或在路堑边坡不稳定地段修建的独立明洞等，多采用拱形明洞的形式。拱形明洞整体性好，能承受较大的垂直压力和侧压力。其形式有以下四种：

1）路堑对称型。

2）路堑偏压型。

3）半路堑偏压型。

4）半路堑单压型。

（2）棚式明洞　当山坡塌方，落石数量较少，山体侧压力不大，或因受地质地形条件的限制，难以修建拱形明洞时，可采用棚式明洞。棚式明洞顶板为梁式结构，内侧边墙一般采用重力式挡墙，当岩层完整，山体坡面较陡，采用重力式挡墙开挖量较大时，也可采用钢筋混凝土锚杆挡墙。但在地下水发育地段不宜采用。棚式明洞的类型主要取决于外侧边墙的结构形式，其形式有以下四种：墙式、刚架式、柱式和悬臂式（不修建外墙时）明洞。

2.2　隧道附属结构

2.2.1　防水排水构造

1. 隧道治水原则

我国隧道工作者通过理论和实践经验的总结，提出了“防、排、截、堵结合，因地制宜，综合治理”的原则。

（1）“防”　“防”是指在隧道衬砌结构本身上下功夫，使其具有一定的防水能力。如采用防水混凝土使衬砌本身达到一定的抗渗强度，采用止水带封闭衬砌变形缝，设置防水层等。在所有防水措施中，防水层的作用最为突出。用于隧道的防水层大致可以分为两类：一类为外贴式防水层，如将防水卷材粘贴在衬砌的外表面（适用于明挖修建的地下结构）；另一类为内贴式防水层，如复合式衬砌在初期支护与二次模注衬砌之间设置防水板。还有喷涂式防水层，如涂膜、防水胶等，内、外喷涂均可。

从效果来看，以外贴式防水层最好，但只限于有实施可能性的明挖结构。其次是在复合式衬砌中采用的防水板（如 EVA、PVC 等塑料防水卷材），从简单的防水板，到与土工布一起使用，再到具有凹凸状排水槽的板形材料，一直在进行着工艺上的改革。而喷涂式防水层，尽管有着施工简单的优势，但从防水的长期效果来看，尚不太理想。

（2）“排”　“排”是指采用弹塑软式透水管、打孔波纹管等暗管在衬砌与围岩之间组成纵横交错的水管网，然后将水经由暗管引入隧道内，再从洞内水沟排走。通过排水可以减少渗水压力、渗水量。但大量排水也可能引起负面效果，如将衬砌背后的砂砾淘空，形成空洞，还可能造成当地农田灌溉和生活用水困难等。因此在落实过程中，务必对可能产生的负面影响进行调查。

（3）“截”　“截”是指截断地表水和地下水流入隧道的通路。为了防止地表水渗入地层内，主要措施有：

1）在洞口边坡、仰坡开挖线 5m 以外，设置排水沟（也称为“截水天沟”），并加以铺砌，将地表水拦截在边、仰坡范围之外。

2）对洞顶地表的陷穴、深坑加以回填，对裂缝进行堵塞。处理隧道地表水时，要有全局观点，不应妨害当地农田水利规划，做到因地制宜，一改多利，各方满意。

（4）“堵”　“堵”是指将地下水堵在围岩层中，不使其渗入隧道。普遍采用的方法是压浆，即向衬砌背后压注止水材料（如水泥浆液、化学浆液等），用以充填衬砌与围岩之间的空隙，以堵住地下水的通路，并使衬砌与围岩形成整体，改善衬砌受力条件。还可采用压浆分段堵水，使地下水集中在一处或是几处后再引入隧道内排出。

2. 防水构造

为保证通信信号、供电线路和轨道等设备正常使用，隧道衬砌应根据要求采取防水措施。设置防水措施一般有以下几种途径：

（1）注浆　注浆是指压注水泥浆及化学浆液，将一定组合成分配制而成的浆液压入衬砌背后围岩或衬砌与围岩间的空隙中，经凝结、硬化后起到防水和加固的作用。

（2）防水混凝土衬砌　防水混凝土是指以调整配合比或掺用外加剂的方法增加混凝土的密实性，以提高混凝土自身抗渗性能的一种混凝土。

（3）施工缝、变形缝防水　在隧道衬砌的灌注过程中，对施工缝、变形缝（如沉降缝、伸缩缝）必须经防水处理后才可进行下阶段施工。在地下水较丰富的地区，衬砌接缝处常用止水带防水，其类型很多，如金属（铜片）止水带，聚氯乙烯止水带以及橡胶止水带等。金属止水带已经很少使用，聚氯乙烯止水带的弹性较差，只能用于相对变形较小的场所，橡胶止水带则可用于变形幅度较大的场合。在水底隧道中广泛使用钢边止水带，它是在两侧镶有 0. 6~0. 7mm 厚的钢片翼缘的一种橡胶止水带，刚度较高，便于安装。

（4）外贴式防水层　外贴式防水层是在衬砌的外侧粘贴沥青、油毡，或涂刷焦油聚氨酯等涂料而形成的隔水层。外贴式防水层防水效果比较好，但是施作困难，工作人员易中毒，故一般用于明洞的防水。

（5）内贴式防水层　内贴式防水层是在衬砌的内侧施做防水层，一般采用喷水泥砂浆的方式。防水砂浆抹面或喷涂阳离子乳化沥青胶乳等涂料施作内贴式防水层。

（6）复合式衬砌中间防水层　在复合式衬砌的内外层衬砌之间设防水层，是一种效果良好的防水形式，防水层可以用软聚氯乙烯薄膜、聚异丁烯片、聚乙烯片等防水卷材，或用喷涂乳化沥青等作防水剂。

3. 排水构造

（1）排水沟　排水沟有两种方式：侧式水沟和中心式水沟。侧式水沟设在线路的两侧或一侧，视流量大小而定。当其设置在线路一侧时，应设在来水的一侧；若为曲线隧道，则应设在曲线内侧。双侧水沟隔一定距离应设一横向联络沟，以平衡不均匀的水流量，这种排水沟便于检查而不受行车的干扰。中心式水沟设在线路中线的下方，用混凝土砌筑，维修工作量较小，但清理或维修必须在行车间隔的时间内进行，很不方便。

在严寒地区，为了不使流水冻结而堵死沟身，应施加防寒措施。一般可修筑浅埋保温水沟，即将水沟沟身加深，用轻质混凝土做成上、下两层，各自设有钢筋混凝土盖板。上层用保温材料密实填充，厚度不小于 70cm，可保持流水不冻。但当浅埋保温水沟不足以防止冻害时，可设置中心深埋水沟，即利用地温本身的作用，达到保温防冻害的目的。当隧道内冻结深度较深，用明挖法会影响边墙稳定时，可采用暗挖法修筑泄水洞。

（2）盲沟　在衬砌背后，用片石、卵石或埋管修成一道环向或竖向可供流水的盲沟，以汇集衬砌周围的地下水。盲沟先是沿着纵向每隔一定距离而设置，再用竖直盲沟把水向下引到墙脚外侧，通过预埋的水管流入隧道内的侧沟中。由于水沟内的流水阻力比岩体小，所以水沿着盲沟流动，引水效果很好，但需要定时清理。

现在我国普遍采用的是柔性盲沟。柔性盲沟由工厂加工制造，具有现场安装方便、布置灵活、连接容易、接头不易被混凝土阻塞、过水效果良好、成本较低等优点。其构造形式有以下两种：

1）弹簧软管盲沟。弹簧软管盲沟一般是采用 10 号钢丝缠成直径 5~8cm 的圆柱形弹簧或采用硬质又具有弹性的塑料丝缠成半圆形弹簧，或用带孔塑料管，以此作为过水通道的骨架，安装时外覆塑料薄膜和铁窗纱，从渗流水处开始沿环向铺设并接入泄水孔。

2）化学纤维渗滤布盲沟。化学纤维渗滤布盲沟是以结构疏松的化学纤维布作为水的渗流通道，其单面有塑料敷膜，安装时使敷膜朝向混凝土一面，可以阻止水泥浆渗入滤布。这种渗滤布式盲沟质量小，便于安装和连续加热焊接，宽度和厚度也可以根据渗水量的大小进行调整，是一种较理想的渗水盲沟。

4. 洞门和洞顶防排水构造

（1）洞门防排水　洞门的端墙、翼墙和边仰坡上均应设有相应的排水设施，以便引流地表水。另外，在洞口处还应设有洞内外水沟的衔接过渡设施。

（2）洞顶防排水　隧道围岩内的水主要由洞顶地表水补给时，可根据实际情况对地表进行处理，以隔断水源。如果隧道设有明洞，那么一定要做好明洞顶的防排水。

5. 截水

截水是指截断地表水和地下水流入隧道的通路。

（1）洞顶天沟　为防止地表水冲刷仰坡、流入隧道，一般在洞口边仰坡上方设置天沟。

（2）泄水洞　泄水洞一般设在地下水上游一侧，与隧道方向平行或近似平行，使周围的地下水由泄水洞的过滤眼流入泄水洞内排走，以达到拦截地下水的目的，防止地下水对隧道的危害。

2.2.2 隧道通风

在隧道施工过程中，不可避免地会产生一些有害物质，并释放到隧道空气中，对隧道空气造成污染，严重损害隧道内工作人员的身心健康。其原因是：爆炸时，炸药分解释放出 CO、CO_2；隧道内施工人员的呼吸消耗 O_2，释放出 CO_2；隧道穿越某些地层时会释放出瓦斯、硫化氢等有害气体。

1. 风管式通风

风管式通风是用软管做的风道进行通风，根据隧道内空气流向不同又可分为压入式（送风式）、吸出式（排风式）、混合式。

（1）压入式通风　通风和局部风机把新鲜空气经风管压入工作面、污浊空气沿隧道流出，它是一般隧道常用的方法。压入式通风的优点是：冲淡和排除炮烟的作用比较强；工作面回风不通过风机和风管，对设备的污染小，在有瓦斯涌出的工作面采用这种通风方式比较安全。

（2）吸出式通风　吸出式通风在有效吸程排烟效果较好，排除炮烟所需的风量小，回流风不污染整条隧道。但吸出式通风的有效吸程短，只有当风筒口离工作面很近时才可以获得满意的结果。其出风管口应做成烟囱式，当风机或风洞距工作面很近时，往往造成工作面设备布置较困难，这种方式在工程中较少采用。

（3）混合式通风　混合式通风综合了前两种通风方式的优点，适合于大断面长距离隧道通风，在机械化作业时更为有利。采用锚喷支护隧道，喷浆地点的粉尘浓度很高，采用混合式通风，降尘效果十分明显。

2. 巷道式通风

巷道式通风利用隧道本身和辅助坑道组成主风流和局部风流系统，它们互相配合达到通风目的。巷道式通风如图 2-13 所示。

图 2-13　巷道式通风

3. 通风方式的选择

通风方式应针对污染源的特性，尽量避免成洞地段的二次污染，且应有利于快速施工。因而在选择通风方式时应注意以下几个问题：

1）自然通风因其影响因素较多，通风效果不稳定且不易控制，故除短隧道外，应尽量避免采用。

2）压入式通风能将新鲜空气直接输送至工作面，有利于工作面施工，但受污染空气将流经整个隧洞。若采用大功率、大管径风机设备，其使用范围较广。

3）吸出式通风的风流方向与压入式通风相反，但其排烟速度慢，且易在工作面容易形成炮烟停滞区，故一般很少单独使用。

4）混合式通风集压入式通风和吸出式通风的优点于一身，但管理、风机等设施增多，在管径较小时可采用，若有大管径、大功率风机时，其经济性不如压入式通风。

5）利用平行导坑进行巷道通风是长、大隧道通风的方案之一，其通风效果主要取决于通风管理的好坏。若无平行导坑，如果断面较大，可采用风墙式通风。

6）选择通风方式时，一定要选用合适的设备（即通风机和风管），同时要解决好风管的连接，尽量减少漏风率。

7）搞好施工中的通风管理，对设备要定期检查、及时维修，加强环境监测，使通风效果更加经济合理。

2.2.3 内装

在公路隧道及城市中的地下铁道或其他地下洞室中，为了美观、提高能见度、吸收噪声和改善隧道内的环境，内部装饰有时是必不可少的。

内装的作用包括美化洞室、使衬砌漏水不露出墙面、防尘蚀与烟蚀、隐藏各种管线、提高照明和通风效果、吸收噪声等。内装的材料应具有耐火性、不怕水、不易污染、易清洗、耐刷，便于更换或修复，吸收噪声等性能，表面应该光滑、平整和明亮。内装方式包括粉刷和采用装饰材料。

1. 粉刷

洞室内粉刷应根据使用要求，综合考虑防潮、防腐、吸声、保温、照明，以及防火等问题。供一般使用的干燥洞室，可不做粉刷；在承受动荷载的洞室顶棚，不应抹灰，以防振落。对于公路隧道，为增加洞内光线，可用大白浆喷白处理。

2. 装饰材料

装饰材料主要有以下几种：

1）天然石及人造石，如花岗石、大理石等。

2）金属，如钢材、铝合金、不锈钢等。

3）玻璃、陶瓷，如普通玻璃、有机玻璃、钢化玻璃等。

4）砖类，如地砖、缸砖、釉面砖、无釉砖和玻璃砖等。

5）板材，如水泥压力板、矿棉板、石膏板、木材和超细玻璃棉板等。

3. 吸声处理措施

优先采用对中、高频声吸收有效的材料，如纤维板、微孔砖、膨胀珍珠岩制品矿棉、玻璃棉等多孔材料。将吸声材料布置在最容易接触声波和反射次数最多的表面。目前，最常用于隧道墙面、顶面上的吸声处理措施是在墙面铺贴或涂刷多孔吸声材料，也可采用薄板共振吸声或穿孔板空腔吸声处理。

2.2.4 顶棚

根据实际需要可以把顶棚做成平顶或者拱顶。在自然通风或诱导通风时，可以用拱顶。在半横向或横向通风时可以用平顶。顶棚以上可以作为通风道和供管理人员使用的通道。

顶棚的反射率对提高照明效果有利，经过顶棚的反射光使路面产生二次反射，能明显地增加路面亮度。顶棚用漫反射材料可以避免产生眩光，其颜色的明亮程度直接影响路面亮度，所以应该是浅色的，但是又应有别于墙面，在色调和饱和度上可以有所不同。

顶棚是背景的一部分，特别是在有坡度处和变坡点附近对识别障碍物和察觉隧道内异常现象很有帮助。顶棚可以美化隧道，特别是与整齐排列的灯具相互衬托，可以起到美化的效果，并有明显的诱导作用。

2.2.5 路面

对隧道内路面的要求是在其具有足够强度和耐久性的前提下进行的。路面材料主要有两种，即混凝土和沥青混凝土。路面材料有以下特殊要求：

1）路面材料应具有抵御水的冲刷和含有化学物质的水的侵蚀能力，在地下水可能为承压水时更为突出，路面的坡度应能迅速排除清洗用水。

2）因为车辆在隧道内的减速及制动次数较多，故横向抗滑要求更高，以确保车体横向稳定。

3）容易修补。

4）路面漫反射率高，颜色明亮，才能有良好的照明效果；路面作为发现障碍物的背景，比墙面和顶棚有更大的作用。

2.2.6 其他附属结构

1. 紧急停车带

紧急停车带是为故障车辆离开干道进行避让，以免发生交通事故引起混乱，影响通行能力而专供紧急停车使用的停车位置。

为使车辆能在发生火灾时避难和退避，还应设置方向转换场。

紧急停车带的间隔主要根据车的可能滑行距离和人力可能推动的距离确定。紧急停车带间隔一般取500~800m。停车带有效长度应满足停放车辆进入所需的长度，最低值为15m，宽度一般为3m。

2. 救援通道

隧道内应设置贯通的救援通道，单线隧道应单侧设置，双线隧道应双侧设置。救援车道宽1.5m、高2.2m。

3. 联络通道

对于双洞单线隧道，隧道间应设联络通道，其间距一般为350m左右。“定点”处应适当加密。

4. 紧急出口

长度大于1000m的隧道，有条件时宜设置紧急出口，大于6000m的隧道应设置紧急出口。紧急出口宽度不小于2.3m，高不应小于2.5m。

紧急出口内应设置通风排烟系统、照明系统及其他相关设施。

5. 应急通信系统

隧道内的紧急报警电话可将隧道内发生火灾的情报向消防控制中心或相关管理部门报警，以便及时采取有效措施将其扑灭于萌芽状态。隧道内应急通信采用无线或有线通信系统，一旦有紧急情况，司乘人员可随时与控制中心联系。

6. 消火栓系统

消火栓系统无论是在公路隧道的消防设计或在地铁消防设计中都获得了广泛认可。

7. 火灾时的防排烟系统

发生火灾时，有毒烟气将迅速蔓延、扩散，能见度低，还会使人因吸入有毒烟气而窒息死亡。在设置运营通风时，应充分考虑火灾时防排烟的具体要求。

8. 疏散标识

救援通道每隔200m应设置图像、文字标识，指示两个方向分别到下一洞口或紧急出口的整百米数，并配备灯光显示方向。

复习思考题

1. 隧道衬砌有哪些类型？各有什么特点？
2. 简述隧道洞门有哪几种类型，分析各种洞门的适用情况。
3. 简述隧道防排水构造。
4. 简述隧道通风的适用条件。

第 3 章　隧道总体设计

本章提要：本章主要介绍隧道勘察的目的、内容以及方法；围岩的分级方法（着重介绍了公路隧道围岩的分级方法）和围岩分级的影响因素；隧道路线的选址方法和原则；隧道洞口位置的选择方法以及隧道的几何设计要求（隧道平面的设计、横断面设计）。围岩分级是本章学习的重点及难点，重点掌握围岩分级、围岩分级的影响因素。

3.1　隧道勘察

隧道勘察的目的是查明隧道所处位置的工程地质条件和水文地质条件，以及隧道施工和运营对环境保护的影响，为规划、设计、施工提供所需的勘察资料，并对存在的岩土工程问题、环境问题进行分析评价，提出合理的设计方法和施工措施，从而使隧道工程经济合理和安全可靠。

3.1.1　隧道勘察的阶段划分

公路工程地质勘察可分为预可行性研究阶段工程地质勘察（简称预可勘察）、工程可行性研究阶段工程地质勘察（简称工可勘察）、初步设计阶段工程地质勘察（简称初步勘察）、施工图设计阶段工程地质勘察（简称详细勘察）四个阶段。

3.1.2　隧道勘察的主要方法

隧道勘察的主要方法有资料收集、地形与地质调查、勘探等。随着科学技术的进步，越来越多的新技术应用于隧道勘察工作。

1. 资料收集

应全面收集下列隧址区的资料：

1）地形地貌资料，以及有关的遥感与观测资料。

2）工程地质、水文地质、地表水，特别是自然地质灾害的种类、性质、规模、危害程度等资料。

3）气温、降水、风速和风向等气象资料。

4）地震历史、地震动参数等资料。

5）沿线交通情况、施工条件等资料。

6）沿线矿产资源、周边既有工程等资料。

2. 地形与地质调查

隧道各阶段调查的目标、内容及范围见表 3-1。

表 3-1　隧道各阶段调查的目标、内容及范围

阶段		目标	内容和方法	范围
施工前	踏勘	为线路走向比选提供区域地形、地质、环境等基本资料	搜集、分析既有资料及沿路线进行地面踏勘	大于路线可能方案的范围
	初勘	获取路线所需地形、地质、其他环境资料，为方案比较及下阶段调查提供基础资料	搜集、分析既有资料，现场踏勘、测绘和必要的勘探工作	大于比选方案的范围
	详勘	获取技术设计、施工计划、预算等所需的地质、环境等资料	详细进行地形、地质、环境等调查；按照要求进行钻探、物探、测试等	隧道线路两侧及周边地区，特长隧道、长隧道和岩溶隧道范围应适当扩大
施工中		预报和确认施工中出现的工程地质、水文地质问题；验证或变更设计、调整施工方法等	地形、地质、环境补充调查；洞内观测、测量、超前探测预报，地质灾害及防治措施	隧道内及地面受施工影响的范围

隧道工程测绘应按设计阶段要求，搜集或测绘地形图、纵断面图、横断面图等。施工前各阶段的地形与地质调查应包括自然地理概况、工程和水文地质等，并应阶段要求重点调查和分析下列内容：

1）地层沿线地质构造的性质、类型和规模。

2）断层、节理、软弱结构面特征及其与隧道的组合关系，围岩的基本物理力学性质。

3）地下水类型及地下水位、含水层的分布范围及相应的渗透系数、水量和补给关系、水质及其对混凝土的侵蚀性，有无异常涌水、突水。

4）不良地质和特殊岩体及其发生和发展的原因、类型、规模和发展趋势，分析其对隧道洞口和洞身稳定的影响程度。

5）查明有害气体或有害矿体地层、分布范围、有害成分和含量，并预测和评价其对施工、运营的影响。

6）确定隧道所处地区的地震动峰值加速度系数。

3. 勘探

在隧道工程勘察中，需要查明岩土的性质和分布，从地下采取岩土样供室内试验测定，岩土的物理力学性质可采用挖探、钻探、地球物理勘探等勘探方法测定。

工程地质勘探点、测试点和观测点的布置应该目的明确，具有代表性，能判明重要的地质界线和查明工程地质状况，其密度、深度应根据勘察阶段、成图比例、露头情况和工程结构特点确定。

工程地质调绘应与路线及沿线工程结构设置相结合，为路线方案比选、工程场地选择以及勘探、测试工作量的拟定等提供依据。

3.2　隧道围岩分级的影响因素和指标

隧道围岩是指隧道周围一定范围内，对隧道稳定性能产生影响的岩（土）体。隧道周围的地层可能是软硬不一的岩石，也可能是松散的土，把土视为一种特殊的（即风化破碎严重的）岩石，所以隧道周围的地层，不管是土体还是岩体，统称为围岩。

3.2.1　地下洞室稳定性分类

根据洞室开挖工程实践，洞室开挖后的稳定性大体上可分为以下几类：

（1）充分稳定　洞室在长时间内有足够的自稳能力，无须人为支护而能维持稳定，无坍塌，偶尔有掉块。

（2）基本稳定　洞室保持稳定，会因爆破、岩块结合松弛等产生局部掉块，但不会引起洞室的坍塌，层间结合差的平缓岩层顶板可能弯曲、断裂，此时应采取局部支护或轻型的支护。

（3）暂时稳定　大多数洞室属于这个类型，洞室开挖后呈现出不同程度的坍塌现象，坍塌后的洞室呈拱形而处于暂时稳定状态，在外界（如爆破、重新更换支撑等）和内部（如地下水等）条件的影响下，若不及时支护，坑道会进一步丧失稳定。因此，在这种围岩中必须采取各种类型的支护措施。

（4）不稳定　洞室在不支护条件下是难以开挖的，随挖随坍，常常要先支后挖，洞室的坍塌发生迅速、影响范围大，有时可坍塌到地表，或在地面形成塌盆地。在有水时，土体流动造成极大的荷载。在这种情况下，需要采取专门的支护措施和施工方法来保证坑道的稳定。

由此可见，洞室围岩稳定性不同，采取的施工方法和支护措施也是不同的。因此，按围岩稳定性大致相同的地质条件并结合工程实践进行围岩分级是有根据的。

3.2.2　影响围岩稳定性的因素

影响围岩稳定性的因素很多，就其性质来说，基本上可以归纳为两类：第一类属于地质环境的自然因素，它们决定了地下工程围岩的质量；第二类则属于工程活动中的人为因素，如地下工程的形状、跨度、施工方法、洞室轴线与岩层产状的关系等。后者虽然不能决定围岩质量的好坏，但却能影响围岩的质量和稳定性。

1. 地质环境的自然因素

围岩在开挖地下洞室时的稳定程度是岩体力学性质的一种表现形式。因此，影响岩体力学性质的各种因素同样会影响围岩的力学性质，只是各自的重要性有所不同，影响围岩稳定性的地质环境因素主要有：

1）岩体结构类型。

2）岩石的力学性质。

3）地下水状况。

4）结构面性质和空间的组合。

5）围岩的初始应力场。

2. 工程活动中的人为因素

人为因素也是造成围岩失稳的重要条件，其中以洞室的尺寸（主要指跨度）、形状及施工中所采用的开挖方法等影响较为显著。

工程活动所造成的人为因素，虽然对围岩稳定性的影响很大，但为了简化围岩分级问题，一般都是以分级的适用条件来控制，而围岩分级本身则主要从地质因素进行考虑。

3.2.3 围岩分级的因素指标

在充分研究影响地下工程围岩稳定性的因素后，就可以分析哪些因素或其组合可作为分级指标，用什么方法能确定这些因素，以及这些分级（类）指标与地下工程的关系等。

1. 单一的岩性指标

单一的岩性指标包括岩石的抗压和抗拉强度以及弹性模量等物理力学参数，以及抗钻性、抗爆性等工程指标。

在单一岩体指标中，多采用岩石的单轴饱和极限抗压强度作为基本的分级指标，除了试验方法较方便外，从定量上看也是比较可靠的。但单一的岩性指标只能表达岩体特征的一个方面，因此用来作为分级的唯一指标是不合适的。

2. 单一的综合岩性指标

单一的综合岩性指标是单一的，但反映的因素却是综合的，具体如下：

（1）岩体的弹性波传播速度　弹性波传播速度与岩体的强度和完整性成正比，它既可反映岩体的力学性质，又可表示岩体的破碎程度。

（2）岩石质量指标（Rock Quality Designation，简称 RQD）　它是反映岩体破碎程度和岩石强度的综合指标。岩石质量指标是指钻探时的岩芯复原率，也称为岩芯采取率。岩体质量的好坏主要取决于长度小于 10cm 的细小岩块所占的比例。岩芯复原率是以单位长度钻孔中 10cm 以上的岩芯占有比例来判断的，即

$$\mathrm{RQD}=\frac{10\mathrm{cm}\text{ 以上岩芯累计长度}}{\text{单位钻孔长度}}\times 100\% \tag{3-1}$$

该分级法将围岩分为 5 级：

1）RQD>90%，为优质的。

2）75%<RQD<90%，为良好的。

3）50%<RQD<75%，为好的。

4）25%<RQD<50%，为差的。

5）RQD<25%，为很差的。

（3）围岩自稳时间　它可认为是综合岩性指标。地下洞室外挖后，围岩通常都会有一段暂时稳定的时间。根据不同的地质环境，自稳时间有长有短，劳费（Lauffer）认为洞室围岩自稳的时间可表示为

$$t_s = CL^{-(1+\alpha)} \tag{3-2}$$

式中　L——坑道未支护地段的长度（m）；

α——视围岩情况在 0~1 变化，好的岩体可取 $\alpha=0$，极差的岩体 $\alpha=1.0$；

C——视围岩条件而定的系数。

（4）岩体的坚固系数　它是反映岩石强度和岩体构造特征的综合性指标。岩体的坚固

系数 $f_{岩体}$ 需考虑地质条件对岩石的坚固系数适当折减，即

$$f_{岩体} = Kf_{岩石} \tag{3-3}$$

式中 K——考虑地质条件的折减系数，一般情况下，$K<1.0$；

$f_{岩石}$——岩石的坚固系数。

岩石的坚固系数是岩石强度指标的反映，可由下式表示

$$f_{岩石} = \frac{R}{10} \tag{3-4}$$

式中 R——岩石单轴抗压强度（MPa）。

岩体的坚固系数也称为普氏系数，其分级见表 3-2。

表 3-2 岩体坚固系数分级

岩石级别	坚固程度	代表性岩石	$f_{岩体}$
Ⅰ	最坚固	最坚固、致密、有韧性的石英岩、玄武岩和其他各种特别坚固的岩石	20
Ⅱ	很坚固	很坚固的花岗岩、石英斑岩、硅质片岩、较坚固的石英岩、最坚固的砂岩和石灰岩	15
Ⅲ	坚固	致密的花岗岩、很坚固的砂岩和石灰岩、石英矿脉、坚固的砾岩、很坚固的铁矿石	10
Ⅲa	坚　固	坚固的砂岩、石灰岩、大理岩、白云岩、黄铁矿、不坚固的花岗岩	8
Ⅳ	比较坚固	一般的砂岩、铁矿石	6
Ⅳa	比较坚固	砂质页岩、页岩质砂岩	5
Ⅴ	中等坚固	坚固的泥质页岩、不坚固的砂岩和石灰岩、软砾石	4
Ⅴa	中等坚固	各种不坚固的页岩、致密的泥灰岩	3
Ⅵ	比较软	软弱页岩、很软的石灰岩、白垩、盐岩、石膏、无烟煤、破碎的砂岩和石质土壤	2
Ⅵa	比较软	碎石质土壤、破碎的页岩、黏结成块的砾石、碎石、坚固的煤、硬化的黏土	1.5
Ⅶ	软	软致密黏土、较软的烟煤、坚固的冲击土层、黏土质土壤	1
Ⅶa	软	软砂质黏土、砾石、黄土	0.8
Ⅷ	土状	腐质土、泥煤、软砂质土壤、湿砂	0.6
Ⅸ	松散状	砂、山砾堆积、细砾石、松土、开采下来的煤	0.5
Ⅹ	流沙状	流沙、沼泽土壤、含水黄土及其他含水土壤	0.3

单一综合岩性指标多与地质勘察技术的发展有关。因此，这类指标的精度就会受到一定的限制，有时会因操作上的原因或地质特征异常而得不到可靠的结论。

3. 复合指标

复合指标是一种用两个或两个以上的岩性指标或综合性指标所表示的复合性指标。

典型的复合指标有以下几种：

1）国标 GB/T 50218—2014《工程岩体分级标准》采用两个复合指标——岩体基本质量指标 BQ 和修正的岩体基本质量指标［BQ］，对工程岩体进行分级。

2）SL 279—2016《水工隧洞设计规范》和国际 GB 50086—2015《岩土锚杆与喷射混凝土支护工程技术规范》所采用的围岩/岩体强度应力比 S，综合考虑了岩石强度、岩体完整性和地应力的因素，即

$$S = R_c K_v / \sigma_m \tag{3-5}$$

$$S = R_c K_v / \sigma_1 \tag{3-6}$$

式中 R_c——岩石饱和单轴抗压强度（MPa）；

K_v——岩体完整性系数；

σ_m——围岩的最大主应力（MPa）；

σ_1——垂直洞轴线的较大主应力（kN/m^2）。

3）巴顿（Barton）等人提出，岩体质量 Q 与 6 个表明岩体质量的地质参数有关，表示为

$$Q = \frac{RQD}{J_n} \times \frac{J_r}{J_a} \times \frac{J_w}{SRF} \times \sigma_c \tag{3-7}$$

式中 RQD——岩石质量指标，其取值方法见式（3-1）；

J_n——节理组数目；

J_r——节理粗糙度；

J_a——节理蚀变值；

J_w——节理含水折减系数；

SRF——初始应力折减系数；

σ_c——单轴饱和抗压强度（MPa）。

4）我国坑道工程围岩分类中采用岩体质量指标 R_m 和应力比 S 参数，其中 R_m 由下式确定，即

$$R_m = R_c K_v K_w K_j \tag{3-8}$$

式中 R_c——岩石单轴饱和极限抗压强度（MPa）；

K_v——岩体完整性系数，岩体越完整，K_v 取值越大，变化范围为 0.08~1.0，由实测确定；

K_w——地下水影响折减系数，变化范围为 0.4~1.0，无水时取 1.0，视具体情况由经验确定；

K_j——岩层面产状要素影响折减系数，变化范围为 0.5~1.0，层面走向与轴线夹角为 60°~90°，层面倾角小于 30°，层面间距大于或等于 1m 时，$K_j = 1.0$，其他情况由经验确定。

以 R_m 为基础，考虑地应力的影响，另一个复合指标应力比 S 由下式表述，即

$$S = \frac{R_m}{\sigma_m} \tag{3-9}$$

式中 σ_m——最大的垂直地应力（MPa）。

从上述可以看出，复合指标考虑了多种因素的影响，故对判断围岩的稳定性是比较合理可靠的，而且还可以根据工程对象的要求选择不同的指标。但复合指标的定量数值，有的是通过试验或现场实测确定的，有的主要是凭经验确定，故复合指标也带有很大的主观因素。

3.3 公路隧道围岩分级

围岩分级是根据岩体完整程度和岩石强度等指标，按稳定性对围岩进行的分级。隧道围岩分级是正确地进行隧道设计和施工的基础。

围岩压力是指隧道开挖后，因围岩变形和松动等作用于衬砌结构上的压力，是形变压力

和松散压力的统称。隧道围岩压力对正确地进行隧道设计与施工有重要的影响。

3.3.1　岩石的坚硬性

围岩分级中，岩石坚硬程度、岩体风化程度两个基本因素的定性划分和定量指标及其对应关系应符合下列规定：

1）岩石坚硬程度可按表3-3定性划分。

2）岩石风化程度的划分可按表3-4确定。

表3-3　岩石坚硬程度的划分

名称		定性鉴定	代表性岩石
硬质岩	坚硬岩	锤击声清脆，有回弹，振手，难击碎；浸水后大多无吸水反应	未风化~微风化的花岗岩、正长岩、闪长岩、辉绿岩、玄武岩、安山岩、片麻岩、石英片岩、硅质板岩、石英岩、硅质胶结的砾岩、石英砂岩、硅质石灰岩等
	较坚硬岩	锤击声较清脆，有轻微回弹，稍振手，较难击碎；浸水后大多有轻微吸水反应	1. 弱风化的坚硬岩 2. 未风化~微风化的熔结凝灰岩、大理岩、板岩、白云岩、石灰岩、钙质胶结的砂页岩
软质岩	较软岩	锤击声不清脆，无回弹，较易击碎；浸水后指甲可刻出印痕	1. 弱风化的坚硬岩 2. 弱风化的较坚硬岩 3. 未风化~微风化的凝灰岩、千枚岩、砂质泥岩、泥灰岩、泥质砂岩、粉砂岩、页岩等
	软岩	锤击声哑脆，无回弹，有凹痕，易击碎；浸水后手可掰开	1. 强风化的坚硬岩 2. 弱风化~强风化的较坚硬岩 3. 弱风化的较软岩 4. 未风化的泥岩等
	极软岩	锤击声哑脆，无回弹，有较深凹痕，手可捏碎；浸水后可捏成团	1. 全风化的各种岩石 2. 各种半成岩

表3-4　岩石风化程度的划分

名称	野外特征	风化系数 k_f	波速比 k_v
未风化	岩质新鲜，偶见风化痕迹	0.9~1.0	0.9~1.0
微风化	结构构造基本未变，仅节理面有渲染或略微变色，有少量风化裂隙	0.8~0.9	0.8~0.9
中等（弱）风化	结构构造部分破坏，矿物色泽较明显变化，裂隙面出现风化矿物或存在风化夹层	0.6~0.8	0.6~0.8
强风化	结构构造大部分破坏，矿物色泽明显变化，长石、云母等多风化成次生矿物	0.4~0.6	0.4~0.6
全风化	结构构造全部破坏，矿物成分除石英外，大部分风化成土状	—	0.2~0.4

3）岩石坚硬程度定量指标用岩石单轴饱和抗压强度 R_c 表达，一般采用实测值；当无实测值时，可采用实测的岩石点荷载强度指数 $I_{S(SO)}$ 的换算值，即按下式计算

$$R_c = 22.82 I_{S(SO)} \tag{3-10}$$

4）R_c 与岩石坚硬程度定性划分的关系可按表3-5确定。

表 3-5　R_c 与岩石坚硬程度定性划分的关系

R_c/MPa	>60	60~30	30~15	15~5	≤5
坚硬程度	坚硬岩	较坚硬岩	较软岩	软岩	极软岩

3.3.2　岩体的完整程度

1. 岩体完整程度

岩体完整程度可按表 3-6 定性划分。

表 3-6　岩体完整程度的定性划分

<table>
<tr><th rowspan="2">名称</th><th colspan="2">结构面发育程度</th><th rowspan="2">主要结构面的结合程度</th><th rowspan="2">主要结构面类型</th><th rowspan="2">相应结构类型</th></tr>
<tr><th>组数</th><th>平均间距/m</th></tr>
<tr><td>完整</td><td>1~2</td><td>>1.0</td><td>好或一般</td><td>节理、裂隙、层面</td><td>整体状或巨厚层结构</td></tr>
<tr><td rowspan="2">较完整</td><td>1~2</td><td>>1.0</td><td>差</td><td rowspan="2">节理、裂隙、层面</td><td>块状或厚层结构</td></tr>
<tr><td>2~3</td><td>1.0~4.0</td><td>好或一般</td><td>块状结构</td></tr>
<tr><td rowspan="3">较破碎</td><td>2~3</td><td>1.0~4.0</td><td>差</td><td rowspan="3">节理、裂隙、层面、小断层</td><td>裂隙块状或中厚层结构</td></tr>
<tr><td rowspan="2">≥3</td><td rowspan="2">0.2~0.4</td><td>好</td><td>镶嵌碎裂结构</td></tr>
<tr><td>一般</td><td>中、薄层状结构</td></tr>
<tr><td rowspan="2">破碎</td><td rowspan="2">≥3</td><td>0.2~0.4</td><td>差</td><td rowspan="2">各种类型结构面</td><td>裂隙块状结构</td></tr>
<tr><td>≤0.2</td><td>一般或差</td><td>裂隙状结构</td></tr>
<tr><td>极破碎</td><td>无序</td><td>—</td><td>很差</td><td>—</td><td>散体状结构</td></tr>
</table>

注：平均间距是指主要结构间距的平均值。

2. 岩体完整程度的定量指标

岩体完整性系数 K_v 测试和计算方法，应针对不同的工程地质岩组或岩性段，选择具有代表性的点、段，测试岩体弹性纵波速度，并应在同一岩体取样测定岩石纵波速度。K_v 的值按下式计算：

$$K_v = (v_{pm}/v_{pr})^2 \tag{3-11}$$

式中　v_{pm}——岩体弹性纵波速度（km/s）；

v_{pr}——岩石弹性纵波速度（km/s）。

K_v 与定性划分的岩体完整程度的对应关系可按表 3-7 确定。

表 3-7　K_v 与定性划分的岩体完整程度的对应关系

K_v	>0.75	0.75~0.55	0.55~0.35	0.35~0.15	≤0.15
完整程度	完整	较完整	较破碎	破碎	极破碎

岩体完整程度一般用弹性波探测值，当无探测值时，可用岩体体积节理数 J_v，按表 3-8 确定对应的 K_v 值。

表 3-8　J_v 与定性划分的岩体完整程度的对应关系

J_v/(条/m^3)	<3	3~10	10~20	20~35	≥35
完整程度	完整	较完整	较破碎	破碎	极破碎

3.3.3　围岩分级综合评判法

在公路隧道勘察设计过程中，根据隧道周边岩体或土体的稳定性进行围岩分级，公路隧道围岩分级采用综合评价法两步分级，按以下步骤进行：

1）根据岩石的坚硬程度和岩体的完整程度两个基本因素的定性特征和定量的围岩基本质量指标 BQ，进行初步分级。

2）在岩体基本质量分级基础上，考虑修正因素的影响，修正岩体基本质量指标值，得出基本质量指标修正值［BQ］，再结合岩体的定性特征进行综合评判，确定围岩的详细分级。

1. 初步分级

围岩基本质量指标 BQ 应根据分级因素的定量指标 R_c 值和 K_v 值按下式计算

$$BQ = 100 + 3R_c + 250K_v \tag{3-12}$$

使用上式时应遵守以下限制条件：

1）当 $R_c>90K_v+30$ 时，应以 $R_c=90K_v+30$ 和 K_v 代入计算 BQ 值；

2）当 $K_v>0.04R_c+0.4$ 时，应以 $K_v=0.04R_c+0.4$ 和 R_c 代入计算 BQ 值。

公路隧道岩质围岩分级可通过地质调查、勘探、试验等方法和手段，根据取得的围岩定性特征和岩体基本质量指标 BQ，按表 3-9 的规定进行。

表 3-9　公路隧道围岩分级

围岩级别	围岩或土体主要定性特征	围岩基本质量指标 BQ 或围岩基本质量指标修正值[BQ]
Ⅰ	坚硬岩，岩体较完整，巨整体状或巨厚层状结构	>550
Ⅱ	坚硬岩，岩体较完整，块状或厚层状结构 较坚硬岩，岩体完整，块状整体结构	550~451
Ⅲ	坚硬岩，岩体较破碎，巨块（石）碎（石）状镶嵌结构 较坚硬岩或较软硬岩层，岩体较完整，块状体或中厚层结构	450~351
Ⅳ	坚硬岩，岩体破碎，碎裂结构 较坚硬岩，岩体较破碎~破碎，镶嵌碎裂结构 较软岩或较硬岩互层，且以软岩为主，岩体较完整—较破碎，中薄层状结构土体：①压密或成岩作用的黏性土及砂性土；②黄土（Q_1、Q_2）；③一般钙质、铁质胶结的碎石土、卵石土、大块石土	350~251
Ⅴ	较软岩，岩体破碎 软岩，岩体较破碎—破碎 极破碎各类岩体，碎、裂状，松散结构	≤250
	一般第四系的半干硬-硬塑的黏性土及稍湿至潮湿的一般碎石、卵石土、圆砾、角砾土及黄土（Q_3、Q_4）非黏性土呈松散结构，黏性土及黄土呈松软结构	—
Ⅵ	软塑状黏性土及潮湿、饱和粉细砂层、软土等	—

2. 详细分级

围岩详细定级时，如果遇到下列情况之一，应对岩体基本质量指标 BQ 进行修正：

1）有地下水。

2）围岩稳定性受软弱结构面影响，且由一组起控制作用。

3）存在高初始地应力。

围岩基本质量指标修正值［BQ］可按下式计算

$$[BQ] = BQ - 100(K_1 + K_2 + K_3) \tag{3-13}$$

式中　［BQ］——围岩基本质量指标修正值；

BQ——围岩基本质量指标；

K_1——地下水影响修正系数；

K_2——主要软弱结构面产状影响修正系数；

K_3——初始地应力状态影响修正系数。

K_1、K_2、K_3 的值分别按表 3-10、表 3-11、表 3-12 取值。

表 3-10　地下水影响修正系数 K_1

地下水出水状态	BQ				
	>550	550~451	450~351	350~251	≤250
潮湿或点滴状出水，$p \leqslant 0.1$MPa 或 $Q \leqslant 25$L/(min·10m)	0	0	0~0.1	0.2~0.3	0.4~0.6
淋雨状或涌流状出水，0.1MPa<$p \leqslant 0.5$MPa 或 25L/(min·10m)<$Q \leqslant 125$L/(min·10m)	0~0.1	0.1~0.2	0.2~0.3	0.4~0.6	0.7~0.9
淋雨状或涌流状出水，$p>0.5$MPa 或 $Q>125$L/(min·10m)	0.1~0.2	0.2~0.3	0.4~0.6	0.7~0.9	1.0

注：p 为地下水压力，单位 MPa；Q 为每 10m 洞长出水量，单位 L/(min·10m)。

表 3-11　主要软弱结构面产状影响修正系数 K_2

结构面产状及与洞轴线的组合关系	结构面走向与洞轴线夹角小于 30°，结构倾角为 30°~75°	结构面走向与洞轴线夹角大于 60°，结构面倾角大于 75°	其他组合
K_2	0.4~0.6	0~0.2	0.2~0.4

表 3-12　初始地应力状态影响修正系数 K_3

初始地应力状态	BQ				
	>550	550~451	451~351	350~251	≤250
极高应力区	1.0	1.0	1.0~1.5	1.0~1.5	1.0
高应力区	0.5	0.5	0.5	0.5~1.0	0.5~1.0

注：极高应力区是指 $R_c/\sigma_{max}<4$ 的区域，高应力区是指 $4 \leqslant R_c/\sigma_{max}<7$ 的区域，其中 $\sigma_{max}<4$ 为垂直洞轴线方向的最大初始应力。R_c 为岩石的单轴饱和抗压强度。

根据调查、勘探、试验等资料，公路隧道围岩分级和公路隧道岩质围岩的基本质量分级见表 3-13 和表 3-14。

当根据岩体基本质量定性划分与［BQ］值确定的级别不一致时，应重新审查定性特征和定量指标计算参数的可靠性，并对它们重新观察、测试。

在工程可行性研究和初步勘测阶段，可采用定性划分的方法或工程类比的方法进行围岩级别划分。

表 3-13 公路隧道围岩分级

岩质围岩级别									土质围岩级别			
Ⅰ	Ⅱ	Ⅲ		Ⅳ			Ⅴ		Ⅳ	Ⅴ		Ⅵ
Ⅰ	Ⅱ	Ⅲ$_1$	Ⅲ$_2$	Ⅳ$_1$	Ⅳ$_2$	Ⅳ$_3$	Ⅴ$_1$	Ⅴ$_2$	Ⅳ$_3$	Ⅴ$_1$	Ⅴ$_2$	Ⅵ

表 3-14 公路隧道岩质围岩的基本质量分级

基本质量分级		围岩的定性特征	围岩基本质量指标 BQ
基本级别	亚级		
Ⅰ	—	坚硬岩，岩体完整，整体状或巨厚层状结构	≥551
Ⅱ	—	坚硬岩，岩体较完整，块状或厚层状结构 较坚硬岩，岩体完整，块状结构或整体状结构	550~451
Ⅲ	Ⅲ$_1$	坚硬岩，较破碎（K_v=0.4~0.55），结构面较发育、结合差，裂隙块状或中厚层状结构 较坚硬岩（R_c=45~60MPa），岩体较完整，结构面较发育、结合好，块状结构 较坚硬岩（R_c=30~45MPa），岩体完整，整体状或巨厚层状结构	450~401
	Ⅲ$_2$	坚硬岩，较破碎（K_v=0.33~0.4），结构面发育、结合好，裂隙块状或镶嵌碎裂结构 较坚硬岩（R_c=45~60MPa），岩体较破碎，结构面较发育、结合好，块状结构 较坚硬岩（R_c=30~45MPa），岩体较完整，整体状或巨厚层状结构 较软岩，岩体完整，结构面不发育、结合好或一般，整体状或巨厚层状结构	400~351
Ⅳ	Ⅳ$_1$	坚硬岩，岩体破碎（K_v=0.28~0.35），结构面极发育、结合一般或差，碎裂状结构 较坚硬岩（R_c=45~60MPa），岩体破碎~较破碎，结构面较发育、结合一般，碎裂状结构 较坚硬岩（R_c=30~45MPa），较破碎，结构面发育、结合好，镶嵌碎裂结构 较软岩，（R_c=20~30MPa），结构面较发育、结合好或一般，块状结构 软岩，（R_c=10~15MPa），结构面不发育、结合好或一般，整体状或巨厚层状结构	350~316
	Ⅳ$_2$	坚硬岩，岩体破碎（K_v=0.2~0.28），结构面极发育、结合一般或差，碎裂状结构 较坚硬岩（R_c=45~60MPa），结构面较发育、结合一般，碎裂状结构 较坚硬岩（R_c=30~45MPa），较破碎，结构面发育、结合好，镶嵌碎裂结构 较软岩，岩体较完整（R_c=20~30MPa），结构面较发育、结合好或一般，块状结构 较软岩或以软岩为主的软硬岩互层，较破碎，结构面发育、结合一般，中、薄层状结构 软岩（R_c=7.5~10MPa），结构面不发育、结合好或一般，整体状或巨厚层状结构	315~285
	Ⅳ$_3$	坚硬岩，岩体破碎（K_v=0.15~0.2），结构面极发育、结合一般或差，碎裂状结构 较坚硬岩，岩体破碎，结构面较发育、结合一般，碎裂状结构 较软岩，岩体较破碎，结构面较发育、结合好或一般，块状结构 软岩，岩体完整（R_c=5~7.5MPa），结构面不发育、结合好或一般，整体状或巨厚层状结构	284~251

（续）

基本质量分级		围岩的定性特征	围岩基本质量指标 BQ
基本级别	亚级		
V	V_1	坚硬岩及较坚硬岩，岩体极破碎（K_v=0.06~0.15） 较软岩，破碎（R_c=20~30MPa），结构面发育或极发育 较软岩，较破碎（R_c=15~20MPa），结构面发育、结合一般或破碎 软岩，较破碎，结构面发育、结合一般，碎裂状结构 极软岩（R_c=2~5MPa），较完整~完整，结构面不发育或结构面较发育但结合好	250~211
	V_2	坚硬岩及较坚硬岩，岩体极破碎（K_v=0~0.06） 较软岩，岩体极破碎，碎裂状结构或散体状结构 软岩，岩体破碎，结构面极发育、结合一般或差，碎裂状结构 极软岩（R_c<2MPa），较破碎~完整	210~150

3.4 隧道方案比较

地形按形态、高差、自然坡度及平整度可划分为平原、微丘地形、山岭、重丘地形。只有当线路处于一定的地形条件下时，才需要修建隧道。一般而言，遇到微丘地形、山岭、重丘地形带来的高程障碍，线路有绕行、路堑和隧道三种方案可供选择。从平面线形和纵坡的关系，考虑是否需要设置隧道。在确定了隧道方案后，可进行长隧道方案与短隧道群方案的比较；当需要修建两条平行隧道时，还有两座单线隧道方案和一座双线隧道方案的比较等。

在决定隧道位置时，要考虑到路线的特性，与前后线形的衔接、地形地质条件对施工难易程度的影响，以及交通安全、行驶性能等，洞口附近应特别加以注意。

在一般情况下，当一段线路的方案比选确定以后，区段上隧道的位置就只能依从于线路的位置大体决定，最多是在上、下、左、右很小幅度内进行小的移动。但是，如果隧道很长、工程规模很大、技术上也有一定困难、属于本区段的重点控制工程，则线路就得依从于隧道所选定的最优位置，将线路以相应的引线凑到隧道的位置上来。

3.4.1 隧道与绕行及路堑比较

（1）绕行方案　绕行方案可以避开山岭地形，不修隧道或将长、大隧道改为傍山的短小隧道。其优点是技术要求低、投资省、工期短。其缺点是线路延长、弯道增多，尤其是小半径弯道，极不利于以后的运营。此外，沿线可能形成高大边坡，将会留下塌方落石等严重影响交通运营的隐患。

（2）路堑方案　当地形为平原微丘时，由于相对高差不大，可以考虑采用路堑方案。在重丘和山岭地区，如果要避免高大边坡，就需要提高线路高程，因而展线要长，要求路堑的两端比较开阔以利展线。如果出现高深路堑，在维护边坡稳定上存在一定的难度，往往采取了许多工程措施仍不能阻止塌方落石，甚至滑坡，最后只得以明洞方式穿越。当然，路堑投资一般比隧道少。需要说明的是，虽然路堑比隧道一次性投资少，但随着时间的推移，路堑的病害不断地出现，为稳定边坡而投入的资金完全可能超过隧道。此外，路堑方案开挖范围大，破坏了大面积的自然植被，不利于保护环境。

（3）隧道方案　隧道方案能使线路平缓顺直，病害少，维修养护简单，从而提供了良好的运营条件。隧道可缩短线路、节省运输时间，使得出行更为快捷和便利，为交通市场竞争创造有利条件，而且还能最大限度地减少道路修建对自然植被的破坏，产生积极的社会效益和自然效益。

从现代的观点出发，当线路遇到地形高程障碍时，应该优先考虑隧道方案。只有在不具备修建隧道的条件时（主要是投资条件），才考虑采用其他方案。

3.4.2　短隧道群与长隧道比较

当线路顺着河谷傍山行走时，地形起伏不定，如果线路靠近河流一侧，则可以修建若干座短隧道穿越，而当线路往山体内偏移，则成为一座长隧道，如图 3-1 所示。

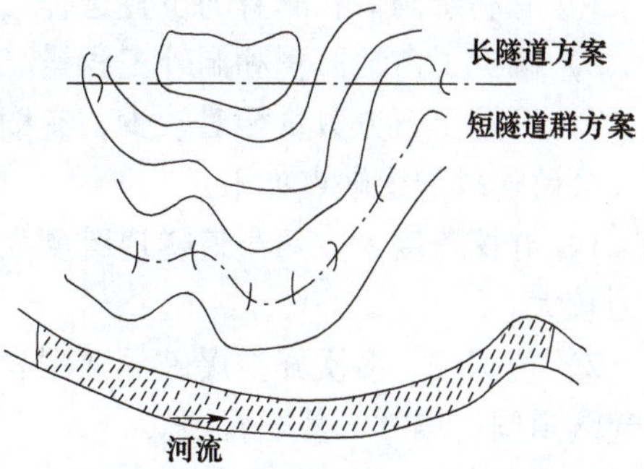

图 3-1　沿河短隧道群与长隧道

短隧道比较容易施工，技术难度较低；与一座长隧道相比，短隧道群进出口的总数多，因而工作面多，施工进度快；此外，从运营来看，短隧道群可以采用自然通风，而不必设置运营机械通风设施，而长隧道一般需要机械通风。

但短隧道群所处的地质条件一般都比较复杂，施工过程中易塌方，而且由于多为绕山傍河，易形成地层对隧道结构的偏压，使结构处于不利的受力状态，产生病害隐患；洞口路堑多半形成高大边坡，在雨水冲刷下，经常发生落石、塌方等事故，危及运营。

因此，从安全运营的角度来看，应该选择长隧道，尽量避免短隧道群。

3.4.3　两座单线隧道方案和一座双线隧道方案比较

公路隧道一般按双车道设计，当多于双车道时，应分设成两座平行隧道，以避免过大的断面跨度。铁路复线有上下行线之分，既可以将上下行线分开设计成两座平行隧道，也可以将它们置于同一座隧道（称为双线或复线隧道）。

双线隧道有以下优点：隧道对周边环境的影响宽度小，选线时易于安排布置；总的开挖面积较小；开挖跨度较大，工作面较宽敞，利于作业；施工通风条件较好；维修养护较方便。缺点如下：断面跨度大，所受围岩压力也就大，不利于围岩的稳定，对支护结构的要求较高；列车活塞风效应差，因而运营通风效果受影响。

单线隧道优缺点正好与之相反。

同时修建两座单线隧道的总投资高于一座双线隧道。如果由于运量尚没有上来，可以将两座单线隧道分期先后修建，这样初期投资少，通过投资的运作，单线隧道有可能比双线隧道经济。

3.4.4　分离隧道与小净距隧道及连拱隧道的比较

由于地质条件的关系，隧道宽度过大则不经济，施工上也增加难度，所以高速公路、一级公路应设计为上、下行分离的两座独立隧道。两相邻隧道最小净距，按对两洞结构彼此不产生有害影响的原则，结合隧道平面线形、围岩地质条件、断面形状和尺寸、施工方法等因素确定，一般情况可按表3-15的规定选用。

从理论上说，两条相邻隧道应分别置于围岩压力相互影响及施工影响范围之外，或者说其间岩柱具有足够的强度和稳定，不致危及相邻隧道的施工及结构的安全，保证车辆安全营运。在桥隧相连、隧道相连、地形条件限制等特殊地段，隧道净距不能满足表3-15的要求时，可以采取小净距隧道或连拱隧道形式，但应做出充分的技术论证和比较研究，并制定可靠的技术保障措施，确保工程质量。

公路连拱隧道优点如下：

1）有利于洞口和洞身的位置选择，减少隧道长度，减少投资。

2）减少了占地面积和洞外工程量，缩小所占地下空间，提高地下空间利用率。

3）开挖土石方数量相对较少，有助于减少对自然环境的破坏。

公路连拱隧道缺点如下：

1）开挖跨度大，两车道隧道跨度大于22m，三车道隧道跨度大于30m，因而所受围岩压力较大。

2）埋深浅，多次开挖爆破导致围岩多次扰动，尤其是中墙顶部及其两侧，稍有不慎易引起隧道围岩塌方，甚至冒顶。

3）施工工序多，结构特殊且复杂，结构受力状态变化频繁，质量控制点多，施工技术难度较大且维修不便。

4）整体式墙防排水和主洞拱部防排水施工不同步进行，使施工缝更加明显。

5）目前主要适于特殊地形和中、短规模隧道等。

小净距隧道的情况介于分离隧道和连拱隧道之间。公路分离隧道、小净距隧道及连拱隧道的比较见表3-15。

表3-15 公路分离隧道、小净距隧道及连拱隧道的比较

比较项目	分离隧道	小净距隧道	连拱隧道
双洞边墙间距/m	>15	3~15	0
结构与受力	简单、稳定	较简单、较稳定	结构复杂、受力不稳定
工序、工期和难度	少、短、小	较少、较短、较小	多、长、大
围岩受扰动次数	少	较少	多
地质条件	好差都有	较好	差、浅埋、偏压
隧道长度	不限，长隧道更显优越性	中、短型为主	中、短型，很少有长隧道
与线路连接	差	较好	线形较好
可容交通量	较小	较小	大，可用多连拱隧道
适用范围	山区	较广	城市和山丘
占地面积	多	较少	最少
地下空间利用	差	较好	最好
人文景观与环保	不利	较有利	最有利
经济评估	每米造价低，连接线高	有利	每米造价高，总价经济合理
高跨比	—	>0.5	<0.5

3.5　隧道及洞口位置选择

通过山岭、重丘区的公路、铁路往往要翻越分水岭，从一个水系进入另一个水系，线路穿越分水岭而修建的隧道为越岭隧道。

隧道具体位置的选择与区域工程地质条件、水文地质条件、地形地貌条件、工程难易程度、投资数额、工期要求，以及现有的施工技术水平和今后运营条件等因素有关。在决定隧道位置时，要考虑到线路的特性、与前后线形的衔接、地形地质条件对施工难易程度的影响、交通安全、行驶性能等。洞口附近条件应特别加以注意，并做到引线和隧道衔接协调，出口引线要避免急弯和纵坡的改变。在村镇附近或在重要的自然环境保护区及其附近设置隧道时，需要考虑环境保护，研究噪声和排出的污染气体对环境的影响。

3.5.1　越岭隧道选址

1. 越岭隧道平面位置选择

越岭隧道平面位置选择，主要是指隧道穿越分水岭的不同高程及不同方向的垭口选择，选择时要着重考虑在路线总方向上的垭口、地质条件和隧道长度，另外还应考虑两侧展线的难易程度、线形和工程量的大小。

垭口位置的选择一般可利用小比例尺地形图、航空照片、卫星照片等。根据线路的总方向和克服越岭高程的不同要求在较大范围内选线，寻求可供越岭的几个垭口位置。然后进行可能通过的垭口、河谷的比选。比选时应考虑：

1）优选考虑在路线总方向上或其附近的低垭口，因为这种垭口在两侧具备良好的展线横坡时，一般越岭隧道方案较短。

2）虽远离线路总方向，但侧方有良好展线条件的河谷，又不损失越岭高程的垭口。

3）隧道一般选在分水岭垭口两边河谷高程相差不多，且两边河谷平面位置接近处。

4）工程地质和水文地质条件良好的垭口。

同时，根据隧道长度、施工难度、运营条件等对几个可能的平面方案综合比选，最后确定最佳方案。

2. 越岭隧道高程选择

在越岭垭口选定后，由于越岭高程不同会出现不同长度的展线及越岭隧道方案，即存在隧道高程的选择问题。一般讲，隧道高程越高，隧道长度越短，相应施工工期也短，但两端展线长度增加，出现隧道群，且线路拔起高度大，运营条件差，线路通过能力降低；而低高程隧道则与之相反，但施工难度增加，施工期较长。所以，在选择越岭隧道高程时，考虑运营条件的改善和通过能力的提高，宜采用低高程方案，但必须进行地形、地质、施工、运营、经济技术等多种因素综合比较来确定最优隧道高程。

3.5.2　傍山隧道选址

山区道路通常傍山沿河而行，山区水流的特点是河床狭窄、弯曲。线路受河谷地形限制，其位置除两岸进行比选外，线路移动幅度不大。为改善线形、提高车速、缩短里程、节省时间，常常修建傍山隧道。傍山隧道位置选择时，应根据地形、地质、河流冲刷情况以及洞外的相关工程和运营条件等综合考虑，并应注意以下几点：

1）洞身覆盖厚度。傍山隧道在埋深较浅的地段，一定要注意洞身覆盖厚度问题。

2）傍山隧道应“宁里勿外”。为保持山体稳定和避免偏压产生，隧道位置宜往山体内侧靠；考虑河岸冲刷对山体和洞身稳定的影响，隧道位置宜往山体内侧靠一些；尽可能设在稳定的岩层中。河岸受冲刷对洞身位置影响示意图如图 3-2 所示。

3）“截弯取直”。山嘴地段地形陡峻，地质复杂，河岸冲刷严重，以路堑或短隧道通过难以长期保证运营安全时，应“截弯取直”以较长隧道方案通过。

4）应注意既有公路边坡的可能坍塌和施工便道对洞身稳定的影响。道路对洞身稳定的影响示意图如图 3-3 所示。

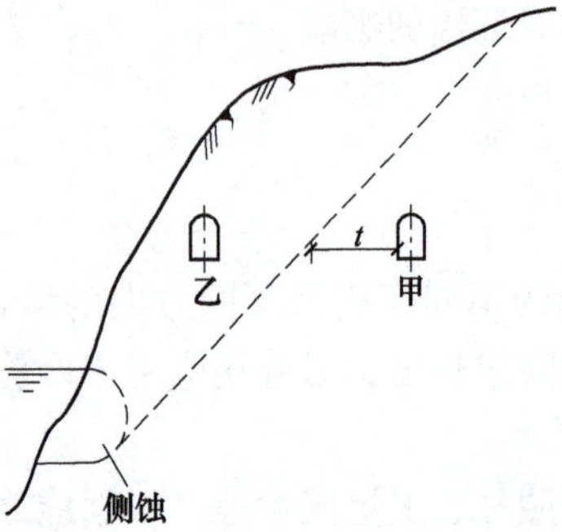

图 3-2　河岸受冲刷对洞身位置影响示意图

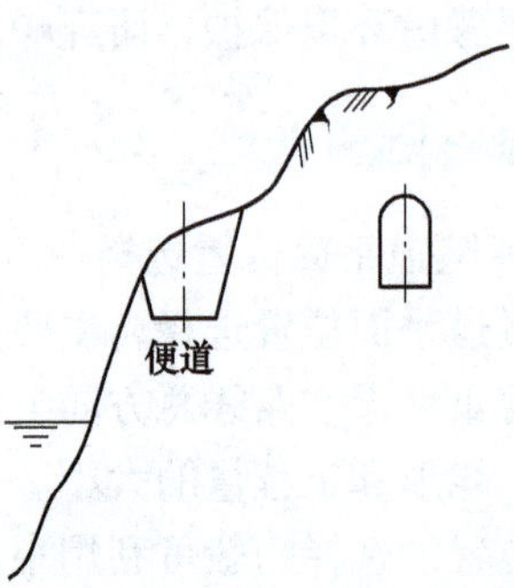

图 3-3　道路对洞身稳定的影响示意图

3.5.3　不良地质地段隧道位置的选择

常见的不良地质条件主要是指滑坡、松散堆积层、泥石流、岩溶及含煤等地质条件。

1. 滑坡

滑坡是由于地下水的活动，或是河流冲刷坡脚，以及人为切坡等原因，山坡土体在重力作用下，沿某一软弱面整体下滑的趋势而形成。由于滑坡、错落对隧道的危害很大，因而在隧道通过滑坡地区时，必须查明滑坡类型、范围、深度、滑动方向及发展原因和规律、地下水情况等。一般应尽可能地避开滑坡地段，如果确知滑坡是多年静止的死滑坡或古滑坡，在不得已时，也可以将隧道置于滑坡体之内，但需进行上部减载、下部支挡，并加强地表和地层排水，同时加强衬砌结构等工程措施。在确保滑坡体稳定的前提下，才允许隧道通过。滑坡地区隧道位置选择示意图如图 3-4 所示。

2. 松散堆积层

山体岩石经风化、温度变化、冻融交替等作用逐渐崩解成碎块，在重力作用下，自山坡滚落至坡脚形成一种松散的碎石堆积层。这种堆积层常处在暂时稳定状态。一旦扰动，稳定即会丧失而造成崩塌。在这种地质条件下，隧道应避开不稳定、松散的堆积层，使洞身处于基岩中，并具有足够的安全厚度，如图 3-5 所示甲的位置上。

但在堆积体紧密稳定，且不得已时，隧道也可以穿过堆积体，如图 3-6a 所示，但应避开堆积层中的软弱层面和堆积体与基岩接触的乙处，而应将隧道置于基岩甲或稳定的堆积体丙处。如果堆积层的情况不太严重，且正好是洞口地段，则可设置一段明洞来解决。

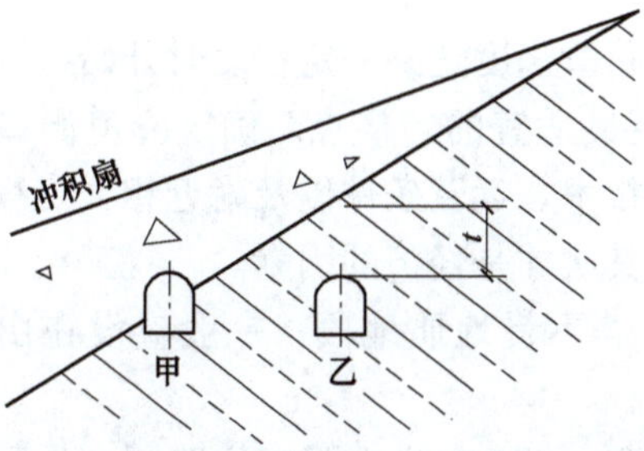

图 3-4 滑坡地区隧道位置选择示意图

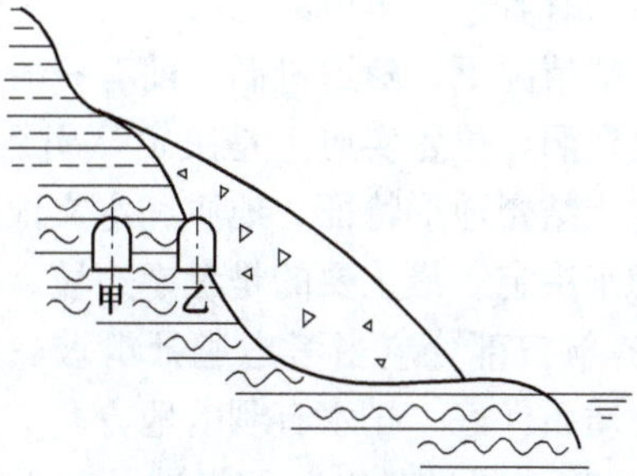

图 3-5 松散堆积层中隧道位置选择示意图

3. 泥石流

山顶积聚的土壤和各种砾石、岩块受到水的浸融成为流体，顺山沟或峡谷流淌而下，来势凶猛，破坏极大。隧道通过泥石流地段时，应结合地质情况考虑泥石流沟的改道和最大下切深度，确保洞口和洞身的安全。隧道洞顶距基岩面或最大下切面要有一定的覆盖厚度，隧道洞口应避开泥石流沟及泥石流可能扩展的范围，如图 3-6b 所示甲的位置。有困难时，可修建一段明洞，使泥石流在明洞顶通过。

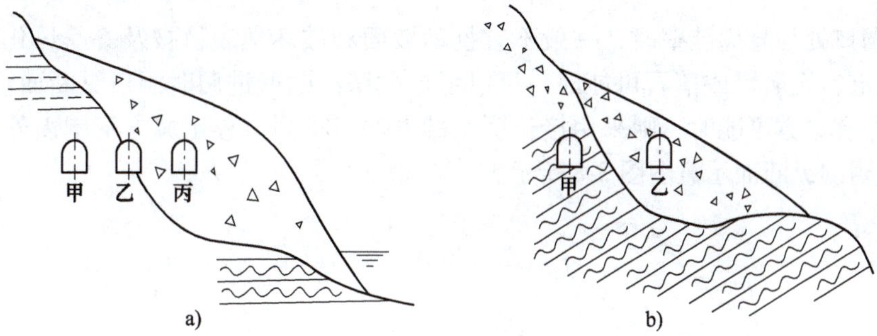

图 3-6 隧道通过紧密堆积体和泥石流时的位置选择示意图

a）隧道通过紧密堆积体 b）隧道通过泥石流

4. 岩溶地区

在石灰质地区，岩石受流水的化学作用，溶蚀而形成溶洞。选择隧道位置时，应力求避免穿越岩溶严重发育的巨大空洞、网状洞穴及有利于岩溶发育的构造带，应尽量避免将洞身置于碳酸盐与非碳酸盐（即可溶岩与非可溶岩）的接触带，否则将可能给施工带来很大的困难。

5. 瓦斯地区

在含煤地层中，藏着有害或窒息性气体，如甲烷和二氧化碳等。隧道被挖开后，有害气体逸出，轻则致人窒息，重则引起爆炸，危害很大。隧道位置应尽量避开瓦斯地区，实在避不开时，应切实加强通风，以强有力的通风来稀释有害气体。

3.5.4 隧道洞口位置选择

隧道的位置选定以后，就可以开始考虑洞口位置的选择。洞口位置的选择，将直接影响隧道施工、造价、工期和运营安全。洞口位置选择得合理将有益于施工进洞，特别是对于今后的运营有着极其重要的意义。

一般情况下，隧道进洞以前有一段引线路堑，当路堑深度达到一定程度时开始进洞。因此，决定洞口位置实质上是决定从引线路堑转为隧道最适宜的转换点。确定隧道洞口位置时，应当结合地形特征、地质和水文地质条件，施工技术、运营条件以及附近相关工程，全面考虑来决定。最主要的是考虑边坡、仰坡的稳定，其次才是经济的因素。

1）洞口部分应当考虑避开滑坡、崩塌、泥石流等不良地质地段，一般应设在山体稳定、地质条件好、排水有利的地方。

2）按“早进晚出”的指导思想合理确定洞口位置，即决定隧道洞口位置时，为了施工安全及运营的安全，宁可早一点进洞，晚一点出洞。洞口位置应满足边坡、仰坡的坡率和刷坡高度要求，尽量避免大挖大刷，破坏山体稳定。公路隧道各级围岩洞口边、仰坡的控制高度见表3-16。

表3-16 公路隧道各级围岩洞口边、仰坡的控制高度

围岩分级	Ⅰ~Ⅱ			Ⅲ		Ⅳ			Ⅴ~Ⅵ	
边坡、仰坡坡率	贴壁	1 : 0.3	1 : 0.5	1 : 0.5	1 : 0.75	1 : 0.75	1 : 1	1 : 1.25	1 : 1.25	1 : 1.5
高度/m	15	20	25	20	25	15	18	20	15	18

3）当洞口处为悬崖陡壁时，一般不宜扰动坡面和破坏地表植被及暴露风化破碎岩层。如果岩壁稳定、无崩塌或落石可能时，可以考虑贴壁。贴壁进洞时洞口纵断面示意图如图3-7所示。若有塌方可能时，则采用接长明洞的办法，将洞口移至塌方范围以外3~5m处，陡壁下接长明洞纵断面示意图图3-8所示。

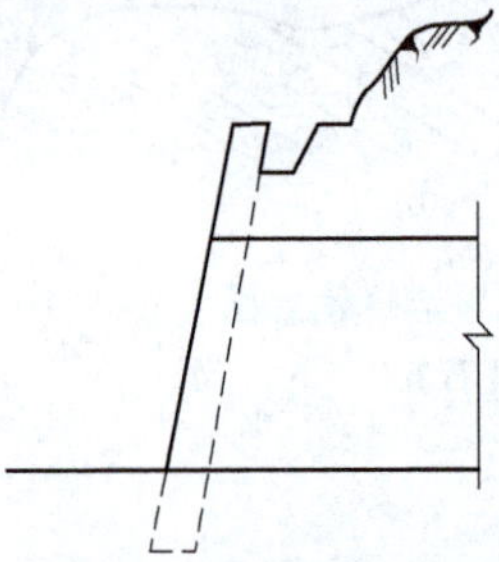

图3-7 贴壁进洞时洞口纵断面示意图

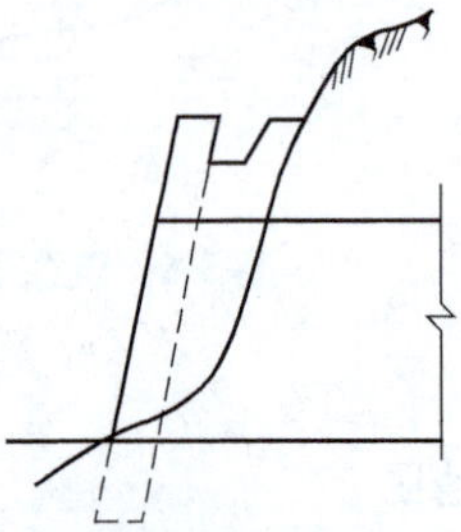

图3-8 陡壁下接长明洞纵断面示意图

4）洞口地形平缓时，一般也应早进洞晚出洞。这种情况下，洞口位置选择余地较大，应结合洞外路堑、填方、弃渣场地、工期等具体确定，见缓坡洞口纵断面示意图如图3-9所示。如果洞口位于堆积层上，为避免引起坍塌、滑坡，保持山体稳定，一般不宜大量清刷。需要时可接长明洞，以确保施工和运营安全。

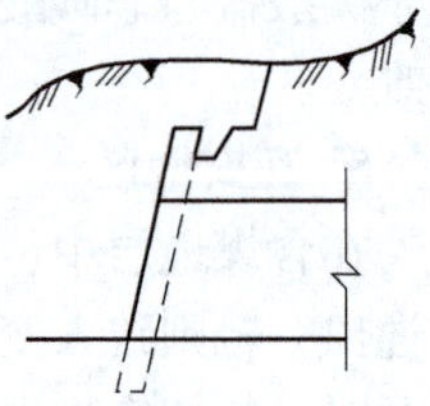

图3-9 缓坡洞口纵断面示意图

5）考虑洞口边、仰坡不致开挖过高和洞口段衬砌结构受力，洞口位置宜与地形等高线大体上正交，（图3-10a）。特别是在土质松软、岩层破碎、构造不利的傍山隧道，更应注意。道路隧道一般不宜设计斜交洞门，（图3-10b）。若为斜交时，应尽可能加大斜交角度（一般不小于45°），或采取工程措施，以降低垂直等高线方向的开挖高度。

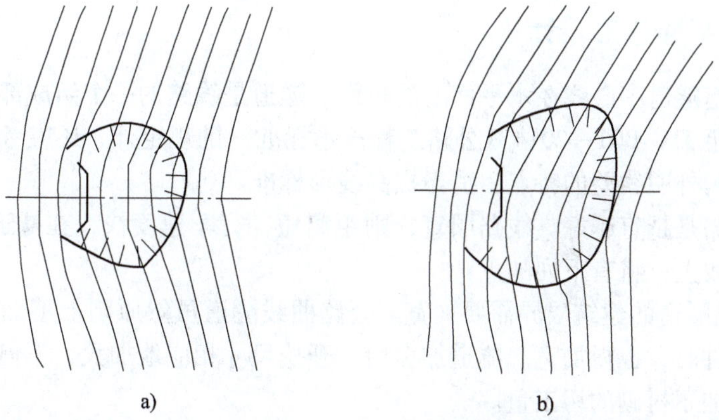

图 3-10　隧道洞口地形等高线与隧道走向选择

a）正交洞门平面示意图　b）斜交洞门平面示意图

6）洞口不宜设在沟谷低洼处和汇水沟处，如图 3-11 中的 A 线所示。沟谷洼地地势狭窄、施工不便，且防洪困难；沟谷附近一般地质较差，常会出现断层、冲积层等不良地质，而且地下水丰富，因此，一般宜将洞口移在沟谷地质条件较好一侧有足够宽度的山嘴处，如图 3-11 中的 B 线所示。

7）当位于有可能被淹没的河滩、水库回水影响范围以内或山洪地区，洞口的路肩设计高程应为设计洪水位（包括浪高）以上 0.5m，以免洪水浸入隧道。

8）长、大隧道在洞门附近应考虑施工场地、弃渣场以及便道的位置对组织施工时的难度和进度的影响。

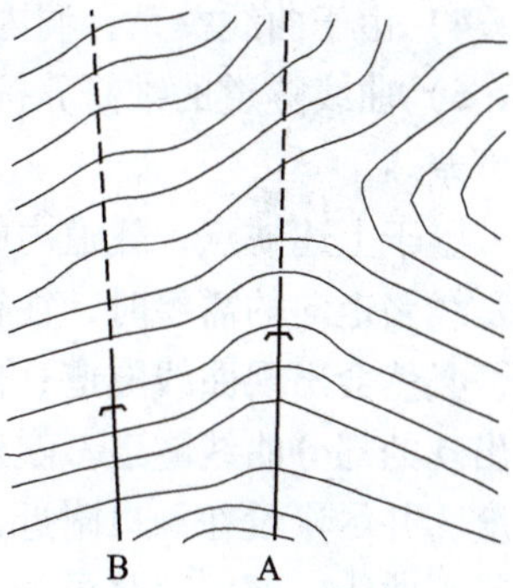

图 3-11　沟谷附近洞口平面位置示意图

9）洞口附近有居民点时，应考虑提前进洞，尽可能减少对附近地上构筑物、地下埋设物与隧道的影响，以及减少对环境、农业、交通、居民生活的影响。

10）预先考虑运营后通风设备排出的废气和噪声对周围环境的影响程度和解决办法。

3.6　隧道的几何设计

隧道主体建筑物是从几何和结构两方面进行研究的。隧道的几何设计研究的范围，主要是车辆行驶与隧道各个几何元素的关系，以保证在设计速度、预计交通量以及满足通风、照明、安全设施等条件下，行驶安全、经济、旅客舒适以及隧道美观等。在结构方面，对洞门和洞身衬砌这些结构物总的要求是：用最小的投资、尽可能少的外来材料以及合理的养护力量，使它们能在围岩压力和车辆行驶所产生的各种力的作用下，在设计年限内保持使用质量。

在进行隧道几何设计时，把隧道中心线解剖为隧道的平面、纵断面及净空断面来分别研究处理。

3.6.1 隧道的平面线形设计

隧道平面是指隧道中心线在水平面上的投影。隧道是线路的一个组成部分，因此隧道的平面线形除应满足 JTG B01—2014《公路工程技术标准》的规定外，还应考虑到隧道内的运营、养护条件比洞外明线差的特点，适当提高线形标准。

很明显，线路是越直越好。线路顺直，则距离短，行车速度快，在隧道内就更是这样。隧道如果位于曲线上，将有下列缺点：

1）铁路曲线隧道的建筑限界需要加宽。公路曲线隧道虽然原则上不加宽，但当不能满足规定的交通条件时，也得加宽。隧道加宽后，开挖尺寸相应地加大，不但增大了开挖的土石方数量，也增加了衬砌的圬工量。

2）曲线上，隧道的断面是变化的，不同断面上的支护和衬砌的尺寸不一致，因而施工时，曲线隧道要求的技术较直线地段复杂。

3）因为洞身弯曲，洞壁对气流的阻力加大、使通风条件变差。

4）由于曲线关系，洞内进行施工测量时，操作变得复杂，精度也有所降低。

5）曲线隧道的维修养护工作条件不如直线隧道，而反向曲线隧道的条件比同向曲线隧道更差。

鉴于上述缺点，隧道内的线路最好采用直线。但当受到地形的限制，或是地质的原因特别是线路走向的需要时，往往不得不采用曲线。例如，沿河（溪）线的傍山隧道穿过山嘴时，必然会出现曲线隧道；再如，原设计为直线的隧道，在施工中遇到溶洞，不得不线绕行时出现的部分曲线隧道。隧道曲线线路设置总的原则是应采用较大的曲线半径和较短的曲线长度，并尽量设在洞口附近，以减小其不利影响。单向行驶的长隧道，如果在出口一侧为大半径平曲线，面向驾驶员的出口墙壁亮度是逐渐增加的。尤其是当出口处阳光可以直接射入，以及洞门面向大海等亮度高的场合，此时曲线线形反而是设计所希望的。如果长、大隧道需要利用竖井、斜井通风时，在线形上应考虑便于设置。隧道内应尽量避免设反向曲线，以利于运营和施工。

1. 铁路隧道曲线线路平面设计

除了上述缺点外，列车在洞内运行时，因有曲线而空气阻力加大，抵消了一部分机车牵引力；由于列车产生离心力，再加上洞内空气潮湿，使得钢轨加速磨损，从而使洞内的养护工作量增大。

铁路隧道中的曲线线路，必须设置加宽和超高。铁路隧道内不宜设置反向曲线，因其维修养护比同向曲线复杂，列车运行亦不如同向曲线平稳。

2. 公路隧道曲线线路平面设计

因为公路隧道与铁路隧道内行驶的车辆不同，曲线线路设计要求有所不同。

应根据地质、地形、路线走向、通风等因素确定公路隧道平面线形。设计曲线时，不宜采用设超高和加宽的圆曲线。这就要求曲线半径不能太小，因为小半径曲线会产生视距问题，即驾驶员的通视不好，容易造成交通事故，而要保证视距，势必要加宽隧道断面，如前所述，加宽对工程是不利的。因此，为了不加宽，就必须考虑视距要求。

隧道内是禁止超车的，故无超车视距要求；高速公路隧道和一级公路隧道应满足停车视距要求；其他各级公路隧道应满足会车视距要求。同时，从方便施工的角度考虑，也不宜采用设超高的平曲线，隧道不设超高的圆曲线最小半径见表 3-17。隧道内每条车道的视距均应符合 JTG D20—2017《公路路线设计规范》的视距要求。公路停车视距与会车视距见表 3-18。

表 3-17 公路隧道不设超高的圆曲线最小半径

路拱	设计速度/(km/h)						
	120	100	80	60	40	30	20
≤2.0%	5500m	4000m	2500m	1500m	600m	350m	150m
>2.0%	7500m	5250m	3350m	1900m	800m	450m	200m

表 3-18 公路停车视距与会车视距

公路等级	高速公路、一级公路				二、三、四级公路				
设计速度/(km/h)	120	100	80	60	80	60	40	30	20
停车视距/m	110	160	110	75	110	75	40	30	20
会车视距/m	—	—	—	—	220	150	80	60	40

3.6.2 隧道纵断面线形设计

隧道纵断面是隧道中心线展直后在垂直面上的投影。

无论是铁路隧道还是公路隧道，隧道线路坡度可设置为单向坡（即向隧道一端上坡或下坡），或人字坡（即从隧道中间向洞口两端下坡）两种，坡道形式如图 3-12 所示。

一般单向坡多数出在越岭线路的展线及沿河（溪）线隧道中，单向坡隧道对运行时通风、排水有利，尤其是下行单向隧道通风条件较好；但在上方洞施工困难，特别在有较大地下水时更困难。

人字坡常出现在越岭隧道中，人字坡有利于从两端施工时的出渣和排水，但对运营通风不利。

简而言之，当线路要争取高程时，应考虑采用单向坡隧道，对于可以单口掘进的短隧道可以采用单坡。对于长、大隧道，特别是越岭隧道，宜采用人字坡。此外，在设计时，还宜综合考虑施工的条件，如地下水的发育程度、出碴量的大小等，在允许的前提下，尽量考虑施工的方便。

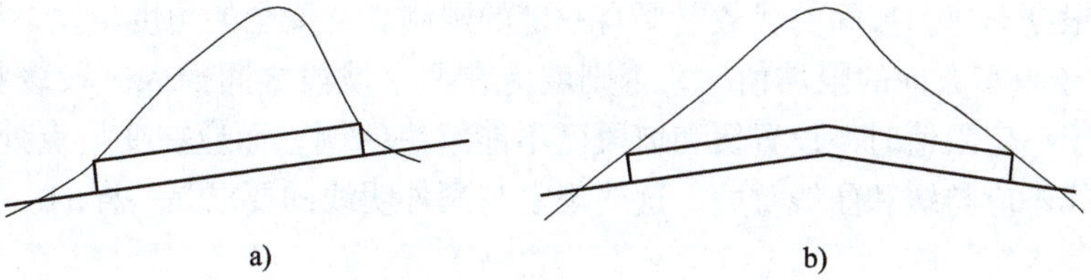

图 3-12 坡道形式

a）单面坡 b）人字坡

1. 铁路隧道线路纵断面设计

（1）坡度大小 铁路隧道线路纵断面设计主要考虑的因素是排水、施工、通风、越岭高程等，对于车辆的行驶，线路的坡度以平坡最好，既不要冲坡也不要带制动行驶，这样产生的废气最少，对于封闭的隧道是最有利的。但为了满足自然排水的需要，不能设置平坡，最小坡度不宜小于3‰。

对于铁路而言，不同的线路等级有不同的限坡。在隧道中还必须对限坡进行进一步的折减。具体点说，隧道内线路的最大允许坡度应在明线最大限制坡度上乘以一个折减系数，原因如下：

1）洞内湿度影响。隧道内空气的相对湿度比露天大，因而在钢轨踏面上凝成一层水分子薄膜，使轮轨之间的黏着系数降低，导致机车的牵引力降低。

2）洞内空气阻力影响。列车在隧道内行驶，其作用犹如一个活塞，洞内空气给前进的列车以空气阻力，从而削弱列车的牵引力。

按现行铁路隧道设计规范，位于长、大坡道上长于400m的隧道，其坡度应予以折减；位于曲线地段的隧道，应先进行隧道内线路最大坡度折减，再进行曲线折减。折减的方法按下式进行：

$$i_{允} = mi_{限} - i_{曲} \tag{3-14}$$

式中 $i_{允}$——设计中允许采用的最大坡度（‰）；

m——电力、内燃牵引的隧道内线路最大坡度折减系数，它与隧道的长度有关，规范中列出了经验数值，可参照使用，见表3-19；

$i_{限}$——按照线路等级规定的限制最大坡度（‰）；

$i_{曲}$——曲线阻力折算的坡度当量（‰）。

表3-19 电力、内燃牵引的隧道内线路最大坡度折减系数 *m*

隧道长度/m	电力牵引	内燃牵引
401~1000	0.95	0.90
1001~4000	0.90	0.80
>4000	0.85	0.75

注：最大坡度不分单、双机牵引，也不分单、双线隧道。

（2）坡段长度　对于铁路隧道，当列车经过变坡点时会产生附加力及附加速度，如果隧道内变坡点过多，就容易使旅客感到不适。同时，过多的变坡点也会给运营、维修、养护增加困难。因此，隧道内的坡度宜设计长些，或不短于列车长度。

（3）坡段连接　为了列车行车平顺，两个相邻坡段坡度的代数差值不宜太大，因为坡差太大会引起车辆仰俯不一，车钩受到扭力，一旦车速较快，就有可能发生断钩。因此，在设计坡度时，根据车速，坡间的代数差要有一定的限制。从安全的角度出发，坡段间的代数差值Δ_p不应大于重车方向的限坡值$i_{允}$，否则就应在两个坡段之间插入一段缓和坡段。而当相邻坡度差大于一定限值时，设置缓和坡段已不能解决问题，而应在变坡点处设置竖曲线，还要注意竖曲线不应与缓和曲线重叠。这些规定与洞外明线的要求是一样的。具体方法见铁路选线知识相关内容。

（4）隧道内列车最小行车速度　隧道内线路坡度不但要按上述情况考虑，对于内燃机车，还要计算列车在坡段上的行车速度。列车上坡需要一定的速度，才能将动能转为势能。内燃牵引列车开始上坡时，一般都有足够的前进能力，行至中途，机车的效能就会有所降低，逐渐衰减以至趋近于不能前进而出现打滑、停车甚至倒退等危险情况。即便能勉强爬坡，缓缓而过，但洞内行车时间过长，因此，应计算通过隧道的速度。内燃牵引列车通过隧道的最低速度见表3-20。当其速度低于表中规定值时，应在洞外设置加速通风器。多车产生的污浊空气也会使机车工作人员以及旅客感到不适，甚至酿成窒息晕厥等事故。

电力机车一般不会产生如内燃机车那样的有害气体，动力也有保障，故不须作最低速度计算。

表 3-20　内燃牵引列车通过隧道的最低速度

隧道长度/m	≤400	401~1000	1001~4000	>4000
最低速度/(km/h)	不小于计算速度	不小于计算速度	25	25

2. 公路隧道线路纵断面设计

隧道内纵断面线形应考虑行车安全、运营通风规模、施工作业和排水要求确定，最小纵坡不应小于0.3%，最大纵坡不应大于3%。受地形等条件限制时，高速公路、一级公路的中、短隧道可经技术论证、交通安全评价后，隧道纵坡可适当加大，但不宜大于4%。

考虑到隧道通风问题，纵坡控制在2%为好。当隧道纵坡超过2%时，汽车排出的有害物质随着纵坡的增大而急剧增多。从公路隧道通过车辆尽量少排出有害气体的观点出发，一般情况不应大于3%。

考虑到隧道在施工时和建成后洞内排水的需要，为了使隧道涌水和施工用水能在坑道内侧沟中流出，隧道内纵坡不应小于0.3%。

总之，隧道的纵坡以不妨碍排水的缓坡为宜。隧道纵坡多采用单向坡，地下水发育的长隧道、特长隧道可采用双向坡。隧道内竖曲线最小半径和最小长度应符合表3-21的要求。

表 3-21　隧道内竖曲线最小半径和最小长度

设计速度/(km/h)	120	100	80	60	40	30	20
凸形竖曲线最小半径/m	17000	10000	4500	2000	700	400	200
凹形竖曲线最小半径/m	6000	4500	3000	1500	700	400	200
竖曲线长度/m	100	85	70	50	35	25	20

为了提高视线的诱导作用，并满足乘客乘坐舒适性的要求，在隧道中尽可能考虑选用较大竖曲线半径和竖曲线长度。

隧道洞口连接线的平面及纵面线形应与隧道线形协调，应当有足够的视距保证行驶安全。尤其在进口一侧，需要在足够的距离外能够识别隧道洞口。为了使汽车能顺利驶入隧道，驾驶员应提前知道前方有隧道。通常当汽车驶近隧道，但尚有一定距离时，驾驶员只有能自然地集中注意力观察到洞口及其附近的情况，并保证有足够的安全视距，对障碍物可以及时察觉，采取适当措施，才能保证行车安全。开始注视的点称为注视点，从注视点到安全视距点所需时间称为注视时间。从注视点到洞口采用通视线形极为重要。在洞口及其附近放入平面曲线或竖曲线的变更点时，应以不妨碍观察隧道，且保证有足够的注视时间为最低限度。需要机械通风的隧道，接线纵坡与隧道纵坡一致时，能使汽车以均匀速度驶入隧道。如果在洞口前有陡坡，车速会降低，进入隧道后加速行驶，必然使排气量增加，从而导致通风设备的加大或通风量不足。隧道的建筑限界与公路建筑限界不一致时，需要在适当的距离内进行平滑的过渡，使汽车进出隧道时顺利。为此，通常根据设计车速设计成1/50~1/25的楔形过渡段，在这个过渡段中，一般应有路缘石、护栏、路面标志线以及其他洞口附近的构造物等。另外，设计引线应考虑到接近洞口的桥梁、路堤等。

按照 JTG 3370.1—2018《公路隧道设计规范第一册　土建工程》规定，隧道接线应符合下列要求：隧道洞外连接线形应与隧道线形相协调，隧道洞口内外侧各 3s 设计速度行程长度范围的平、纵线形应一致。特殊困难地段，经技术经济比较后，洞口内外平曲线可以采用缓和曲线，但应加强线形诱导设施。

3.6.3　公路隧道横断面设计

隧道横断面设计

1. 公路隧道的建筑限界

公路隧道的建筑限界是指为了保证在隧道中的安全行车，在一定的宽度、高度空间范围内任何部件不得侵入的界限（图 3-13）。隧道限界是一种规定的轮廓线，这种轮廓线以内的空间是保证各种交通安全运行所必需的。

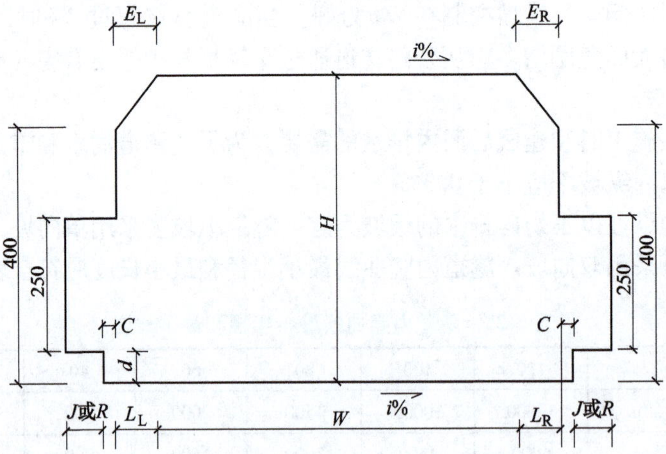

图 3-13　公路隧道的建筑限界（单位：cm）

注：H 为建筑限界高度；W 为行车道宽度；L 为侧向宽度；C 为余宽，当不设置检修道或人行道时，应设不小于 25cm 的余宽；当设置检修道或人行道时，不设置余宽；R 为人行道宽度；J 为检修道宽度；d 为检修道或人行道的宽度；E 为建筑限界顶角宽度，当 $L\leq 1\text{m}$ 时，$E=L$；当 $L>1\text{m}$ 时，$E=1\text{m}$。

公路隧道的建筑限界，横向由行车道宽度（W）、侧向宽度（L）、人行道宽度（R）或检修道宽度（J）等组成，顶角宽度的规定是保证正常行驶的车辆顶角不会到限界外面去。竖向包括高 4m 的起拱线（即直墙或曲边墙与拱顶的分界线）、人行道或检修道的高度等。

限界的概念是限制侵入，并不是指定范围，设计上可以根据实际需要加宽或加高。但这种加宽或加高会增加工程造价，所以设计时要适度。一般情况下，在限界外预留 0.1m 的预留量，保证施工“误差后果”不会侵入限界。

为了消除或减少隧道边墙给驾驶员带来与之冲撞的恐惧感（墙效应），保证一定车速的安全通行，应于行车道两侧设置一定宽度的侧向宽度、余宽或人行道，以满足侧向净空的需要。

设置侧向宽度的目的：

1）诱导驾驶员视线，增加行车安全。

2）为行车道提供一部分必需的侧向净宽，保证行车道的充分使用。

设置余宽的目的：

1）作为防止汽车驶出车道外的防冲设施。

2）养护工维修时的通道。

高速公路和一级公路隧道内应设置检修道，其他等级公路隧道应根据隧道所在地区的行人密度、隧道长度、交通量及安全等因素设置人行道，检修道或人行道宜双侧设置。检修道或人行道的高度综合考虑以下因素：

1）检修人员步行时的安全。

2）紧急情况时驾乘人员拿取消防设备方便。

3）满足其下放置电缆、给水管等的空间尺寸要求。

各级公路隧道建筑限界横断面组成最小宽度应按表3-22执行，并符合以下规定：

1）建筑限界高度，高速公路、一级公路、二级公路取5.0m；三、四级公路取4.5m。

2）设计检修道或人行道时，检修道或人行道宜包含余宽；不设检修道或人行道时，应设置不小于0.25m的余宽。

3）检修道的宽度0.75m是考虑小型检修工具车通行需要。

4）检修道或人行道的高度，按0.25~0.80m取值。

5）隧道路面横坡，当隧道为单向交通时，应设置为单面坡；当隧道为双向交通时，可取双面坡。横坡坡度可采用1.5%~2.0%，宜与洞外路面横坡坡度一致。

6）当路面采用单面坡时，建筑限界底边线与路面重合；当采用双面坡时，建筑限界底边线应水平置于路面最高处。

7）有行人通行的隧道，原则上应设置人行道，人行道的宽度一般不小于0.75m。

表3-22　公路隧道建筑限界横断面组成最小宽度　（单位：m）

公路等级	设计速度/(km/h)	行车道宽度 W	侧向宽度		余宽 C	检修道宽度 J 或人行道宽度 R		隧道建筑限界净宽
			左侧 L_L	右侧 L_R		左侧	右侧	
高速公路 一级公路	120	3.75×2	0.75	1.25	0.5	1.00	1.00	11.50
	100	3.75×2	0.75	1.00	0.25	0.75	0.75	10.75
	80	3.75×2	0.50	0.75	0.25	0.75	0.75	10.25
	60	3.50×2	0.50	0.75	0.25	0.75	0.75	9.75
二级公路	80	3.75×2	0.75	0.75	0.25	1.00	1.00	11.00
	60	3.50×2	0.50	0.50	0.25	1.00	1.00	10.00
三级公路	40	3.50×2	0.25	0.25	0.25	0.75	0.75	9.00
	30	3.25×2	0.25	0.25	0.25	0.75	0.75	8.50
四级公路	20	3.00×2	050	0.50	0.25	—	—	7.50

注：1. 三车道隧道除增加车道数外，其他宽度同此表；增加车道的宽度不得小于3.5m。

2. 连拱隧道的左侧可不设检修道或人行道，但应设50cm（设计速度为120km/h与100km/h时）或25cm（设计速度为80km/h与60km/h时）余宽。

3. 设计速度为120km/h时，两侧检修道宽度均不宜小于1.0m；设计速度100km/h时，右侧检修道宽度不宜小1.0m。

4. 隧道路面横坡，当隧道为单向交通时，应取单面坡，建筑限界底边线与路面重合；当隧道为双向交通时，可取双面坡，建筑限界底边线应水平置于路面最高处。坡度应根据隧道长度，平、纵线形等因素综合分析确定，一般可取1.5%~2.0%。

2. 公路隧道的净空

衬砌内轮廓线是衬砌的完成线。隧道净空是指隧道衬砌内轮廓线所包围的空间，就公路隧道而言，包括隧道建筑限界、通风及其他功能所需的空间。

除应符合隧道建筑限界的规定外，隧道净空应满足洞内装饰所需的空间，满足洞内排水、通风、照明、消防、监控、指示标志等交通工程及附属设施所需的空间，并考虑土压影响、施工等必要的富余量，使断面形状有利于围岩稳定和结构受力。公路隧道横断面示意图如图 3-14 所示。

隧道的净空断面受通风方式影响很大。自然通风的隧道断面应适当大些。当采用射流通风机进行纵向通风时，应考虑射流通风机本身的直径，悬吊架的高度和富余量，总计约为 1.5m 的高度。应综合考虑长、大隧道的通风管断面面积、通风区段的长度、通风竖井或斜井的长度和数量、设备费和长期运营费等。

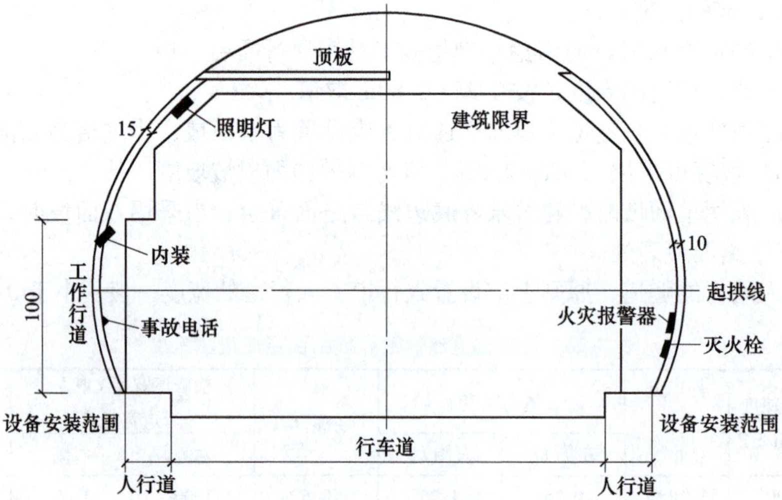

图 3-14　公路隧道横断面示意图（单位：cm）

3. 衬砌断面

一般根据工程类比和设计者的经验假定衬砌断面尺寸，然后经分析计算、检算，修正假定尺寸，并反复这个过程，最终确定合理的断面形式和尺寸。

设计衬砌断面主要解决内轮廓线、轴线和厚度三个问题。衬砌的内轮廓线应尽可能地接近建筑限界，力求开挖和衬砌的数量最小。衬砌内表面力求平顺（受力条件有利），还应考虑衬砌施工的简便性。衬砌断面的轴线应当尽量与断面压力曲线重合，使各截面主要承受压应力。为此，当衬砌径向分布水压时，衬砌轴线断面以圆形最好；主要承受竖向压力或同时承受不大的水平侧压力时，可采用三心圆拱和直墙式衬砌；当承受竖向压力和较大侧压力时，宜采用五心圆曲墙式衬砌；当有沉陷可能和受底压力时，宜加设仰拱。曲墙式衬砌各截面厚度随所处地质条件和水文地质条件不同而有较大变化，并且与隧道的跨径荷载大小、衬砌材料以及施工条件等有关。

衬砌内轮廓线应满足所围成的断面面积最小，适合围岩压力和水压力的特点，以既经济又适用为目的。隧道的内轮廓线在施工中不可避免地要产生凸凹不平处，一般还应考虑 5~

10cm 的误差。

在确定隧道净空断面时，应尽量选择净断面利用率高、结构受力合理的衬砌形式。

为保持净空断面的形状，衬砌必须有足够的厚度（或称最小衬砌厚度）。衬砌外轮廓线是衬砌的外缘线。为保证衬砌的厚度，侵犯衬砌外轮廓线的山体必须全部挖除，所以该线又称为最小开挖线。隧道断面轮廓线如图 3-15 所示。开挖时往往稍大，尤其用钻爆法开挖时，实际开挖线常为不规则形状，且比衬砌外轮廓线大，实际开挖线称为超挖线。

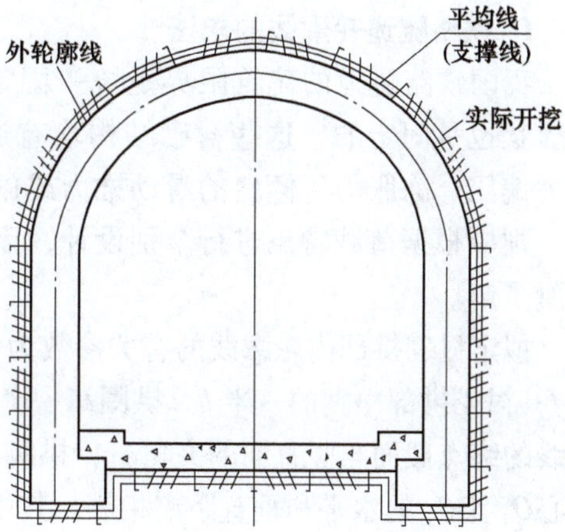

图 3-15　隧道断面轮廓线

对于等截面的直墙式或曲墙式衬砌，在确定了内轮廓线的曲线半径后，根据衬砌断面厚度，可计算外轮廓线。但变截面曲墙式衬砌半径的计算则比较复杂，在使用时可参阅铁路隧道设计手册。

4. 衬砌截面厚度

衬砌各截面的厚度随围岩的不同而变化。从施工和衬砌质量要求出发，公路隧道衬砌厚度一般不应小于《公路隧道设计规范》规定的最小厚度，见表 3-23 和表 3-24。所确定的各截面厚度尺寸最后应通过内力分析检算决定。

单线铁路道衬砌拱部截面的厚度一般为 30~60cm，双线铁路隧道衬砌拱部截面厚度为 40~80cm。衬砌可以是等厚的，也可以加厚拱脚和边墙；比拱顶厚 20%~50%。仰拱可以改善衬砌整体受力条件，尤其隧道底部地质不良时更是如此，其厚度一般稍小于拱部的厚度。

表 3-23　不同围岩级别的衬砌截面最小厚度　（单位：cm）

围岩级别	隧道和明洞衬砌		
	拱圈	边墙	仰拱
Ⅰ	30~35	30~35	—
Ⅱ	30~35	30~35	—
Ⅲ	30~35	30~35	—
Ⅳ	35~40	35~40	35~40
Ⅴ	35~40	35~40	35~40
Ⅵ	35~50	35~50	35~40

表 3-24　不同建筑材料种类的衬砌截面最小厚度　（单位：cm）

建筑材料种类	隧道和明洞衬砌			洞门端墙、翼墙和洞口挡土墙
	拱圈	边墙	仰拱	
混凝土	20	20	20	30
片石混凝土	—	50	50	50
浆砌粗料石	—	30	—	30
浆砌块石	—	50	—	50

3.6.4 隧道衬砌内轮廓线的求法

1. 铁路隧道轮廓线的求法

我国铁路隧道的建筑限界是统一固定的，因此相同围岩级别情况下，衬砌结构的断面形状也是固定的，这些衬砌结构均有通用的设计标准图，不需做专门的设计，但当有较大偏压、冻胀力、倾斜的滑动推力或施工中出现大量塌方以及 7 度以上地震区等情况时，则应根据荷载特点进行个别设计，因而对铁路隧道衬砌内轮廓线设计的基本方法应有所了解。

拟定衬砌拱部内轮廓线的有关参数为（图 3-16）：轨顶面至拱顶高度 h、拱顶至拱脚矢高 f；衬砌拱部净宽的一半 b，拱圈第一个内径 r_1 和第二个内径 r_2；内径 r_1 所画出的第一段圆曲线的终点截面与竖直面的夹角 φ_1，拱脚截面与竖直面的夹角 φ_2；当 $\varphi_1=45°$ 时，内径 r_2 的圆心 O_1 至 O_2 的水平和垂直距离相等。其中 h 和 b 主要与限界的尺寸和形状有关，在标准图中取 $h=615\text{cm}$，$b=245\text{cm}$。其他参数可根据有关要求给出或通过计算确定。

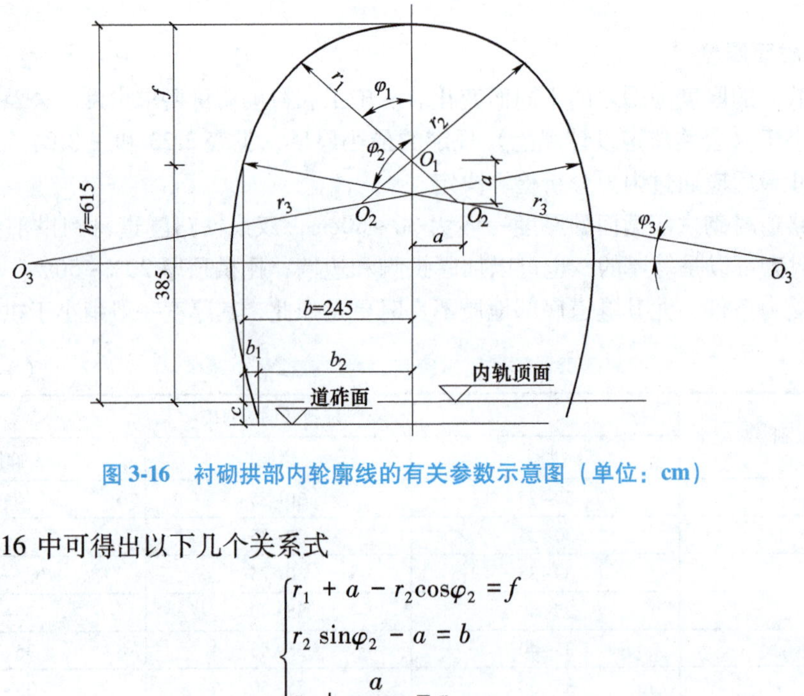

图 3-16　衬砌拱部内轮廓线的有关参数示意图（单位：cm）

从图 3-16 中可得出以下几个关系式

$$
\begin{cases}
r_1 + a - r_2\cos\varphi_2 = f \\
r_2\sin\varphi_2 - a = b \\
r_1 + \dfrac{a}{\sin\varphi_1} = r_2
\end{cases}
\tag{3-15}
$$

上述 3 个方程式中，共有 7 个参数，故必须先给定 4 个参数才能解出另外 3 个参数。拟定尺寸时，是先给定 b，f，φ_1 及 a 值后，再由式（3-15）解出 r_1，r_2 及 φ_2。曲线地段衬砌内轮廓线需要加宽时，为了便于调整拱架，应保持 r_2 及 φ_2 的数值不变。φ_1 仍取 45°，b 值根据加宽要求也是已知的，3 个未知参数 f，a，r_1 可由式（3-15）求解。

曲墙式衬砌拱部内轮廓线尺寸和直墙式是一致的。而边墙内径 r_3 由参数 H_1 及 b_1 确定（图 3-17）。由图 3-16 可知，$H_1=385+c$，$b_1=245-b_2$。为了保证道砟面上在机车车辆限界以外留出人行道的宽度，故 b_2 不得小于 220cm（直线隧道取 $b_2=220\text{cm}$）。c 值在曲线的内侧和外侧不同，并随外轨超高值而变化；为使不同加宽断面曲墙式衬砌内轮廓线尺寸一致，设计时以曲线内侧（设侧沟的一侧）的 c 值为准，取定数为 25cm。H_1 及 b_1 值确定后，就可推导得到 r_3 的计算公式，即

$$r_3 = \frac{H_1 + b_1}{2(H_1 \sin\varphi_3 + b_1 \cos\varphi_3)} \tag{3-16}$$

式中　$\varphi_3 = 90° - \varphi_2$。

2. 公路隧道轮廓线的求法

公路隧道的建筑限界取决于公路等级、地形、车道数等条件，公路隧道的附属设施如通风、照明、消防、报警灯均比铁路隧道多且要求高。

目前公路隧道大多采用单心圆或三心圆的拱形断面。

拟定衬砌内轮廓尺寸的相关参数如图 3-18 所示，可得出以下关系式

$$\begin{cases} r_1 + a - r_2 \cos\varphi_2 = f \\ r_2 \sin\varphi_2 - a = br_1 + \dfrac{a}{\sin\varphi_1} = r_2 \end{cases} \tag{3-17}$$

式中　b——公路建筑限界宽度，其值为行车道宽度加上两侧路缘带与行人行道宽度的总和，两侧还应分别加上 5~10cm 的施工误差；

f——拱顶至拱脚的矢高，按通风量所需通风道面积确定，并保证拱轴线受力合理；

φ_1——内径 r_1，画出的圆曲线的终点截面与竖直面的夹角；

a——内径 r_1、r_2 的圆心 O_1 与 O_2 之间的水平距离，以上 4 个参数必须根据限界要求预先给定，代入式（3-17）后解出其余 3 个参数 r_1、r_2 及 φ_2；

r_1、r_2——分别为第一个内径和第二个内径；

φ_2——拱脚截面与竖直截面的夹角，曲墙式边墙内径 r_3 由参数 H_1 及 b_1 确定（图 3-18）。

$$r_3 = \frac{H_1^{\ 2} + b_1^2}{2(H_1 \sin\varphi_3 + b_1 \cos\varphi_3)} \tag{3-18}$$

式中　$\varphi_3 = 90° - \varphi_2$。

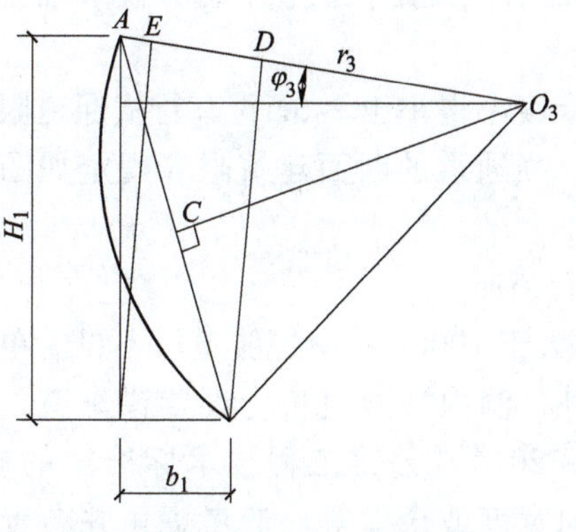

图 3-17　边墙内径 r_3 的确定

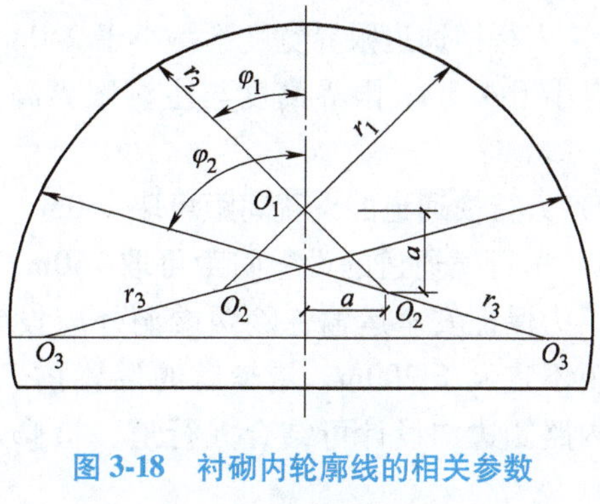

图 3-18　衬砌内轮廓线的相关参数

3.6.5 其他线形设计

长、特长隧道应在行车方向的右侧设置紧急停车带。双向行车的隧道，其紧急停车带应双侧交错设置。这是考虑到当车辆在隧道内发生事故时，有应急抢险、疏导车辆的余地，便于较快地消解阻塞，减少损失。紧急停车带的（加宽带）设置，按照《公路隧道设计规范第一册 土建工程》的有关规定，宽度不小于3.0m，且紧急停车带宽度与右侧侧向宽度之和不小于3.5m；长度不宜小于50m，其中有效长度不应小于40m。紧急停车带的设置间距不宜大于750m，并不应大于1000m。停车带的路面横坡，长隧道可取水平，特长隧道可取0~1.0%。

紧急停车带的建筑限界、宽度和长度如图3-19a所示，紧急停车带的长度如图3-19b所示，建筑限界尺寸见表3-22中的规定。不设检修道或人行道的隧道可不设紧急停车带，但应每隔500m间距交错设置行人避车洞。

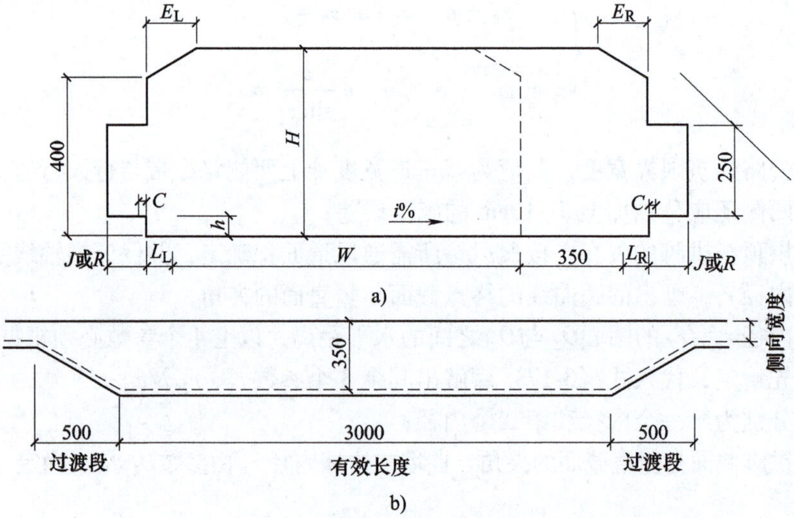

图3-19 紧急停车带的建筑限界、宽度和长度（单位：cm）

a）建筑限界、宽度 b）长度

按照《公路隧道设计规范第一册 土建工程》的有关规定，上、下行分离式独立双洞的公路隧道之间应设横向通道，并符合下列规定：

1）人行横通道限界宽度不得小于2.0m，限界高度不得小于2.5m；车行横通道限界宽度不得小于4.5m；限界高度与主洞限界高度一致。横通道的断面建筑限界规定如图3-20所示。

2）人行横通道的设置间距可取250m，并不大于350m。

3）车行横通道的设置间距可取750m，并不得大于1000m；中短隧道可不设。单车道隧道，为保证安全运输，除两端洞外应设错车道外，洞内视隧道长度设置错车道，错车道间距不宜大于200m，错车道的设置按JTG B01—2014《公路工程技术标准》的规定。隧道内路侧边沟设计可结合人行道、检修道、侧向宽度或余宽等一起考虑，并布置于车道两侧。

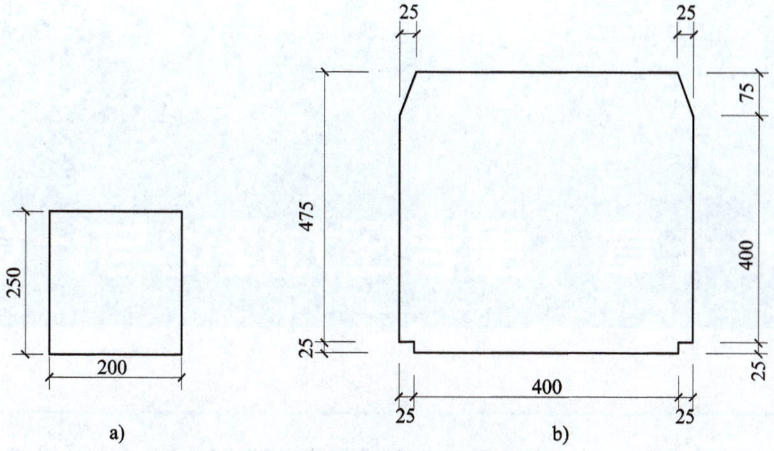

图 3-20 横通道的断面建筑限界规定（单位：cm）

a）人行横通道 b）车行横通道

复习思考题

1. 隧道勘察的目的和意义是什么？
2. 围岩单一性指标和综合性指标分别有哪些？
3. 我国公路隧道围岩分类主要考虑哪些指标因素？
4. 不良地质段隧道选址主要应考虑哪些问题？
5. 隧道平面设计应注意哪些问题？
6. 什么是衬砌内轮廓线、外轮廓线、实际开挖线？
7. 如何确定圆形、直墙式和曲墙式内轮廓线的尺寸？

第 4 章　围岩压力理论与计算

本章提要： 对围岩压力的正确认识是进行隧道结构设计的基础。本章主要介绍围岩初始应力场的概念、变化规律及影响因素，隧道围岩压力的分类及几种常用的围岩压力计算方法，围岩典型的破坏方式。隧道围岩压力的分类及其计算是学习的重点和难点，着重掌握深浅埋隧道的判定及松动压力的计算。

由于初始地应力场的存在，在岩体内开挖隧道将改变岩体的自然受力平衡状态，从而引起周围的应力重分布，出现二次应力，并可能导致围岩产生过度变形或破坏，于是需要对隧道进行支护，以控制围岩变形，维持围岩稳定，由此支护结构将受到围岩作用的压力。

围岩压力是指引起地下开挖空间周围岩体和支护变形、破坏的作用力，它包括由地应力（即原岩应力）引起的围岩应力以及围岩变形受阻而作用在支护结构上的总作用力，围岩压力也称为地压。

一般地，由于开挖而引起的围岩或支护结构上的力学效应称为广义的围岩压力；将围岩作用于支护结构上的压力称为狭义的围岩压力。

由围岩压力引起的围岩与支护的变形、流动和破坏等现象称为围岩压力显现或地压显现。因此，从广义方面理解，围岩压力既包括围岩有支护情况，也包括围岩无支护情况；既包括在普通的传统支护上所显示的状态，也包括在喷锚和压力灌浆等现代支护方法中所显示的形态。从狭义方面理解，围岩压力是指围岩作用在衬砌上的压力。

4.1　初始应力场

初始应力场

1912 年，瑞士地质学家海姆（Heim）在大型越岭隧道的施工过程中，通过观察和分析，首次提出了地应力的概念，并假定地应力是一种静水应力状态，即地壳中任意一点的应力在各个方向上均相等，且等于单位面积上覆盖岩层的重量。

1926 年，苏联学者金尼克修正了海姆的静水压力假说，认为地壳中各点的垂直应力等于上覆岩层的重量，而侧向应力（水平应力）是泊松效应的结果，其值应为垂直应力乘以一个修正系数。该修正系数称为泊松比。

初始应力场指由于岩体的自重和地质构造作用，在坑道开挖前岩体中就已经存在的地应力场。其形成与岩体构造、性质、埋藏条件以及构造运动的历史等有密切关系。

一般认为初始应力场由自重应力和构造应力两种力系构成，从而将其分为自重应力场和构造应力场两类，这两类应力场的基本规律有明显的差异。自重应力场是指由上覆岩体自重所产生的应力场；构造应力场是指地壳处发生的一切构造变形与破裂所形成的地应力。

4.1.1　初始应力场的变化规律

1. 自重应力场

在地表水平时的自重应力场（图4-1）中，地表以下任一深度 H 处的垂直应力 σ_z 等与其上覆岩体的重量，可用下式表示

$$\sigma_z = \gamma H \tag{4-1}$$

式中　γ——岩土层的重度（kN/m^3）；

H——上覆岩土层的厚度（m）。

当上覆岩体为多层不同的岩土体时，式（4-1）则为

$$\sigma_z = \sum_{i}^{n} \gamma_i H_i \tag{4-2}$$

式中　γ_i——第 i 层岩土层的重度（kN/m^3）；

H_i——第 i 层上覆岩土层的厚度（m）。

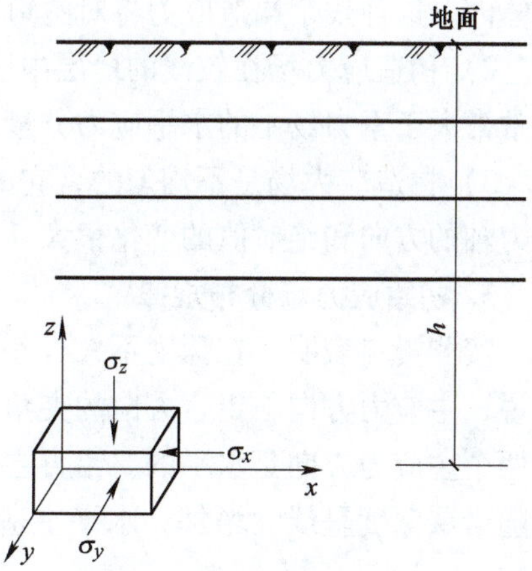

图4-1　地表水平时的自重应力场

该点的水平应力 σ_x、σ_y 主要是由岩体的泊松效应引起的，按弹性理论应为

$$\sigma_x = \sigma_y = \frac{\mu}{1-\mu}\sigma_z = \frac{\mu}{1-\mu}\gamma H \tag{4-3}$$

式中　μ——岩土体的泊松比。

$$\lambda = \frac{\mu}{1-\mu}$$

式中　λ——侧压力系数，则式（4-3）可表示为

$$\sigma_x = \sigma_y = \lambda \sigma_z$$

显然，当垂直应力已知时，水平应力的大小取决于围岩的泊松比。大多数围岩的泊松比在0.15~0.35范围内变化。因此，在自重应力场中，水平应力总是小于垂直应力。

深度对初始应力状态有着显著的影响，随着深度的增加，σ_z 和 σ_x（σ_y）是线性增大的。然而，围岩本身的强度有限，当 σ_z 和 σ_x(σ_y) 增大到一定数值后，围岩将处于隐塑性状态。在这种状态下，围岩物理性质（E 和 μ）是变化的，随着深度的增加，λ 值趋近于1，即侧压力与静水压力相似，此时围岩接近流动状态。

由此可见，围岩的初始应力场是随深度改变的。其应力状态可视围岩的不同，分别处于弹性、隐塑性及流动三种状态，在坚硬围岩中，围岩的隐塑性状态约在距地面10km以下，也有可能在浅处发生，如在岩石强度低（如泥岩）的地段。通常情况下，在隧道所涉及的范围内，都可视初始应力场为弹性的。

从上述可以看出，围岩自重应力场有如下变化规律：

1）应力随深度线性增加。

2）水平应力总是小于或等于垂直应力，最多与其相等。

2. 构造应力场

地质学家认为地层各处发生的一切构造变形与破裂都是地应力作用的结果。地质力学把构造体系和构造形式在形成过程中的应力状态称为构造应力场。构造应力场是随时间变化的动态场。构造应力场特征如下：

1）地质构造不仅改变了重力应力场，而且以各种构造获得释放，还以各种形式积蓄在岩体内，这种残余构造应力将对隧道工程产生重大影响。

2）构造应力场在较浅的地层中已普遍存在，而且最大构造应力的方向近似为水平，其值常常大于重力场中的水平应力分量，甚至大于垂直应力分量，这与重力场有较大的差异。

3）构造应力场是不均匀的，它的参数在空间和时间上都有较大的变化，尤其是它的主应力轴的方向和绝对值的变化很大。

3. 初始应力场分布规律

实测资料表明，在深度不大（小于500m）时，一个主应力方向不总是铅直的，但一般来说，主应力方向与铅直方向的夹角不超过30°。所以，可以认为一个主应力是铅直的，另外两个主应力方向是水平的。铅直主应力的量值大致等于上覆岩层的自重应力，也就是说，它随岩层深度呈线性增加，水平主应力主要反映构造应力，其量值也随岩层深度的增加而增加。

水平主应力的另一个显著特点就是具有很强的方向性，一般总是以一个方向的主应力占优势，很少有两个方向主应力相等的情况。根据实测资料可知，在我国大陆地壳中，最大水平主应力为最小水平主应力的1.4~3.3倍。

4.1.2 初始应力场的影响因素

围岩的初始应力状态受到两类因素的影响。第一类因素有重力、温度、岩体的物理力学性质及构造、地形等经常性的因素影响；第二类因素有地壳运动、地下水活动、人类的长期活动等暂时性的或局部性的因素。

目前主要研究由岩体重力形成的应力场，而认为其他因素只是改变了由重力造成的初始应力状态。在众多的因素中，要特别注意以下几点：

1. 地形和地貌

地应力实测和有限元分析都表明，地形的变化并不产生新的地应力场，只对应力起调整作用。在靠近山坡部位，最大压应力方向近似平行山坡表面。在山谷底部，最大压应力方向几乎水平。从主应力量值来看，接近山谷岸坡表面的部分是应力偏低的地带，往里则转变为应力偏高带，再往山体深部逐渐过渡到应力稳定区，在山谷底部则有较大的应力集中。在实际工程中，还发现虽然有些傍山隧道临近山谷，按理来说应力已基本释放完毕，属于应力偏低带，可是仍存在着相当大的应力，这可能是由于地形剥蚀作用造成的。岩层剥蚀前，上面岩层很厚，地壳中储存着很高的地应力；岩层剥蚀后，由于岩体内的颗粒结构的变化和应力松弛赶不上剥蚀作用的速度，所以虽然释放了绝大部分垂直应力，但水平应力却未能充分释放而残留下来。这种残留应力与构造残余应力的主要区别在于：后者具有明显的方向性，而前者的方向性不明显。

2. 岩体的力学性质

如前所述，现阶段围岩中的应力状态是经过历次构造运动的积累和后来剥蚀作用的释放而残存下来的。按照强度理论，岩体中的应力状态不能超出岩体强度，所以岩体强度越高，地应力值越大。一般可用应力度（垂直应力与岩体单轴抗压强度的比值）来表示岩体在开挖前的状态，应力度越小，说明岩体的潜在能力越大，开挖后就越稳定，引起的位移就越小。此外，应力的积累还与岩体的变形特性有关。变形模量较大的近于弹性的岩体对应力的积累比较有利；塑性岩体容易产生变形，不利于应力的积累，故在这类岩体中常以自重应力场为主。

3. 地温

温度变化，尤其是围岩内部温度不相同时，温度应力的一部分会残留下来。此外，当地壳内岩浆固结或受高温高压再结晶时，围岩的体积将随之膨胀或收缩，围岩受到相邻岩块的约束作用而产生残余应力。

4. 人类活动

人类活动包括大堆渣场的形成，深的露天开采和地下开挖，修建水库、抽水、采油以及高坝建筑等，都可能在局部影响围岩的初始应力场，有时甚至会产生比较大的影响。因水库蓄水而诱发地震就是比较典型的例子。

综上所述，只有详细了解影响围岩初始应力场的各种因素，才能较可靠地确定围岩初始应力状态。

4.1.3 初始应力场的确定方法

围岩的初始应力状态除了在以自重应力为主的情况下可以通过计算确定外，一般都通过现场实测获得。以下主要介绍实地应力量测和地质力学分析法。

1. 实地应力量测

实地应力量测就是直接在未经扰动的岩体中进行应力量测。围岩应力量测有两种：

1）量测围岩的绝对应力值，包括其大小和方向。

2）量测围岩应力在开挖过程中的相对变化。前者可用来确定围岩的初始应力场，后者则可评价施工程序的优劣及开挖对相邻地下工程的影响等。

2. 地质力学分析法

岩体中一切构造形迹（如岩层倾斜、褶皱、破裂和错动等），无一不是岩体在地应力作用下形成的永久变形的形象，是地壳构造运动中力学作用的残迹。因此，根据构造形迹可以宏观地反推出地应力的性质和方向，这就是地质力学分析的基本概念。

应用地质力学方法分析工程地段围岩的初始应力状态，首先应进行区域性的构造形迹的调查和测绘，查明区域构造应力场的方向；其次是根据构造形迹的特征，定性地估计初始应力场的量级；最后考虑其他地质力学标志，如埋深、风化程度等，评价水平应力和垂直应力的比值。

在分析初始应力场的方向时，首要的工作是寻找由于最大水平应力作用所形成的构造形迹，如线性紧闭褶皱、区域性陡立岩层、逆冲断层、片理、平缓柱状构造及线排列、原有矿物定向排列等微型构造，它们的走向称为构造线，最大水平压应力的方向必然与构造线垂直。

在产状比较平缓的层状岩体中，上述的构造线在工程范围内不明显，此时可根据层面运动方向擦痕确定，其方向能代表最大压应力方向。在没有明显的褶皱或构造形变不太强烈的块状岩体中，则可根据一对共轭的 X 形节理来确定水平应力的方向。因为整块岩层受压后，首先产生的就是由最大的剪应力所引起的 X 形节理，两组节理面之间所形成的锐角指向最大水平压力方向。共轭 X 形节理如图 4-2 所示。

当岩体受到构造作用时，在主应力场的基础上还会产生局部的、与主应力场不一致的次级应力场，有时候工程范围内的岩体应力状态主要受次级应力场的影响。典型的次级应力场与褶皱和断层有关。

对于岩体褶皱，尽管区域构造应力场的方向已知，但在褶皱的不同部位的应力状态还会有所变化。褶皱的顶部可能产生与区域最大压应力方向平行的局部拉应力，层面之间会产生很大的剪应力。褶皱中的次级应力如图 4-3 所示。

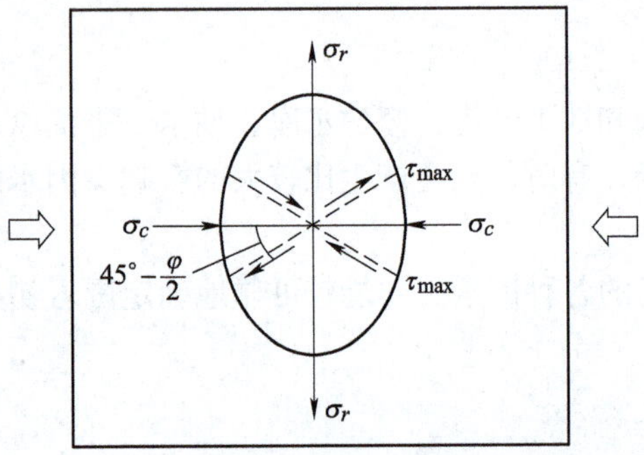

图 4-2　共轭 X 形节理

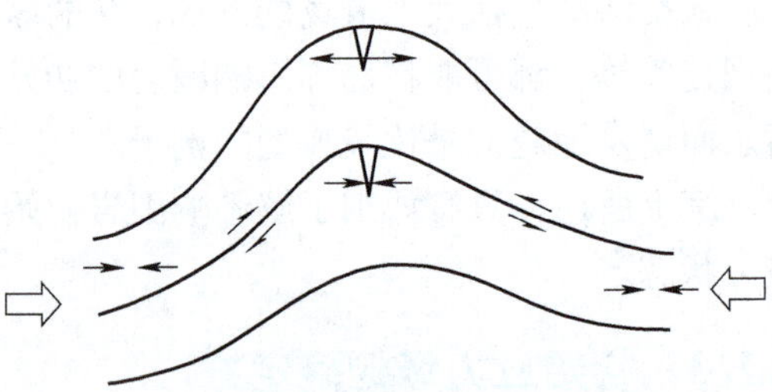

图 4-3　褶皱中的次级应力

当岩体受断层切割，在推挤力作用下产生移动时，主动盘作用在断层上的法向压力可以传递给被动盘，而切向力则不能全部传递，只有相当于断层抗滑阻力的切向力可以传递给被动盘。所以，作用在被动盘上的合力的方向就与作用在主动盘上的合力方向不一致，它与断层法线所夹的角等于断层的内摩擦角。在断层带，经过大距离错动产生较厚的断层泥时，因其抗滑阻力很小，被动盘中作用力的方向近似地和断层平行。

由于实测工作费时、成本高，不可能大量进行。而且，由于仪器设备不完善、操作过程不标准等原因，实测的围岩初始应力也不是绝对正确的。根据我国实践经验来看，比较可行的是实地量测和地质力学分析法相结合的方法，一般应考虑下述原则和经验：

1）有当地实测地应力数值时，应以实测值为工程设计的计算参数；若无实测值，已测得洞壁位移，则可以通过试算或反演计算确定原岩应力。

2）无量测数值时，可根据自重应力计算垂直原岩应力，但应当注意，埋深很小时可能会出现偏差。

3）无量测数据时，侧压力系数 λ 应视下列情况确定：有邻近工程的实测数据时，可参考采用邻近工程的数值；无明显构造应力区，孤山地区及河谷地谷坡附近处取 $\lambda<1$；构造应力区、距地表较深的区域可取 $\lambda\geqslant1$；黄土地层中 λ 值取 0.5~0.6；松散软弱地层中的 λ 值取 0.5~1.0。

4）两个水平方向的应力，当无实测值时，可取为相等。

4.2　围岩压力分类

围岩压力分类

目前，国内外对围岩压力尚无统一的分类方法。1962 年，卡斯特奈根据围岩压力成因，把围岩压力分为松散压力、真正的地层压力和膨胀压力三类。自 20 世纪 70 年代中期起，在我国一些教科书和文章中也提出了类似的分类方法。分类的依据除考虑围岩压力的成因外，还考虑了围岩压力的特征，应用较广的分法是把围岩压力分成松动压力、变形压力、冲击压力和膨胀压力四类。

1. 松动压力

由于开挖面松动或塌落的岩体以重力形式直接作用在支护上的压力称为松动压力。这种压力直接表现为荷载的形式，顶压大，侧压小。松动压力通常由下述三种情况形成：

1）在整体稳定的岩体中，可能出现个别松动掉块的岩石对支护造成的落石压力。

2）在松散软弱的岩体中，洞室顶部和两侧片帮、冒落对支护造成的散体压力。

3）在节理发育的裂隙岩体中，围岩某些部位的岩体沿弱面发生剪切破坏或张拉破坏，形成了局部塌落的松动压力。

造成松动压力的因素有很多，如围岩地质条件、岩体破碎程度、开挖施工方法、爆破作用、支护设置早晚、回填密实程度、洞形和支护形式等。岩体破碎、与临空面组合成不稳定岩块体、爆破作用大、支护不及时，以及回填不密实等都容易造成松动压力。

2. 变形压力

松动压力是以重力形式直接作用在支护上的，而变形压力则是由围岩变形受到支护的抑制产生的，所以变形压力除与围岩应力有关外，还与支护时间和支护刚度等有关，按其成因可进一步分为下述几种情况。

（1）弹性变形压力　当采用紧跟开挖面进行支护的施工方法时，由于存在着开挖面的“空间效应”而使支护受到一部分围岩的弹性变形作用，由此形成的变形压力称为弹性变形压力。

（2）塑性变形压力　由于围岩塑性变形（有时还包括一部分弹性变形）而使支护受到的压力称为塑性变形压力，这是最常见的一种围岩变形压力。

（3）流变压力　围岩产生显著的随时间增长的变形或流动压力是由岩体变形、流动引起的，有显著的时间效应，它能使围岩鼓出、闭合，甚至完全封闭。

3. 冲击压力

冲击压力是指在围岩中积累了大量的弹性变性能以后，由于隧道的开挖使围岩的约束被解除，能量突然释放所产生的巨大压力。冲击发生时伴随着巨响，岩石成镜片状或叶片状高速迸发出来。冲击压力又分为岩爆、岩震和突出等现象。由于冲击压力是岩体能量的积累与释放问题，所以它与高地应力和完整硬岩直接相关。弹性模量较大的岩体在高地应力作用下，易于积累大量的弹性变形能，一旦破坏原始平衡条件，就会突然猛烈地释放。

4. 膨胀压力

当岩体具有吸水、应力解除等膨胀性特征时，由于围岩膨胀所引起的压力称为膨胀压力。膨胀压力与变形压力的基本区别在于它是由于吸水、应力解除等膨胀引起的。从现象上看，它与流变压力有相似之处，但两者的机理完全不同。岩体的膨胀性既取决于其中蒙脱石、伊利石和高岭土的含量，也取决于外界水的渗入和地下水的活动特征，岩层中蒙脱石含量越高，有水源供给，膨胀性越大。

目前确定围岩压力方法有以下几种：

（1）直接量测法　直接量测法是一种切合实际的方法，但由于受测量设备和技术水平的制约，目前还不能普遍使用。

（2）经验法或工程类比法　经验法或工程类比法是根据以前的工程实际资料的统计和总结，按不同围岩分级提出围岩压力的经验数值，作为后建工程确定围岩压力的依据，是目前使用较多的方法。

（3）理论估算法　理论估算法是在实践的基础上从理论上研究围岩压力的方法。由于地质条件的不确定性，影响围岩压力的因素非常多，这些因素本身及它们之间的组合也带有一定的偶然性，试图建立一种完善、适合各种实际情况的通用围岩压力理论及计算方法是困难的，因此现有的围岩压力理论都不十分切合实际情况。

在理论估算方法中，考虑几个主要因素，使其结果相对接近实际围岩压力的情况，是目前隧道工程设计中采用较多的方法。一般来讲，都是以某种假设为前提，或以实际工程的统计分析资料为基础的。

4.3　松动压力

开挖隧道所引起的围岩松动和破坏的范围有的可达地表，有的则影响较小。对于一般裂隙岩体中的深埋隧道，其波及范围仅局限在隧道周围的一定范围内。所以，作用在支护结构上的围岩松动压力远远小于其上覆岩层自重所造成的压力。这可以用围岩的“成拱效应”来解释。以水平岩层中开挖一个矩形坑道为例来说明坑道开挖后围岩压力的形成过程（图 4-4）：

1）隧道开挖后，在围岩应力重分布的过程中，顶板开始沉陷并出现断裂纹，可视为变形阶段，如图 4-4a 所示。

2）顶板中间部位的裂纹继续发展，并且张开，由于结构面切割等原因，岩石开始掉落，支护所受的垂直压力增大，如图 4-4b 所示。

3）顶板以上的掩体继续塌落，岩块与围岩母体脱离，形成近似于拱形的塌落面，垂直压力稳定在一定数值内，但由于原岩应力向隧道两侧转移致使两侧围岩压力增大，如图 4-4c 所示。

4）顶板冒落到一定程度后达到相对平衡时，垂直压力和侧向压力趋于稳定，此时塌落面近似为拱形，如图 4-4d 所示。

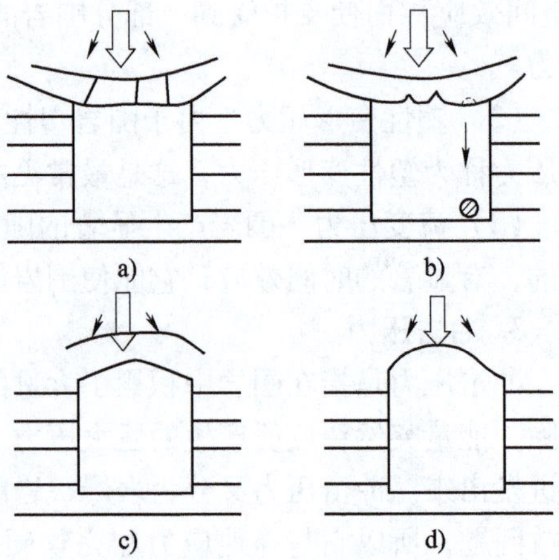

图 4-4　围岩压力的形成过程

a）应力重分布　b）垂直压力增大

c）岩块掉落　d）平衡拱形成

由于洞室的开挖，若不进行任何支护，周围岩体会经过应力重分布⟶变形⟶开裂⟶松动⟶逐渐塌落的过程，在坑道的上方形成近似拱形的空间后停止塌落。将坑道上方所形成的相对稳定的拱称为自然平衡拱。自然平衡拱上方的一部分岩体承受着上覆地层的全部重力，如同一个承载环一样，并将荷载向两侧传递下去，这就是围岩的成拱作用。成拱作用也可以解释为在形成松动压力时围岩的承载作用。自然平衡拱形成的过程称为成拱过程。支护结构上只承担自然平衡拱范围以内破坏岩体的重力，这就是作用在支护结构上的围岩松动压力。

实践证明，自然平衡拱范围的大小除了受围岩地质条件、支护结构架设时间、刚度以及它与围岩的接触状态等因素影响外，还取决于以下因素：

1）隧道的尺寸。隧道跨度越大，则自然平衡拱越高，围岩压力也越大。

2）隧道的埋深。人们从实践中得知，只有当隧道埋深超过某一临界值时，才有可能形成自然平衡拱。习惯上将这种隧道称为深埋隧道，反之称为浅埋隧道。浅埋隧道不能形成自然平衡拱。

3）施工因素。例如爆破所产生的振动，常常使围岩过度松弛，造成围岩压过大。又如分部开挖多次扰动围岩，也会引起围岩失稳，使围岩压力加大。

在隧道开挖过程中由于受到开挖面的约束，使其附近的围岩不能立即释放全部瞬时弹性位移，这种现象称为开挖面空间效应。在空间效应范围（一般为1.0~1.5倍洞跨）内设置支护可以减少围岩位移值。所以，当采用紧跟开挖面支护的施工方法时，支护的早晚必然大大地影响围岩的稳定性和围岩压力的数值。现代支护理论认为，一般尽快施作一次柔性支护，封闭岩层，待围岩变形基本稳定后再施做二次衬砌，从而减小支护压力，达到减少支护的目的。

根据经验判断，当地面与隧道顶部之间的岩层厚度超过塌方平均高度的2~2.5倍时，一般可作为深埋隧道处理。对于特殊情况应进行具体分析。

4.3.1 深埋隧道围岩压力的确定

目前，我国公路隧道和铁路隧道推荐的计算围岩竖向均布松动压力的公式是以工程类比为基础，统计分析了我国三百多座铁路隧道的塌方资料而拟定的。

1. 塌方形态

（1）局部塌方 局部塌方多数在拱部，有时也出现在侧壁（图4-5a），主要在大块状岩体中。

（2）拱形塌方 拱形塌方一般发生在层状岩体或碎块状岩体中，有2种类型：一类是在坑跨范围内，仅出现在拱部（图4-5b），另一类是包括侧壁崩塌在内的扩大的拱形崩塌（图4-5c）。

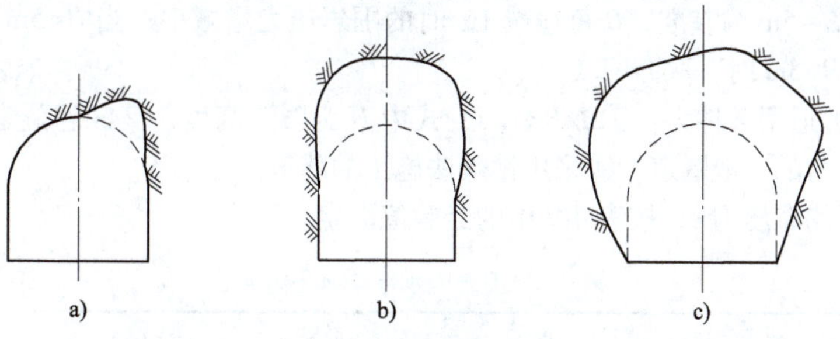

图4-5 塌方的基本形态

a）局部塌方 b）拱形塌方（仅出现在拱部） c）扩大拱形崩塌

(3) 异形塌方　异形塌方是由于特殊的地质条件（如溶洞、陷穴）及地形条件（浅埋……）等造成的。

2. 岩体的坚固系数与塌方特性的关系

如果以岩体的坚固系数 f_m 值作为评价围岩稳定性的指标，则多数塌方发生在塌方频率在 2~5 的岩体内（图 4-6）。这是典型裂隙岩体的一个基本特征，即易于崩塌。严格地说，$f_m \leqslant 1.5$ 并不属于裂隙岩体的范畴。

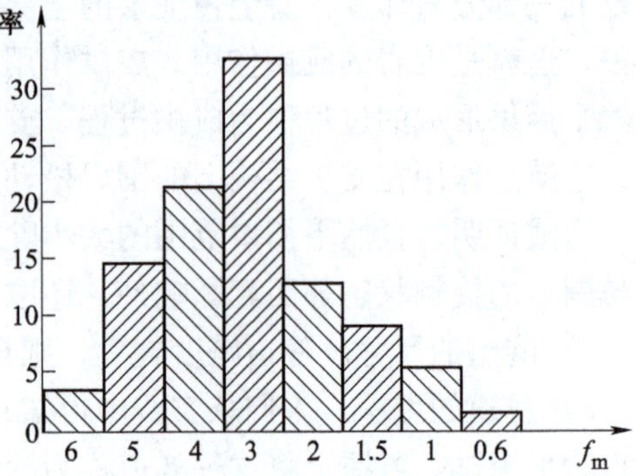

图 4-6　f_m 与塌方频率

在调查数据中，以塌方高度的算术平均值作为数学期望值，将塌方高度及塌方形态与 f_m 的关系列于表 4-1 中。

表 4-1　塌方高度和塌方形态与 f_m 的关系

f_m	6	5	4	3	2	1.5	1	0.6
塌方高度/m	0.65	1.29	2.3	2.5	3.97	4.62	9.6	19.2
塌方形态	局部塌方为主		拱形塌方为主			扩大拱形塌方为主		

还应该指出，从统计资料分析，局部塌方的范围，$f_m=6$ 时，约为 $0.4B$；$f_m=5$ 时，约为 $0.6B$（B 为坑道的开挖宽度）。f_m 可以作为决定荷载值时的参考值。

综上所述，松动围岩压力具有如下的特征：压力的分布是不均匀的，在块状岩体中这种不均匀性更明显；坑道的塌方高度与开挖高度（H）和跨度（B）有关，但两者的影响并非等价。

此外，围岩的松弛范围与施工技术有很大关系。现代隧道施工技术的一个重要发展是把岩体的破坏控制在最小限度。例如，采用非爆破开挖及控制爆破等，塌落范围的发展将受到限制。若及时采用喷锚支护，同样会将岩体的破坏范围控制在最小限度。

深埋隧道围岩竖向均布压力 q 可按下式计算

$$q = 0.45 \times 2^{S-1} \gamma \omega \tag{4-4}$$

式中　S——围岩级别，如属Ⅱ级，则 $S=2$；

γ——围岩重度（kN/m^3）；

ω——宽度影响系数，$\omega=1+i(B-5)$；

B——隧道宽度（m）；

i——以 $B=5m$ 为基准，B 每增减 1m 时的围岩压力增减率；当 $B<5m$ 时，取 $i=0.2$；当 $B>5m$ 时，取 $i=0.1$。

式（4-4）的适用条件为：①$H/B<1.7$，式中 H 为隧道高度；②深埋隧道；③不产生显著偏压力及膨胀力的一般隧道；④采用钻爆法施工的隧道。

围岩的水平均布压力 e，按表 4-2 中的经验值取定。

表 4-2　围岩的水平均布压力 e

围岩级别	Ⅰ	Ⅱ	Ⅲ	Ⅳ	Ⅴ、Ⅵ
水平均布压力 e	0	$<0.15q$	$(0.15\sim0.3)q$	$(0.3\sim0.5)q$	$(0.5\sim1.0)q$

在确定了围岩压力数值后，一个重要的问题是考虑压力分布特征。我国隧道围岩压力的一些量测结果表明：作用在支护结构上的荷载是不均匀的，在Ⅴ和Ⅵ级围岩中，局部塌方是主要的，而在其他级别的围岩中，岩体破坏范围的形状和大小受岩体结构、施工方法等因素的控制，极不规则。根据统计资料，围岩竖向压力的分布特征大致如图 4-7 所示。用等效荷载即非均布压力的总和与均布压力的总和相等的方法，可确定各种荷载图形的最大压力值。

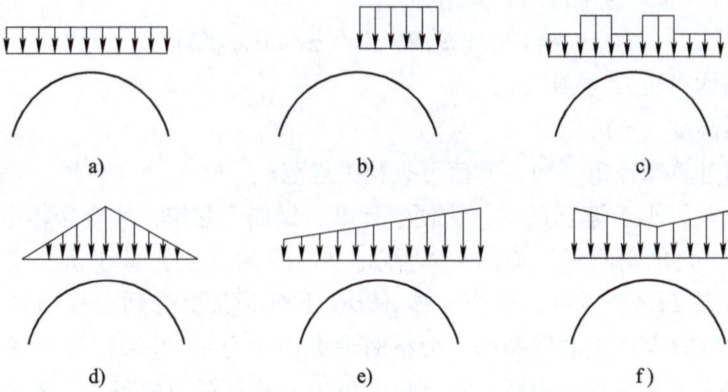

图 4-7 围岩竖向压力的分布特征

a）均布分布 b）半宽均布分布 c）有对称集中的均布分布 d）对称三角形分布 e）梯形分布 f）对称梯形分布

上述压力分布图形只概括一般情况，当地质、地形或其他原因可能产生特殊荷载时，围岩压力的大小和分布应根据实际情况分析确定。在分析支护结构时，一般以竖向和水平的均布荷载图形为主，并用局部压力、偏压以及非均布的荷载图形进行校核，较好的围岩着重于局部压力校核。如果地质、地形或其他原因可能产生特殊荷载，则围岩压力的大小和分布应根据实际情况分析确定。

另外，应考虑围岩的水平压力分布情况。

4.3.2 浅埋隧道围岩压力的计算

浅埋隧道一般出现在山岭隧道的洞口附近，埋置深度较浅。隧道是否属于浅埋，可按荷载等效高度值，结合地质条件、施工方法等因素综合判定。按荷载等效高度的判定式为

$$H_p = (2 \sim 2.5)\, h_q \tag{4-5}$$

$$h_q = q/\gamma \tag{4-6}$$

式中 H_p——深埋隧道分界深度（m）；

h_q——荷载等效高度（m）；

q——深埋隧道竖向均布压力（kN/m^2）；

γ——围岩重度（kN/m^3）。

在矿山法施工的条件下，Ⅰ～Ⅲ级围岩按下式取值

$$H_p = 2h_q \tag{4-7}$$

Ⅳ～Ⅵ级围岩按下式取值

$$H_p = 2.5h_q \tag{4-8}$$

浅埋隧道围岩压力按下述两种情况分别计算：

1）当埋深 H 小于或等于等效荷载高度 h_q 时，竖向均布压力，按下式计算

$$q = \gamma H \tag{4-9}$$

式中　q——均布竖向压力（kN/m^2）；

γ——上覆围岩重度（kN/m^3）；

H——隧道埋深，隧道顶至地面的距离（m）。

侧向压力 e 按均布荷载考虑时，其值为

$$e = \gamma(H_t + h_i/2)\tan^2(\pi/4 - \varphi_0/2) \tag{4-10}$$

式中　e——侧向均布压力（kN）；

H_t——隧道高度（m）；

φ_0——围岩计算摩擦角（°），其值可查相关规范。

2）埋深大于h_q、小于等于 H_p时，为便于计算，做如下假定：假定岩体中形成的破裂面是一条与水平成 β 角的斜直线，如图 4-8 所示；$EFHG$ 岩（土）体下沉，带动两侧三棱土体（如图中 FDB 及 ECA）下沉，整个土体 $ABDC$ 下沉时又要受到未扰动岩（土）体的阻力；斜直线 AC 或 BD 是假定的劈裂面，分析时考虑内聚力 c，并采用计算摩擦角 φ_0；另一滑面 FH 或 EG 则并非破裂面，因此，滑面阻力要小于破裂滑面的阻力，若该滑面的摩擦角为 θ，则 θ 应小于 φ_0。

设图 4-8 中隧道上覆岩体 $EFHG$ 的重力为 W，两侧三棱岩体 FDB 或 ECA 的重量为 W_1，未扰动岩体对整个滑动土体的阻力为 F，当 $EFHG$ 下沉时，两侧受到的阻力为 T 或 T'，可见作用于 HG 面上的垂直压力总值 $Q_{浅}$ 为

$$Q_{浅} = W - 2T' = W - 2T\sin\theta \tag{4-11}$$

三棱体自重为

$$W_1 = \frac{1}{2}\gamma h \frac{h}{\tan\beta} \tag{4-12}$$

式中　γ——围岩重度（kN/m^3）；

h——隧道底部到地面的距离（m）；

β——破裂面与水平置的夹角（°）。

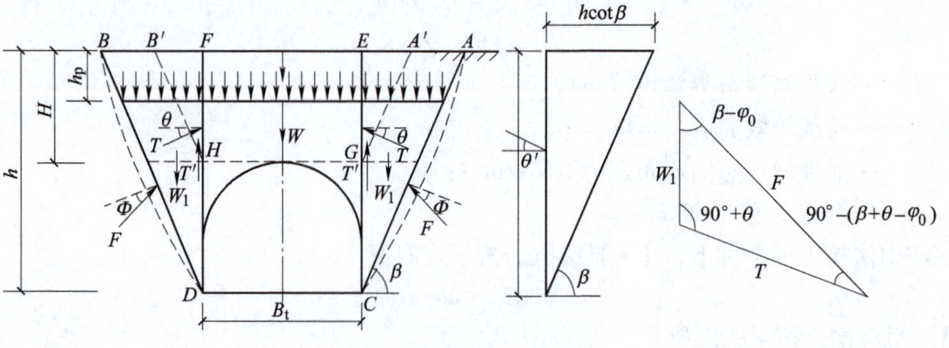

图 4-8　浅埋隧道围岩压力

由正弦定理可得

$$T = \sin(\beta - \varphi_0) W_1 / \sin[90° - (\beta + \theta - \varphi_0)] \tag{4-13}$$

将式（4-12）代入式（4-13）可得

$$T = \frac{\gamma h^2 \lambda}{2\cos\theta} \tag{4-14}$$

$$\lambda = \frac{\tan\beta - \tan\varphi_0}{\{\tan\beta[1 + \tan\beta(\tan\varphi_0 - \tan\theta) + \tan\varphi_0 \tan\theta]\}} \tag{4-15}$$

$$\tan\beta = \tan\varphi_0 + \left[\frac{(\tan^2\varphi_0 + 1)\tan\varphi_0}{\tan\varphi_0 - \tan\theta}\right]^{\frac{1}{2}} \tag{4-16}$$

式中　λ——侧压力系数。

由此，极限最大阻力 T 值可求得。得到 T 值后，代入式（4-11），可求得作用在 HG 面上的总竖向压力 $Q_{浅}$

$$Q_{浅} = W - 2T\sin\theta = W - \gamma h^2 \lambda \tan\theta \tag{4-17}$$

由于 GC、HD 与 EG、FH 相比往往较小，而且衬砌与土之间的摩擦角也不相同，前面分析均按 θ 计，当中间岩（土）块下滑时，由 FH 及 EG 面传递，考虑压力稍大些对设计的结构也偏于安全，因此摩擦力不计隧道部分而只计洞顶部分，即在计算中用埋深 H 代替 h，式（4-17）可改写为

$$Q_{浅} = W - \gamma H^2 \lambda \tan\theta$$

由 $W=B_t H\gamma$，则有

$$Q_{浅} = \gamma H(B_t - H\lambda\tan\theta) \tag{4-18}$$

式中　B_t——隧道宽度（m）；

H——洞顶至地面的距离（m）。

$$q_{浅} = \frac{Q_{浅}}{B_t} = \gamma H\left(\frac{1 - H\lambda\tan\theta}{B_t}\right) \tag{4-19}$$

式中　$q_{浅}$——作用支护结构上的均布荷载（kN/m）。

换算为作用在支护结构上的均布荷载，如图 4-9 所示。

作用在支护结构两侧的水平侧压力为

$$e_1 = \gamma H\lambda$$
$$e_2 = \gamma h\lambda \tag{4-20}$$

式中　e_1，e_2——隧道水平压力梯形的上、下压力值（kN）。

侧压力视为均布时，侧压力为

$$e = \frac{1}{2}(e_1 + e_2) \tag{4-21}$$

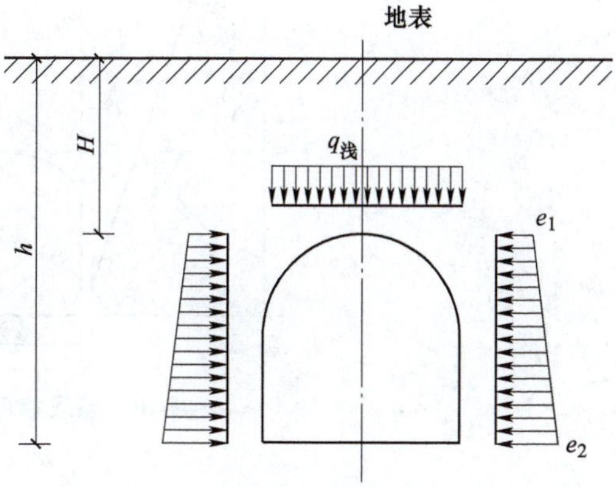

图 4-9　浅埋隧道换算均布荷载

4.3.3　偏压隧道围岩压力

偏压是指作用于衬砌结构上的不对称荷载。由于地面坡度较陡或倾斜节理的切割等地质

结构因素的影响，有的隧道将承受偏压（图4-9）。根据实际经验，对于Ⅰ～Ⅲ级围岩，偏差隧道围岩压力按地质构造的影响状况进行计算；对于Ⅳ级及其以下的围岩，一般按地形引起的偏压计算。

地形引起的偏压隧道围岩压力的假定、受力分析及公式的推导与地表水平时类似，本书仅给出计算结果，即

$$
\begin{cases}
q=\dfrac{\gamma}{2}\left[(H_1+H_2)-\dfrac{(\lambda_1 H_1^2+\lambda_2 H_2^2)\tan\theta}{B}\right] \\
\lambda_1=\dfrac{\tan\beta_1-\tan\varphi_0}{(\tan\beta_1-\tan\alpha)[1+\tan\beta_1(\tan\varphi_0-\tan\theta)+\tan\varphi_0\tan\theta]} \\
\lambda_2=\dfrac{\tan\beta_2-\tan\varphi_0}{(\tan\beta_2+\tan\alpha)[1+\tan\beta_2(\tan\varphi_0-\tan\theta)+\tan\varphi_0\tan\theta]} \\
\tan\beta_1=\tan\varphi_0+\sqrt{\dfrac{(1+\tan^2\varphi_0)(\tan\varphi_0-\tan\alpha)}{\tan\varphi_0-\tan\theta}} \\
\tan\beta_2=\tan\varphi_0+\sqrt{\dfrac{(1+\tan^2\varphi_0)(\tan\varphi_0+\tan\alpha)}{\tan\varphi_0-\tan\theta}}
\end{cases}
\tag{4-22}
$$

式中　q——竖向均布压力（kN/m^2）；

H_1、H_2——内、外侧由拱顶至地面的高度（m）；

λ_1，λ_2——内、外侧的侧压力系数；

α——地面坡坡角（°）。

其余参数如图4-10所示。

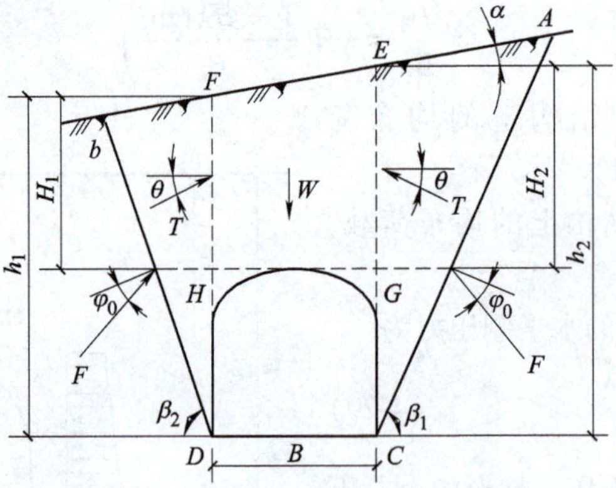

图4-10　偏压隧道围岩压力计算简图

4.4　普氏理论和太沙基理论

普氏理论

4.4.1　普氏理论

普氏理论认为所有的岩体都不同程度地被节理、裂隙切割，可视为散粒体。但岩体又不

同于一般的散粒体，结构面上存在着不同程度的内聚力。基于这种认识，普氏理论提出了岩体的坚固性系数 f（又称为侧摩擦系数）的概念。

岩体的抗剪强度 $\tau=\sigma\tan\varphi+c$，将岩体视为散粒体，且保证其抗剪强度不变，则有 $\tau=\sigma f$，于是

$$f=\frac{\tau}{\sigma}=\frac{\sigma\tan\varphi+c}{\sigma}=\tan\varphi+\frac{c}{\sigma}=\tan\varphi_0 \tag{4-23}$$

式中 φ、φ_0——岩体的内摩擦角和计算摩擦角（°）；

τ、σ——岩体的抗剪强度和剪切破坏时的正应力（MPa）；

c——岩体的内聚力（MPa）。

一般地，岩体的坚固性系数 f 是表征岩体特性（如强度、抗钻性、抗爆性、构造、地下水等）的综合指标。

在确定围岩的松动压力时，普氏理论提出了基于自然拱概念的计算方法，认为在具有一定内聚力的松散介质中开挖坑道后，其上方会形成一个抛物线形的自然拱，作用在支护结构上的围岩压力即为自然拱内松散岩体的重力。而自然拱的形状和高度反映岩体的特征值，其与所开挖的隧道宽度有关，具体表达式为

$$h_k=\frac{b_t}{f} \tag{4-24}$$

式中 h_k——自然拱高度（m）；

b_t——自然拱的半跨度（m）。

在坚硬的岩体中，坑道侧壁比较稳定，自然拱的跨度即隧道的跨度，如图4-11a所示。在松散和破碎岩体中，坑道侧壁受到干扰而产生滑移，自然平衡拱的跨度相应加大，如图4-11b所示，此时的 b_t 值为

$$b_t=b+H_t\tan(45°+\varphi_0/2) \tag{4-25}$$

式中 b——隧道净跨的一半（m）；

H_t——隧道高度（m）；

φ_0——岩体的计算摩擦角（°）。

$$\varphi_0=\arctan f$$

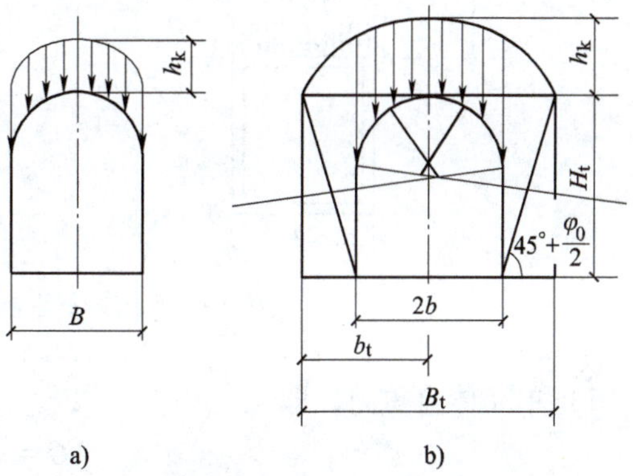

图4-11 普氏理论中自然拱的形成

a）坚硬岩体 b）松散和破碎岩体

由此，隧道拱顶处围岩垂直松动压力为

$$q=\gamma h_k \tag{4-26}$$

围岩水平松动压力 e 可按朗肯土压力公式计算

$$e=\left(q+\frac{\gamma H_t}{2}\right)\tan^2\left(45°-\frac{\varphi_0}{2}\right) \tag{4-27}$$

普氏理论的主要优点是：计算围岩松动压力的公式比较简单，使用方便，而且经过修正后的 f 值也能在一定程度上反映真实情况。

按普氏理论计算的软岩隧道围岩松动压力比实际情况偏小，对坚硬围岩则偏大，一般对松散、破碎围岩的计算较准确。

4.4.2 太沙基理论

太沙基理论

在太沙基理论中，假定岩体为散体，但是具有一定的内聚力。这种理论适用于一般的土体压力计算。由于岩体中总有一定的原生及次生结构面，加之开挖洞室施工的影响，其围岩不可能为完整而连续的整体，因此采用太沙基理论计算围岩压力（松动围岩压力）收效较好。

太沙基理论是从应力传递原理出发推导竖向围岩压力的。如图 4-12a 所示，假定洞室顶壁衬砌顶部 *AB* 两端出现一直延伸到地表面的竖向破裂面 *AD* 及 *BC*，在 *ABCD* 所圈出的散体中，切取厚度为 dz 的薄层单元为分析对象。该薄层单元受力情况如图 4-12 所示，共受以下五种力的作用：

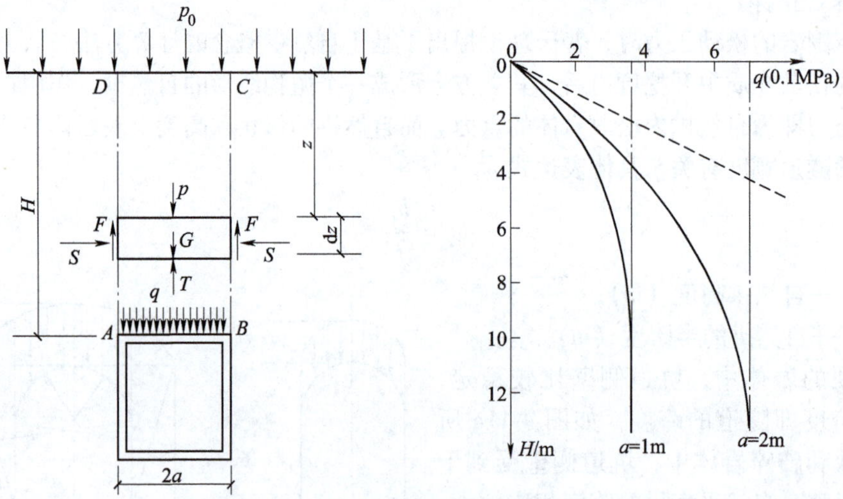

图 4-12　太沙基理论计算围岩薄层受力情况

1）单元体自重力，即

$$G = 2\gamma a \mathrm{d}z \tag{4-28}$$

2）作用于单元体上表面的竖直向下的上覆岩体压力，即

$$p = 2a\sigma_{\mathrm{v}} \tag{4-29}$$

3）作用于单元体下表面的竖直向上的下伏岩体托力，即

$$T = 2a(\sigma_{\mathrm{v}} + \mathrm{d}\sigma_{\mathrm{v}}) \tag{4-30}$$

4）作用于单元体侧面的竖直向上的侧向围岩摩擦力，即

$$F = \tau_{\mathrm{f}}\mathrm{d}z \tag{4-31}$$

5）作用于单元体侧面的水平方向的侧向围岩压力。

$$S = k_0\sigma_{\mathrm{v}}\mathrm{d}z \tag{4-32}$$

式中　a——洞室跨度的一半；

γ——岩体重度；

σ_{v}——竖向初始地应力；

k_0——侧向压力系数；

dz——薄层单元体厚度；

τ_f——岩体抗剪强度。

初始水平地应力为 $\sigma_h=k_0\sigma_v$，则岩体抗剪强度为

$$\tau_f=\sigma_h\tan\varphi+c=k_0\sigma_v\tan\varphi+c \tag{4-33}$$

式中　c——岩体内聚力；

φ——岩体内摩擦角。

将式（4-33）代入式（4-31），得

$$F=(k_0\sigma_v\tan\varphi+c)dz \tag{4-34}$$

薄层单元体在竖向的平衡条件为

$$\sum F_v=p+G-T-2F=0 \tag{4-35}$$

将式（4-28）~式（4-30）及式（4-34）代入式（4-35），得

$$2\gamma a dz+2a\sigma_v-2a(\sigma_v+d\sigma_v)-2(k_0\sigma_v\tan\varphi+c)dz=0 \tag{4-36}$$

整理式（4-36），得

$$\frac{d\sigma_v}{dz}+\left(\frac{k_0\tan\varphi}{a}\right)\sigma_v=\gamma-\frac{c}{a} \tag{4-37}$$

由式（4-37）解得

$$\sigma_v=\frac{a\gamma-c}{k_0\tan\varphi}\left(1+Ae^{-\frac{k_0\tan\varphi}{a}z}\right) \tag{4-38}$$

边界条件：当 $z=0$ 时，$\sigma_v=p_0$（地表面荷载），将该边界条件代入式（4-38），得

$$A=\frac{k_0p_0\tan\varphi}{a\gamma-c}-1 \tag{4-39}$$

将式（4-39）代入式（4-38），得

$$\sigma_v=\frac{a\gamma-c}{k_0\tan\varphi}\left(1-e^{-\frac{k_0\tan\varphi}{a}z}\right)+p_0e^{-\frac{k_0\tan\varphi}{a}z} \tag{4-40}$$

式中　z——薄层单元体埋深（m）。

将 $z=H$ 代入式（4-40），可以得到洞室顶部的竖向围岩压力 q 为

$$q=\frac{a\gamma-c}{k_0\tan\varphi}\left(1-e^{-\frac{k_0H\tan\varphi}{a}}\right)+p_0e^{-\frac{k_0H\tan\varphi}{a}} \tag{4-41}$$

式（4-41）对于深埋洞室及浅埋洞室均适用，将 $H\to\infty$ 代入式（4-41），可以得到埋深很大的洞室顶部竖向围岩压力 q 为

$$q=\frac{a\gamma-c}{k_0\tan\varphi} \tag{4-42}$$

由式（4-42）可以看出，对于埋深很大的深埋洞室来说，地表面荷载 p_0 对洞室顶部竖向围岩压力 q 已不产生影响。

当洞室侧壁围岩因不稳定而从洞室顶面起产生与竖向成（$45°-\varphi/2$）角的滑裂面时，侧壁围岩出现滑裂面时洞顶竖向围岩压力计算简图如图 4-13 所示，洞顶竖向围岩压力 q 计算法与上述的完全一样，只需将以上各式中的 a 代以 a'即可，此时有

$$a' = a + h\tan\left(45^\circ - \frac{\varphi}{2}\right) \tag{4-43}$$

式中　h——洞室高度（m）；

　　　φ——岩体内摩擦角（°）。

将式（4-43）代入式（4-41），得出现侧向滑裂面后的洞顶竖向围岩压力 q 计算式

$$q = \frac{\gamma\left[a + h\tan\left(45^\circ - \frac{\varphi}{2}\right)\right] - c}{k_0\tan\varphi}\left[1 - e^{-\frac{k_0 H\tan\varphi}{a+h\tan\left(45^\circ - \frac{\varphi}{2}\right)}}\right] + p_0 e^{-\frac{k_0 H\tan\varphi}{a+h\tan\left(45^\circ - \frac{\varphi}{2}\right)}} \tag{4-44}$$

太沙基理论也将岩体视为散粒体，太沙基理论围岩压力计算简图如图 4-14 所示。坑道开挖后，其上方岩体因隧道的变形而下沉，产生图 4-14 中的错动 OAB。其围岩压力计算公式如下：

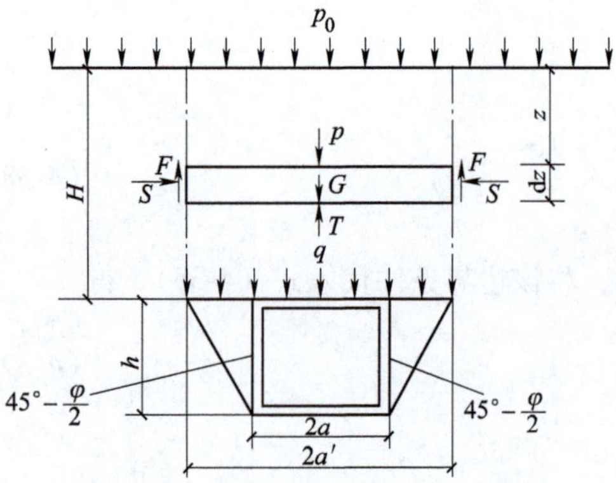

图 4-13　侧壁围岩出现滑裂面时洞顶竖向围岩压力计算简图

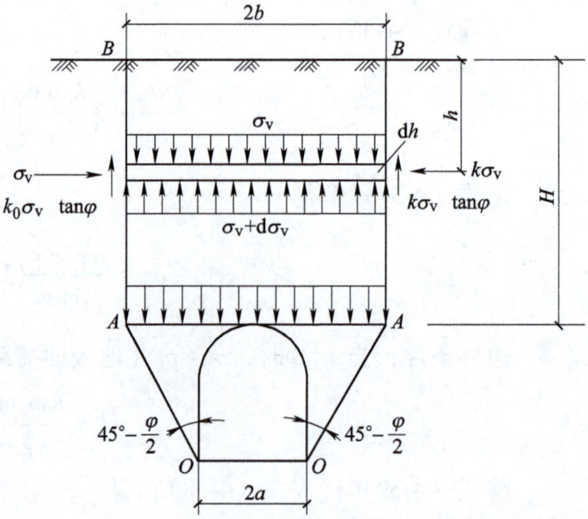

图 4-14　太沙基理论围岩压力计算简图

1）垂直压力为

$$q = \frac{b\gamma - c}{\lambda\tan\varphi}\left[1 - \exp\left(-\frac{\lambda\tan\varphi}{b}H\right)\right] \tag{4-45}$$

2）水平压力为

$$\begin{cases} e_{上} = q\tan^2\left(45^\circ - \frac{\varphi}{2}\right) \\ e_{下} = (q + H_t\gamma)\tan^2\left(45^\circ - \frac{\varphi}{2}\right) \end{cases} \tag{4-46}$$

上式与普氏计算公式得到的结果类似。

4.5　弹性分析

无支护洞室围岩应力和位移分析

4.5.1　无支护洞室围岩应力和位移

1. 洞室开挖后的破坏形态

坑道开挖后，在围岩中产生一系列的力学现象，如坑道周边的应力重分布、坑道周边围岩性质的改变、坑道断面的缩小以及坑道稳定性的丧失。这属于无支护坑道的稳定和强度问题。

无支护地段岩体在要求的时间内不发生破坏、滑动，而且暴露的位移不超过允许值时，就是稳定的。

无支护隧道围岩视地质条件、岩体结构性质的不同，有可能发生下列几类变形和破坏形式：块状运动破坏；弯曲折断破坏；松动解脱破坏；剪切破坏，如图 4-15 所示。此外，无支护隧道围岩也可能发生脆性破坏。

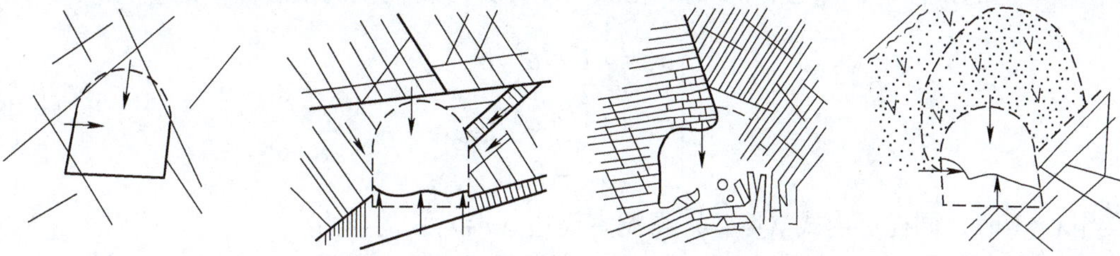

a)　　b)　　c)　　d)

图 4-15　无支护隧道围岩变形和破坏形式

a）块状运动破坏　b）弯曲折断破坏　c）松动解脱破坏　d）剪切破坏

对于完整、均匀、坚硬的岩体，无论是分析围岩的应力和位移，还是评定围岩的稳定性，采用弹性力学方法都是可以的。对于成层的和节理发育的岩体，如果层理或节理等不连续面的间距与所研究问题的尺寸相比较小，则连续化假定和弹性力学的方法也是适合的。

2. 洞室开挖后的围岩应力状态

洞室开挖后围岩应力状态的影响因素如下：

1）初始应力场的影响。

2）开挖断面形式的影响。

3）岩体结构特性的影响。

4）岩体力学性质对围岩二次应力场的影响。

5）洞室开挖后围岩应力的空间效应。

6）时间效应的影响。

7）施工方法的影响：开挖方式（爆破或者非爆破）和开挖方法（全断面或分部开挖法）对围岩的二次应力状态都有强烈的影响，好的开挖作业可减少对遗留岩体的破坏，使围岩的二次应力场更接近理论解。

在围岩中开挖半径为 r_0 的圆形坑道后，其二次应力状态可用弹性力学的基尔西

(Kirsch) 公式表示，围岩中任一点的应力为

$$\begin{cases} 径向应向 \quad \sigma_r = \dfrac{\sigma_z}{2}[(\bar{1} - \alpha^2)(1+\lambda) + (\bar{1} - 4\alpha^2 + 3\alpha^4)(1-\lambda)\cos 2\varphi] \\ 切向应向 \quad \sigma_t = \dfrac{\sigma_z}{2}[(\bar{1} + \alpha^2)(1+\lambda) - (\bar{1} + 3\alpha^4)(1-\lambda)\cos 2\varphi] \end{cases} \tag{4-47}$$

剪应力为 $$\tau_{rt} = -\frac{\sigma_z}{2}(1-\lambda)(\bar{1} + 2\alpha^2 - 3\alpha^4)\sin 2\varphi$$

式中 (r, φ) ——围岩内任一点的极坐标；

α —— $\alpha = r_0/r$；

σ_z ——初始地应力 (MPa)。

式 (4-47) 的应力分量由两部分组成，一部分是由初始应力产生的，用数字上带“-”标出，另一部分是由洞周卸载引起的。以上各式中正应力又称法向应力，以压为正；剪应力以作用面外法线与坐标轴一致而应力方向与坐标轴指向相反为正。

在轴对称的条件下，即当 $\lambda = 1$ 时，由式 (4-47) 可得洞室周围岩体内的应力

$$\begin{cases} \sigma_r = (\bar{1} - \alpha^2)\sigma_z \\ \sigma_t = (\bar{1} + \alpha^2)\sigma_z \\ \tau_{rt} = 0 \end{cases} \tag{4-48}$$

当 $\lambda \neq 1$ 时，同样可由式 (4-47) 得洞室周边 ($r = r_0$) 的应力

$$\begin{cases} \sigma_r = 0 \\ \sigma_t = \sigma_z[(1+\lambda) - 2(1-\lambda)\cos 2\varphi] \\ \tau_{rt} = 0 \end{cases} \tag{4-49}$$

上式说明，沿坑道周边只存在切向应力 σ_t，径向应力 σ_r 和剪应力 τ_{rt} 均变为 0。表明洞室的开挖使洞室周边的围岩从二向（或三向）应力状态变成单向（或二向）应力状态。

在水平直径处，$r = r_0$，$\varphi = 90°$ 时，有

$$\sigma_t = (3 - \lambda)\sigma_z \tag{4-50}$$

说明水平直径处的切向应力较初始应力值提高了 $(3-\lambda)$ 倍，表现出应力集中现象。

在拱顶处，$r = r_0$ $(\alpha = 1)$，$\varphi = 0°$ 时，有

$$\sigma_t = (3\lambda - 1)\sigma_z \tag{4-51}$$

分析式 (4-51) 表明：

1) 当 $\lambda < \dfrac{1}{3}$ 时，$\sigma_t < 0$，即出现了拉应力，其范围可由式 (4-49) 直接求出

$$\varphi < \pm \frac{1}{2}\arccos \frac{1+\lambda}{2(1-\lambda)} \tag{4-52}$$

2) 当 $\lambda = 0$ 时，拱顶切向拉应力最大，由式 (4-49) 可知

$$\sigma_t = -\sigma_z$$

拉应力出现在与垂直轴成 $\pm 30°$ 的范围，且向围岩内部延伸的范围为 $0.58r_0$，坑道拱顶（底）的拉应力区如图 4-16 所示。

3）当 $\lambda=\dfrac{1}{3}$，拱顶处的 $\sigma_t=0$ 时，说明洞周切向应力全部变为压应力。

式（4-47）所示的沿圆形坑道水平、垂直轴上的应力分布如图 4-17 所示。图中可以看出，当侧压力系数 λ 在 0~1 变化时，水平直径处洞周的切向应力由 $3\sigma_z$ 减小到 $2\sigma_z$。随着 r 的增加，即离坑道周边越远，σ_t、σ_r 都很快地接近初始应力状态，当 $\dfrac{r_0}{r}>5$ 时，相差都在 5%以内。

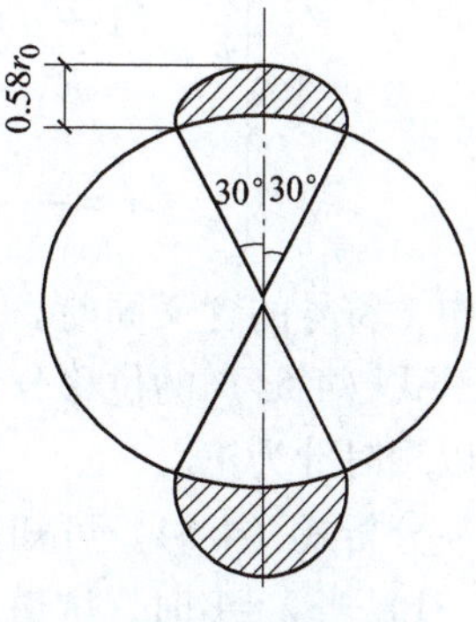

图 4-16　坑道拱顶（底）的拉应力区

用应力集中系数 k 表明洞室周边切向应力的不均匀性，即

$$\sigma_t=k\sigma_z \tag{4-53}$$

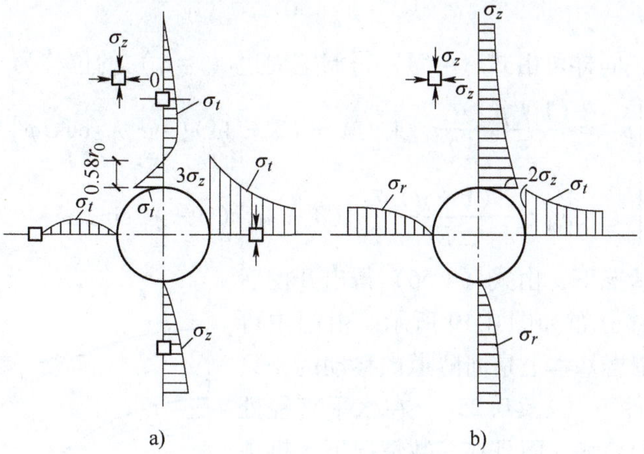

图 4-17　沿圆形坑道水平、垂直轴上的应力分布

a）$\lambda=0$ 围岩二次应力场　b）$\lambda=1$ 围岩二次应力场

当 λ 在 0~1 之间变化时，水平直径处，k 在 2~3 之间变化；拱顶处，k 在 −1~2 之间变化。当切向拉应力超过其抗拉强度时，拱顶可能发生局部掉块和落石，但不会造成整个坑道的破坏。当 $\lambda>\dfrac{1}{3}$时，坑道则逐渐变得稳定。洞周切向应力集中系数的变化如图 4-18 所示。

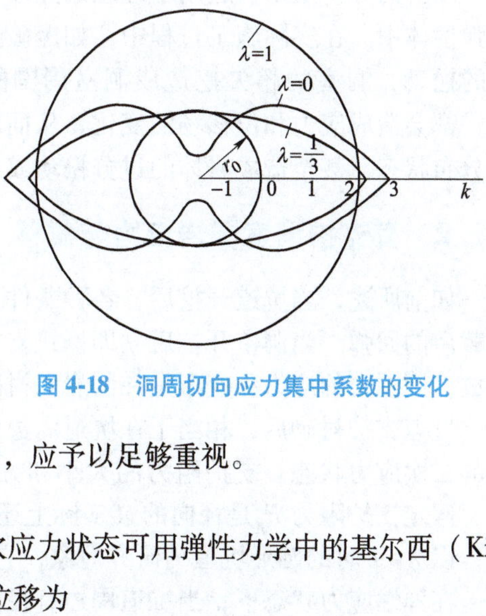

图 4-18　洞周切向应力集中系数的变化

通常，围岩的侧压力系数 λ 在 0.2~0.5 之间变动。在这个范围内，坑道周边切向应力 σ_t 都是压应力。侧壁中点的切向应力 σ_t 大于岩体的抗压强度，常常是整个坑道丧失稳定的主要原因，应予以足够重视。

3. 无支护洞室围岩的位移

在围岩中开挖半径为 r_0 的圆形坑道后，其二次应力状态可用弹性力学中的基尔西（Kirsch）公式表示，围岩中任一点的径向位移和切向位移为

$$\begin{cases} u=\dfrac{(1+\mu)}{E}\dfrac{\sigma_z}{2}r_0\alpha\{(1+\lambda)+(1-\lambda)[4(1-\mu)-\alpha^2]\cos2\varphi\} \\ v=-\dfrac{(1+\mu)}{E}\cdot\dfrac{\sigma_z}{2}\gamma_0\alpha(1-\lambda)[2(1-2\mu)+\alpha^2]\sin2\varphi \end{cases} \tag{4-54}$$

式中，符号的含义同前。

式（4-54）的位移分量已减去了开挖前存在的位移。径向位移以向隧道内为正，切向位移以顺时针为正。

分析式（4-54）可知：

1）当 $\lambda=1$ 时，坑道周边（即 $r=r_0$）的位移成轴对称分布，有

$$\begin{cases} u_{r_0}=\dfrac{1+\mu}{E}r_0\sigma_z \\ v_{r_0}=0 \end{cases} \tag{4-55}$$

2）当 $\lambda\neq1$ 时，同样可由式（4-54）得洞室周边（$r=r_0$）的位移为

$$\begin{cases} u_{r_0}=\dfrac{(1+\mu)}{E}\dfrac{\sigma_z}{2}r_0[1+\lambda+(3-4\mu)(1-\lambda)\cos2\varphi] \\ v_{r_0}=-\dfrac{(1+\mu)}{E}\dfrac{\sigma_z}{2}r_0(3-4\mu)(1-\lambda)\sin2\varphi \end{cases} \tag{4-56}$$

在不同的 λ 值情况下，由式（4-56）得出开挖后的圆形坑道周边位移分布如图 4-19 所示。由图中可见，坑道开挖后，围岩基本上是向隧道内移动的，只是在一定的 λ 值条件下（$\lambda\leqslant0.25$），在水平直径处围岩有向两侧扩张的趋势，而且在多数情况下，拱顶位移（即拱顶下沉）均大于侧壁（水平直径处）位移。

以上的分析结果仅适用于理想的连续介质、理想的弹性体中。在实际施工过程中，如爆破开挖造成岩体的松动，洞室的超欠挖造成洞室周围的应力集中等，都会造成应力和位移场的变化，从而改变它的理想分布状态，甚至造成岩体的过分松动或局部坍塌。

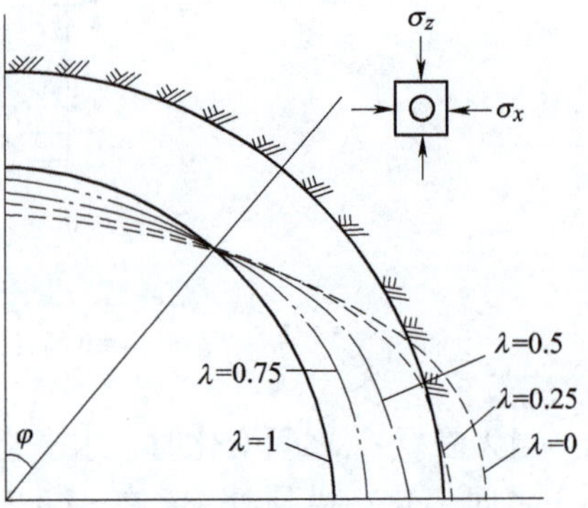

图 4-19　不同 λ 值情况下开挖后的圆形坑道周边位移分布

4.5.2　有支护洞室围岩应力与位移

如前所述，当坑道开挖后，各种条件下的围岩都会发生向洞室内的变形，这种变形属于卸载后的回弹。当洞室开挖后立即修筑支护结构，且在理想情况下不考虑修筑衬砌前的应力释放，则围岩的应力和变形是在围岩和衬砌共同作用下产生的。

坑道支护衬砌后，相当于在坑道周边施加了阻止坑道围岩变形的阻力，从而也改变了围岩的二次应力状态。支护阻力的大小和方向对围岩的应力状态有很大的影响。为了便于分析，假定支护阻力 P_a 是径向的（实际上还有切向的），沿坑道周边均匀分布（图 4-20）。

以 $\lambda=1$ 时的圆形坑道为研究对象，它是轴对称的平面应变问题。

在弹性应力状态下，当坑道周边有径向阻力 P_a 时，只需把径向阻力 P_a 作为释放荷载的

反向作用力作用在洞周，再叠加上初始应力引起的洞周应力即可。因此，由式（4-48）可直接写出支护阻力 P_a 作用下围岩内的应力为

$$\begin{cases}\sigma_r = \sigma_z(1-\alpha^2)+P_a\alpha^2 \\ \sigma_t = \sigma_z(1+\alpha^2)-P_a\alpha^2\end{cases} \tag{4-57}$$

式中，α 意义同前。

围岩内的应力 σ_r 和 σ_t 的表达式是由两部分组成的。前项是洞室开挖造成的，后项是由支护阻力 P_a 形成的。

由式（4-57）可知，当 $\alpha=1$（即 $r=r_0$）时，有

$$\begin{cases}\sigma_r = P_a \\ \sigma_t = 2\sigma_z - P_a\end{cases} \tag{4-58}$$

由此可见，支护阻力 P_a 的存在使周边的径向应力增大，而使切向应力减小。实质上是使直接靠近坑道周边围岩的应力状态从单向（或双向）变为双向（或三向）受力状态，因而提高了围岩的承载力（图 4-21）。

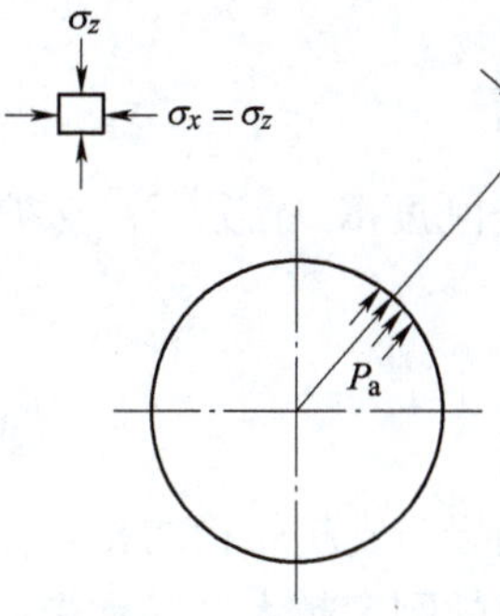

图 4-20 周边作用有支护阻力的圆形坑道

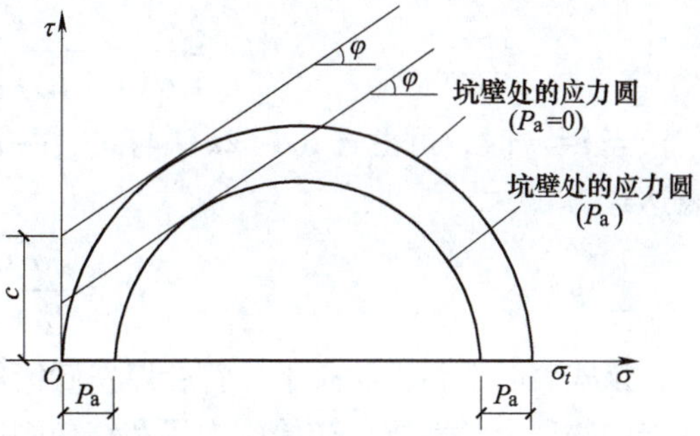

图 4-21 支护前后坑道壁的应力状态

当支护阻力 $P_a=\sigma_z$ 时，有 $\sigma_r=\sigma_z$；$\sigma_t=\sigma_z$，即恢复到初始的应力状态，显然这是办不到的。

在有支护阻力 P_a 时，围岩内的位移仍然可以采用式（4-57）同样的方法，由式（4-54）得出

$$u_r^e = \frac{1+\mu}{E}(\sigma_z - P_a)\frac{r_0^2}{r} \tag{4-59}$$

由此可得洞周（$r=r_0$）的位移为

$$u_{r_0}^e = \frac{1+\mu}{E}(\sigma_z - P_a)r_0 \tag{4-60}$$

同样，支护结构也承受 P_a 的作用，当支护结构的厚度大于 0.04 倍的开挖跨度时，其应力和变形可用弹性力学厚壁圆筒的公式，有

$$\left\{\begin{aligned}\sigma_r^{c0} &= -P_a\frac{r_0^2}{r_0^2-r_1^2}\left(1-\frac{r_1^2}{r^2}\right)\\ \sigma_t^{c0} &= -P_a\frac{r_0^2}{r_0^2-r_1^2}\left(1+\frac{r_1^2}{r^2}\right)\\ u_r^{c0} &= \frac{P_a(1+\mu_c)}{E_c}\frac{r_0^2}{r_0^2-r_1^2}\left[(1-2\mu_c)r+\frac{r_1^2}{r}\right]\end{aligned}\right. \tag{4-61}$$

式中 μ_c——衬砌材料的泊松比；

E_c——衬砌材料的弹性模量（GPa）；

r_0、r_1——衬砌的外半径、内半径（m）；

σ_r^{c0}、σ_t^{c0}——支护结构的径向应力、切向应力（MPa）；

u_r^{c0}——支护结构的位移（m）。

当 $r=r_0$ 时，由式（4-61）得支护阻力与结构刚度的关系式为

$$P_a=\frac{E_c(r_0^2-r_1^2)}{r_0(1+\mu)[(1-2\mu_c)r_0^2+r_1^2]}u_{r_0}^{c0}=K_c u_{r_0}^{c0} \tag{4-62a}$$

式中 K_c——支护结构刚度系数；

$$K_c=\frac{E_c(r_0^2-r_1^2)}{r_0(1+\mu_c)[(1-2\mu_c)r_0^2+r_1^2]}$$

当 $r=r_0$ 时，可由式（4-62a）与式（4-60）得到具有支护刚度 K_c 情况下，支护阻力的表达式为

$$P_a=\frac{\sigma_z r_0 K_c(1+\mu)}{E+r_0K_c(1+\mu)} \tag{4-62b}$$

该式表明在弹性状态下，符合厚壁圆筒的支护条件时，围岩与支护结构的相互作用力与围岩的物理力学性质、初始应力场和结构刚度有关。支护结构的刚度越大，其承受的荷载也越大。

4.6 塑性分析

当深埋隧道或埋深较浅但围岩强度较低时，围岩的二次应力状态可能超过围岩的抗压强度或局部的剪应力超过岩体的抗剪强度，从而使该部分的岩体进入塑性状态。此时坑道发生脆性破坏，如岩爆、剥离等（坚硬、脆性、整体的围岩中），或在坑道围岩的某一区域内形成塑性应力区，发生塑性剪切滑移或塑性流动，并迫使塑性变形的围岩向坑道内滑移。塑性区的围岩因此变得松弛，其物理力学性质（c、φ 值）也发生变化。

现仅讨论侧压力系数 $\lambda=1$ 时，圆形坑道围岩的弹塑性二次应力场和位移场的解析公式。当 $\lambda=1$ 时，荷载和洞室都呈轴对称分布，塑性区的范围也是圆形的，而且围岩中不产生拉应力。因此，要讨论的只有进入塑性状态的一种可能性。

在分析塑性区内的应力状态时，需要解决的问题是：确定形成塑性变形的塑性判据或破坏准则；确定塑性区的应力、应变状态；确定塑性区范围。

4.6.1 塑性判据

在许多弹塑性分析中，采用最多的是摩尔-库仑条件作为塑性判据，亦称屈服准则或屈服条件。其塑性条件是，可以在 τ-σ 平面上表示成一条直线，称为剪切强度线，它对 σ 轴的斜率为 $\tan\varphi$，在 τ 轴上的截距为 c。摩尔-库仑条件的几何意义是：若岩体某截面上作用的法向应力和剪应力所绘成的应力圆与剪切强度线相切，则岩体将沿该平面发生滑移。

鉴于所分析的问题是 $\lambda=1$，圆形隧道为轴对称，剪应力为0，所以围岩内的切向应力 σ_{tp} 和径向应力 σ_{rp} 就成为最大和最小主应力了。材料强度包络线及应力圆如图4-22所示。

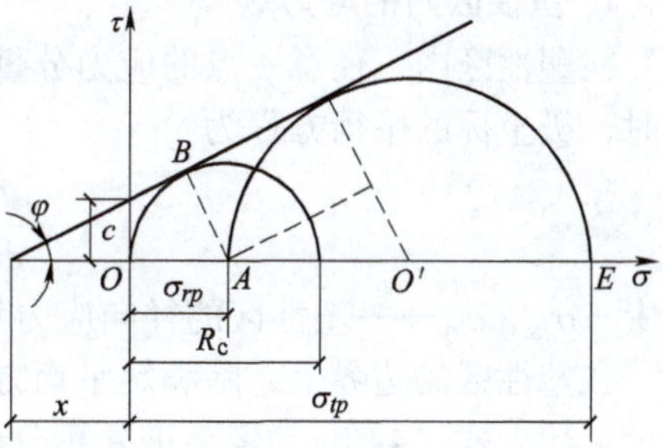

图 4-22 材料强度包络线及应力圆

由图4-22可知：

$$\sin\varphi=\frac{\sigma_{tp}-\sigma_{rp}}{\sigma_{tp}+\sigma_{rp}+2x} \tag{4-63}$$

或

$$\sin\varphi=\frac{R_c}{R_c+2x}$$

即

$$x=\frac{R_c}{2}\frac{1-\sin\varphi}{\sin\varphi}$$

将此值代入式（4-63）得

$$\sigma_{tp}(1-\sin\varphi)-\sigma_{rp}(1+\sin\varphi)-R_c(1-\sin\varphi)=0 \tag{4-64}$$

设 $\dfrac{1+\sin\varphi}{1-\sin\varphi}=\zeta$，$R_c=\dfrac{2\cos\varphi}{1-\sin\varphi}c$

则式（4-64）可以写为

$$\sigma_{tp}-\zeta\sigma_{rp}-R_c=0 \tag{4-65}$$

也可写为

$$\sigma_{tp}(1-\sin\varphi)-\sigma_{rp}(1+\sin\varphi)-2c\cos\varphi=0 \tag{4-66}$$

$$\frac{\sigma_{rp}+c\cot\varphi}{\sigma_{tp}+c\cot\varphi}=\frac{1-\sin\varphi}{1+\sin\varphi} \tag{4-67}$$

式（4-65）~式（4-67）就是目前通常采用的求解坑道周围塑性区的塑性判据。

当 $\lambda=1$ 时，坑道周边 $\sigma_t=2\sigma_z$，$\sigma_r=0$，将该值代入式（4-65），即可得出隧道周边的岩体是否进入塑性状态的判据为

$$2\sigma_z\geqslant R_c \tag{4-68}$$

上述分析是建立在坑道周围出现塑性区后岩性没有变化（即 c、φ 值不变）的前提下。实际上，岩石在开挖后由于爆破、应力重分布等影响已被破坏，其 c、φ 值皆有变化。设以岩体的残余内聚力 c_r 和残余内摩擦角 φ_r 表示改变后的岩体特性，则式（4-65）可写成

$$\sigma_t^r-\zeta\sigma_r^r-R_c^r=0 \tag{4-69}$$

或 $\sigma_t^r(1-\sin\varphi)-\sigma_r^r(1+\sin\varphi)-2c_r\cos\varphi=0$

式中 带上角标“r”者，皆指破碎岩体的残余特性。

4.6.2 洞室围岩应力和位移

轴对称条件下（$\lambda=1$）围岩内的应力及变形均仅为 r 的函数，与讨论点与竖直轴的夹角 φ 无关，且塑性区为等厚圆，假设在塑性区中 c、φ 值为常数。解题的基本原理是使塑性区满足塑性条件与平衡方程，使弹性区满足弹性条件与平衡方程，在弹性区与塑性区交界处满足弹性条件又满足塑性条件。

1. 塑性区内的应力场

在塑性区内，任意一点的应力分量仍需满足平衡条件。对于轴对称问题，当不考虑体积力时，极坐标的平衡方程为

$$\frac{\mathrm{d}\sigma_{rp}}{\mathrm{d}r}+\frac{\sigma_{rp}-\sigma_{tp}}{r}=0 \tag{4-70}$$

式中　σ_{tp}、σ_{rp}——塑性区的径向应力和切向应力。

在塑性区的边界上，除满足平衡方程外，还需满足塑性条件。将式（4-66）的 σ_{tp}用 σ_{rp}表示，代入式（4-70），经整理并积分后，得

$$\frac{2\sin\varphi}{1-\sin\varphi}\ln r+C=\ln(\sigma_{rp}+c\cot\varphi) \tag{4-71}$$

当有支护时，支护与围岩边界上（$r=r_0$）的应力即为支护阻力，即 $\sigma_{rp}=P_{\mathrm{a}}$，则求出积分常数

$$C=\ln(P_{\mathrm{a}}+c\cot\varphi)-\frac{2\sin\varphi}{1-\sin\varphi}\ln r_0 \tag{4-72}$$

将上式代入式（4-70）及式（4-71），并整理得到塑性区的应力为

$$\begin{cases}\sigma_{rp}=(P_{\mathrm{a}}+c\cot\varphi)\left(\dfrac{r}{r_0}\right)^{\frac{2\sin\varphi}{1-\sin\varphi}}-c\cot\varphi\\[2ex]\sigma_{tp}=(P_{\mathrm{a}}+c\cot\varphi)\dfrac{1+\sin\varphi}{1-\sin\varphi}\left(\dfrac{r}{r_0}\right)^{\frac{2\sin\varphi}{1-\sin\varphi}}-c\cot\varphi\end{cases} \tag{4-73}$$

式（4-73）即塑性区内的应力状态。由此式可知，围岩塑性区内的应力值与初始应力状态无关，仅与围岩的物理力学性质、开挖半径及支护提供的阻力 P_{a}有关。

前已指出，$\lambda=1$ 时距坑道某一距离的各点应力皆相同，因此形成的塑性区也是圆形的。

2. 弹性区内的应力场

在塑性区以外的弹性区域内，其应力状态是由初始应力状态及塑性区边界上提供的径向应力 σ_{R_0}决定的。

令塑性区半径为 R_0，且塑性区与弹性区边界上的应力协调。当 $r=R_0$ 时，有

$$\sigma_{R_0}=\sigma_{rp}=\sigma_{re}\ \text{及}\ \sigma_{tp}=\sigma_{te}$$

对于弹性区，$r\geqslant R_0$，相当于开挖半径为 R_0 的洞室，其周边作用有支护阻力 σ_{R_0}时，可参照式（4-56）得弹性区内的应力

$$\begin{cases}\sigma_{re}=\sigma_z\left(1-\dfrac{R_0^2}{r^2}\right)+\sigma_{R_0}\dfrac{R_0^2}{r^2}\\[2ex]\sigma_{te}=\sigma_z\left(1+\dfrac{R_0^2}{r^2}\right)-\sigma_{R_0}\dfrac{R_0^2}{r^2}\end{cases} \tag{4-74}$$

把式（4-74）中的两式相加消去 σ_{R_0}，即得弹、塑性区边界上（$r=R_0$）的应力为

$$\sigma_{re}+\sigma_{te}=2\sigma_z \tag{4-75}$$

同理，有 $\sigma_{rp}+\sigma_{tp}=2\sigma_z$

以上两式代表着弹塑性区边界上，径向应力和切向应力应满足的塑性判据。将上式代入式（4-66）中，即可得 $r=R_0$ 处的应力

$$\begin{cases}\sigma_r=\sigma_z(1-\sin\varphi)-c\cos\varphi=\sigma_{R_0}\\ \sigma_t=\sigma_z(1+\sin\varphi)+c\cos\varphi=2\sigma_z-\sigma_{R_0}\end{cases} \tag{4-76}$$

式（4-76）指出，弹塑性区边界上的应力与围岩的初应力状态 σ_z、围岩本身的物理力学性质 c 和 φ 有关，而与支护阻力 P_a 和开挖半径 r_0 无关。

3. 塑性区半径与支护阻力的关系

设塑性区半径为 R_0，将 $r=R_0$ 代入式（4-73），并考虑该处的应力应满足式（4-76）所示的塑性条件，可得塑性区半径 R_0 与 P_a 的关系

$$P_a=-c\cot\varphi+\left[\sigma_z(1-\sin\varphi)-c\cos\varphi+c\cot\varphi\right]\left(\frac{r_0}{R_0}\right)^{\frac{2\sin\varphi}{1-\sin\varphi}} \tag{4-77}$$

上式也可写成

$$R_0=r_0\left[(1-\sin\varphi)\frac{c\cot\varphi+\sigma_z}{c\cot\varphi+P_a}\right]^{\frac{1-\sin\varphi}{2\sin\varphi}} \tag{4-78}$$

或

$$R_0=r_0\left[\frac{2}{\zeta+1}\frac{\sigma_z(\zeta-1)+R_c}{P_a(\zeta-1)+R_c}\right]^{\frac{1}{\zeta-1}} \tag{4-79}$$

式（4-78）表达了在其围岩岩性特征参数已知时，径向支护阻力 P_a 与塑性区半径 R_0 之间的关系。该式说明，随着 P_a 的增加，塑性区域相应减小，即径向支护阻力 P_a 的存在限制了塑性区域的发展，这是支护阻力的一个很重要的支护作用。

若坑道开挖后不修筑衬砌，即径向支护阻力 $P_a=0$ 时，则式（4-78）变成

$$R_0=r_0\left[(1-\sin\varphi)\frac{c\cot\varphi+\sigma_z}{c\cot\varphi}\right]^{\frac{1-\sin\varphi}{2\sin\varphi}} \tag{4-80}$$

或

$$R_0=r_0\left[\frac{2}{\zeta+1}\frac{\sigma_z(\zeta-1)+R_c}{R_c}\right]^{\frac{1}{\zeta-1}} \tag{4-81}$$

在这种情况下塑性区是最大的。

若想不形成塑性区域，即 $R_0=r_0$，可以由式（4-77）求出不形成塑性区所需的支护阻力

$$P_a=\sigma_z(1-\sin\varphi)-c\cos\varphi \tag{4-82}$$

或

$$P_a=\frac{2\sigma_z-R_c}{\zeta+1} \tag{4-83}$$

这就是维持坑道处于弹性应力场所需的最小支护阻力。它的大小仅与初始应力场及岩性

指标有关，而与坑道尺寸无关。上式的 P_a 实际上和弹塑性边界上的应力表达式（4-76）一致，说明支护阻力仅能改变塑性区的大小和塑性区内的应力，而不能改变弹塑性边界上的应力。

实际上衬砌是在坑道开挖后一定时间内修筑的，塑性区域及其变形已发生和发展。因此，所需的支护阻力将小于式（4-82）所计算的数值。

按照松动区的定义，即松动区边界上的切向应力为初始应力，即 $\sigma_t=\sigma_z$，得

$$\sigma_{tp}=(P_a+c\cot\varphi)\frac{1+\sin\varphi}{1-\sin\varphi}\left(\frac{R}{r_0}\right)^{\frac{2\sin\varphi}{1-\sin\varphi}}-c\cot\varphi=\sigma_z$$

即可得松动区半径

$$R=R_0\left(\frac{1}{1+\sin\varphi}\right)^{\frac{1-\sin\varphi}{2\sin\varphi}} \tag{4-84}$$

可见，松动区半径和塑性区半径存在一定的关系。

【例 4-1】 隧道埋深 $H=100\text{m}$，坑道开挖半径 $r_0=3.0\text{m}$，土体重度 $\gamma=17.64\text{kN/m}^3$，内聚力 $c=0.2\text{MPa}$，内摩擦角 $\varphi=30°$，土体平均弹性模量 $E=100\text{MPa}$，泊松比 $\mu=0.5$，$\lambda=1$，当不采用任何支护结构时，试求塑性区半径 R_0 及其围岩内的应力状态。若坑道开挖后立即采取支护，$P_a=0.2\text{MPa}$，求此时的塑性区半径 R_0 及围岩内的应力状态。

解：初始应力场为

$$\sigma_z=\gamma H=\left(\frac{17640\times100}{1\times10^6}\right)\text{MPa}=1.764\text{MPa}$$

将有关数值代入式（4-80），则塑性区半径

$$R_0=r_0\left[(1-\sin\varphi)\frac{c\cot\varphi+\sigma_z}{c\cot\varphi}\right]^{\frac{1-\sin\varphi}{2\sin\varphi}}$$

$$=3.0\text{m}\times\left[(1-\sin30°)\frac{0.2\cot30°+1.764}{0.2\cot30°}\right]^{\frac{1-\sin30°}{2\sin30°}}$$

$$=5.2359\text{m}$$

所以塑性区的范围为（5.2359−3）m=2.2359m。

松动区半径 $R=R_0\left(\frac{1}{1+\sin\varphi}\right)^{\frac{1-\sin\varphi}{2\sin\varphi}}$

$$=5.2359\text{m}\times\left(\frac{1}{1+0.5}\right)^{\frac{1-0.5}{2\times0.5}}=4.2751\text{m}$$

分别求出塑性区和弹性区内，当无支护阻力（$P_a=0$）时围岩内各点的应力见表 4-3。

表 4-3　无支护阻力时围岩内各点的应力

r/m	3	4	5	5.236	6	7	8	9	10	11
	塑性区					弹性区				
σ_r/MPa	0	0.2694	0.6158	0.7088	0.9064	1.1736	1.3120	1.4068	1.4141	1.5249
σ_t/MPa	0.6928	1.5011	2.5403	2.8192	2.5676	2.3544	2.2160	2.1211	2.0533	2.0003

同理，P_a=0.2MPa 时，围岩内各点的应力见表 4-4。

表 4-4　P_a=0.2MPa 时围岩内各点的应力

r/m	3	3.4	3.8	4.1706	5	7	8	9	10	11
	塑性区					弹性区				
σ_r/MPa	0.2	0.3554	0.5303	0.7088	1.0304	1.1736	1.3897	1.5376	1.5806	1.6124
σ_t/MPa	1.2928	1.7590	2.2836	2.8192	2.4976	2.1383	2.0506	1.9904	1.9474	1.9156

根据上述计算绘制的圆形坑道围岩内的应力分布图如图 4-23 所示。

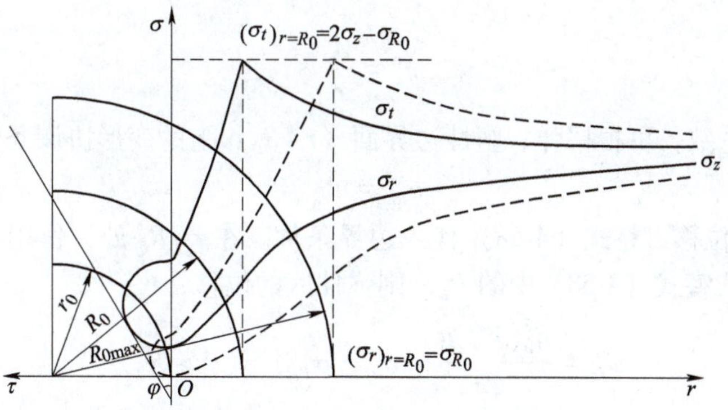

图 4-23　圆形坑道围岩内的应力分布

使塑性区不形成所需的最小径向阻力为

$$P_a=\sigma_z(1-\sin\varphi)-c\cos\varphi$$
$$=[1.764\times(1-0.5)-0.2\times0.866]\text{MPa}=0.7088\text{MPa}$$

变化支护阻力的数值说明支护阻力对塑性区半径、松动区半径的影响。

当 P_a分别为 0、0.2、0.4、0.6、0.7088MPa 时，支护阻力和塑性区半径、松动区半径的关系见表 4-5。

表 4-5　支护阻力和塑性区半径、松动区半径的关系

P_a/MPa	0	0.2	0.4	0.6	0.7088
R_0/m	5.2385	4.1706	3.5680	3.1684	3.0
r_0/R_0	0.5727	0.7193	0.8408	0.9469	1.0
R/m	4.2767	3.4049	3.0	3.0	3.0

图 4-23 表示有支护和无支护时围岩塑性区应力的变化情况。由图中可知，在围岩周边加上支护阻力 P_a后，使洞周由双向应力状态进入三向应力状态，从而在满足极限平衡状态的情况下，使切向应力增大了，在图中表现为摩尔圆内移。

以上分析说明，支护阻力 P_a的重要支护作用之一是控制塑性区的发展，从而改善了围岩的应力状态。

4. 围岩位移

为计算塑性区域内的径向位移 u_p，可假定塑性区内的岩体在小变形的情况下体积不

变，即

$$\varepsilon_r^{\mathrm{p}} + \varepsilon_t^{\mathrm{p}} + \varepsilon_{rt}^{\mathrm{p}} = 0 \tag{4-85}$$

根据轴对称平面应变状态的几何方程（塑性区亦应满足）

$$\varepsilon_r^{\mathrm{p}} = \frac{\mathrm{d}u^{\mathrm{p}}}{\mathrm{d}r}, \varepsilon_t^{\mathrm{p}} = \frac{u^{\mathrm{p}}}{r}, \varepsilon_{rt}^{\mathrm{p}} = 0$$

故式（4-85）可以改写为

$$\frac{\mathrm{d}u^{\mathrm{p}}}{\mathrm{d}r} + \frac{u^{\mathrm{p}}}{r} = 0 \tag{4-86}$$

积分得

$$u^{\mathrm{p}} = \frac{A}{r} \tag{4-87}$$

式中　A——待定系数，可根据弹、塑性边界面（$r=R_0$）上的变形协调条件确定，即

$$u_{R_0}^{\mathrm{e}} = u_{R_0}^{\mathrm{p}} \tag{4-88}$$

弹性区的围岩位移可将式（4-58）代入边界条件。在 $r=R_0$ 处，作用有弹、塑性边界上的径向应力 σ_{R_0}，代替式（4-58）中的 P_{a}，则弹性区的位移

$$u_{R_0}^{\mathrm{e}} = \frac{R_0^2(1+\mu)}{Er}(\sigma_z - \sigma_{R_0}) \quad (r > R_0) \tag{4-89}$$

将式（4-89）及式（4-87）代入式（4-88），可得

$$A = \frac{R_0^2(1+\mu)}{E}(\sigma_z - \sigma_{R_0})$$

则塑性区的围岩位移

$$u^{\mathrm{p}} = \frac{R_0^2(1+\mu)}{Er}(\sigma_z - \sigma_{R_0}) \quad (r_0 \leqslant r \leqslant R_0) \tag{4-90}$$

这与弹性区位移表达式一样。

如将含有支护阻力 P_{a} 的塑性区半径 R_0 的表达式（4-77）代入上式，即可得出洞室周边径向位移 $u_{r_0}^{\mathrm{p}}$ 与支护阻力的关系式

$$\frac{u_{r_0}^{\mathrm{p}}}{r_0} = \frac{1+\mu}{E}(\sigma_z \sin\varphi + c\cos\varphi)\left[(1-\sin\varphi)\frac{c\cot\varphi + \sigma_z}{c\cot\varphi + P_{\mathrm{a}}}\right]^{\frac{1-\sin\varphi}{\sin\varphi}} \tag{4-91}$$

或写为

$$P_{\mathrm{a}} = -c\cot\varphi + (1-\sin\varphi)(c\cot\varphi + \sigma_z)\left[\frac{(1+\mu)\sin\varphi}{E}(c\cot\varphi + \sigma_z)\frac{r_0}{u_{r_0}^{\mathrm{p}}}\right]^{\frac{\sin\varphi}{1-\sin\varphi}} \tag{4-92}$$

以上各式中的 R_0 可用式（4-77）求得。

由此可见，在形成塑性区后，坑道周边位移 u_{r_0} 不仅与岩体特性、坑道尺寸、初始应力场有关，还和支护阻力 P_{a} 有关。支护用力随着洞周位移的增大而减小，若允许的位移较大，则需要的支护阻力变小，而洞周位移的增大是与塑性区的增大相联系的。

当内聚力 $c=0$ 时

$$u_{r_0}^{\mathrm{p}} = \frac{1+\mu}{E}\sigma_z \frac{R_0^2}{r_0}\sin\varphi \tag{4-93}$$

事实上，围岩进入塑性状态后，体积要发生变化，称为剪涨现象，故上式只能算是近似公式。

5. 围岩特征曲线

引用【例4-1】的数据，当围岩的二次应力场处于弹性状态时，P_a 与 u_{r_0} 的关系可由式（4-58）给出。当二次应力形成塑性区时，P_a 与 u_{r_0} 的关系可由式（4-85）给出。2段的衔接点为洞室周边围岩不出现塑性区所需提供的最小支护阻力由式（4-82）求出，即

$$\begin{aligned} P_a &= \sigma_z(1-\sin\varphi)-c\cos\varphi \\ &= [1.764\times(1-\sin30°)-0.2\cos30°]\,\text{MPa} \\ &= 0.7088\text{MPa} \end{aligned}$$

当 $P_a=\sigma_z$ 时，洞壁径向位移 $u_{r_0}=0$，即全部荷载由支护结构来承受。当 $P_a=0$ 时，只要围岩不坍塌，就可以通过增大塑性区范围来取得自身的稳定，此时的洞周位移 u_{r_0} 可以由式（4-90）求出，即

$$u_{r_0\max}^{p}=\frac{R_0^2(1+\mu)}{Er_0}(\sigma_z-\sigma_{R_0}) \tag{4-94}$$

式中　R_0——无支护阻力时的塑性区半径（m）。

由【例4-1】中数据，得出无支护时的洞周位移

$$u_{r_0\max}^{p}=\left[\frac{1+\mu}{E}(\sigma_z\sin\varphi+c\cos\varphi)\frac{R_0^2}{r_0}\right]\text{cm}=14.4\text{cm}$$

计算出的荷载-位移曲线 P_a-u_{r_0} 的关系如图4-24所示。

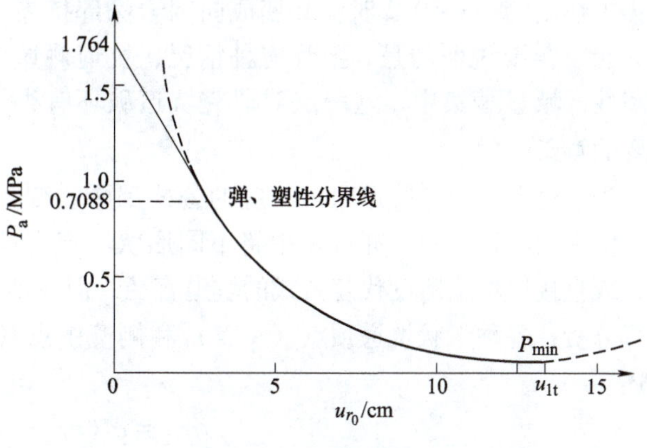

图4-24　围岩的特征曲线

事实上，洞室开挖后，支护的架设无论如何总是要滞后一段时间，这时，塑性区已经形成，洞周的位移与支护阻力的关系曲线如图4-24中的上段虚线所示。

此外，任何类别的围岩都有一个极限变形量 u_{1t}，超过这个极限值，岩体的 c、φ 值将急剧下降，造成岩体松弛和塌落。而在较软弱的围岩中，这个极限值一般都小于无支护阻力时洞壁的最大径向位移值。因此，在洞壁的径向位移超过 u_{1t} 后，围岩就将失稳，如果在洞壁位移大于 u_{1t} 后再进行支护以稳定围岩，无疑所需的支护阻力必将增大，故这条曲线达到 u_{1t} 后不应该再继续下降，而是上升。遗憾的是，虽经各种努力，目前还无法将 u_{1t} 之后的上升曲线用数学表达式描述出来，只能形象地表示成上升的趋势（图4-24中虚线所示），这段曲线对于实际工程已没有实用价值。

图4-24所示的曲线即围岩的特征曲线，亦称为围岩的支护需求曲线。根据接触应力相等的原则，其亦称为支护的荷载曲线。它形象地表明围岩在洞室周边所需提供的支护阻力及与其周边位移的关系：在洞周极限位移范围内，允许围岩的位移增加，所需要的支护阻力减小，而应力重分布的结果大部分由围岩承担，反之亦然。

应该指出，上述的分析是在理想条件下进行的。例如，假定洞壁各点的径向位移都相同，又假定支护需求曲线与支护的刚度无关等。事实上，即使在标准固结的黏土中，洞壁各点的径向位移相差也很大，也就是说洞壁的每一点都有自己的支护需求曲线。再者，支护阻力是支护结构与隧道围岩相互作用的产物，而这种相互作用与围岩的力学性质有关，当然也与支护结构的刚度有关，不能认为支护结构只有阻力而无刚度。不过，尽管存在一些不准确的地方，但上述的隧道围岩与支护结构相互作用机理仍是有效的。

综上所述，支护阻力 P_a 的存在控制了坑道岩体的变形和位移，从而控制了岩体塑性区的发展和应力的变化，这就是支护结构的支护实质。同时，支护阻力的存在改善了周边岩体的约束条件，从而相应地提高了岩体的承载能力。

当 $\lambda \neq 1$ 时，塑性区的形状和范围的变化是很复杂的，这里不详述，需要学习者请参阅有关专著。现以实例说明当无支护阻力时，λ 值对塑性区范围和形状的影响。

已知 $c = 2.5\text{MPa}$，$\varphi = 30°$，$\sigma_z = 15\text{MPa}$，当 λ 分别为 0.2、0.3、0.5、0.75 和 1.0 时，得到非轴对称条件围岩塑性区边界如图 4-25 所示。

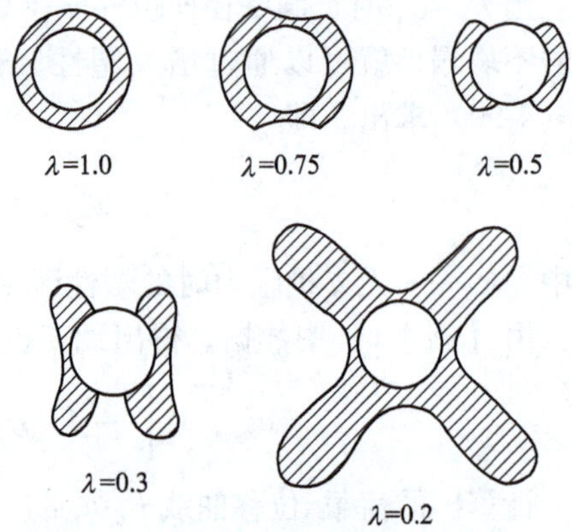

图 4-25　非轴对称条件围岩塑性区边界

图 4-25 表明：$\lambda = 0.5$ 时，塑性区基本上出现在侧壁，呈月牙形；$\lambda = 0.3$ 时，则变成图示的耳形，也集中在侧壁；$\lambda = 0.2$ 时，又变成向围岩深部扩展的 X 形。需要说明的是，不管何种情况，坑道侧壁的塑性区域显著集中，这一点对研究坑道破坏有很重要的意义。

当坑道形状不是圆形时，相应的公式都要改变，此时可用有限单元数值分析法进行求解。但在初步设计中，亦可采用将不同形状坑道变换成当量圆形坑道的方法近似地加以分析，或直接以坑道跨度代替公式的坑道直径，但并不是所有的坑道形状都可以这样做。根据计算分析，各种形状坑道顶点（A 点）和侧壁中点（B 点）的切向应力 σ_{tA} 和 σ_{tB} 可用下式表述

$$\begin{cases} \sigma_{tA} = \sigma_z(a\lambda - 1) \\ \sigma_{tB} = \sigma_z(b - \lambda) \end{cases} \tag{4-95}$$

式中　λ——侧压力系数；

a、b——不同形状洞室周边切向应力计算系数，其值见表 4-6。

表 4-6　不同形状洞室周边切向应力计算系数

编号	1	2	3	4	5	6	7	8	9
形状	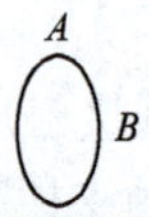						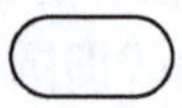		
a	5.0	4.0	3.9	3.2	3.1	3.0	2.0	1.9	1.8
b	2.0	1.5	1.8	2.3	2.7	3.0	5.0	1.9	3.9

由表4-6可知，编号4、5、6的坑道基本上都可以以圆形坑道来处理，不会造成很大误差。对铁路隧道来说，单线和双线隧道断面直接采用圆形断面的求解公式是可以的。

对于浅埋隧道（埋深小于2.5倍开挖半径），二次应力场和位移场就不能使用上述的分析方法了，一般是采用有限元数值解法。

4.6.3 芬纳公式

芬纳公式是提出较早的，并且目前仍然广泛应用的洞室围岩压力计算公式。在弹性变形区与塑性变形区分界上，即当 $r=R_0$ 时，$\sigma_r=\sigma_{R_0}$，将此条件代入式（4-71）得到积分常数 c' 为

$$c' = \ln(\sigma_{R_0} + c\cot\varphi) - \frac{2\sin\varphi}{1-\sin\varphi}\ln R_0 \tag{4-96}$$

$$\sigma_{rp} = (\sigma_{R_0} + c\cot\varphi)\left(\frac{r}{R_0}\right)^{\frac{2\sin\varphi}{1-\sin\varphi}} - c\cot\varphi \tag{4-97}$$

弹性变形区和塑性变形区分解上的径向应力 σ_{R_0} 为

$$\sigma_{R_0} = \sigma_z(1-\sin\varphi) - c\cos\varphi \tag{4-98}$$

若不考虑弹性变形区和塑性变形区分解上的内聚力 c，则式（4-98）变为

$$\sigma_{R_0} = \sigma_z(1-\sin\varphi) \tag{4-99}$$

将式（4-99）代入式（4-97）得

$$\sigma_{rp} = [\sigma_z(1-\sin\varphi) + c\cot\varphi]\left(\frac{r}{R_0}\right)^{\frac{2\sin\varphi}{1-\sin\varphi}} - c\cot\varphi \tag{4-100}$$

令 $r=r_0$，则 $\sigma_{rp}=P_a$，将此条件代入式（4-100）得

$$P_a = [\sigma_z(1-\sin\varphi) + c\cot\varphi]\left(\frac{r_0}{R_0}\right)^{\frac{2\sin\varphi}{1-\sin\varphi}} - c\cot\varphi \tag{4-101}$$

式（4-101）即为芬纳提出的洞室围岩压力计算公式，P_a 为围岩在洞壁处的压力，为了确保洞室稳定，必须设置支护结构，以支撑这种压力。

芬纳公式有一个不严密的地方就是，在推导过程中忽略了弹性变形区与塑性变形区分界上的内聚力 c。如果考虑这种内聚力 c 的话，则经过类似推导，可以求得修正的芬纳公式，具体推导过程如下：

将式（4-98）代入式（4-97）得

$$\sigma_{rp} = (\sigma_z + c\cot\varphi)(1-\sin\varphi)\left(\frac{r}{R_0}\right)^{\frac{2\sin\varphi}{1-\sin\varphi}} - c\cot\varphi \tag{4-102}$$

令 $r=r_0$，则 $\sigma_{rp}=P_a$，将此条件代入式（4-102）得

$$P_a = (\sigma_z + c\cot\varphi)(1-\sin\varphi)\left(\frac{r_0}{R_0}\right)^{\frac{2\sin\varphi}{1-\sin\varphi}} - c\cot\varphi \tag{4-103}$$

式（4-103）即修正的芬纳公式。

无论是芬纳公式，还是修正的芬纳公式，其围岩压力 P_a 除了与初始地应力 σ_t、围岩强度指标 c 和 φ，以及洞室断面大小有关外，还受控于塑性圈分布范围。P_a 与塑性圈半径 R_0 成反比。当 R_0 取最大值时，围岩压力 P_a 最小。当不允许出现塑性圈时，即令 $R_0=r_0$，此时

围岩压力 P_a 最大。将 $R_0=r_0$ 分别代入式（4-101）及式（4-103）得

$$P_a=\sigma_z(1-\sin\varphi) \tag{4-104}$$

$$P_a=\sigma_z(1-\sin\varphi)-c\cot\varphi\ (\text{修正的芬纳公式}) \tag{4-105}$$

在实际工程中，往往很难确定塑性圈半径 R_0，而是通过测量洞室周壁的位移来计算围岩压力 P_a，在假定塑性圈体积不发生变化的前提下推导围岩压力 P_a 与洞室周壁径向位移 u_a 之间关系式。具体推导过程如下：

岩体中初始地应力为

$$\sigma_{r_0}=\sigma_{t_0}=\sigma_z \tag{4-106}$$

洞室开挖后，弹性变形区围岩应力为

$$\begin{cases}\sigma_r^e=\sigma_z\left(1-\dfrac{R_0^2}{r^2}\right)+\sigma_{R_0}\dfrac{R_0^2}{r^2}\\[2ex]\sigma_t^e=\sigma_z\left(1+\dfrac{R_0^2}{r^2}\right)-\sigma_{R_0}\dfrac{R_0^2}{r^2}\end{cases} \tag{4-107}$$

所以，由于洞室开挖，在弹性变形区所引起的应力增量为

$$\begin{cases}\Delta\sigma_r^e=\sigma_r^e-\sigma_z=\sigma_z\left(1-\dfrac{R_0^2}{r^2}\right)+\sigma_{R_0}\dfrac{R_0^2}{r^2}-\sigma_z\\[2ex]\Delta\sigma_r^e=\sigma_r^e-\sigma_z=\sigma_z\left(1-\dfrac{R_0^2}{r^2}\right)+\sigma_{R_0}\dfrac{R_0^2}{r^2}-\sigma_z\\[2ex]\Delta\sigma_t^e=\sigma_t^e-\sigma_z=\sigma_z\left(1+\dfrac{R_0^2}{r^2}\right)-\sigma_{R_0}\dfrac{R_0^2}{r^2}-\sigma_z\end{cases} \tag{4-108}$$

式（4-108）进一步整理得

$$\begin{cases}\Delta\sigma_r^e=-(\sigma_z-\sigma_{R_0})\dfrac{R_0^2}{r^2}\\[2ex]\Delta\sigma_t^e=(\sigma_z-\sigma_{R_0})\dfrac{R_0^2}{r^2}\end{cases} \tag{4-109}$$

假定在弹性变形区与塑性变形区分界上，由围岩应力所引起的径向应变为 ε_r，则对于轴对称平面应变问题，有下式成立

$$\begin{cases}\varepsilon_r=\dfrac{\partial u_r}{\partial r}\ (\text{弹性平面问题几何方程})\\[2ex]\varepsilon_r=\dfrac{1-\mu^2}{E}\left(\Delta\sigma_r^e-\dfrac{\mu}{1-\mu}\Delta\sigma_t^e\right)\ (\text{弹性平面问题特理方程})\end{cases} \tag{4-110}$$

式中 u_r——径向位移（m）；

E——岩体弹性模量（GPa）；

μ——岩体的泊松比。

将式（4-109）代入式（4-110）得

$$\frac{\partial u_r}{\partial r}=-\frac{R_0^2}{2G}(\sigma_z-\sigma_{R_0})\frac{1}{r^2} \tag{4-111}$$

由式（4-111）解得弹性变形区与塑性变形区分界上的径向位移 u_{R_0} 为

$$u_{R_0} = -\frac{R_0^2}{2G}(\sigma_z - \sigma_{R_0})\int_R^{\infty}\frac{\mathrm{d}r}{r^2} = -\frac{R_0}{2G}(\sigma_z - \sigma_{R_0}) \tag{4-112}$$

式中　G——围岩剪切模量（GPa）；

R_0——塑性圈的半径（m）。

位移 u_R 的方向是向洞内移动。

将式（4-98）代入式（4-112）得

$$u_{R_0} = -\frac{R_0\sin\varphi(\sigma_z + c\cos\varphi)}{2G} \tag{4-113}$$

确定洞室周壁位移分析简图如图 4-26 所示。在变形过程中，若塑性变形区体积不变，则由图 4-26 可知

$$\pi(R_0^2 - r_0^2) = \pi[(R_0 - u_{R_0})^2 + (r_0 - u_a)^2] \tag{4-114}$$

式（4-114）是以面积代替体积，因为考虑沿洞室轴线方向取单位长度计算体积，该式左端项表示变形前塑性圈的体积，右端项表示变形后塑性圈的体积。略去高阶微量，由式（4-114）解得洞壁处径向位移 u_a 为

$$u_a = \frac{R_0}{r_0}u_{R_0} \tag{4-115}$$

$$u_a = \frac{r_0\sin\varphi(\sigma_z + c\cos\varphi)}{2G}\left[\frac{(1-\sin\varphi)(\sigma_z + c\cot\varphi)}{P_a + c\cot\varphi}\right]^{\frac{1-\sin\varphi}{2\sin\varphi}} \tag{4-116}$$

式（4-116）即为洞室周壁径向位移 u_a 的最终表达式。由式（4-91）可以解出围岩压力 P_a 为

$$P_a = \left[\frac{r_0\sin\varphi(\sigma_z + c\cos\varphi)}{2Gu_a}\right]^{\frac{1-\sin\varphi}{\sin\varphi}}(1-\sin\varphi)(\sigma_z + c\cot\varphi) - c\cot\varphi \tag{4-117}$$

由式（4-117）可知，当初始地应力 σ_z 围岩强度参数（c、φ、G）及洞室半径 r_0 一定时，围岩压力或支撑反力 P_a 与洞壁径向位移 u_a 成反比，实际变形围岩压力确定示意图如图 4-27 曲线 I 所示。

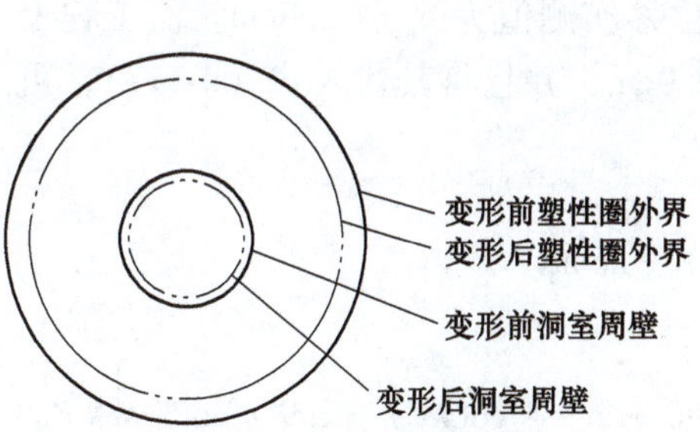

图 4-26　确定洞室周壁位移分析简图

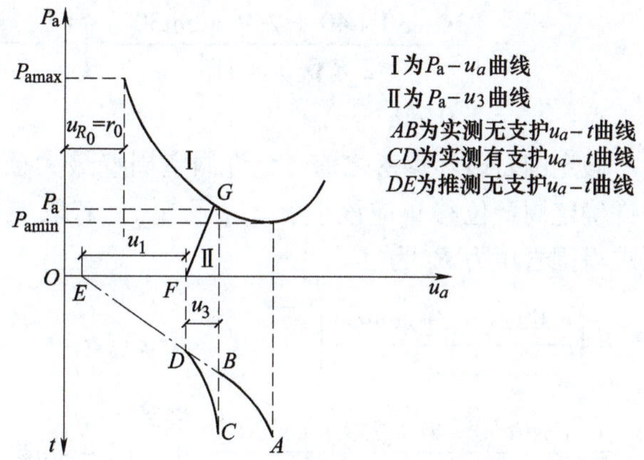

图 4-27　实际变形围岩压力确定示意图

在实际工程中，塑性圈中洞壁的径向位移由三部分组成：①洞室开挖后至支护或衬砌设置前的洞壁径向位移 u_1；②衬砌与洞壁之间回填层的压缩位移 u_2；③支护及衬砌设置后的支护或衬砌自身位移 u_3。其中，位移 u_1 取决于围岩物理力学性质结构状况、环境条件及围岩暴露时间等，因而与施工方法及进度有关，这种位移往往在洞室开挖过程中即已完成，很难确定。目前，一般采用无支护时洞壁位移 u_a 与掘进时间 t 的实测关系曲线来推算 u_1 值，在图 4-27 中，曲线 AB 为无支护时洞壁位移 u_a-t 曲线，曲线 CD 为有支护实测 u_a-t 曲线，由 B 点到 D 点作直线，并且延长交 u_a 轴于 E 点，那么 D、E 两点横坐标之差（μ_a^D-μ_a^E）即位移 u_1 值。位移 u_2 取决于回填材料性质及填料密实度；对于喷锚支护可以认为无回填层，而采用压浆回填时则可以将回填层计入衬砌厚度，所以这两种情况的位移 u_2 均取为零。位移 u_3 取决于支护或衬砌的结构形式及刚度等，对于封闭式混凝土衬砌的圆形断面确定，依据围岩与衬砌共同变形的假定可以按照弹性力学的厚壁圆筒理论导出 P_a 与 u_3 关系式为

$$u_3 = \frac{P_a R_a}{E}\left(\frac{R_a^2 + R_b^2}{R_a^2 - R_b^2} - \mu\right) \tag{4-118}$$

式中 E——衬砌材料的弹性模量（GPa）；

μ——衬砌材料的泊松比；

R_a，R_b——衬砌的内半径及外半径（m）。

由式（4-118）可知，位移 u_3 与围岩压力 P_a 之间呈线性正比例关系。

画出 u_3-P_a 曲线如图 4-27 曲线 Ⅰ 所示。在图 4-27 中，曲线 Ⅰ 与曲线 Ⅱ 的交点 G 的纵坐标即作用在衬砌或支护结构上的实际围岩压力 P_a。

【例 4-2】 在初始地应力场为 $\sigma_v = \sigma_h = \sigma_z = 40\text{MPa}$ 的岩体中开挖一直径为 6m 的圆形断面洞室。岩体抗剪强度指标为 $c = 2.9\text{MPa}$，$\varphi = 30°$，岩体剪切模量为 $G = 0.5\times10^4\text{MPa}$，试用修正的芬纳公式求围岩压力。

解：首先，令 $P_a = 0$，利用式（4-116）求得洞室周壁最大径向位移 $u_{a\max}$ 为

$$u_{a\max} = \frac{r_0 \sin\varphi(\sigma_z + c\cot\varphi)}{2G}\left[\frac{(1-\sin\varphi)(\sigma_z + c\cot\varphi)}{P_a + c\cot30°}\right]^{\frac{1-\sin\varphi}{2\sin\varphi}}$$

$$= \left\{\frac{3\sin 30°(40 + 2.9\times\cot30°)}{2\times0.5\times10^4}\left[\frac{(1-\sin30°)(40 + 2.9\times\cot30°)}{P_a + 2.9\times\cot30°}\right]^{\frac{1-\sin30°}{2\sin30°}}\right\}\text{m}$$

$$= 3.03\text{cm}$$

假定围岩破坏塌落之前，允许洞室周壁最大径向位移实测值为 $u_{a允} = 2.5\text{cm}$。而工程上允许确定周壁位移 u_a 应该小于 $u_{a\max}$ 及 $u_{a允}$。若取 $u_a = 2.0\text{cm}$，并且将其代入式（4-117），可以求得围岩压力 P_a 为

$$P_a = \left[\frac{r_0\sin\varphi(\sigma_z + c\cot\varphi)}{2Gu_a}\right]^{\frac{1-\sin\varphi}{\sin\varphi}}(1-\sin\varphi)(\sigma_z + c\cot\varphi) - c\cot\varphi$$

$$= \left\{\left[\frac{3\sin30°(40 + 2.9\times\cot30°)}{2\times0.5\times10^4\times0.02}\right]^{\frac{1-\sin30°}{\sin30°}}(1-\sin30°)(40 + 2.9\times\cot30°) - 2.9\times\cot30°\right\}\text{MPa}$$

$$= 2.6\text{MPa}$$

如果工程上要求围岩不出现塑性变形区，可以令 $R_0 = r_0 = 3.0\text{m}$，此时，$u_a = 0$，将其代

入式（4-103），可以求得围岩压力 P_a 为

$$P_a=(\sigma_z+c\cot\varphi)(1-\sin\varphi)\left(\frac{r_0}{R_0}\right)^{\frac{2\sin\varphi}{1-\sin\varphi}}-c\cot\varphi$$

$$=\left[(40+2.9\times\cot30°)(1-\sin30°)\left(\frac{3.0}{3.0}\right)^{\frac{2\sin30°}{1-\sin30°}}-2.9\times\cot30°\right]\text{MPa}$$

$$=17.5\text{MPa}$$

由以上计算结果可知，是否允许围岩产生塑性变形，将对围岩压力 P_a 大小产生很大影响。所以，就变形围岩压力而言，如何选择合理的支护结构，允许围岩中出现一定范围的塑性变形区，在确保洞室稳定前提下，对于降低工程造价具有重要的实际意义。

【例 4-3】 在侧压力系数为 $\lambda_0=1$ 的岩体中开挖一直径为 6m 的圆形断面洞室，洞室埋深为 100m。岩体抗剪强度指标为 $c=0.3$MPa，$\varphi=30°$，岩体重度为 27kN/m^3。工程允许塑性圈厚度为 2m，试求围岩压力 P_a。

解：初始地应力

$$\sigma_z=\gamma H=(27\times100)\text{MPa}=2.7\text{MPa}$$

塑性圈半径

$$R_0=(3+2)\text{m}=5\text{m}$$

① 按照芬纳公式计算围岩压力 P_a。将以上已知条件代入式（4-101）得

$$P_a=[\sigma_z(1-\sin\varphi)+c\cot\varphi]\left(\frac{r_0}{R_0}\right)^{\frac{2\sin\varphi}{1-\sin\varphi}}-c\cot\varphi$$

$$=\left\{[2.7\times(1-\sin30°)+0.3\times\cot30°]\left(\frac{3.0}{5.0}\right)^{\frac{2\sin30°}{1-\sin30°}}-0.3\times\cot30°\right\}\text{MPa}$$

$$=0.155\text{MPa}$$

② 按照修正的芬纳公式计算围岩压力 P_a。将以上已知条件代入式（4-103）得

$$P_a=(\sigma_z+c\cot\varphi)(1-\sin\varphi)\left(\frac{r_0}{R_0}\right)^{\frac{2\sin\varphi}{1-\sin\varphi}}-c\cot\varphi$$

$$=\left[(2.7+0.3\times\cot30°)(1-\sin30°)\left(\frac{3.0}{5.0}\right)^{\frac{2\sin30°}{1-\sin30°}}-0.3\times\cot30°\right]\text{MPa}$$

$$=0.06\text{MPa}$$

由以上计算结果可以看出，两种公式对于洞室围岩压力 P_a 值的确定出入较大，原因在于它们是否考虑岩体内聚力 c 的作用。对于岩体内聚力 c 较大的情况，内聚力 c 尤其影响围岩压力 P_a 的计算结果，工程上应引起足够重视，因为它直接涉及衬砌或支护结构形式和选材以及施工方法和进度等，对于降低工程造价具有重要的实际意义。综合考虑上述芬纳公式及修正的芬纳公式，可以归纳出以下几点认识：

1）当围岩没有内聚力时，即 $c=0$，无论塑性圈半径 R_0 多大，围岩压力总大于零。也就是说，衬砌或支护结构必须给围岩施以足够的反力，才能够确保围岩在某种半径 R_0 下维持塑性平衡状态。一般情况下，岩体经过爆破松动后，可以假定内聚力 $c=0$，采用芬纳公式计算围岩压力。

2）当围岩性质良好而坚硬，并且没有或很少有爆破作业时，其内聚力 c 也较大，则随着塑性圈半径 R_0 的增大，围岩压力 P_a 逐渐减小，并且在某一半径 R_0 下，围岩压力 P_a 可以为零。从理论上看，这时可以在不支护条件下围岩自身达到平衡。但是，事实上，由于围岩变形位移过大，岩体松动过多，所以还是需要支护的。

3）当洞室埋深、断面半径及岩体重度和抗剪强度指标一定时，围岩压力 P_a 就只与塑性圈半径 R_0 有关，R_0 越小，P_a 越大。

4）如果岩体内聚力 c 较小，并且衬砌或支护结构作用于洞壁上的反向推力也较小，则塑性圈半径 R_0 必须增大。据工程实测结果此时半径 R_0 增大速度可达每昼夜 0.5~5cm。

5）由于衬砌或支护结构刚度对于抵抗围岩变形有很大影响，所以刚度不同的支护结构将导致不同的围岩压力 P_a，支护结构刚度越大，围岩压力 P_a 就越大。例如，喷射薄层混凝土衬砌上的围岩压力 P_a 就较现浇或预制混凝土衬砌上的围岩压力小。当采用刚度较小的衬砌或支护结构时，起初由于围岩变形及位移较大，所以围岩压力 P_a 较小，支护反力也就较小，不足以有效阻止塑性圈的扩大。但是，随着半径 R_0 增大，要求维持塑性平衡的支反力减小，逐渐达到应力平衡。实践表明，允许塑性圈有一定发展，既让岩体发生一定变形但又阻止其充分变形的工程措施是能够达到经济和安全目的的，如果支护及时就能够充分利用围岩的自承能力。

4.6.4 卡柯公式

在推导芬纳公式过程中，没有考虑塑性圈内岩体自重力作用，而只是根据应力平衡条件求解围岩压力或支护反力。卡柯认为，洞室开挖后，由于支撑力不足，可能导致塑性圈内岩体松动，从而引起围岩中非平衡应力状态或导致失稳，所以应该验算塑性圈在自重力作用下的平衡性。为此，假定塑性圈与弹性岩体或弹性变形区脱落，二者之间不发生任何联系，仅推导塑性圈内岩体在自重力作用下所产生的围岩压力的计算公式。

如图 4-28a 所示，取洞室中轴线上塑性圈内岩体的微元体作为分析对象，塑性围岩体在自重力作用下产生围岩压力计算简图如图 4-28b 所示。根据静力平衡条件，该微元体在洞室中轴线 AB 方向上的所有力之和应为零，即

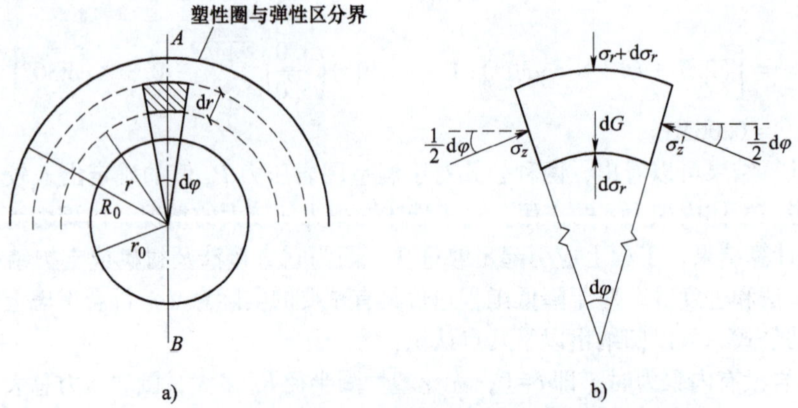

图 4-28　塑性圈岩体在自重力作用下产生围岩压力计算简图

a）微元体　b）微元体放大图

$$\sum F_r = \sigma_r r\mathrm{d}\varphi + 2\sigma_z \mathrm{d}r\sin\frac{\mathrm{d}\varphi}{2} - (\sigma_r + \mathrm{d}\sigma_r)(r + \mathrm{d}r)\mathrm{d}\varphi - \mathrm{d}G = 0$$

$$\Rightarrow \sigma_r r\mathrm{d}\varphi + 2\sigma_z \mathrm{d}r\sin\frac{\mathrm{d}\varphi}{2} - (\sigma_r + \mathrm{d}\sigma_r)(r + \mathrm{d}r)\mathrm{d}\varphi - \gamma r\mathrm{d}r\mathrm{d}\varphi = 0 \tag{4-119}$$

由于 $\mathrm{d}\varphi\to 0$（无穷小），所以 $\sin\varphi\approx \mathrm{d}\varphi$，$\sin\frac{\mathrm{d}\varphi}{2}\approx\frac{\mathrm{d}\varphi}{2}$。将其代入式（4-119），并且略去高阶无穷力，即得

$$(\sigma_z - \sigma_r) - r\mathrm{d}\sigma_r - \gamma r = 0 \tag{4-120}$$

以上，$\mathrm{d}G=\gamma r\mathrm{d}r\mathrm{d}\theta$ 为微元体的自重力，式（4-120）为塑性圈的平衡微分方程。此外，塑性圈应力还得满足如下塑性条件

$$\sigma_r(1 + \sin\varphi) - \sigma_z(1 - \sin\varphi) - 2c\cos\varphi = 0 \tag{4-121}$$

边界条件：当 $r= R_0$ 时，$\sigma_r=0$。

联立式（4-120）和式（4-121），并且注意上述边界条件，解得

$$\sigma_r = \left[\left(\frac{r}{R_0}\right)^{\frac{2\sin\varphi}{1-\sin\varphi}} - 1\right] c\cot\varphi + \left[1 - \left(\frac{r}{R_0}\right)^{\frac{3\sin\varphi-1}{1-\sin\varphi}}\right]\frac{\gamma r(1 - \sin\varphi)}{3\sin\varphi - 1}$$

当 $r=r_0$，$\sigma_r=P_a$ 将其代入上式得

$$P_a = \left[\left(\frac{r_0}{R_0}\right)^{\frac{2\sin\varphi}{1-\sin\varphi}} - 1\right] c\cot\varphi + \left[1 - \left(\frac{r_0}{R_0}\right)^{\frac{3\sin\varphi-1}{1-\sin\varphi}}\right]\frac{\gamma r_0(1 - \sin\varphi)}{3\sin\varphi - 1} \tag{4-122}$$

式中　c——塑性圈岩体内聚力（MPa）；

φ——塑性围岩体内摩擦角（°）；

γ——岩体重度（kN/m^3）；

R_0——塑性圈外半径（m）；

r_0——洞室半径（m）。

式（4-122）即塑性围岩体对衬砌或支护结构所产生的围岩压力的计算式。这个式子称为卡柯公式，又叫塑性应力承载公式。

采用卡柯公式计算围岩压力时，首先需要确定塑性圈半径 R_0，又根据卡柯公式推导的前提条件是塑性圈与弹性区岩体已脱落，所以引用卡柯公式时，可以认为塑性圈已获得充分的发展，以至于塑性圈半径 R_0 已达到最大值 R_{max}。将 $R_0\geqslant R_{max}$ 代入式（4-122）得松动压力 P_a 计算式为

$$P_a = k_1\lambda r_0 - k_2 c \tag{4-123}$$

$$\begin{cases} k_1 = \dfrac{1 - \sin\varphi}{3\sin\varphi - 1}\left[1 - \left(\dfrac{r_0}{R_{max}}\right)^{\frac{3\sin\varphi-1}{1-\sin\varphi}}\right] \\ k_2 = c\cot\varphi\left[1 - \left(\dfrac{r_0}{R_{max}}\right)^{\frac{2\sin\varphi}{1-\sin\varphi}}\right] \end{cases} \tag{4-124}$$

$$\begin{cases} R_{max} = r_0\left[\dfrac{(\sigma_z + c\cot\varphi)(1 - \sin\varphi)}{c\cot\varphi}\right]^{\frac{1-\sin\varphi}{2\sin\varphi}} & \text{（修正式）} \\ R_{max} = r_0\left[1 + \dfrac{\sigma_z}{c}(1 - \sin\varphi)\tan\varphi\right]^{\frac{1-\sin\varphi}{2\sin\varphi}} & \text{（非修正式）} \end{cases} \tag{4-125}$$

为方便起见，根据式（4-125），绘制出专门 $k_1=f_1\left(\frac{\sigma_z}{c},\ \varphi\right)$ 及 $k_2=f_2\left(\frac{\sigma_z}{c},\ \varphi\right)$ 与 φ 关系曲线，如图 4-29 所示。由已知的初始地应力 σ_z，以及岩体抗剪强度指标 c 和 φ，就可以从图 4-29 中查得 k_1 和 k_2 的值，再将其代入式（4-123）便很容易计算出松动压力 P_a。

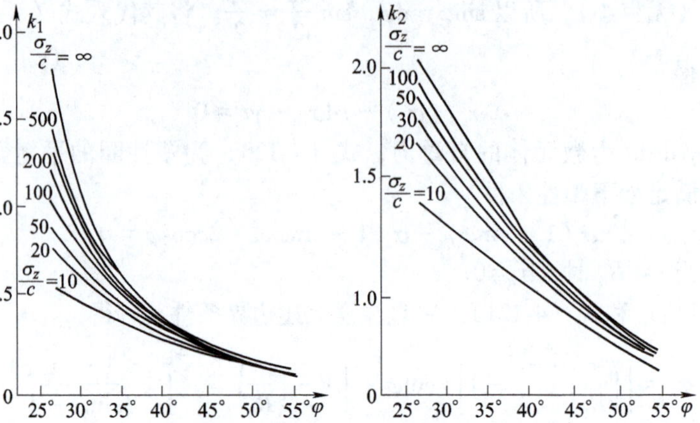

图 4-29　k_1 及 k_2 与 φ 关系曲线

在工程中，应用松动压力计算式子时，应当考虑到塑性圈内岩体因松动破碎而使得其抗剪强度指标 c、φ 降低的情况。据现场及室内试验结果，岩体内聚力 c 往往降低很多，无论是洞室开挖引起的破坏，还是风化及浸湿作用，均能使岩体内聚力 c 发生较大的降低。而岩体内摩擦角 φ 的变化一般较小。在水工洞室设计中，通常采用内聚力 c 试验值的 20%～25%，甚至不考虑内聚力 c，以此作为潜在的安全储备。对于内摩擦系数 $\tan\varphi$ 来说，一般取试验值的 67%～90%，有时取试验值的 50%。在工程计算中，具体选用岩体内聚力 c 及内摩擦角 φ 时，可以参照以下经验。

1）选取塑性圈内岩体内摩擦角 φ 时，若岩体裂隙中无充填物，则采用试验值的 90% 为计算值；若岩体裂隙中有泥质充填物，则采用试验值的 70% 为计算值。

2）选取塑性圈内岩体内聚力 c 时，若计算塑性圈最大半径 R_{max}，则可以采用试验值的 20%～25% 为计算值。若计算松动压力 q_a，在洞室干燥条件下，并且开挖后及时衬砌或喷锚处理，回填密实，则采用试验值的 10%～20% 为计算值；相反，如果洞内有水或补砌不及时，回填不密实，应不考虑内聚力 c 的作用，即令 $c=0$。

综合上述采用卡柯公式确定塑性圈岩体松动压力 q_a 的步骤如下：

1）根据围岩试验资料、洞室埋深及断面尺寸（跨度及高度）等，确定围岩内聚力 c、内摩擦角 φ 和重度 γ，以及洞室埋深 H 和断面半径 r_0 等。

2）考虑场地条件（工程地质及水文地质条件）及施工条件等各种因素，按照以上方法原则，对岩体内聚力 c 及内摩擦角 φ 进行适当折减。

3）通过实测或估算确定岩体中初始地应力 σ_z 值。

4）求得 $\frac{\sigma_z}{c}$ 值，并且用 $\frac{\sigma_z}{c}$ 及 φ 由图 4-29 查得 k_1 及 k_2 值。

5）由公式 $q_a=k_1\lambda r_0-k_2c$ 计算松动压力，作为用于衬砌或支护结构上的围岩压力。

【例 4-4】 在质量较好的岩体中开挖圆形断面洞室，洞室埋深 $H=100\text{m}$，断面半径 $r_0=5\text{m}$，岩体重度 $\gamma=27\text{kN/m}^3$，折减后的岩体内聚力及内摩擦角分别为 $c=0.05\text{MPa}$，$\varphi=40.5°$。试求围岩松动压力 P_a。

解：岩体中初始地应力为 $\sigma_z=(27\times100)\text{MPa}=2.7\text{MPa}$

$$\frac{\sigma_z}{c}=\frac{2.7\text{MPa}}{0.05\text{MPa}}=54$$

由图 4-29 查得 $k_1=0.34$，$k_2=1.125$，则

$$P_a=k_1\gamma r_0-k_2c=(0.34\times27\times5\times0.001-1.125\times0.05)\text{MPa}=-0.011\text{MPa}$$

在这里计算出的松动压力 $P_a<0$，并非说明产生负的围岩压力，而是标志岩体内聚力能够克服岩体的自重力。因此，在这种情况下可以认为没有围岩压力。

4.6.5　围岩的破坏方式

围岩的破坏方式是计算作用在支护结构上的压力和设计支护的依据。对于坚硬或很坚硬的岩体，其强度和弹性模量都高，破坏之前没有明显的弹性变形，其破坏方式属于脆性破坏；软弱岩体在破坏前有一定的塑性变形，通常将其屈服限作为破坏条件。无论是脆性破坏或是塑性屈服，目前均作为弹塑性变形进行处理。对于拉伸破坏，则以岩石的抗拉强度进行判断，破坏面垂直于拉应力方向发展。对于剪切破坏，目前大多以摩尔-库仑破坏准则进行判断，下面主要讨论剪切破坏。

坑道开挖后围岩应力集中，在坑道周边径向应力和剪应力为零，而切向应力则不为零。以圆形坑道为例，讨论轴对称情况下的围岩破坏方式。在轴对称情况下，圆形坑道周边径向应力为零，切向应力最大，远离周边，径向应力逐渐增大，而切向应力逐渐减小，最后都趋近于原岩应力。因此，坑道围岩的破坏首先从周边发生。根据摩尔-库仑强度准则，围岩的破坏条件为

$$\sigma_t=\frac{1+\sin\varphi}{1-\sin\varphi}\sigma_r+\frac{2c\cos\varphi}{1-\sin\varphi}=K\sigma_r+R_c \tag{4-126}$$

式中 $R_c=\dfrac{2c\cos\varphi}{1-\sin\varphi}$。

周边围岩的破坏条件为

$$\sigma_t=\frac{2c\cos\varphi}{1-\sin\varphi}=R_c \tag{4-127}$$

并且，按照摩尔-库仑强度准则，破坏面与最大主平面夹角为 $\alpha=45°+\dfrac{\varphi}{2}$。

围岩剪切破坏面发展示意图如图 4-30 所示。图 4-30a 表示在 $\lambda>1$ 的原岩应力状态下，剪切破坏从顶板开始，破坏起始角为 ρ。图 4-30b 表示在 $\lambda<1$ 的原岩应力状态下，剪切破坏从两侧开始，破坏起始角为 ρ。

由图 4-30a 可知

$$\text{d}r=r\cot\alpha\,\text{d}\theta \tag{4-128}$$

当极角由 ρ 变到 θ 时，极径由 r_0 变到 r，进行积分得

$$r=r_0\text{e}^{(\theta-\rho)\cot\alpha} \tag{4-129}$$

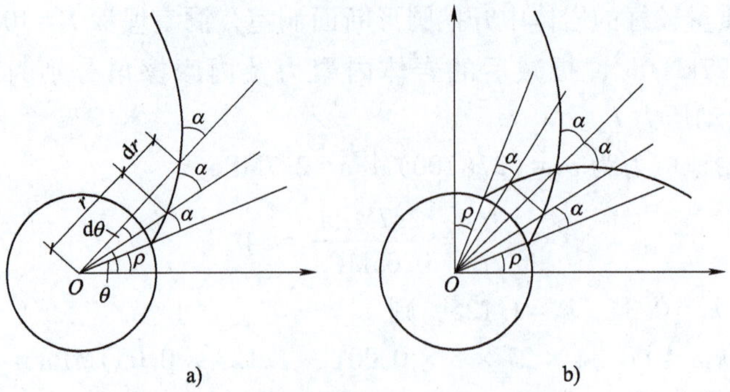

图 4-30　围岩剪切破坏面发展示意图

a）剪切破坏面发展路径　b）共轭剪切破坏

上式也适用于图 4-30b 的上面一条剪切破坏面，二者的区别在于破坏起始角 ρ 和 θ 角的起算方向相反。

显然，当 $\theta=90°$时，对于图 4-30a 的情况，最大剪切体的破坏面迹线与巷道断面垂直轴相交；而在图 4-30b 的情况下，最大剪切体的破坏面迹线与巷道断面水平轴相交，这时形成最大剪切体如图 4-30b 所示。

当周边围岩发生剪切破坏时，$\sigma_t=R_c$，有

$$R_c=\sigma_z[(1+\lambda)+2(1-\lambda)\cos 2\theta] \tag{4-130}$$

从而得到

$$\cos 2\theta=\frac{R_c-\sigma_z(1+\lambda)}{2\sigma_z(1-\lambda)} \tag{4-131}$$

破坏起始角为：$\rho=90°-\theta$。

最大剪切体水平长度为

$$L=R-r_0=r_0[e^{(90°-\rho)\cot\alpha}-1] \tag{4-132}$$

由上式计算的最大剪切体长度作为喷锚支护时确定锚杆长度的依据。

在轴对称情况下，圆形巷道周边各处破坏机会均等，形成环形剪切破坏区。圆形坑道围岩剪切破坏形式如图 4-31 所示。

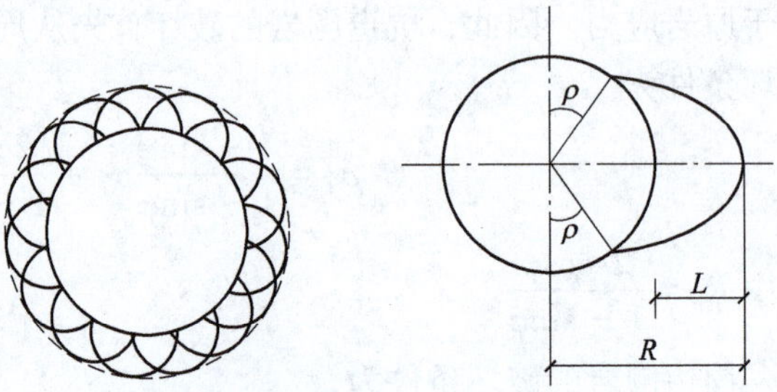

图 4-31　圆形坑道围岩剪切破坏形式

复习思考题

1. 什么是围岩压力？
2. 围岩压力可分为哪些类型？
3. 如何计算松动压力？
4. 判断隧道围岩进入塑性变形阶段依据有哪些？
5. 请描述隧道围岩塑性区的应力。
6. 如何利用卡柯公式计算松动压力？

第 5 章 喷锚支护理论与计算

本章提要： 本章主要介绍喷锚支护的概念、设计和施工原则，喷锚支护的作用设计，简要介绍了预支护原理及应用。其中喷锚支护的原理、作用、概念及受力分析是学习的重点和难点。

5.1 概述

5.1.1 喷锚支护的概念

喷锚支护是指喷射混凝土、锚杆、钢筋网喷射混凝土等单一或某种组合而形成的支护结构形式，可以根据不同的围岩稳定状况，采用其中的一种或几种的组合形式。喷锚支护是当前隧道支护的主要形式，国内外的工程实践表明，在支护作用原理上，喷锚支护能充分发挥围岩的自承载能力，从而降低围岩压力；在施工工艺上，喷锚支护能实施机械化较高的联合作业，从而有利于减轻劳动强度和提高工效；在经济效益上，喷锚支护比传统的支护衬砌厚度薄，用料量少。

喷锚支护自从 20 世纪 50 年代问世以来，随同现代支护结构原理，尤其是新奥地利隧道施工方法的进展，已在世界铁路隧道、公路隧道、水工隧洞、民用与军用洞库矿山等部门广泛应用。

喷锚支护能充分发挥围岩的自承能力和支护材料的承载能力，具有技术先进、经济合理、质量可靠、适用范围广等一系列显著优点。它可以在不同岩类、不同跨度、不同用途的地下工程中，采用静载或动载作临时支护、永久支护、结构补强以及冒落修复等。此外，还能与其他结构形式结合组成复合支护。

喷锚支护的工艺特点使它具有支护及时性、柔性、围岩与支护密贴性、封闭性、施工灵活性等特点，从而充分发挥围岩的自承作用和材料的承载作用。

20 世纪 60 年代末，奥地利学者拉布西维兹（Rabcewicz）等人利用围岩塑性分析的成果，提出了喷锚支护的计算原理。1978 年，法国又提出了收敛-约束法，该方法从现场量测和理论计算两个方面来解决喷锚支护的计算和设计问题。但当时解析计算的公式和图解分析方法还很不完善，直至近年来才渐趋完善。

在我国，20世纪70年代末以来，围岩压力理论和喷锚支护计算有了较大发展，轴对称情况下的计算公式已经比较完善。20世纪80年代后，不少单位提出了砂浆锚杆的各种计算公式，把我国喷锚支护解析计算水平又提高了一步。

隧道开挖后，为了有效地约束和控制围岩的变形，保持围岩的稳定性，保证施工安全，确保运营过程中的隧道稳定性和耐久性，减小通风阻力和实现整体美观，均需要支护结构。

在现代隧道工程中，采用矿山法施工的隧道支护结构分为初期支护和二次支护（二次衬砌）。初期支护是指在隧道开挖后围岩自稳能力不足的条件下，为保证隧道在施工期间的稳定和安全所采取的工程措施。初期支护主要采用锚杆和喷射混凝土来支护围岩，初期支护施作后即与围岩共同构成永久的隧道部分。在隧道围岩完全不能自稳，表现为随挖随塌，甚至不挖即塌时，须先支护后开挖，称为超前支护。考虑到隧道投入使用后的服务期限很长，设计时一般要采用混凝土或钢筋混凝土在内层衬砌，以保证隧道在服务过程中的稳定、耐久、减少阻力和美观等，称为二次支护。

根据使用目的，支护结构的类型可分为：

（1）防护型支护　防护型支护是开挖支护中最轻型的，不能阻止和承受岩体压力，仅用以封闭岩面，防止隧道围岩质量进一步恶化或个别危石的坠落。防护型支护通常采用喷浆、喷混凝土或单独采用铺杆来实现。

（2）构造型支护　构造型支护用在基本稳定的岩体中，隧道开挖后围岩可能出现局部掉块或崩塌，但在长时间内不会整体失稳和破坏。此时，隧道的力学行为基本是弹性的，围岩基本能稳定，所需要支护的强度较低。支护结构的构造参数主要以满足施工要求为原则，如混凝土衬砌的最小施工厚度、铺杆的最小直径及长度等。在这种情况下，支护结构的构造参数不需要计算确定，而是由施工和构造要求决定的。构造型支护通常采用喷射混凝土、锚杆和金属网、模筑混凝土等来实现。

（3）承载型支护　承载型支护是隧道支护的主要类型，根据隧道的力学动态及围岩压力和围岩变形大小，可分为轻型支护、中型支护和重型支护。

5.1.2　喷锚支护设计和施工原则

1. 采取各种措施，确保围岩不出现有害松动

1）采用控制爆破技术，减少对围岩的扰动强度，使断面成型规整，以利于围岩承力的保持和支护结构作用的发挥。

2）减少对围岩的扰动次数：在条件许可时，尽可能采用全断面一次开挖。

3）支护要及时快速。及时支护的目的是抑制围岩变形的有害发展。

2. 使围岩变形适度发展，最大限度发挥围岩自承能力

1）初期支护采用分次施作的方法。

2）调节支护封底时间。

3. 保证喷锚支护与围岩形成共同体

在设计施工中要求保证实现围岩、喷层和锚杆之间具有良好的黏结和接触，使三者共同受力，并在施工中加强质量检查。

4. 选择合理的支护类型与参数并充分发挥其作用

1）支护类型的确定应根据围岩地质特点、工程断面大小和使用条件等综合考虑。

2）选择合理的锚杆类型与参数。在围岩中有效形成承载力。

3）选择合理的喷层厚度，充分发挥围岩和喷层自身的承载力。

4）合理配置钢筋。

5）合理选择钢支撑。

5. 采取正确的施工方法

施工方法的正确性和合理性对喷锚支护的成败和效果有重大影响，如开挖程序、掘进进尺、支护和闭合时机等至关重要。

6. 依据现场监测数据指导施工

现场监测方案的制定主要应解决如下问题：需要进行的量测项目，采用的量测手段，测试的方法，测试数据的整理、分析与反馈，以及监控工作的程序等。制定量测方案一般应考虑的原则如下：

1）根据监控的目的选定量测项目的种类，同时要与设计和施工相匹配。

2）量测断面的数量应根据围岩的地质条件和工程的重要性来确定。

3）测试断面和测点的位置要由监测、地质、设计和施工四方面共同选定。

4）要保证测试数据的可靠性，并注意便于在设计和施工中反馈和分析计算。

5）在量测手段的选择上，应注意其有效性、经济性和技术上的可能性，以及长期稳定性。

6）力求把施工期间的监控量测与使用后的长期观测结合起来，以保证资料的连续性。

7）注意为深入研究支护与围岩相互作用机理和完善及发展设计理论积累现场实测资料。

5.2　喷锚支护作用

5.2.1　锚杆支护的作用与锚杆的类型

1. 锚杆支护的作用

锚杆是利用金属或其他高抗拉性能的材料制作的一种杆状构件。使用机械装置、黏结材料，将锚杆安设在地下工程的围岩或其他岩体中，形成能承受荷载、阻止围岩变形的支护形式，即锚杆支护。锚杆支护的作用主要有以下方面。

(1) 悬吊作用　在块状结构或裂隙岩体中，使用锚杆可将松动的岩块固定在稳定的岩体上，阻止松动块体的滑移和塌落，或者把由节理切割成的岩块连接在一起，锚杆本身受到松动块体的拉力作用。这种作用称为锚杆的悬吊作用，如图 5-1 所示。

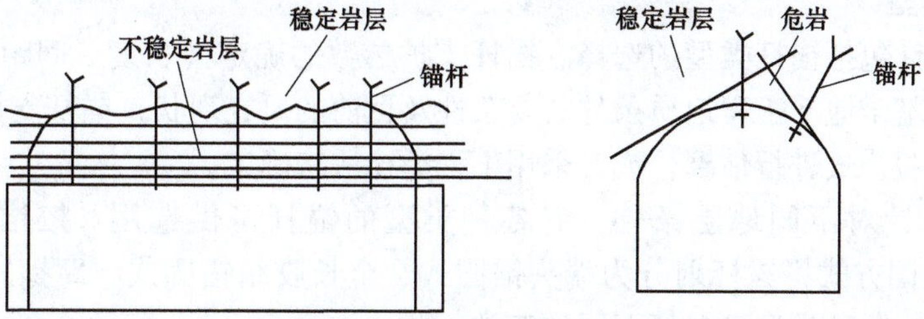

图 5-1　锚杆的悬吊作用

（2）减跨作用　在隧道顶板岩层中插入锚杆，相当于在顶板中增加了支点，使隧道跨度减小，从而使顶板的围岩应力减小，起到维护围岩稳定的作用。这种作用称为锚杆的减跨作用，如图 5-2 所示。

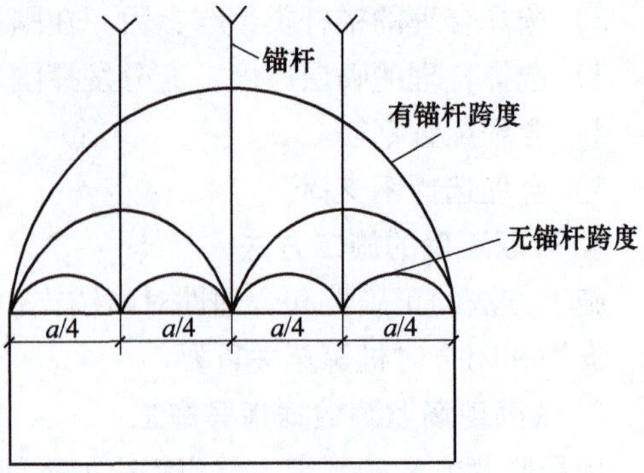

图 5-2　锚杆的减跨作用

（3）组合梁作用　在层状结构中，尤其是在薄层状结构的围岩中打入锚杆，把若干薄层合成一定厚度的板或梁，从而提高围岩的整体承载能力，起到加固围岩的作用，这种作用称为锚杆的组合梁作用，如图 5-3 所示。

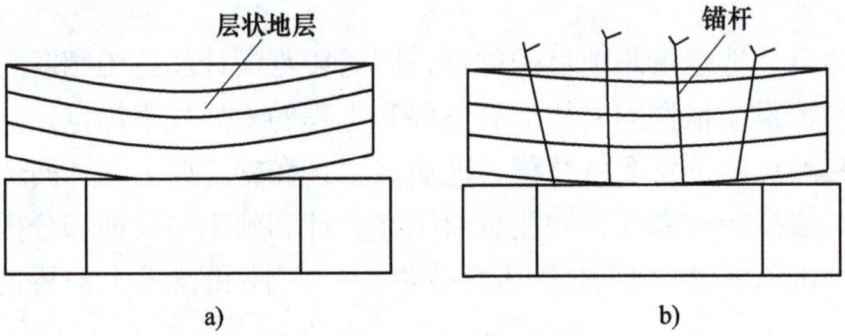

图 5-3　锚杆的组合梁作用

a）未打锚杆　b）布置顶板锚杆

（4）挤压加固作用　当采用预应力系统锚杆加固围岩时，其两端附近岩体形成圆锥形挤压区。按一定间距排列的锚杆在预应力作用下形成一个挤压带，形成承载拱，起拱形支架的作用，这种作用称为挤压加固作用，如图 5-4 所示。锚杆的挤压作用具体体现在两个方面：一是预应力锚杆使破碎或松动岩体的强度得到提高，主要表现为摩擦力的增大，在锚杆作用范围内的结构面上的强度增加，对围岩稳定更有利，理论分析认为，锚杆的有效作用范围是与锚杆轴线成 45°的锥形区域内；二是在预应力锚杆的作用下围岩应力重新分布，其结果是在锚杆的径向压力作用下使围岩处于三向应力状态，从而提高了围岩的强度和稳定性。

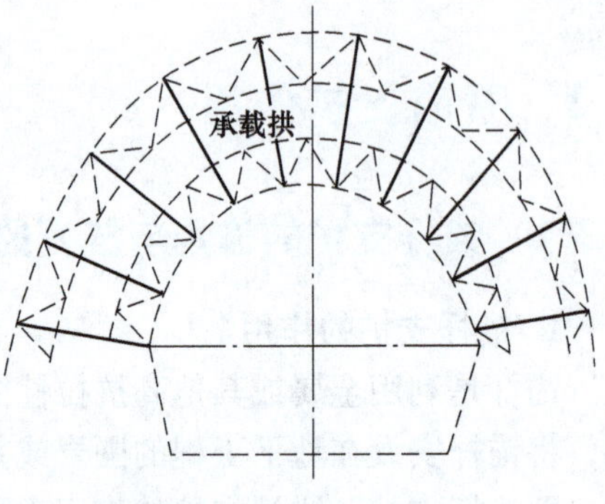

图 5-4　挤压加固作用

2. 锚杆的类型

锚杆支护设计包括锚杆类型的选择、锚杆支护参数的确定（长度、间距及直径）、锚杆材料的选择等。基于地下工程地质条件的复杂性及目前的研究现状，锚杆支护合理参数的选择往往是根据经验公式进行估算，或者采用工程类比法来确定。

目前国内外针对不同地层条件，有各种类型的锚杆可供选用。按锚杆与被锚固对象（石体）的锚固方式将锚杆划分为端头锚固式、全长胶结锚固式、摩擦式、预应力式以及混合式等类型，各种类型又包括不同的亚类。

我国目前较为普遍采用的锚杆主要有如下几种：

（1）机械式锚杆　机械式锚杆如图5-5所示，这种锚杆通过其端部锚固在围岩中，杆的另一端由垫板同岩面接触，拧紧螺母使垫板紧压在岩面上，此时锚杆即进入工作状态，对围岩产生预加压应力，以增强围岩的稳定性和阻止围岩的变形。这种锚杆的结构简单、容易加工、施工安装方便，一般适用于硬质围岩。爆破振动可能引起锚头滑动，因此当开挖面向前掘进后，应有计划地将螺母重复拧紧，使其始终处于有效工作状态。

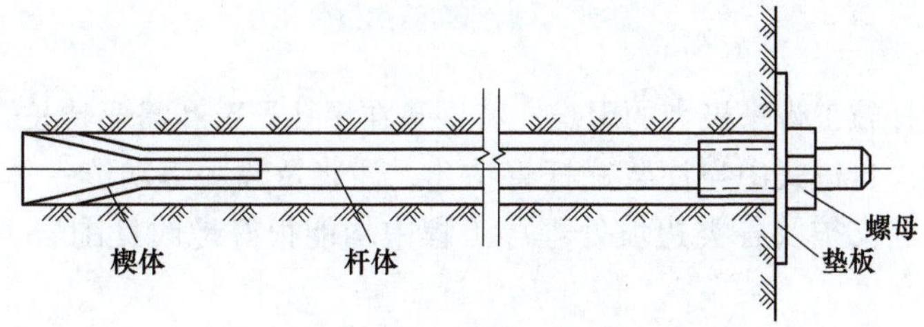

图5-5　机械式锚杆

（2）黏结式锚杆　黏结式锚杆又分为端部黏结式锚固锚杆（如快硬水泥卷端部锚杆，树脂端部锚固锚杆）和全长黏结式锚固锚杆（如水泥砂浆全长黏结式锚固杆，树脂全长黏结式锚固锚杆）。我国隧道使用最多的是全长黏结式砂浆钢筋锚杆，如图5-6所示。这种锚杆一般不带锚头，通常采用先灌后锚式，即通过灌浆器向锚杆孔内灌注水泥砂浆（多为早强水泥砂浆），然后插入锚杆杆体，使之与围岩黏结在一起，让杆体牵制围岩的变形以达到增强围岩稳定性和减少围岩变形的目的。

砂浆锚杆的特点是：在整个钻孔壁上岩体与杆体紧密连接，具有较高的锚固力，抗冲击性和抗振动性能好，对围岩的适应性强，而且结构简单，加工、安装方便，价格便宜。但如果砂浆的强度不足或充填不饱满，则限制围岩变形的能为大大削弱，若砂浆的早期强度不足，则不能限制开挖后围岩的最初变形，进而减弱砂浆锚杆的应有作用。

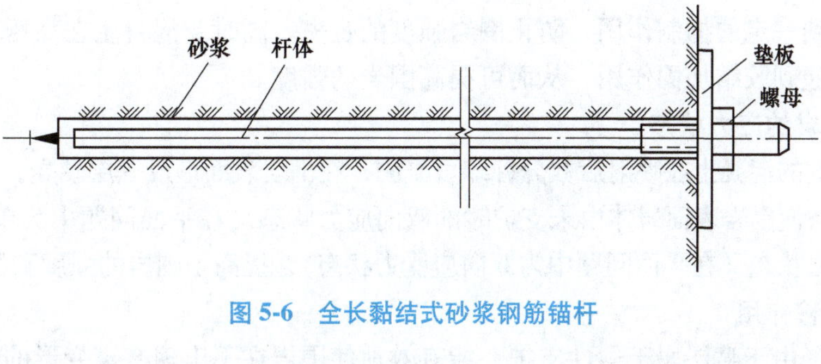

图5-6　全长黏结式砂浆钢筋锚杆

端部黏结式锚杆可采用药包式环氧树脂或聚酯树脂等高分子合成树脂作为黏结剂，如图5-7所示。这种锚杆的工作原理是：当药包式高分子合成树脂锚固剂被麻花状杆体端部搅破后，立即起化学反应，一般5min内固化，把锚杆的麻花状端部与孔壁紧密地黏结在一起，形成高锚固力的内锚头，再通过垫板的安装和拧紧螺母对围岩起到支护作用。由于树脂价格昂贵、成本高，有时用快硬水泥卷作为替代黏结剂。

（3）自进式中空注浆锚杆　在各类隧道工程中普遍存在着软弱围岩、断层破碎带等复

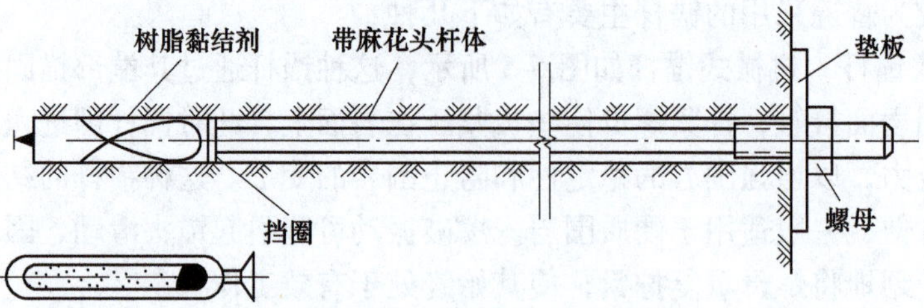

图 5-7　端部黏结式锚杆

杂地质条件，给锚杆施工带来极大的困难，特别是在塌孔严重和需要特长锚杆的情况下，普通的锚杆无能为力。自进式中空注浆锚杆将钻孔、注浆及锚固等功能一体化（图 5-8），在隧道超前支护、井巷支护及各类边坡处理等工程中均能很好地改良围岩，达到理想的支护效果。

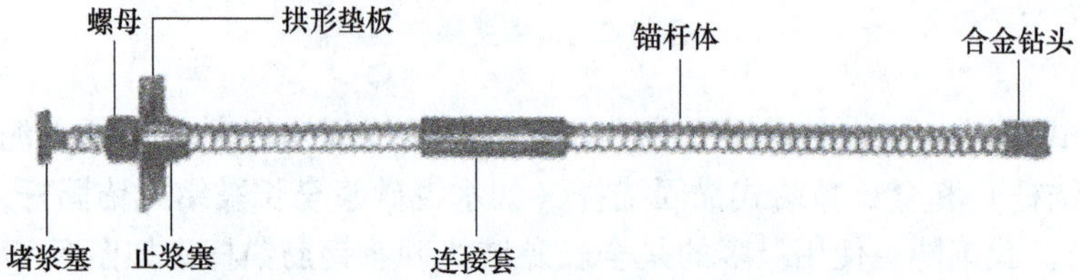

图 5-8　自进式中空注浆锚杆

5.2.2　喷射混凝土支护作用

1. 加固围岩、提高围岩的强度

隧道开挖后，立即喷射一定厚度的混凝土层，及时地封闭围岩表面的节理、裂隙，由于喷层与围岩密贴，故能有效地隔绝水和空气对岩体的侵蚀，防止围岩表面风化脱落，对围岩的松胀变形起到一定的抑制作用，防止围岩强度的丧失。同时，混凝土在高压下可充填于张开的裂隙中，起到胶结加固作用，从而可提高围岩的强度。

2. 改善围岩的应力状态

含有速凝剂的混凝土在喷射后数分钟即可凝固，在围岩表面形成一层硬壳，及时向围岩径向提供支护力，使围岩表面岩体由未支护时的双向应力状态（在平面问题中为单向受力状态）转变到三向受力状态（在平面问题中为双向应受力状态），提高了围岩的强度和稳定性。

3. 载荷转移作用

除此以外，由于喷层属于柔性支护，能有效地使围岩在不出现有害变形的前提下出现一定程度的变形，从而使围岩载荷向深部转移，同时喷层的弯曲应力减小，有利于混凝土承载力的发挥。

4. 填平补强围岩

喷射混凝土可射入围岩张开的裂缝，填充表面凹穴，使裂纹黏结在一起，保护岩块之间的咬合、镶嵌作用，提高其间的内聚力和摩擦力，有利于防止围岩松动，并消除或缓和围岩应力集中。此外，由于喷层直接粘贴岩面，形成风化和止水的防护层，并且阻止节理裂隙中的充填物流失。

5.3　基于弹塑性理论的喷锚支护分析与计算

5.3.1　轴对称条件下喷层上围岩压力的计算

轴对称条件下（即侧压系数 $\lambda=1$，洞室为圆形），无锚杆时喷层上围岩压力的计算已在第四章中做了介绍。当洞室周围锚有均布的径向锚杆时，无论是点锚式锚杆，还是全长黏结式锚杆，都能通过承拉和限制围岩径向位移来改善围岩应力状态，而且通过锚杆承剪提高锚固区的 c、φ 值。

1. 点锚式锚杆

点锚式锚杆可视为锚杆两端作用有集中力，假设集中力分布于锚固区锚杆内外端两个同心圆上（图 5-9），由此在洞壁上产生支护的附加抗力为 P_i，而锚杆内端分布力为 $\frac{r_0}{r_c}P_i$（r_c为锚杆内端处半径）。

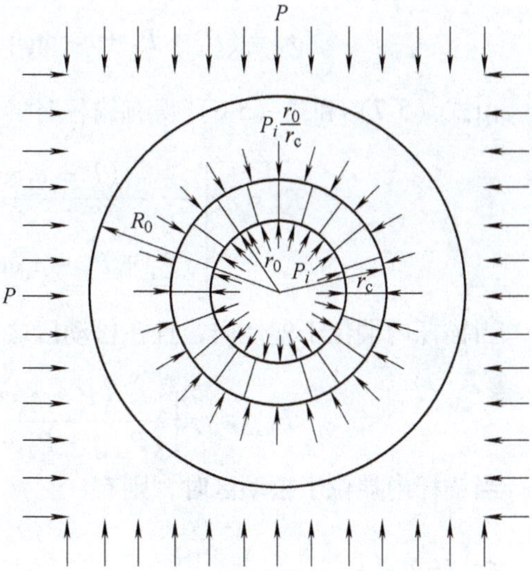

图 5-9　点锚式锚杆的分布力

平衡方程及塑性方程为

$$\frac{d\sigma_r}{r}-\frac{\sigma_r-\sigma_\theta}{r}=0 \tag{5-1}$$

$$\frac{\sigma_r+c_1\cot\varphi}{\sigma_\theta+c_1\cot\varphi}=\frac{1-\sin\varphi_1}{1+\sin\varphi_1} \tag{5-2}$$

式中　c_1、φ_1——加锚后围岩的 c、φ 值，一般可取 $\varphi_1=\varphi$，c_1 按 c 和由锚杆抗剪力折算而得。

由式（5-1）和式（5-2）得

$$\ln(\sigma_r+c_1\cot\varphi_1)=\frac{2\sin\varphi_1}{1-\sin\varphi_1}\ln r+c' \tag{5-3}$$

当 $r=r_0$ 时，由 $\sigma_r=P_a+P_i$ 得积分参数

$$c'=\ln(P_a+P_i+c_1\cot\varphi_1)-\frac{2\sin\varphi_1}{1-\sin\varphi_1}\ln r_0 \tag{5-4}$$

将式（5-3）代入式（5-4）则有

$$\sigma_r=(P_a+P_i+c_1\cot\varphi_1)\left(\frac{r}{r_0}\right)^{\frac{2\sin\varphi_1}{1-\sin\varphi_1}}-c_1\cot\varphi_1 \tag{5-5}$$

令锚杆内端点的径向应力为 σ_c并位于塑性区内，则弹塑性界面上有

$$\sigma_r=(\sigma_c+c_1\cot\varphi_1)\left(\frac{R_0^a}{r_0}\right)^{\frac{2\sin\varphi_1}{1-\sin\varphi_1}}-c_1\cot\varphi_1=P(1-\sin\varphi_1)-c_1\cos\varphi_1 \tag{5-6}$$

式中　R_0^a——有锚杆时的塑性区半径。

由上式得

$$\sigma_c=(P+c_1\cot\varphi_1)(1-\sin\varphi_1)\left(\frac{r_c}{R_0^a}\right)^{\frac{2\sin\varphi_1}{1-\sin\varphi_1}}-c_1\cot\varphi_1 \tag{5-7}$$

此外，由式（5-5）并考虑锚杆内端的分布力，则

$$\sigma_c=(P_a+P_i+c_1\cot\varphi_1)\left(\frac{r_c}{r_0}\right)^{\frac{2\sin\varphi_1}{1-\sin\varphi_1}}-c_1\cot\varphi_1-\frac{r_c}{r_0}P_a \tag{5-8}$$

由式（5-7）和式（5-8）得有锚杆时的塑性区半径 R_0^a 为

$$R_0^a=r_c\left[\frac{(P+c_1\cot\varphi_1)(1-\sin\varphi_1)}{(P_i+P_a+c_1\cot\varphi_1)\left(\frac{r_c}{r_0}\right)^{\frac{2\sin\varphi_1}{1-\sin\varphi_1}}-\frac{r_0}{r_c}P_i}\right]^{\frac{1-\sin\varphi_1}{2\sin\varphi_1}} \tag{5-9}$$

当锚杆内端位于塑性内，且在松动区之外时，有锚杆时的最大松动区半径为

$$R_{max}^a=r_c\left[\frac{(P+c_1\cot\varphi_1)(1-\sin\varphi_1)}{(P_{amin}+P_i+c_1\cot\varphi_1)(1+\sin\varphi_1)}\right]^{\frac{1-\sin\varphi_1}{2\sin\varphi_1}} \tag{5-10}$$

当锚杆内端位于松动区时，则有

$$\begin{aligned}R_{max}^a&=R_0\left(\frac{1}{1+\sin\varphi_1}\right)^{\frac{1-\sin\varphi_1}{2\sin\varphi_1}}\\&=r_0\left\{\frac{(P+c_1\cot\varphi_1)(1-\sin\varphi_1)}{\left[(P_{amin}+P_i+c_1\cot\varphi_1)\left(\frac{r_c}{r_0}\right)^{\frac{1-\sin\varphi_1}{2\sin\varphi_1}}-\frac{r_0}{r_c}P_i\right](1+\sin\varphi_1)}\right\}^{\frac{1-\sin\varphi_1}{2\sin\varphi_1}}\end{aligned} \tag{5-11}$$

有锚杆时的洞壁位移 $u_{r_0}^a$ 及围岩位移 u_r^a 为

$$\begin{cases}u_{r_0}^a=\dfrac{M(R_0^a)^2}{4Gr_0}\\[2ex]u_r^a=\dfrac{M(R_0^a)^2}{4Gr}\end{cases} \tag{5-12}$$

式中　M——弹塑性边界上应力差，$M=\sigma_\theta-\sigma_r=2P\sin\varphi_1+2c\cos\varphi_1$；

　　G——围岩的剪切模量，$G=\dfrac{E}{2(1+\mu)}$。

对于点锚式锚杆，可按锚杆与围岩共同变形理论获得锚杆轴力和位移，即

$$\begin{cases}Q=\dfrac{(u'-u'')E_aA_s}{r_c-r_0}\\[2ex]u'=\dfrac{M(R_0^a)^2}{4Gr_0}-u_0^a\\[2ex]u''=\dfrac{M(R_0^a)^2}{4Gr_c}-\dfrac{r_0}{r_c}u_0^a\end{cases} \tag{5-13}$$

式中 u'——锚杆外端位移；

u''——锚杆内端位移；

u_0^a——锚固前洞壁位移值；

E_a——锚杆弹性模量；

A_s——一根锚杆的横截面积。

锚杆是集中加载，其围岩变位实际上是不均匀的，加锚区洞壁位移示意图如图 5-10 所示。在加锚处的洞壁位移量最小，如果锚杆设有托板，则锚端还可能会有局部承压变形，因此在计算锚杆拉力时应乘以一个小于等于 1 的系数，即

$$Q = k\frac{u' - u''}{r_c - r_0}E_aA_s \tag{5-14}$$

式中 k——锚杆拉力计算系数，与岩质的锚杆间距有关，岩质好时可取 1，岩质差时取 $\frac{1}{2}\sim\frac{4}{5}$。

由 Q 即能算出 P_a，即

$$P_a = \frac{Q}{ei} \tag{5-15}$$

式中 e、i——锚杆的横向和纵向间距。

当锚杆有预拉力 Q_1 作用时，则

$$P_a = \frac{Q + Q_1}{ei} \tag{5-16}$$

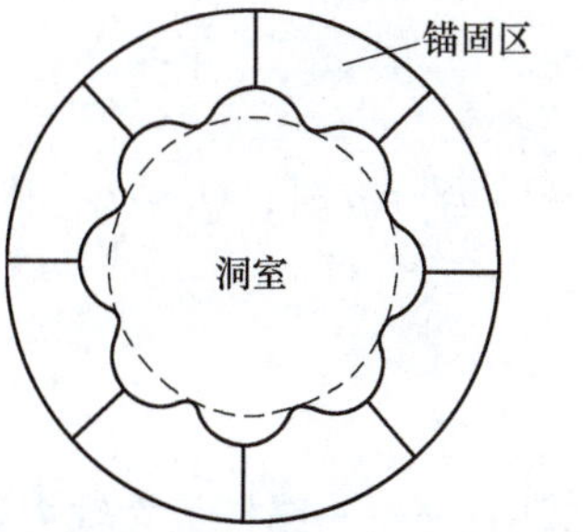

图 5-10 加锚区洞壁位移示意图

显然，上述式子要求锚杆拉力小于锚杆锚固力。计算时，需要通过试算求出 P_a、P_i 及 R_0^a，并按下式求出洞壁位移

$$u_{r_0}^a = \frac{M(R_0^a)^2}{4Gr_0} = u' + u_0^a \tag{5-17}$$

锚杆拉力可按下式计算

$$Q + Q_1 = k\frac{u' - u''}{r_c - r_0}E_aA_s + Q_1 \tag{5-18}$$

2. 全长黏结式锚杆

全长黏结式锚杆内力及位移分布如图 5-11 所示，全长黏结式锚杆通过砂浆对锚杆的剪力传递使锚杆处于受拉状态。对一般软岩，可认为锚杆与围岩具有共同位移，而略去围岩与锚杆间的相对变形。显然，锚杆轴力沿全长不是均布的。由图可见，锚杆中存在一中性点，该点剪应力为零，两端锚杆受不同方向的剪力作用。中性点上锚杆拉应力（轴力）最大，在锚杆两端点为零。可见全长黏结式锚杆的受力状况不同于点锚式锚杆。

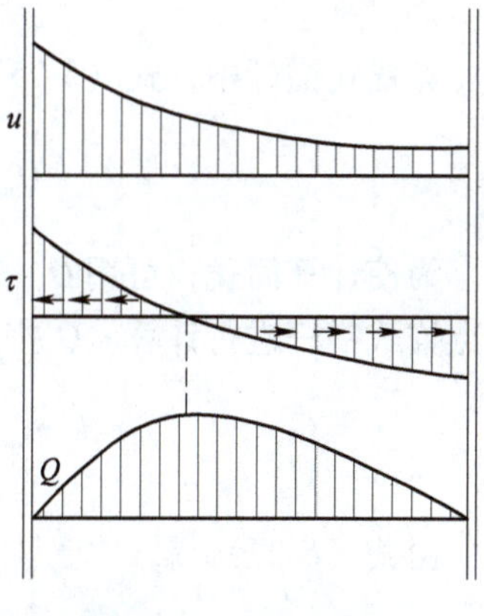

图 5-11 全长黏结式锚杆内力及位移分布

考虑锚杆上任意点的位移为

$$u_r^a = \left[\frac{M(R_0^a)^2}{4G} - r_0u_0^a\right]\frac{1}{r} \tag{5-19}$$

当 $r_0 \leqslant r \leqslant \rho$（中性点半径）时，锚杆轴力 Q_1 为

$$Q_1 = -\int\left[\frac{M\left(R_0^{a}\right)^2}{4G} - r_0 u_0^{a}\right] E_a A_s \left(\frac{d^2 \frac{1}{r}}{dr^2}\right) dr + c' \tag{5-20}$$

$$= -\left[\frac{M\left(R_0^{a}\right)^2}{4G} - r_0 u_0^{a}\right] E_a A_s \left(\frac{1}{r^2}\right) + c'$$

当 $r = r_0$ 时，$Q = 0$，故

$$c' = \left[\frac{M\left(R_0^{a}\right)^2}{4G} - r_0 u_0^{a}\right] E_a A_s \frac{1}{r_0^2} \tag{5-21}$$

$$Q_1 = \left[\frac{M\left(R_0^{a}\right)^2}{4G} - r_0 u_0^{a}\right] E_a A_s \left(\frac{1}{r_0^2} - \frac{1}{r^2}\right) \tag{5-22}$$

当 $\rho \leqslant r \leqslant r_c$，其轴力 Q_2 为

$$Q_2 = \left[\frac{M\left(R_0^{a}\right)^2}{4G} - r_0 u_0^{a}\right] E_a A_s \left(\frac{1}{r^2} - \frac{1}{r_c^2}\right) \tag{5-23}$$

当 $r = \rho$ 时，$Q_1 = Q_2$，则有

$$\frac{1}{r_0^2} - \frac{1}{\rho^2} = \frac{1}{\rho^2} - \frac{1}{r_c^2}, \rho = \sqrt{\frac{2 r_c^2 r_0^2}{r_0^2 + r_c^2}} \tag{5-24}$$

式中　ρ——锚杆最大轴力处的半径，此处剪力为零。

由此算得锚杆最大轴力为

$$Q_{max} = k\left[\frac{M\left(R_0^{a}\right)^2}{4G} - r_0 u_0^{a}\right] E_a A_s \left(\frac{1}{r_0^2} - \frac{1}{\rho^2}\right)$$

$$= k\left[\frac{M\left(R_0^{a}\right)^2}{4G} - r_0 u_0^{a}\right] E_a A_s \left(\frac{1}{r_0^2} - \frac{1}{r_c^2}\right) \tag{5-25}$$

$$= \frac{k}{2}\left[\frac{M\left(R_0^{a}\right)^2}{4G} - r_0 u_0^{a}\right] E_a A_s \left(\frac{1}{r_0^2} - \frac{1}{r_c^2}\right)$$

点锚式锚杆中，式（5-25）还可以写成（$r_0 \neq r_c$时）

$$Q_{max} = k\left[\frac{M\left(R_0^{a}\right)^2}{4G} - r_0 u_0^{a}\right] E_a A_s \left(\frac{1}{r_0 r_c}\right) \tag{5-26}$$

为使计算简化，可用 Q_{max} 或与点锚式锚杆等效的轴力 Q' 来代替 Q，由此可将黏结式锚杆按点锚式锚杆进行计算。Q' 按上述两种锚杆轴力图的面积等效求得，即

$$Q'(r_c - r_0) = \int_{r_0}^{\rho} Q_1 dr + \int_{\rho}^{r_c} Q_2 dr \tag{5-27}$$

由式（5-27）得

$$Q' = k\left[\frac{M\left(R_0^{a}\right)^2}{4G} - r_0 u_0^{a}\right] \frac{E_a A_s}{r_c - r_0}\left(\frac{\rho - r_0}{r_0^2} + \frac{\rho - r_c}{r_c^2} + \frac{2}{\rho} - \frac{1}{r_0} - \frac{1}{r_c}\right) \tag{5-28}$$

5.3.2　喷锚支护计算

1. 锚杆的计算

为了让锚杆充分发挥作用，应使锚杆应力 σ 尽量接近钢材设计抗拉强度 f_y，并有一定安全度，即

$$K_1\sigma = \frac{K_1 Q}{A_s} = f_y \tag{5-29}$$

锚杆抗拉安全系数 K_1 应在 1~1.5 之间。

锚杆有一最佳长度，在这一长度时将使喷层受力最小。为防止锚杆和围岩一起塌落，锚杆长度必须大于松动区厚度，而且有一定安全度，即要求 $r_c>R_a$，R_a 的计算见下式：

$$R^a = r_c\left[\left(\frac{P + c_1\cot\varphi_1}{P_i + P_a + c_1\cot\varphi_1}\right)\left(\frac{1-\sin\varphi_1}{1+\sin\varphi_1}\right)\right]^{\frac{1-\sin\varphi_1}{2\sin\varphi_1}} \tag{5-30}$$

锚杆横向、纵向间距 e、i 应满足下列要求

$$\frac{e}{r_c - r_0} \leqslant \frac{1}{2}, \frac{i}{r_c - r_0} \leqslant \frac{1}{2}$$

此条件能保持锚杆有一定实际的加固区厚度，并防止锚杆间的围岩发生塌落（图 5-12）。此外，e，i 的合理选择还应使喷层具有适当的厚度，这样才能充分发挥喷层的作用。

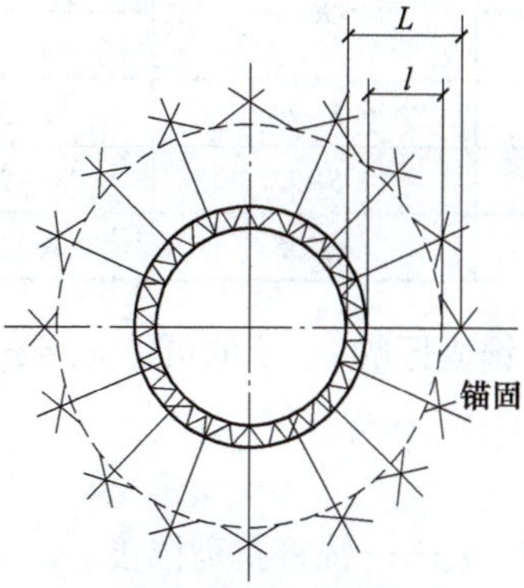

图 5-12　锚杆加固区与锚杆有效长度的关系

2. 喷层的计算

喷层除作为结构要起到承载作用外，还要求向围岩提供足够的反力，以维持围岩的稳定。为了验证围岩稳定，需要计算最小抗力 $P_{i\min}$ 以及围岩稳定安全系数 K_2。松动区内滑移体的重力 G 可用下式表示

$$2G = \gamma b(R^a_{\max} - r_0) = P_{i\min} b \tag{5-31}$$

由式（5-31）即能求出 $P_{i\min}$，由此得

$$K_2 = \frac{P_i}{P_{i\min}}$$

K_2 值应在 2~4.5 之间。

作为喷层强度校核，要求喷层内壁切向应力小于喷混凝土抗压强度。按厚壁筒理论有

$$\sigma_\theta = P_i\frac{2a^2}{a^2 - 1} \leqslant f_c \tag{5-32}$$

式中　a——$a = \dfrac{r_0}{r_1}$；

f_c——喷混凝土轴心抗压强度；

r_1——喷混凝土内壁半径。

由此可算喷混凝土厚度 t 为

$$t = K_3 r_1 \left(\frac{1}{\sqrt{1 - \frac{2P_i}{f_c}}} - 1 \right) \tag{5-33}$$

式中　K_3——喷层的安全系数。

5.3.3　一些计算参数的确定

1. 岩性参数的确定

鉴于塑性区中 c、φ、E 等值都是沿围岩的深度变化的，因而计算时应采用 c、φ、E 的平均值，即计算中用的 c、φ、E 值应低于实测值。目前这方面的研究还不多。按经验，计算用的 E 值可为实测值的 0.5~0.7 倍；c 值为实测值的 0.3~0.7 倍；φ 值可与实测值相近。计算用的 c、φ 值亦可参照有关喷锚支护规定中提供的数值确定。表 5-1 中列出了国家标准 GB 50086—2015《岩土锚杆与喷射混凝土支护工程技术规范》中建议的岩体物理力学参数值。

表 5-1　岩体物理力学参数值

围岩级别	重力密度 /(kN/m³)	抗剪断峰值强度		变形模量 E/GPa	泊松比 μ
		内摩擦角 φ/(°)	内聚力 c/MPa		
Ⅰ	>26.5	>54	>1.7	>20	<0.25
Ⅱ		54~43	1.7~1.2	20~10	0.25~0.30
Ⅲ	26.5~24.5	43~33	1.2~0.5	10~5	0.30~0.35
Ⅳ	24.5~22.5	33~22	0.5~0.2	5~1	0.35~0.40
Ⅴ	<22.5	<22	<0.2	<1	>0.4

锚固区的 c、φ 值可取 $\varphi_1=\varphi$，c_1 值为

$$c_1 = c + \frac{\tau_a A_s}{ei} \tag{5-34}$$

式中　τ_a——锚杆抗剪强度。

2. 围岩初始位移 u_0 的确定

围岩的初始位移 u_0 是喷层支护前围岩已释放的位移值，按理说，该值是指施作喷混凝土时围岩的位移值，但由于喷层是按封闭圆环计算的，因而应取封底时围岩位移值 u_0' 作为 u_0 值，如图 5-13 所示，u_0' 与 u_0 相差不大。u_0 值原则上应按实测值确定，也可按经验确定，相应于某一种施工方法有个大致的 u_0 值。锚固前洞壁位移 u_0^a 原则上亦应按实测确定，取某断面锚固施作即将完成时的位移作为 u_0^a 值，一般可取 u_0^a = (0.5 ~ 0.8)u_0。

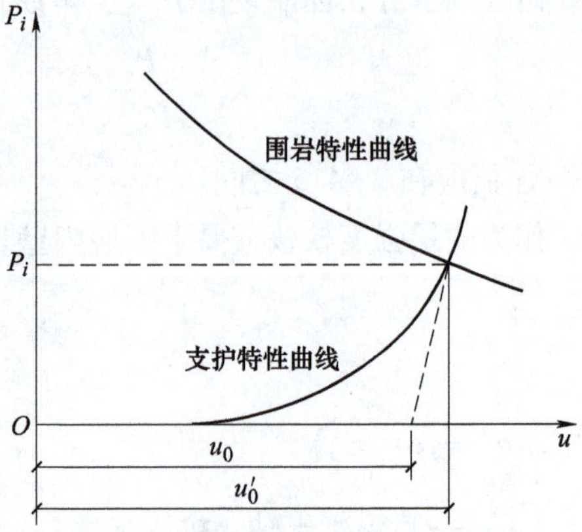

图 5-13　围岩初始位移 u_0 的确定

【例 5-1】　均质围岩中圆形洞室的喷锚支护计算，其有关计算参数如下：P = 15MPa，c =

0.2MPa，$\varphi=30°$，$E=2\times10^3$MPa，$u_0=0.1$m，$u_0^a=0.08$m，$r_0=3.5$m，$r_1=3.35$m，$r_c=5.5$m，$e=0.5$m，$i=1$m，$A_s=3.14\text{cm}^2$，$k=2/3$，$E_a=2.1\times10^5$MPa，$\tau_a=312$MPa，$E_c=2.1\times10^4$MPa，$\mu_c=0.167$，$f_c=11$MPa。试计算喷锚支护的喷层厚度。

解：首先确定围岩塑性区加锚后的 c_1、φ_1 值

$$\varphi_1=\varphi=30°$$

$$c_1=c+\frac{\tau_a A_s}{ei}=0.2\text{MPa}+\frac{312\text{MPa}\times3.14\text{cm}^2}{50\text{cm}\times100\text{cm}}=0.40\text{MPa}$$

其次计算 P_i、P_a、R_0^a、Q'及 $u_{r_0}^a$

$$\frac{M}{4G}=\frac{3}{2E}(P\sin\varphi_1+c_1\cos\varphi_1)=5.88\times10^{-3}\text{m}$$

$$R_0^a=r_0\frac{(P+c_1\cot\varphi_1)(1-\sin\varphi_1)}{P_i+P_a+c_1\cot\varphi_1}$$

$$P_i=K_c u_{r_0}^a=K_c(u_{r_0}^a-u_0)$$

$$=K_c\left[\frac{M(R_0^a)^2}{4Gr_0}-u_0\right]$$

$$P_a=\frac{Q'}{ei}$$

$$\rho=\sqrt{\frac{2r_0^2r_c^2}{r_0^2+r_c^2}}=4.176\text{m}$$

$$Q'=k\left[\frac{M(R_0^a)^2}{4G}-r_0u_0^a\right]\frac{E_a-A_s}{r_c-r_0}\left(\frac{\rho-r_0}{r_0^2}+\frac{\rho-r_c}{r_c^2}+\frac{2}{\rho}-\frac{1}{r_0}-\frac{1}{r_c}\right)$$

$$K_c=\frac{2G_c(r_0^2-r_1^2)}{r_0(1-2\mu_c)r_0^2+r_1^2}=270\text{MPa/m}$$

将 P_i、P_a 及 R_0^a 三式试算得 $P_i=0.338$MPa，$R_0^a=7.72$m，$P_a=0.067$MPa，$Q'=33.81$MN，$u_{r_0}^a=\dfrac{M(R_0^a)^2}{4Gr_0}=0.1$m，$K_1=\dfrac{f_{st}A_s}{Q'}=2.23$

再次计算围岩稳定性安全度

$$P_{i\min}=\gamma r_0\left(\frac{R_{\max}^a}{r_0}-1\right)$$

$$R_{\max}^a=r_0\left[\left(\frac{P+c_1\cot\varphi_1}{P_{i\min}+P_a+c_1\cot\varphi_1}\right)\left(\frac{1-\sin\varphi_1}{1+\sin\varphi_1}\right)\right]^{\frac{1-\sin\varphi_1}{2\sin\varphi_1}}$$

解得

$$P_{i\min}=0.044\text{MPa}$$

$$R_{\max}^a=5.33\text{m}$$

$$K_2=\frac{P_i}{P_{i\min}}=\frac{0.338}{0.044}=7.68$$

最后验算喷层厚度 t

$$t=\left(\frac{1}{\sqrt{1-\frac{2P_i}{f_c}}}-1\right)r_1=10.8\text{cm}<15\text{cm}，满足要求。$$

5.3.4 非轴对称情况下喷锚支护解析与计算

在非轴对称情况下，如当 $\lambda<0.8$ 时，围岩的塑性区位于洞室两侧。Robcewicz 又通过实地调查，认为在喷层两侧出现剪切破坏，而且剪切破坏是沿着围岩两侧破裂楔体的滑移线方向发展的，如图 5-14a 所示。这一破坏形态后来又被大量砂箱模型试验所证实，这就是喷层剪切破坏理论。不过，也有人认为，即使在这种情况下喷层仍然是由于四周受压而引起剪切破坏，而与破裂楔体的滑移线方向无关。其原因是柔性大，容易调整压力，使四周压力比较均匀，故采用剪压破坏理论（图 5-14b）。

Robcewicz 提出破坏剪切理论，未给出最小围岩压力 $P_{i\min}$，后来有学者对 Robcewicz 提出的计算方法进行了修正，并根据模型材料的破坏试验数据，给出围岩进入松动破坏和确定最小围岩压力 $P_{i\min}$ 的判据。

1. 围岩的塑性滑移方程

根据摩尔圆理论，塑性区中出现的塑性滑移线与最小主应力迹线成 $45°+\frac{\varphi}{2}$，即与坐标轴成 α 夹角，当轴对称情况时为

$$\alpha=45°+\frac{\varphi}{2} \tag{5-35}$$

围岩塑性滑移线如图 5-15 所示，当坐标有 $d\theta$ 的变化，径向对应有 dr 的变化，θ 由 $\rho\rightarrow\theta$，r 由 $r_0\rightarrow r$，故有

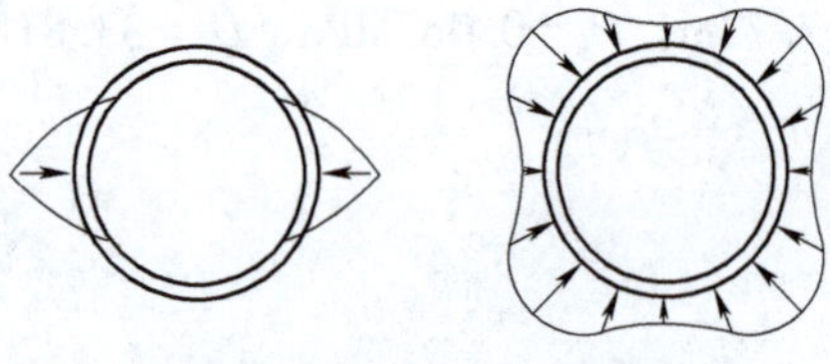

图 5-14 喷层破坏形态

a）喷层剪切破坏 b）喷层压剪破坏

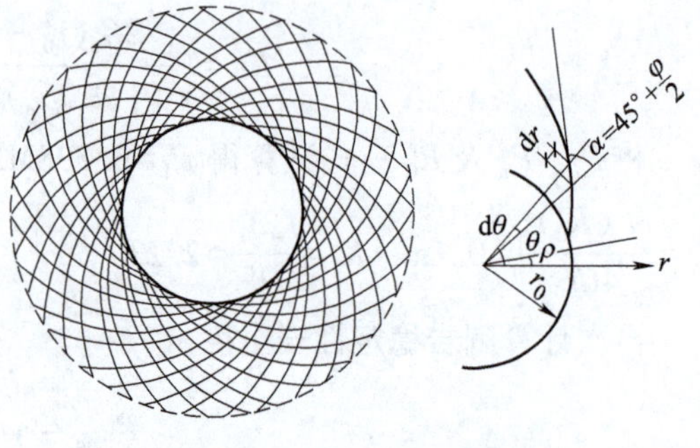

图 5-15 围岩塑性滑移线

$$dr=rd\theta\cot\left(45°+\frac{\varphi}{2}\right)$$

$$\int_{r_0}^{r}\frac{dr}{r}=\cot\alpha\int_{\rho}^{\theta}d\theta$$

$$\ln r-\ln r_0=(\theta-\rho)\cot\alpha$$

$$r=r_0e^{(\theta-\rho)\cot\alpha} \tag{5-36}$$

同理，得另一组滑移线

$$r = r_0 e^{-(\theta-\rho)\cot\alpha} \tag{5-37}$$

塑性区内的塑性滑移线是一组成对交错出现的螺旋线。

2. λ<1 时圆形洞室围岩破坏分析

试验表明，圆形洞室的围岩破坏具有如下特性。

1）当 $\lambda=1$ 时，洞周出现环向破坏，而当 $\lambda<1$ 时，则在围岩两侧中间部位出现破裂楔体。同时表明，破裂楔体位于围岩塑性区中应力集中系数最高处，亦即位于应力降低和强度丧失最严重的地方。

2）圆形洞室围岩破裂区随着加荷过程逐渐发展，因此破裂起始角 ρ 随着加荷增大逐渐减小，直至达到最终起始角为止。对 $\varphi=33°$ 的模型材料，在 $\lambda=0.25$ 情况下进行试验，获得最终起始角 $\rho=40°\sim43.5°$，此时破裂楔体滑移线继续加载（图 5-16），ρ 值不变。

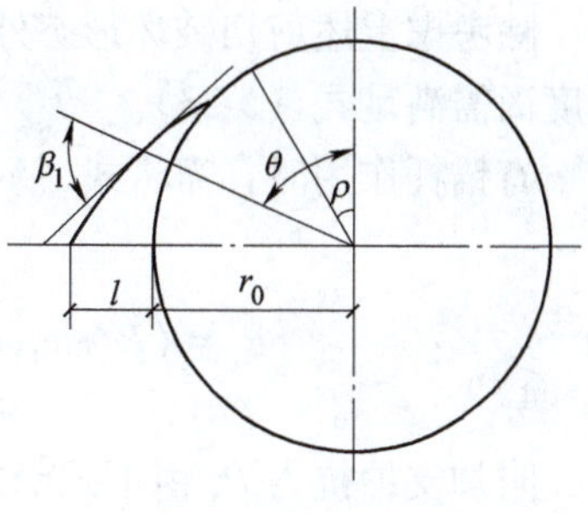

图 5-16　破裂楔体滑移线

3）模型试验还表明，对 $\lambda\neq1$ 的情况也可采用 $\lambda=1$ 的滑移线方程来计算破裂楔体长度 l。当 $\lambda=0.25$ 时，实测 $l=2.7\text{cm}$，按 $\lambda=1$ 滑移线方程计算，$l=2.9\text{cm}$。因而可采用下式计算 l

$$l = r_0\left[e^{(\theta-\rho)\cot\beta_1} - 1\right] \tag{5-38}$$

式中　β_1——滑移线切线与所给坐标轴方向的夹角。

3. 喷混凝土支护的计算

保证喷层不出现剪切破坏时所需的支护抗力 P_i 为

$$P_i = (P + c\cot\varphi)(1-\sin\varphi)\left(\frac{r_0}{R}\right)^{\frac{2\sin\varphi}{1-\sin\varphi}} - c\cot\varphi \tag{5-39}$$

按照 Robcewicz 提出的剪切破坏理论中有关概念，这里的 P_i 值就相当于保持围岩稳定的最小支护抗力 $P_{i\min}$。

应当指出，式（5-39）中 P_i 要求沿洞周均布，但由于存在被动抗力，这一条件通常能近似满足。

喷混凝土层与围岩体紧密黏结、咬合、使洞室表面岩体形成较平顺的整体，依靠结合面处的抗拉、抗压、抗剪能力，与岩体密贴成组合结构或整体结构物共同工作。薄的喷层支护柔性大，变形能力差，但能在与围岩共同承载和变形过程中对围岩提供支护力，使围岩变形得到控制，应力得以调整，从而使围岩体获得稳定。作为整体结构物一部分的喷层也受到来自围岩的压力，这种压力不是由围岩的变形引起的。以上理论可归结为整体稳定理论。

设喷层厚度为 t，喷层沿破裂楔体滑移线方向的剪切面积为 $t/\sin\left(45°-\frac{\varphi}{2}\right)$，按外荷与剪切面上剪切强度相等得

$$K_4 P_i \frac{b}{2} = \frac{t\tau_c}{\sin\left(45° - \frac{\varphi}{2}\right)}$$

$$t=\frac{K_4P_ib\sin\left(45°-\frac{\varphi}{2}\right)}{2\tau_c} \tag{5-40}$$

$$b=2r_0\cos\rho \tag{5-41}$$

$$\tau_c=0.2f_c$$

式中 K_4——剪切破坏安全系数，$K_4=1.5\sim2.5$；

ρ——破裂楔体最终起始角；

r_0——喷层的外缘半径；

τ_c、f_c——混凝土抗剪强度和轴心抗压强度。

除考虑上述剪切破坏形态外，还需验算在 P_i 作用下喷层是否出现压剪破坏，所以喷层厚度尚需满足式（5-33）。

有锚杆作用时，需将式（5-38）改写为

$$P_i=(P+c_1\cot\varphi_1)(1-\sin\varphi_1)\left(\frac{r_0}{R}\right)^{\frac{2\sin\varphi_1}{1-\sin\varphi_1}}-c_1\cot\varphi_1-P_a \tag{5-42}$$

附加支护抗力 P_a 由下式确定

$$P_a=\frac{A_sf_y}{K_1ei} \tag{5-43}$$

此外，还应用锚杆锚固力 F 进行验算

$$P_a=\frac{F}{K_1ei} \tag{5-44}$$

P_a 取式（5-43）和式（5-44）中的较小值。

当喷混凝土中有钢筋网时，则式（5-42）为

$$P_i=(P+c_1\cot\varphi_1)(1-\sin\varphi_1)\left(\frac{r_0}{R_0}\right)^{\frac{2\sin\varphi_1}{1-\sin\varphi_1}}-c_1\cot\varphi_1-P_a-P_i^t \tag{5-45}$$

其中 $$P_i^t=\frac{A_s\tau_a}{s\frac{b}{2}\sin\left(45°-\frac{\varphi_1}{2}\right)}$$

式中 τ_a——钢筋抗剪强度；

s——环向钢筋间距。

喷射混凝土厚度仍可采用式（5-33）和式（5-40）计算。

合理的设计要求喷层具有合适的厚度，以保证喷层柔性的特点和充分发挥围岩的自承作用。根据使用经验，通常初次喷层厚度为 3~10cm，喷层总厚度不宜超过 10~20cm，只有大断面洞室才允许适当增大喷层厚度。喷层最小厚度一般为 5cm。破碎软弱岩层中（如断层破碎带）喷层的最小厚度及钢筋网喷层的最小厚度为 10cm。

锚杆配置原则上仍采用全断面配置，但围岩破裂区位于侧向，所以在侧向部位，尤其是侧向上方部位，锚杆应加长、加密，而顶底部则可适当减短、减稀，尤其是底部，如果没有地面隆起现象发生，也可不设锚杆。侧向锚杆的长度应大于破裂楔体长度 l。

【例 5-2】 某圆形巷道半径为 2m，埋深 300m，$c=0.3\text{MPa}$，$\varphi=40°$，$\lambda=0.5$，岩层平均重度 $\gamma=25\text{kN/m}^3$，喷混凝土设计抗压强度 $f_c=11\text{MPa}$。试计算：（1）只喷射混凝土时喷层厚度；（2）锚杆和喷射混凝土时喷层厚度；（3）锚杆、钢筋网和喷射混凝土喷层厚度。

解：（1）不同 λ 值对应的 ρ 建议值为

$$\lambda = 0.2 \sim 0.5, \rho = 50° \sim 40°$$

$$\lambda = 0.5 \sim 0.8, \rho = 40° \sim 35°$$

由 $\lambda=0.5$，得 $\rho=40°$

$$R = r_0 e^{(\theta-\rho)\cot\left(45°+\frac{\varphi}{2}\right)}$$

$$= 2e^{(90°-40°)\cot\left(45°+\frac{40°}{2}\right)} = 3\text{m}$$

$$\frac{b}{2} = r_0 \cos 40° = 153\text{cm}$$

$$c\cot\varphi = 0.3\text{MPa} \times 1.19 = 0.357\text{MPa}$$

$$\sin 40° = 0.642$$

$$P_i = (P + c\cot\varphi)(1 - \sin\varphi)\left(\frac{r_0}{R}\right)^{\frac{2\sin\varphi}{1-\sin\varphi}} - c\cot\varphi$$

$$= (300\text{MPa} \times 0.025 + 0.357\text{MPa})(1 - 0.642)\left(\frac{2\text{m}}{3\text{m}}\right)^{\frac{2\times 0.642}{1-0.642}} - 0.357\text{MPa}$$

$$= 0.30\text{MPa}$$

K_3 取 1.2，$\tau_c=0.2f_c$，则

$$t = \frac{K_4 P_i \sin\left(45° - \frac{\varphi}{2}\right)\frac{b}{2}}{\tau_c}$$

$$= \frac{1.5 \times 0.30\text{MPa} \times 0.423 \times 153\text{cm}}{0.2 \times 11\text{MPa}}$$

$$= 13.2\text{cm}$$

按式（5-33），并采用 1.2 的安全系数，则

$$t = K_3 r_0 \left(\frac{1}{\sqrt{1 - \frac{2P_i}{f_c}}} - 1\right)$$

$$= 1.2 \times 200\text{cm}\left(\frac{1}{\sqrt{1 - \frac{2 \times 0.3\text{MPa}}{11\text{MPa}}}} - 1\right)$$

$$= 6.8\text{cm}$$

故采用 14cm 厚的混凝土喷层。

（2）如果采用锚杆支护，可采用 $l=1.5\text{m}$ 锚杆，锚杆直径 $d=1.4\text{cm}$，锚杆间距 0.75m，锚杆采用 HRB335 钢筋，锚杆锚固力 60kN。

锚杆附加支护抗力 P_a（取 $K_1=1.2$）为

$$P_a = \frac{\frac{\pi d^2}{4}f_y}{K_1 ei} = \frac{0.000154\text{m}^2 \times 380\text{MPa}}{1.2 \times 0.75\text{m} \times 0.75\text{m}} = 0.085\text{MPa}$$

$$\frac{\pi d^2}{4}f_y = 58.52\text{kN} < 60\text{kN}$$

用锚杆锚固后围岩 c 值的提高值为

$$\tau_a = 0.6f_y = 0.6 \times 380\text{MPa} = 228\text{MPa}$$

$$c_1 = c + \frac{\tau_a A_s}{ei} = 0.3\text{MPa} + \frac{228\text{MPa} \times 1.54 \times 10^{-4}\text{m}^2}{0.75\text{m} \times 0.75\text{m}} = 0.3625\text{MPa}$$

支护抗力 P_i

$$c_1\cot\varphi_1 = 0.3625\text{MPa} \times 1.19 = 0.431\text{MPa}$$

$$P_i = (300\text{MPa} \times 25000 \times 10^{-6} + 0.431\text{MPa})(1 - 0.642)\left(\frac{2\text{m}}{3\text{m}}\right)^{\frac{2\times 0.642}{1-0.642}} - 0.431\text{MPa} - 0.085\text{MPa}$$
$$= 0.147\text{MPa}$$

喷层厚度

$$t = \frac{1.5 \times 0.147\text{MPa} \times 0.423 \times 153\text{cm}}{0.2 \times 11\text{MPa}} = 6.4\text{cm}$$

故选用喷层厚度为7cm。

(3) 如果在喷锚支护基础上再加钢筋网，钢筋网直径 $d = 0.6$cm，环向间距 20cm，HRB335 钢筋

$$P_i^t = \frac{A_s\tau_a}{s \times \frac{b}{2}\sin\left(45° - \frac{\varphi_1}{2}\right)}$$
$$= \frac{\left(\frac{0.6\text{cm}}{2}\right)^2 \times 3.14 \times 228\text{MPa}}{20\text{cm} \times 153\text{cm} \times 0.423}$$
$$= 0.050\text{MPa}$$

$$P_i = (0.145 - 0.05)\text{MPa} = 0.095\text{MPa}$$

喷层厚度

$$t = \frac{1.5 \times 0.095\text{MPa} \times 0.423 \times 153\text{cm}}{0.2 \times 11\text{MPa}} = 4.2\text{cm}$$

故选用喷层厚度 5cm。

5.3.5 局部锚杆和喷层设计

1. 锚杆承载力计算

当块体危石坠落时，除使锚杆受拉力以外，还对锚杆产生剪切作用（图 5-17），根据静力平衡有

$$Q=\frac{G\sin\varphi_1}{\sin\zeta} \tag{5-46}$$

$$N=\frac{G\sin(\zeta-\varphi_1)}{\sin\zeta} \tag{5-47}$$

式中　N——锚杆所受拉力；

Q——锚杆所受剪力；

ζ——锚杆与地质结构面的夹角；

φ_1——锚杆与铅垂线的夹角。

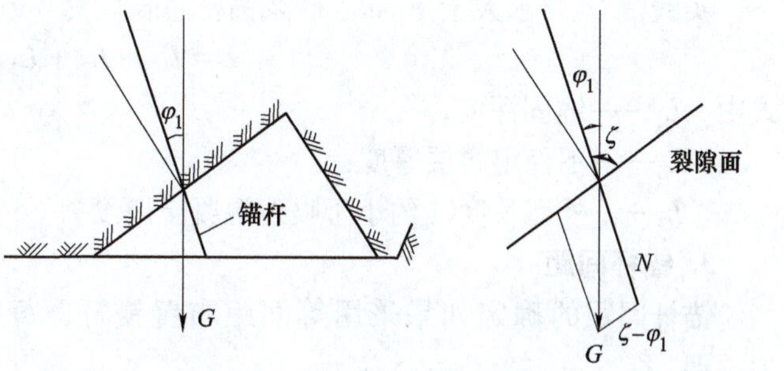

图 5-17　块状围岩中锚杆的承载力

2. 锚杆长度的确定

锚杆长度根据锚杆的作用及受力方式、地层条件、围岩级别及洞室的大小等因素确定。不论是起悬吊作用的局部锚杆，还是起组合作用和挤压作用的系统锚杆，都可以采用经验类比法进行锚杆长度设计。我国的 GB 50086—2015《岩土锚杆与喷射混凝土支护工程技术规范》针对不同围岩级别和洞室跨度所规定的锚杆长度就属于经验类比法。按经验类比法确定锚杆长度时，方法如下：

1）锚杆长度 L 应与隧道开挖宽度 B 及地质条件相适应，对于中等以上硬岩及开挖后可以自稳的隧道，$L\geqslant(1/4\sim1/3)B$，软弱围岩可采用 $L\geqslant(1/3\sim1/2)B$。

2）围岩的变形不应超过允许最大变形，在深埋情况（覆盖层大于 50m）下采用端部锚固式锚杆时，围岩的变形不应超过锚杆长度的 2%，采用全长胶结式锚杆时，围岩变形不应超过锚杆长度的 5%。

3）根据围岩稳定状况确定：如果围岩稳定，仅为防止围岩表面松动开裂，锚杆长度一般为 1.5~2.5m；如果围岩不稳定，需要用锚杆限制围岩变形，或起到有效的支护作用时，锚杆长度不宜小于 2.5m，最长可达开挖宽度的一半。

4）对于有限松动块体，锚杆应穿过松动块体深入到稳定岩体内 1~2m，此时长度为

$$L\geqslant L_1+L_2+L_3 \tag{5-48}$$

式中　L_1——锚固深度；

L_2——不稳定岩层厚度；

L_3——外露长度（约小于喷射混凝土厚度）。

5）对于隧道拱部的系统锚杆，其锚固的作用是使围岩中形成承载拱圈，此时锚杆长度可按下式估算

$$L=1.40+0.184B \tag{5-49}$$

式中　B——隧道的跨度（m）。

6）对于砂浆锚杆，根据锚杆“拉强度与砂浆内聚力相等的等强度原则，可确定锚杆的锚固深度 L_1 为

$$L_1\geqslant\frac{d^2R_t}{4kD\tau} \tag{5-50}$$

式中　d——锚杆直径，Φ16~Φ22 螺纹钢筋；

R_t——锚杆的抗拉强度；

D——钻孔直径；

k——安全系数，通常取3~5；

τ——砂浆与岩孔的抗剪强度。

实践中 L_1 要求大于30cm。砂浆锚杆总长度为

$$L = L_1 + L_2 + L_3$$

式中 L_1——锚固深度；

L_2——不稳定岩层厚度；

L_3——外露长度（约小于喷射混凝土厚度）。

3. 锚杆间距

锚杆间距的确定如果采用等间距布置锚杆，每根锚杆的荷载 P 为所负担的岩体重力，即

$$P = k\gamma h_a a^2 \quad (5\text{-}51)$$

式中 a——锚杆间距（m）；

γ——岩体的重度（kN/m^3）；

h_a——围岩压力计算高度；

k——安全系数，通常取 $k=2\sim3$。

由于锚杆所承受的荷载应小于锚杆的抗拉强度，因此砂浆锚杆的间距可按下式进行计算

$$a \leqslant \frac{d}{2}\sqrt{\frac{\pi[\sigma_t]}{k\gamma h_a}} \quad (5\text{-}52)$$

式中 $[\sigma_t]$——锚杆的允许抗拉强度；

a——锚杆间距。

式（5-52）表明，锚杆的允许拉力、间距和锚杆直径互为函数关系，确定其中任意两个量，即可求出另外一个量。不过，为了使各锚杆作用力的影响范围能彼此相交，在围岩中形成一个完整的承载体系（承载拱），锚杆长度应为锚杆间距的两倍以上，即 $L\geqslant 2a$。

4. 喷射厚度

喷射混凝土支护结构通过及时封闭岩层表面的节理、裂隙，填平或缓和表面的凹凸不平，使洞室内轮廓较为平顺，从而提高节理裂隙间的内聚力、摩擦阻力和抗剪强度，减少应力集中现象出现，防止岩层表面风化、剥落、松动、掉块和坍塌，使围岩稳定下来，发挥围岩体的自承能力。喷射混凝土支护结构通过局部稳定和整体稳定围岩两个方面起支护作用。

洞室围岩被节理裂隙分割成块状体，其坍塌的形成往往是因为其中一块危石的掉落引起邻近的块石相继裂开、错动、脱落。导致全局性的失稳、坍塌，发生恶性连锁反应。危石除用锚杆支护外，也可以喷射混凝土层支护。只要用喷射混凝土支护住最先掉落的危石（或称冠石），封闭加固附近的岩体，洞室就能稳定。而喷射混凝土若厚度不足，则可能在危石的重力作用下，出现冲切破坏和撕裂破坏（图5-18）。

（1）冲切破坏计算　喷射混凝土被危石冲切破坏时，其喷层厚度按下式计算

$$d \geqslant \frac{kG}{R_L u} \quad (5\text{-}53)$$

式中 G——危岩引起的作用力（kN），当危石处于拱顶位置时，G 即危石重力；

u——危石底面周长（m）；

k——安全系数；

R_L——喷射混凝土的计算冲切强度。

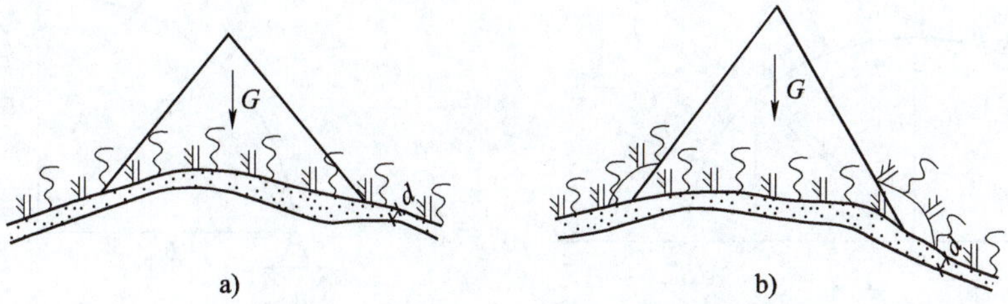

图 5-18　在危石自重作用下出现冲切破坏和撕裂破坏

a）冲切破坏　b）撕裂破坏

（2）撕裂作用计算　喷层受剪切作用，与危石周围岩石之间将产生拉应力大于喷层的计算黏结强度时，喷层就会在该黏结面处撕裂。此时喷层厚度用下式计算

$$d \geqslant \frac{kG}{R_{LU}u} \tag{5-54}$$

式中　R_{LU}——喷层与岩石间的计算黏结强度。

5.4　钢拱架的受力分析

目前在隧道施工中，对破碎围岩段或塌方区域一般采用钢支撑，因为钢支撑的最大特点是架设后能立即承载，能控制围岩松弛和防止塑性区继续扩大或变形迅速发展。规范规定钢支撑的间距最大不应超过 1.5m，一般可取 1.0m，对破碎围岩段应视具体情况适当减小。

5.4.1　均布荷载作用下的钢拱架受力分析计算

由于钢拱架的受力比较复杂，所以要进行必要的简化，先从最简单的情况入手。隧道开挖后，架设钢拱架，钢拱架在隧道中的受力按图 5-19 所示的形式进行简化，围岩压力按均布荷载，沿钢拱架径向分布。设隧道宽度为 B，高度为 H。

建立如图 5-19 所示的坐标系，从而容易得到曲线的方程为

$$\frac{x^2}{\left(\frac{B}{2}\right)^2} + \frac{y^2}{H^2} = 1 \tag{5-55}$$

转换为极坐标方程，即

$$\begin{cases} x = \dfrac{B}{2}\cos\alpha \\ y = H\sin\alpha \end{cases} \tag{5-56}$$

根据竖向的力学平衡可得

$$R_A = R_B = \frac{1}{2}\int_0^{\frac{\pi}{2}} p\sqrt{\left(\frac{B}{2}\cos\alpha\right)^2 + (H\sin\alpha)^2}\sin\alpha \mathrm{d}\alpha = \frac{1}{2}pH \tag{5-57}$$

然后对钢拱架进行局部分析，局部受力分析示意图如图 5-20 所示。

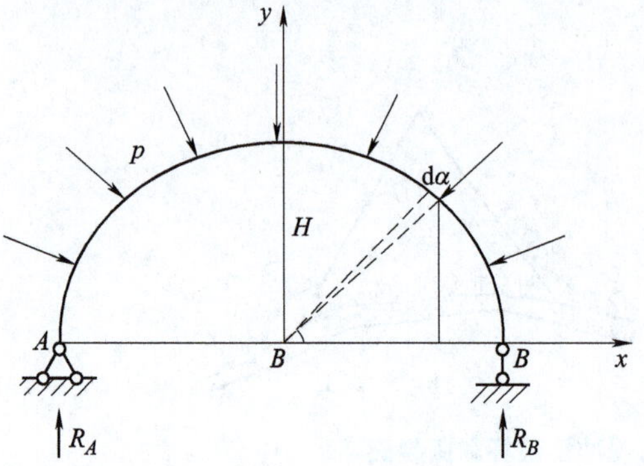

图 5-19　钢拱架在隧道中的受力

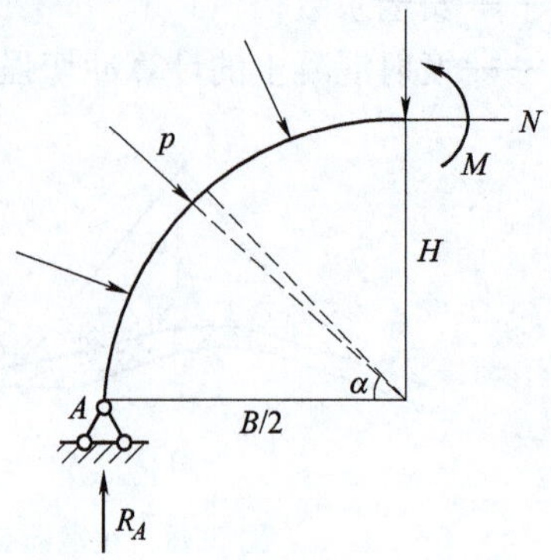

图 5-20　局部受力分析示意图

根据水平方向的力学平衡，容易得到界面上的轴力为

$$N=\int_0^{\frac{\pi}{2}}p\sqrt{\left(\frac{B}{2}\cos\alpha\right)^2+(H\sin\alpha)^2}\cos\alpha\mathrm{d}\alpha=\frac{1}{2}pB \tag{5-58}$$

根据力矩平衡，对 A 点的弯矩为零，$\sum M_A=0$

$$M+NH-\int_0^{\frac{\pi}{2}}p\sqrt{\left(\frac{B}{2}\cos\alpha\right)^2+(H\sin\alpha)^2}\,\frac{B}{2}\sin\alpha\mathrm{d}\alpha=0 \tag{5-59}$$

可以求得断面处的弯矩 M 为

$$M=\int_0^{\frac{\pi}{2}}p\sqrt{\left(\frac{B}{2}\cos\alpha\right)^2+(H\sin\alpha)^2}\,\frac{B}{2}\sin\alpha\mathrm{d}\alpha-NH \tag{5-60}$$

其中：

$$\int_0^{\frac{\pi}{2}}p\sqrt{\left(\frac{B}{2}\cos\alpha\right)^2+(H\sin\alpha)^2}\,\frac{B}{2}\sin\alpha\mathrm{d}\alpha=-\int_0^{\frac{\pi}{2}}\frac{pB}{2}\sqrt{\left(\frac{B^2}{4}-H^2\right)\cos^2\alpha+H^2}\,\mathrm{d}\cos\alpha \tag{5-61}$$

令：$\cos\alpha=t$

则式（5-61）变为

$$\int_0^{\frac{\pi}{2}}p\sqrt{\left(\frac{B}{2}\cos\alpha\right)^2+(H\sin\alpha)^2}\,\frac{B}{2}\sin\alpha\mathrm{d}\alpha=-\int_0^1\frac{pB}{2}\sqrt{\left(\frac{B^2}{4}-H^2\right)t^2+H^2}\,\mathrm{d}t$$

$$=-\int_0^1\frac{pB}{\sqrt{B^2-4H^2}}\sqrt{t^2+\frac{4H^2}{B^2-4H^2}}\mathrm{d}t$$

$$=\frac{pB}{\sqrt{B^2-4H^2}}\left[\frac{t}{2}\sqrt{t^2+\frac{4H^2}{B^2-4H^2}}+\frac{4H^2}{B^2-4H^2}+\frac{2H^2}{B^2-4H^2}\ln\left(t+\sqrt{t^2+\frac{4H^2}{B^2-4H^2}}\right)\right]\Bigg|_0^1$$

$$=\frac{pB}{2(B^2-4H^2)}+\frac{2pBH^2}{(B^2-4H^2)^{\frac{3}{2}}}\ln\left(\frac{\sqrt{B^2-4H^2}+B}{2H}\right) \tag{5-62}$$

所以，钢拱架拱顶处的弯矩为

$$M=\int_0^{\frac{\pi}{2}}p\sqrt{\left(\frac{B}{2}\cos\alpha\right)^2+(H\sin\alpha)^2}\,\frac{B}{2}\sin\alpha\mathrm{d}\alpha-NH$$
$$=\frac{pB^2}{2(B^2-4H^2)}+\frac{2pBH^2}{(B^2-4H^2)^{\frac{3}{2}}}\ln\left(\frac{\sqrt{B^2-4H^2}+B}{2H}\right)-\frac{pBH}{2} \tag{5-63}$$

5.4.2　松动区位于拱顶的情况

在隧道开挖过程中，当遇到断层带或破碎围岩的时候，容易在拱顶发生塌方，此时钢拱架的作用主要是承载拱顶这部分松动岩体的重力，针对这种情况进行简化，得到如图 5-21 所示的松动荷载完全在拱顶时钢拱架在隧道中的受力简图。

根据力矩平衡，对 A 点的弯矩为零，$\Sigma M_A=0$，有

$$R_BB-p(x_1+x_2)\left(\frac{B}{2}+\frac{x_1+x_2}{2}-x_1\right)=0 \tag{5-64}$$

根据上式可以得到

$$R_B=\frac{p(x_1+x_2)(B+x_2-x_1)}{2B} \tag{5-65}$$

根据竖向的力学平衡，可以得到

$$R_A+R_B=p(x_1+x_2) \tag{5-66}$$

所以

$$R_A=p(x_1+x_2)-\frac{p(x_1+x_2)(B+x_2-x_1)}{2B}=\frac{p(x_1+x_2)(B-x_2+x_1)}{2B} \tag{5-67}$$

然后，松动区在拱顶时钢拱局部受力分析如图 5-22 所示。

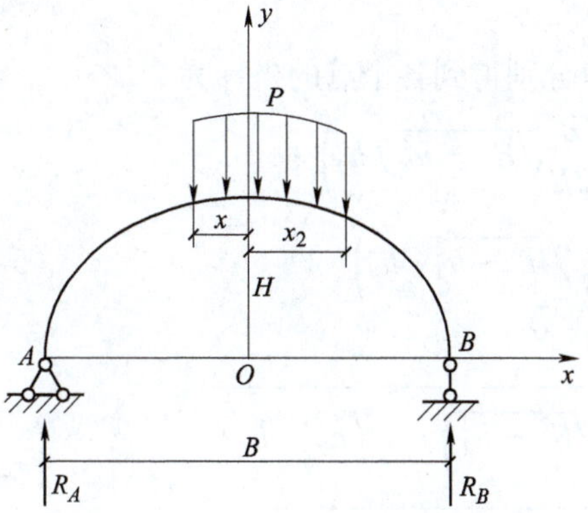

图 5-21　松动荷载完全在拱顶时钢拱架在隧道中的受力图

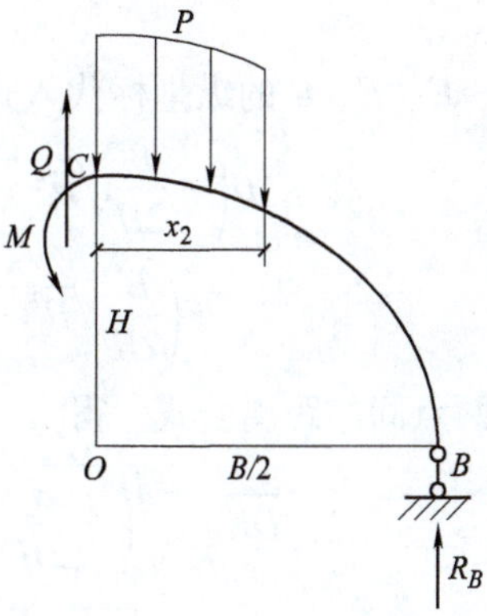

图 5-22　松动区在拱顶时钢拱局部受力分析

根据竖向的受力平衡，可以求出断面上的剪力为

$$Q = px_2 - R_B = px_2 - \frac{p(x_1 + x_2)(B + x_2 - x_1)}{2B} = \frac{p(x_2 - x_1)(B - x_2 - x_1)}{2B} \tag{5-68}$$

根据力矩平衡，对 C 点的弯矩为零，$\Sigma M_C = 0$

即

$$\frac{1}{2}R_B + M - \frac{1}{2}px_2^2 = 0 \tag{5-69}$$

可以求得截面上的弯矩为

$$M = p\frac{x_1^2 + x_2^2 - B(x_1 + x_2)}{4} \tag{5-70}$$

5.4.3 在洞顶和两侧壁均有破碎岩体的情况

在隧道的建设过程中，破碎岩体的分布位置往往是随机的，可能在洞顶出现，也有可能在两侧壁上出现。对洞顶和两侧壁均有破碎岩体的复杂情况进行简化，按荷载垂直作用在钢拱架边界上，得到如图 5-23 所示的洞顶和两侧壁均有破碎岩体时钢拱架的受力图。

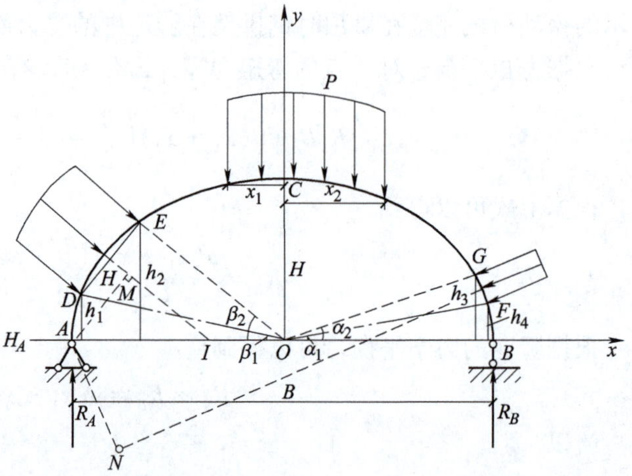

图 5-23 洞顶和两侧壁均有破碎岩体时钢拱架的受力图

建立坐标系，得到隧道轮廓的曲线方程为

$$\frac{x^2}{\left(\frac{B}{2}\right)^2} + \frac{y^2}{H^2} = 1 \tag{5-71}$$

从上式曲线方程中可以求出

$$x = \pm\frac{B}{2H}\sqrt{H^2 - y^2} \tag{5-72}$$

将 D、E、F、G 的纵坐标代入式（5-72），可以分别得到各个点的坐标为

$$D\left(-\frac{B}{2H}\sqrt{H^2 - h_1^2},\ h_1\right);E\left(-\frac{B}{2H}\sqrt{H^2 - h_2^2},\ h_2\right);$$

$$F\left(\frac{B}{2H}\sqrt{H^2 - h_3^2},\ h_3\right);G\left(\frac{B}{2H}\sqrt{H^2 - h_4^2},\ h_4\right) \tag{5-73}$$

根据两点间的距离公式，得

$$\begin{aligned}\overline{DE} &= \sqrt{\left(-\frac{B}{2H}\sqrt{H^2 - h_2^2} + \frac{B}{2H}\sqrt{H^2 - h_1^2}\right)^2 + (h_2 - h_1)^2} \\ &= \sqrt{\frac{B^2}{4H^2}\left(\sqrt{H^2 - h_1^2} - \sqrt{H^2 - h_2^2}\right)^2 + (h_2 - h_1)^2}\end{aligned} \tag{5-74}$$

$$\overline{FG} = \sqrt{\frac{B^2}{4H^2}\left(\sqrt{H^2 - h_4^2} - \sqrt{H^2 - h_3^2}\right)^2 + (h_4 - h_3)^2} \tag{5-75}$$

将隧道曲线转换为极坐标方程

$$\begin{cases} x = \dfrac{B}{2}\cos\alpha \\ y = H\sin\alpha \end{cases} \tag{5-76}$$

将 F 点坐标代入上式，可得

$$\alpha_1 = \arcsin\frac{h_4}{H} \tag{5-77}$$

同理可以得到

$$\alpha_2 = \arcsin\frac{h_3}{H};\beta_1 = \arcsin\frac{h_1}{H};\beta_2 = \arcsin\frac{h_2}{H} \tag{5-78}$$

用 s_1 表示弧 FG，s_2 表示弧长 DE，则

$$FG = s_1 = \int_{\alpha_1}^{\alpha_2}\sqrt{\left(\frac{B}{2}\sin\alpha\right)^2 + (H\cos\alpha)^2}\,\mathrm{d}\alpha = \int_{\arcsin\frac{h_4}{H}}^{\arcsin\frac{h_3}{H}}\sqrt{\left(\frac{B}{2}\sin\alpha\right)^2 + (H\cos\alpha)^2} \tag{5-79}$$

$$DE = s_2 = \int_{\beta_1}^{\beta_2}\sqrt{\left(\frac{B}{2}\sin\alpha\right)^2 + (H\cos\alpha)^2}\,\mathrm{d}\alpha = \int_{\arcsin\frac{h_1}{H}}^{\arcsin\frac{h_2}{H}}\sqrt{\left(\frac{B}{2}\sin\alpha\right)^2 + (H\cos\alpha)^2} \tag{5-80}$$

根据水平方向受力平衡，得到

$$ps_1\frac{h_2 - h_1}{\overline{DE}} - H_A - ps_2\frac{h_2 - h_1}{\overline{FG}} = 0 \tag{5-81}$$

解上式，得到

$$H_A = p\left(\frac{s_1}{\overline{DE}} - \frac{s_2}{\overline{FG}}\right)(h_2 - h_1) \tag{5-82}$$

将式（5-74）、式（5-75）、式（5-79）、式（5-80）代入上式可以得到

$$H_A = p(h_2 - h_1)\cdot$$

$$\left(\frac{\int_{\arcsin\frac{h_4}{H}}^{\arcsin\frac{h_3}{H}}\sqrt{\left(\frac{B}{2}\sin\alpha\right)^2 + (H\cos\alpha)^2}\,\mathrm{d}\alpha}{\sqrt{\frac{B^2}{4H^2}\left(\sqrt{H^2 - h_1^2} - \sqrt{H^2 - h_2^2}\right)^2 + (h_2 - h_1)^2}} - \frac{\int_{\arcsin\frac{h_1}{H}}^{\arcsin\frac{h_2}{H}}\sqrt{\left(\frac{B}{2}\sin\alpha\right)^2 + (H\cos\alpha)^2}\,\mathrm{d}\alpha}{\sqrt{\frac{B^2}{4H^2}\left(\sqrt{H^2 - h_4^2} - \sqrt{H^2 - h_3^2}\right)^2 + (h_4 - h_3)^2}}\right) \tag{5-83}$$

根据竖向受力平衡，得

$$R_A + R_B - p(x_1 + x_2) - ps_1\frac{\frac{B}{2H}\left(\sqrt{H^2 - h_1^2} - \sqrt{H^2 - h_2^2}\right)}{\overline{DE}} - ps_2\frac{\frac{B}{2H}\left(\sqrt{H^2 - h_4^2} - \sqrt{H^2 - h_3^2}\right)}{\overline{FG}} \tag{5-84}$$

线段 DE 的中点坐标为

$$H\left(\frac{x_D + x_E}{2}, \frac{y_D + y_E}{2}\right) \tag{5-85}$$

将 D、E 点的坐标代入，得 H 点坐标为

$$\left(-\frac{B}{4H}\sqrt{H^2-h_1^2}+\sqrt{H^2-h_2^2},\ \frac{h_1+h_2}{2}\right) \tag{5-86}$$

线段 DE 的斜率为

$$k_{DE}=\frac{y_E-y_D}{x_E-x_D} \tag{5-87}$$

直线 HI 的方程为

$$x+k_{DE}y-k_{DE}y_H-x_H=0 \tag{5-88}$$

所以，A 点到直线 HI 的距离为

$$\begin{aligned}
\overline{AM}&=\frac{\left|-\frac{B}{2}-y_Hk_{DE}-x_H\right|}{\sqrt{1+k_{DE}^2}}\\
&=\frac{\left|-\frac{B}{2}-\frac{h_1+h_2}{2}\frac{h_2-h_1}{\frac{B}{2H}\left(\sqrt{H^2-h_2^2}-\sqrt{H^2-h_1^2}\right)}+\frac{B}{4H}\left(\sqrt{H^2-h_2^2}-\sqrt{H^2-h_1^2}\right)\right|}{\sqrt{1+\left[\frac{h_2-h_1}{\frac{B}{2H}\left(\sqrt{H^2-h_2^2}-\sqrt{H^2-h_1^2}\right)}\right]^2}}\\
&=\frac{\left|-\frac{B}{2}-\frac{H(h_2^2-h_1^2)}{B\left(\sqrt{H^2-h_2^2}-\sqrt{H^2-h_1^2}\right)}+\frac{B}{4H}\left(\sqrt{H^2-h_2^2}-\sqrt{H^2-h_1^2}\right)\right|}{\sqrt{1+\left[\frac{4H^2(h_2-h_1)^2}{B^2\left(\sqrt{H^2-h_2^2}-\sqrt{H^2-h_1^2}\right)}\right]^2}}
\end{aligned} \tag{5-89}$$

线段 GF 的中点坐标为

$$J\left(\frac{x_G+x_F}{2},\ \frac{y_G+y_F}{2}\right) \tag{5-90}$$

即
$$\left[\frac{B}{4H}\left(\sqrt{H^2-h_3^2}+\sqrt{H^2-h_4^2}\right),\frac{h_3+h_4}{2}\right] \tag{5-91}$$

线段 GF 的斜率为

$$k_{GF}=\frac{y_F-y_G}{x_F-x_G} \tag{5-92}$$

直线 NJ 的方程为

$$x+k_{GF}y-k_{GF}y_J-x_J=0 \tag{5-93}$$

所以，A 点到直线 NJ 的距离为

$$\overline{AN}=\frac{\left|-\frac{B}{2}-y_Jk_{GF}-x_J\right|}{\sqrt{1+k_{GF}^2}}$$

$$=\frac{\left|-\frac{B}{2}-\frac{H(h_4-h_3)}{B(\sqrt{H^2-h_4^2}-\sqrt{H^2-h_3^2})}+\frac{B}{4H}(\sqrt{H^2-h_4^2}+\sqrt{H^2-h_3^2})\right|}{\sqrt{1+\frac{4H^2(h_4-h_3)^2}{B^2(\sqrt{H^2-h_4^2}-\sqrt{H^2-h_3^2})}}} \tag{5-94}$$

根据力矩平衡，对 A 点的弯矩为零，即 $\Sigma M_A=0$，有

$$R_BB-p(x_1+x_2)\left(\frac{B}{2}-x_1+\frac{x_1+x_2}{2}\right)-ps_1\overline{AN}-ps_2\overline{AM}=0 \tag{5-95}$$

可以求得

$$R_B=\frac{p}{B}\left[(x_1+x_2)\left(\frac{B}{2}-x_1+\frac{x_1+x_2}{2}\right)s_1\overline{AN}+s_2\overline{AM}\right] \tag{5-96}$$

将式（5-79）、式（5-80）、式（5-89）、式（5-94）代入上式可求出 R_B。

再根据受力平衡方程（5-95），求得 R_A 为

$$R_A=p(x_1+x_2)+ps_1\frac{\frac{B}{2H}(\sqrt{H^2-h_1^2}-\sqrt{H^2-h_2^2})}{\overline{DE}}+ps_2\frac{\frac{B}{2H}(\sqrt{H^2-h_4^2}-\sqrt{H^2-h_3^2})}{\overline{DE}}-R_B \tag{5-97}$$

将式（5-79）、式（5-80）、式（5-81）、式（5-96）代入上式可求出 R_A。

然后对洞顶和两侧壁均有破碎岩体时钢拱架进行局部受力分析得（图 5-24）。

$$ps_1\frac{h_2-h_1}{\overline{DE}}-H_A+N=0 \tag{5-98}$$

可求出轴力 $N=H_A-ps_1\frac{h_2-h_1}{\overline{DE}}$　(5-99)

根据竖向受力平衡，得

$$R_A+Q-px_1-ps_1\frac{\frac{B}{2H}(\sqrt{H_2-h_1^2}-\sqrt{H_2-h_2^2})}{\overline{DE}}-R_A \tag{5-100}$$

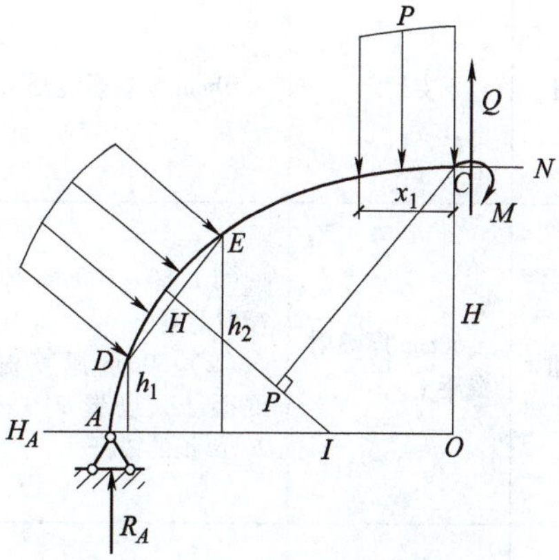

图 5-24　洞顶和两侧壁均有破碎岩体时钢拱架的局部受力分析图

可以求出剪力为

$$Q=px_1+ps_1\frac{\frac{B}{2H}(\sqrt{H_2-h_1^2}-\sqrt{H_2-h_2^2})}{\overline{DE}}-R_A \tag{5-101}$$

C 点到直线 HI 的距离为

$$\overline{CP}=\frac{|k_{DE}H-k_{DE}y_H-x_H|}{\sqrt{1+k_{DE}^2}} \tag{5-102}$$

根据力矩平衡，对 C 点的弯矩为零，$\Sigma M_C=0$，有

$$p\frac{x_1^2}{2}+ps_2\overline{AN}-M-R_A\frac{B}{2}-H_AH=0 \tag{5-103}$$

可以求出洞顶界面上的弯矩为

$$M=p\frac{x_1^2}{2}+ps_2\overline{AN}-R_A\frac{B}{2}-H_AH \tag{5-104}$$

将式（5-79）、式（5-80）、式（5-94）、式（5-97）代入上式，即可求得钢拱架的弯矩 M。

5.5 工程类比法

工程类比法发展最早，也是当前喷锚支护设计中应用最广泛的方法，该法是在编制围岩分类表的基础上，结合拟建工程的围岩级别与工程尺寸等条件，比照已有类似工程的经验，直接确定喷锚支护参数与施工方法。工程类比法与设计者的实践经验关系很大，此外，工程类比通常要涉及地质和工程多方面的因素，所以进行严格的类比也是比较困难的。尽管如此，这种方法仍然是目前主要的和实用的设计方法。

喷锚支护初步设计阶段，可根据地质勘察资料初步确定围岩级别。再按表 5-2 中的规定，确定隧洞的喷锚支护类型、设计参数及适宜的支护时间。

表 5-2 混凝土喷射厚度

围岩级别	$B\leqslant5$m	5m<$B\leqslant$10m	10m<$B\leqslant$15m	15m<$B\leqslant$20m	20m<$B\leqslant$25m
Ⅰ	不支护	50mm 厚喷射混凝土	（1）80~100mm 厚喷射混凝土 （2）50mm 厚喷射混凝土，设置 2.0~2.5m 长的锚杆	100~150mm 厚喷射混凝土，设置 2.5~3.0m 长的锚杆，必要时配置钢筋网	120~150mm 厚喷射混凝土，设置 3.0~4.0m 长的锚杆
Ⅱ	50mm 厚喷射混凝土	（1）80~100mm 厚喷射混凝土 （2）50mm 厚喷射混凝土，设置 2.0~2.5m 长的锚杆	（1）120~150mm 厚喷射混凝土，必要时配置钢筋网 （2）80~120mm 厚喷射混凝土，设置 2.0~4.0m 长的锚杆，必要时配置钢筋网	120~150mm 厚喷射混凝土，设置 4.0~5.0m 长的锚杆	150~200mm 厚喷射混凝土，设置 5.0~6.0m 长的锚杆，必要时设置长度大于 6.0m 的预应力或非预应力锚杆
Ⅲ	（1）80~100mm 厚喷射混凝土 （2）50mm 厚喷射混凝土，设 1.5~2.0m 长的锚杆	（1）120~150mm 厚喷射混凝土，必要时配置钢筋网 （2）80~100mm 厚喷射混凝土，设置 2.5~2.5m 长的锚杆，必要时配置钢筋网	100~150mm 厚喷射混凝土，设置 4.0~5.0m 长的锚杆	150~200mm 厚钢筋喷射混凝土，设置 4.0~5.0m 长的锚杆，必要时设置长度大于 5.0m 的预应力或非预应力锚杆	

（续）

围岩级别	$B\leqslant5m$	$5m<B\leqslant10m$	$10m<B\leqslant15m$	$15m<B\leqslant20m$	$20m<B\leqslant25m$
Ⅳ	80～100mm厚喷射混凝土，设置1.5～2.0m长的锚杆	100～150mm厚喷射混凝土，设置2.5～2.5m长的锚杆，必要时采用仰拱	150～200mm厚喷射混凝土，设置4.0～5.0m长的锚杆，必要时采用仰拱，并设置长度大于4.0m的锚杆	—	—
Ⅴ	120～150mm厚喷射混凝土，设置1.5～2.0m长的锚杆，必要时采用仰拱	150～200mm厚钢筋网喷射混凝土，设置2.0～4.0m长的锚杆，采用仰拱，必要时架设钢架	—	—	—

注：1. 表中的支护类型和参数可用于隧洞和倾角小于30°的斜井的永久支护。包括初期支护与后期支护的类型和参数。

2. 服务年限小于10年及洞跨小于4.5m的隧洞和斜井，可根据工程具体情况适当减小表中的支护参数。

3. 复合衬砌的隧洞和斜井易失稳的一侧边墙和缓倾斜岩层中的隧洞或斜井顶部，应采用表中第（2）种支护类型和参数，其他情况下，两种支护类型和参数均可使用。

4. 陡倾斜岩层中的隧洞和斜井易失稳的一侧边墙和缓倾斜岩层中的隧洞或斜井顶部，应采用表中第（2）种支护类型和参数，其他情况下，两种支护类型和参数均可使用。

5. 对于跨度大于15.0m侧边墙，应进行稳定性验算，并根据验算结果确定喷锚支护参数。

我国铁路部门根据隧道围岩分级，以及隧道周边不同部位，并参照有关资料，对隧道系统锚杆的长度、间距及密度等参数进行了规定，见表5-3。我国JTG 3370.1—2018《公路隧道设计规范第一册　土建工程》对公路隧道设计规范锚杆参数进行了规定，见表5-4。

表5-3　隧道系统锚杆参数

围岩级别	部位	单线隧道				双线隧道			
		长度/m	根数（根）	间距/m	密度（根/m^2）	长度/m	根数（根）	间距/m	密度（根/m^2）
Ⅰ	—	—	—	—	—	—	—	—	—
Ⅱ	拱部	2	0～6	1.5	0.6	2	0～10	1.5	0.6
Ⅲ	拱与边墙	2	14	1.2	0.9	2	16	1.2	0.9
Ⅳ	拱与边墙	3	16	1.0	1～3	3	20	1.0	1.3
Ⅴ	拱与边墙	3	18	0.8～1.0	2.0	3	22	0.8～1.0	2.0
Ⅵ	拱与边墙	3	20	0.6～0.8	4.6	3	24	0.6～0.8	4.0

表5-4　公路隧道设计规范锚杆参数

围岩级别	部位	两车道隧道			三车道隧道		
		仰拱	间距/m	长度/m	仰拱	间距/m	长度/m
Ⅰ	局部	—	—	2.0～3.0	—	—	2.5～3.5
Ⅱ	局部	—	—	2.0～3.0	—	—	2.5～3.5

（续）

围岩级别	部位	两车道隧道			三车道隧道		
		仰拱	间距/m	长度/m	仰拱	间距/m	长度/m
Ⅲ	拱与边墙	—	1.0~1.5	2.0~3.0	—	1.0~1.5	2.5~3.5
Ⅳ	拱与边墙	—	1.0~1.2	2.5~3.0	—	0.8~1.0	3.0~3.5
Ⅴ	拱与边墙	—	0.8~1.2	3.0~3.5	—	0.5~1.0	3.5~4.0
Ⅵ	通过试验、计算确定						

锚杆的布置一般可分为局部锚杆和系统锚杆两种布置形式。在硬质岩中，由于岩层倾斜或呈水平状，拱顶部位容易产生受拉区，这种情况常用锚杆局部加固。这样锚杆的布置往往是不规则的，一般根据节理或裂隙的性状，以加固或悬吊松动块体围岩为主要目的，锚杆的方向按实际需要进行布置。

系统锚杆是沿隧道开挖周边纵横方向规则布置，其目的是将锚杆群系统地深入岩层内部，改善围岩的力学性能，限制变形，增强其稳定性，以充分利用围岩的自承能力。系统锚杆多用于软岩或节理裂隙发育的破碎岩体中。其布置方式有矩形和梅花形两种。系统锚杆布置方式如图 5-25 所示。

工程实践表明，矩形布置的系统锚杆在围岩中所产生的压缩带往往是不连续的。若要使其连续，必须加密锚杆，缩小间距，结果很不经济；而梅花形布置的系统锚杆在围岩中能够形成连续性较好的压缩带。因此在实际工程中系统锚杆的布置多以梅花形布置为主。

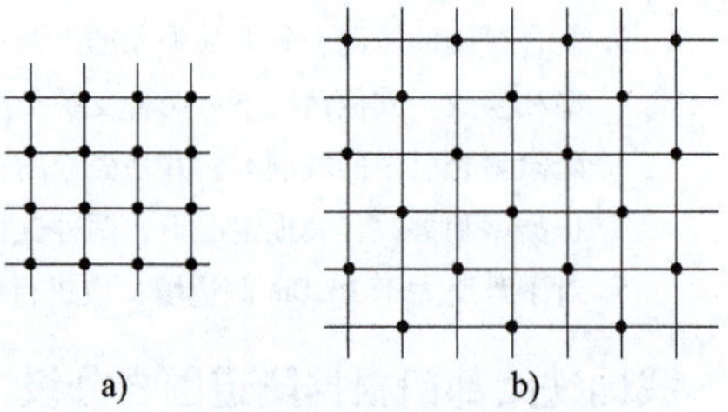

图 5-25　系统锚杆布置方式

a）矩形　b）梅花形

系统锚杆的密度应根据岩层性质、裂隙发育状况来确定。一般沿隧道断面周边布置，纵横间距视地质条件不同约为0.6~1.5m，其密度约为0. 6~4. 6根/m^2。

复习思考题

1. 什么是喷锚支护？喷锚支护的设计原则是什么？
2. 喷锚支护的特点、组成及力学机理是什么？
3. 如何确定喷锚支护锚杆的间距？
4. 如何确定喷锚支护喷层的厚度？

第 6 章　隧道结构理论与计算

本章提要： 阐述隧道结构计算模型、隧道荷载；阐述半衬砌、曲墙式衬砌和直墙式衬砌的结构内力计算原理及方法；介绍了衬砌截面强度验算的方法。曲墙式衬砌结构内力计算是学习的重点和难点，衬砌截面强度验算是学习的重点。

6.1　衬砌结构理论计算模型

6.1.1　衬砌结构理论发展过程

隧道建筑虽然历史悠久，但其结构计算理论的形成却较晚。从现有资料看，最初的计算理论形成于 19 世纪。其后，建筑材料、施工技术、量测技术的发展，促进了该计算理论的逐步发展。

最初的隧道衬砌使用砖石材料，其结构形式通常为拱形。由于砖石以及砂浆材料的抗拉强度远低于抗压强度，所以采用的截面厚度常常很大，使得其结构变形很小，可以忽略不计。因为构件的刚度很大，故将其视为刚性体。计算时按静力学原理确定其承载时的压力线位置验算结构强度。

在 19 世纪末，混凝土已经是广泛使用的建筑材料，它具有整体性好、可以在现场根据需要进行模筑等特点。这时，隧道衬砌结构是作为超静定弹性拱计算的，仅考虑作用在衬砌上的围岩压力，而未将围岩的弹性抗力计算在内，忽视了围岩对衬砌的约束作用。由于把衬砌视为自由变形的弹性结构，因而通过计算得到的衬砌结构厚度很大，浪费材料。大量的隧道工程实践表明，衬砌厚度可以减小，因此后来上述两种计算方法不再使用了。

进入 20 世纪后，通过长期观测，人们发现围岩不仅对衬砌施加压力，还约束着衬砌的变形。围岩对衬砌变形的约束，对改善衬砌结构的受力状态有利，不可忽略。衬砌在受力过程中变形，一部分结构有离开围岩形成脱离区的趋势，另一部分压紧围岩形成抗力区，如图 6-1 所示。在抗力区内，约束着衬砌变形的围岩相应地产生被动抵抗力，即弹性抗力。抗力区的范围和弹性抗力的大小因围岩性质、围岩压力大小和结构变形的不同而不同。但是对这个问题，人们有不同的见解，即局部变形理论和共同变形理论。

局部变形理论是以文克尔（Winker）假定为基础的。它认为应力（σ_i）和变形（δ_i）

之间呈线性关系，即 $\sigma_i = k\delta_i$，k 为围岩弹性抗力系数，围岩与变形的关系如图 6-2a 所示。这一假定相当于认为围岩是一组各自独立的弹簧，每个弹簧表示一个小岩柱。然而实际的弹性体变形是互相影响的，施加于一点的荷载会引起整个弹性体表面的变形，即共同变形，如图 6-2b 所示。但文克尔假定能反映衬砌的应力与变形的主要因素，且计算简便实用，可以满足工程设计的需要。应当指出，弹性抗力系数并非常数，它取决于很多因素，如围岩的性质、衬砌的形状和尺寸以及荷载类型等。不过对于深埋隧道，可以视为常数。

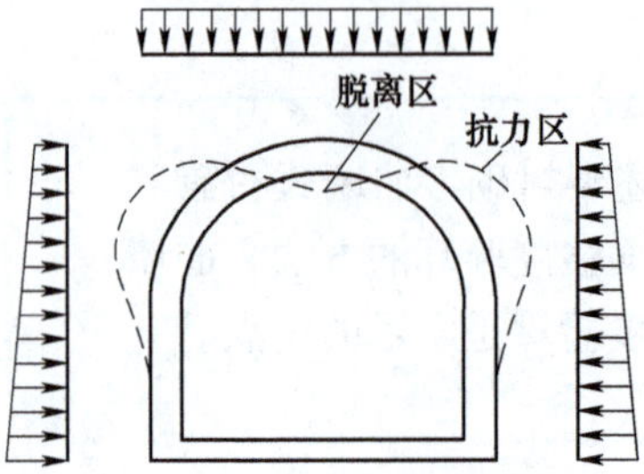

图 6-1　脱离区和抗力区

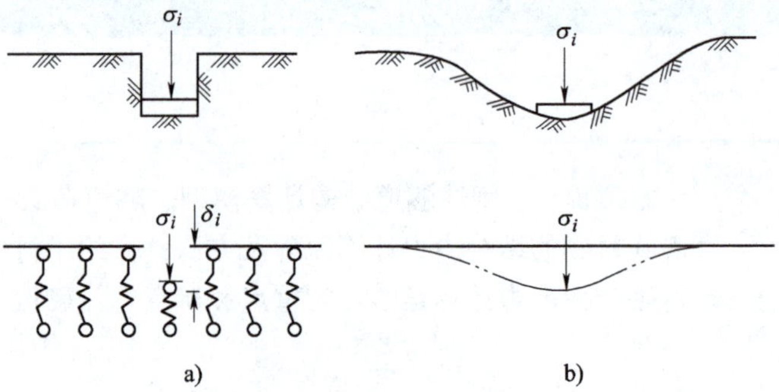

图 6-2　围岩与变形的关系

a）独立的弹簧　b）联合的弹簧

共同变形理论把围岩视为弹性半无限体，考虑相邻质点之间变形的相互影响。它用纵向变形系数 E 和横向变形系数 μ 表示地层特征，并考虑内聚力 c 和内摩擦角 φ 的影响。但这种方法所需围岩物理力学参数较多，而且计算颇为繁杂，计算模型也有严重缺陷，还假定施工过程中对围岩不产生扰动等，更是与实际情况不符，因而我国很少采用。

6.1.2　理论计算模型

国际隧道协会在 1987 年成立了隧道结构设计模型研究组，收集和汇总了一些国家采用的地下结构设计方法，见表 6-1。经过总结，国际隧道协会认为，当时采用的地下结构设计方法可以归纳为以下 4 种：

1）以参照过去隧道工程实践经验进行工程类比为主的经验设计法。

2）以现场量测和实验室试验为主的实用设计方法，如以洞周位移量测值为根据的收敛约束法。

3）作用与反作用模型，即荷载-结构模型，如弹性地基圆环计算和弹性地基框架计算等计算法。

4）连续介质模型，包括解析法和数值法。数值计算法主要是有限单元法。

表 6-1　一些国家采用的地下结构设计方法

国家	盾构开挖的软土质隧道	喷锚钢支撑的软土质隧道	中硬石质深埋隧道
奥地利	弹性地基圆环	弹性地基圆环、有限元法、收敛-约束法	经验法

（续）

国家	盾构开挖的软土质隧道	喷锚钢支撑的软土质隧道	中硬石质深埋隧道
德国	覆盖层厚<2B，顶部无约束的弹性地基圆环；覆盖层厚>3B，全支撑弹性地基圆环、有限元法	覆盖层厚<2B，顶部无约束的弹性地基圆环；覆盖层厚>3B，全支撑弹性地基圆环、有限元法	全支撑弹性地基圆环、有限元连续介质或收敛-约束法
法国	弹性地基圆环有限元法	有限元法、作用-反作用模型、经验法	连续介质模型、收敛-约束法、经验法
日本	局部支撑弹性地基圆环	初期支护：有限元法、经验加测试有限元法	弹性地基框架、有限元法、特性曲线法
中国	自由变形或弹性地基圆环	初期支护：有限元法、收敛-约束法 二期支护：弹性地基圆环	初期支护：经验法永久支护、作用-反作用模型（大型洞室）、有限元法
瑞士	—	作用-反作用模型	有限元法，有时用收敛-约束法
英国	弹性地基圆环缪尔伍德法	收敛-约束法、经验法	有限元法、收敛-约束法、经验法
美国	弹性地基圆环	弹性地基圆环、作用-反作用模型	弹性地基圆环有限元法、锚杆经验法

注：B 为隧道宽度。

从各国的地下结构设计实践看，在设计隧道的结构体系时，主要采用两类计算模型：一类是以支护结构作为承载主体，围岩作为荷载同时考虑其对支护结构的变形约束作用的模型；另一类则相反，视围岩为承载主体，支护结构则为约束围岩变形的模型。

第一类模型又称为传统的结构力学模型，它将支护结构和围岩分开来考虑，支护结构是承载主体，围岩作为荷载的来源和支护结构的弹性支撑，故又可称为荷载-结构模型。在这类模型中，隧道支护结构与围岩的相互作用是通过弹性支撑对支护结构施加约束来体现的，而围岩的承载能力则在确定围岩压力和弹性支撑的约束能力时间接地考虑。围岩的承载能力越高，它给予支护结构的压力越小，弹性支撑约束支护结构变形的抗力越大，相对来说，支护结构所起的作用就变小了。这一类计算模型主要适用于围岩因过分变形而发生松弛和崩塌，支护结构主动承担围岩松动压力的情况。因此，利用这类模型进行隧道支护结构设计的关键问题是如何确定作用在支护结构上的主动荷载，其中最主要的是围岩所产生的松动压力，以及弹性支撑给支护结构的弹性抗力。一旦上述问题解决了，剩下的就只是运用普通结构力学方法求出超静定体系的内力和位移了。属于这一类模型的计算方法有：弹性连续框架（含拱形）法、假定抗力法和弹性地基梁（含曲梁和圆环）法等都可归属于荷载-结构模型法。当软弱地层对结构变形的约束能力较差时（或衬砌与地层间的空隙回填，灌浆不密实时），地下结构内力计算常用弹性连续框架法；反之，可用假定抗力法或弹性地基梁法。弹性连续框架法即进行地面结构内力计算时的力法与变形法。假定抗力法和弹性地基梁法则已形成一些经典计算方法。由于这个模型概念清晰，计算简便，易于被工程师们所接受，所以至今仍很通用，尤其是对模筑衬砌。

第二类模型又称为岩体力学模型。它是将支护结构与围岩视为一体，作为共同承载的隧道结构体系，故又称为围岩-结构模型或复合整体模型。在这个模型中，围岩是直接的承载单元，支护结构只是用来约束和限制围岩的变形，这一点正好和第一类模型相反。复合整体模型是目前隧道结构体系设计中力求采用并正在发展的模型，因为它符合当前的施工技术水平。在围岩-结构模型中可以考虑各种几何形状，围岩和支护材料的非线性特性，开挖面空间效应所形成的三维状态，以及地质中不连续面等。应用这个模型时，有些问题可以用解析法求解，或用收敛-约束法图解，但部分问题，因数学上的困难必须依赖数值方法，尤其是有限单元法。利用这个模型进行隧道结构体系设计的关键问题是如何确定围岩的初始应力场，以及如何表示材料非线性特性的各种参数及其变化情况。一旦这些问题解决了，原则上任何场合都可用有限单元法分析围岩和支护结构应力和位移状态。

6.1.3 荷载类型

围岩压力与结构自重力是隧道结构的基本荷载。对于明洞及明挖法施工的隧道，填土压力与结构自重力是结构的主要荷载。

JTG 3370.1—2018《公路隧道设计规范》在对隧道结构进行计算时，列出了荷载类型，作用在隧道结构上的荷载见表 6-2，并按其可能出现的最不利组合考虑。其他各种荷载除公路车辆荷载之外，在结构计算时考虑的概率很小，有的也很难被准确地表达与定量，表 6-2 中所列荷载不论考虑的概率大小，力求其全，是为了完整地体现荷载体系，也是为了在结构计算时确定荷载组合的安全系数取值，并与 TB 10003—2016《铁路隧道设计规范》的取值保持一致。

表 6-2 作用在隧道结构上的荷载

编号	荷载类型		荷载名称
1	永久荷载（恒载）		围岩压力
2			土压力
3			结构自重力
4			结构附加恒载
5			混凝土收缩和徐变影响力
6			水压力
7	可变荷载	基本可变荷载	公路车辆荷载，人群荷载
8			立交公路车辆荷载及其所产生的冲击力和土压力
9			立交铁路列车荷载及其所产生的冲击力和土压力
10		其他可变荷载	立交渡槽流水压力
11			温度变化的影响力
12			冻胀力
13			施工荷载
14	偶然荷载		落石冲击力
15			地震力

注：编号 1~10 为主要荷载，编号 11、12、14 为附加荷载，编号 13、15 为特殊荷载。

由于隧道设计中贯彻了“早进晚出”的原则，洞口接长明洞的边坡都不很高，加之落石多为滚落、滑落，或跳跃落下，直接砸落在明洞上者极少。而当遇有大量落石和坠落高度较大的石块，可设法避开或者采取清除危石加固坡面等措施，故一般情况下落石冲击力可不考虑。

当有落石危害需要验算冲击力时，则只计洞顶实际填土重力（不包括塌方堆积土石的重力）和落石冲击力的影响。对于落石冲击力的计算，目前研究还不深入，实测资料也很少，具体设计时可通过现场量测或有关计算进行验证。

设计山岭公路隧道建筑物时，一般不需考虑列车荷载及公路车辆荷载，只有当隧道结构构件承受公路车辆荷载及列车荷载时才按有关规定进行计算。

作用在衬砌上的荷载，按其性质可以分为主动荷载与被动荷载。主动荷载是主动作用于结构，并引起结构变形的荷载；被动荷载是因结构变形压缩围岩而引起的围岩被动抵抗力，即弹性抗力，它对结构变形起限制作用。

主动荷载包括主要荷载（指长期及经常作用的荷载，如围岩压力、回填土荷载、衬砌自重、地下静水压力等）和附加荷载（指非经常作用的荷载，如灌浆压力、冻胀压力、混凝土收缩应力、温差应力以及地震力等）。计算荷载应根据这两类荷载同时存在的可能性进行组合，在一般情况下可仅按主要荷载进行计算，特殊情况下才进行必要的组合，并选用相应的安全系数验算结构强度。

被动荷载主要是指围岩的弹性抗力，它只产生在被衬砌压缩的那部分围岩周边。其分布范围和图式一般可按工程类比法假定，通常可简化处理。

6.2　半衬砌计算

拱圈直接支撑在坑道围岩侧壁上时，称为半衬砌，如图 6-3 所示。半衬砌常适用于坚硬和较完整的围岩（Ⅰ~Ⅲ级）中，或用先拱后墙法施工时，在拱圈已做好，但尚未进行马口开挖前，拱圈也处于半衬砌工作状态。

6.2.1　基本结构

道路隧道中的拱圈矢跨比一般不大，在垂直荷载作用下，拱圈向坑道内变形，为自由变形，不产生弹性抗力。由于支撑拱圈的围岩是弹性的，即拱圈支座是弹性的，在拱脚反力的作用下，围岩表面将发生弹性变形，使拱脚产生角位移和线位移。拱脚位移将使拱圈内力发生改变，因而计算中除按固端无铰拱考虑外，还必须考虑拱脚位移的影响。对于拱脚位移，还可以做一些具体分析，使计算图式得到简化。

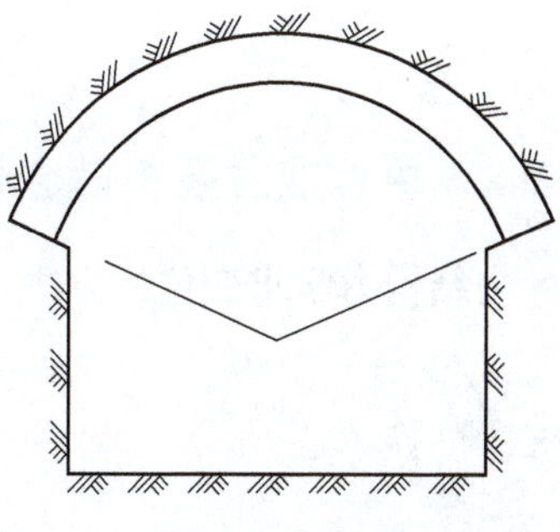

图 6-3　半衬砌

通常，拱脚截面剪力很小，它与围岩之间的摩擦力很大，可以认为拱脚没有沿隧道径向的位移，只有切向位移，所以在计算图式中，在固端支座上用一根径向刚性支撑链杆加以约束，半衬砌基本结构及约束如图 6-4 所示。切向位移可以分解为垂直方向和水平方向两个分位移。在结构对称和荷载对称条件下，两拱脚的位移也是对称的。对称的垂直分位移对拱圈内力不产生影响。拱脚的转角和切向位移的水平分位移是必须考虑的。如图 6-4a 所示为正号方向，即水平分位移向外为正，转角与正弯矩方向相同时为正。

采用力法计算时，将拱圈在拱顶处切开，取基本结构如图 6-4b 所示。固端无铰拱为三次超静定，有三个多余未知力，即弯矩 X_1、轴向力 X_2 和剪力 X_3，结构对称和荷载对称时 $X_3=0$，变成二次超静定结构。按拱顶切开处的截面相对变位为零的条件，可建立如下正则方程

$$\begin{cases} X_1\delta_{11} + X_2\delta_{12} + \Delta_{1p} + \beta_a = 0 \\ X_1\delta_{21} + X_2\delta_{22} + \Delta_{2p} + f\beta_a + u_a = 0 \end{cases} \tag{6-1}$$

式中 δ_{ik}——单位变位，即在基本结构上，当$\overline{X}_k=1$时，在 X_i 方向上所产生的变位；

Δ_{ip}——荷载变位，即基本结构因外荷载作用，在 X_i 方向的变位；

f——拱圈的矢高；

β_a、u_a——拱脚截面的最终转角和水平位移。

如果式（6-1）中的各变位都能求出，则可用结构力学的知识解算出多余未知力 X_1 和 X_2 进而求出拱圈内力。

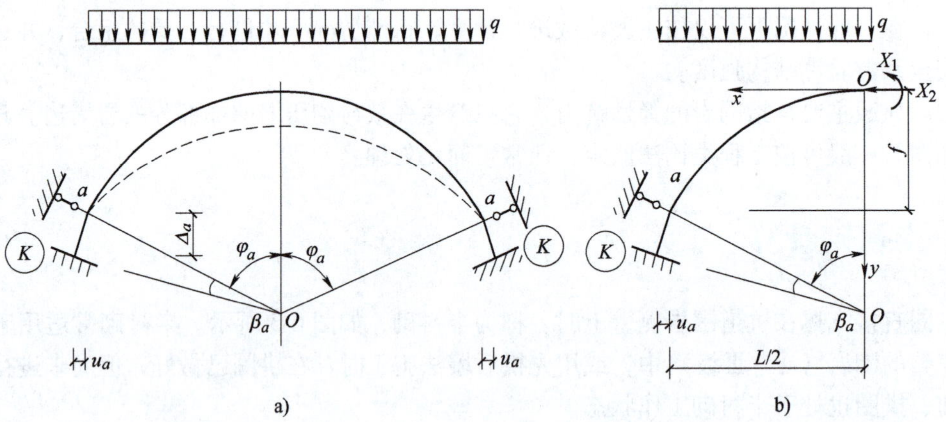

图 6-4　半衬砌基本结构及约束

6.2.2　单位变位及荷载变位

由结构力学求变位的方法（轴向力与剪力影响忽略不计）可知

$$\begin{cases} \delta_{ik} = \int \dfrac{\overline{M}_i\,\overline{M}_k}{EJ}\mathrm{d}s \\ \Delta_{ip} = \int \dfrac{\overline{M}_i M_p^0}{EJ}\mathrm{d}s \end{cases} \tag{6-2}$$

式中 $\overline{M}_i$——基本结构在$\overline{X}_i=1$作用下所产生的弯矩；

$\overline{M}_k$——基本结构在$\overline{X}_k=1$作用下所产生的弯矩；

M_p^0——基本结构在外荷载作用下所产生的弯矩；

EJ——结构的刚度。

在进行具体计算时，由于结构对称、荷载对称，只需计算半个拱圈。在很多情况下，衬砌厚度是改变的，给积分带来不便，这时可将拱圈分成偶数段，用抛物线近似积分法代替，

式（6-2）可以改写为

$$\begin{cases}\delta_{ik} \approx \dfrac{\Delta S}{E}\sum \dfrac{\overline{M_i}M_k}{J} \\ \Delta_{ip} \approx \dfrac{\Delta S}{E}\sum \dfrac{\overline{M_i}M_p^0}{EJ}\end{cases} \tag{6-3}$$

利用式（6-3），参照图 6-5 容易求得下列变位

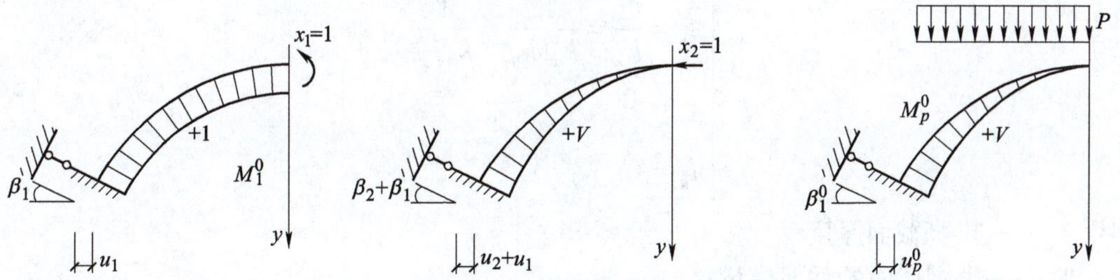

图 6-5　单位荷载和外荷载作用下的内力图

$$\begin{cases}\delta_{11} \approx \dfrac{\Delta S}{E}\sum \dfrac{1}{J} \\ \delta_{12} \approx \dfrac{\Delta S}{E}\sum \dfrac{y}{J} \\ \delta_{22} \approx \dfrac{\Delta S}{E}\sum \dfrac{y^2}{J} \\ \Delta_{1p} \approx \dfrac{\Delta S}{E}\sum \dfrac{M_p^0}{EJ} \\ \Delta_{2p} \approx \dfrac{\Delta S}{E}\sum \dfrac{yM_p^0}{EJ}\end{cases} \tag{6-4}$$

式中　ΔS——半拱弧长 n 等分后的每段弧长。

计算表明，当拱厚 $d<\dfrac{L}{10}$（L 为拱的跨度）时，曲率和剪力的影响可以略去。当矢跨比 $\dfrac{f}{L}>\dfrac{1}{3}$时，轴向力影响可以略去。

6.2.3　拱脚位移

1. 单位力矩作用时

单位力矩作用在拱脚围岩上时，拱脚截面绕中心点 a 转过一个角度 $\overline{\beta}_1$。拱脚截面在单位力矩下的变位关系如图 6-6 所示，拱脚截面仍保持为平面，其内（外）缘处围岩的最大应力 σ_1 和拱脚内（外）缘的最大沉陷δ_1 为

$$
\begin{cases}
\sigma_1 = \dfrac{\overline{M}_a}{W_a} = \dfrac{6}{bh_a^2} \\[2ex]
\delta_1 = \dfrac{\sigma_1}{k_1} = \dfrac{6}{k_a b h_a^2}
\end{cases}
\tag{6-5}
$$

拱脚截面绕中心点 a 转过一个角度 $\overline{\beta}_1$，点 a 不产生水平位移，则有

$$
\begin{cases}
\overline{\beta}_1 = \dfrac{\delta_1}{\dfrac{h_a}{2}} = \dfrac{12}{k_a b h_a} = \dfrac{1}{k_a J_a} \\[2ex]
\overline{u}_a = 0
\end{cases}
\tag{6-6}
$$

式中　h_a——拱脚截面厚度；

W_a——拱脚截面的截面模量；

k_a——拱脚围岩基底弹性抗力系数；

J_a——拱脚截面惯性矩；

b——拱脚截面纵向单位宽度，取 $b=1\text{m}$。

2. 单位水平力作用时

单位水平力可以分解为轴向分力（$1\times\cos\varphi_a$）和切向分力（$1\times\sin\varphi_a$），计算时只需考虑轴向分力的影响。拱脚截面在单位轴向力下的变位关系如图 6-7 所示。作用在围岩表面的均布应力 σ_2 和拱脚产生的均匀沉陷 δ_2 为

$$
\begin{cases}
\sigma_2 = \dfrac{\cos\varphi_a}{bh_a} \\[2ex]
\delta_2 = \dfrac{\sigma_a}{k_a} = \dfrac{\cos\varphi_a}{k_a b h_a}
\end{cases}
\tag{6-7}
$$

δ_2 的水平投影即点 a 的水平位移 u_2，均匀沉陷时拱脚截面不发生转动，则有

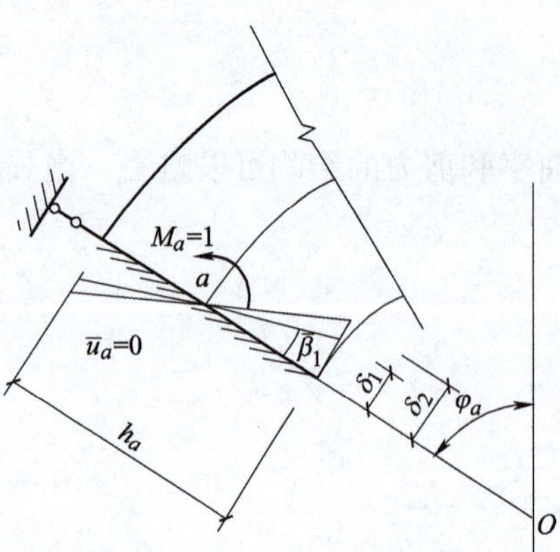

图 6-6　拱脚截面在单位力矩下的变位关系

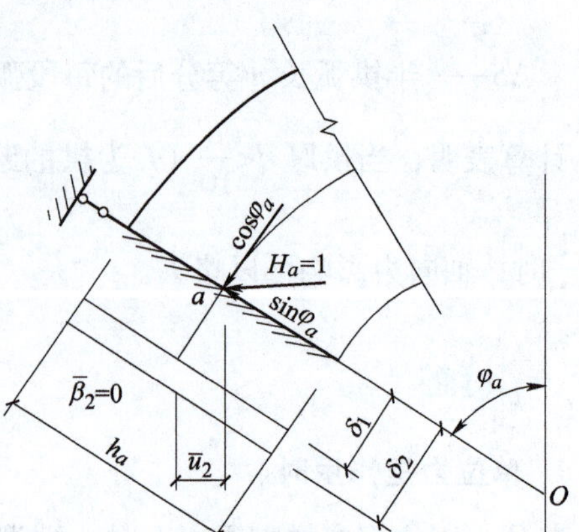

图 6-7　拱脚截面在单位轴向力下的变位关系

$$\begin{cases}\bar{u}_2 = \delta_2\cos\varphi_a = \dfrac{\cos^2\varphi_a}{k_a b h_a} \\ \bar{\beta}_2 = 0\end{cases} \tag{6-8}$$

3. 外荷载作用时

在外荷载作用下，基本结构中拱脚 a 点处产生弯矩 M_{ap}^0 和轴向力 N_{ap}^0。外荷载下拱脚截面的变位关系如图 6-8 所示。拱脚截面的转角 β_{ap}^0 和水平位移 u_{ap}^0 为

$$\begin{cases}\beta_{ap}^0 = M_{ap}^0\,\bar{\beta}_1 + H_{ap}^0\,\bar{\beta}_2 = M_{ap}^0\,\bar{\beta}_1 \\ u_{ap}^0 = M_{ap}^0\,\bar{u}_1 + H_{ap}^0\,\bar{u}_2 = N_{ap}^0\dfrac{\cos\varphi_a}{k_a b h_a}\end{cases} \tag{6-9}$$

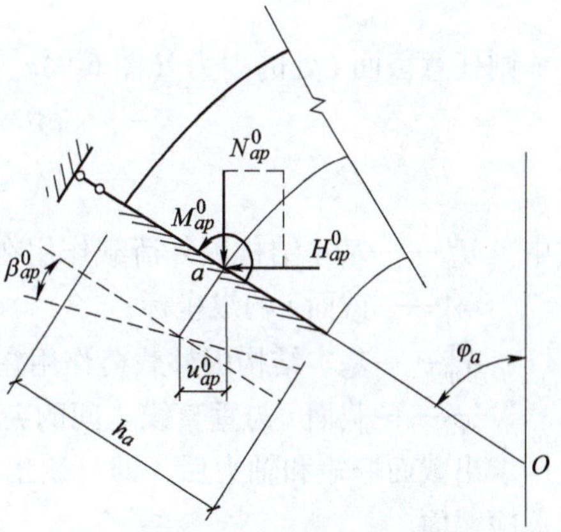

图 6-8　外荷载下拱脚截面的变位关系

4. 拱脚位移计算

拱脚的最终转角 β_a 和水平位移 u_a 可分别考虑 X_1、X_2 和外荷载的影响，按叠加原理求得，可表示为

$$\begin{cases}\beta_a = X_1\,\bar{\beta}_1 + X_2(\bar{\beta}_2 + f\bar{\beta}_1) + \beta_{ap}^0 \\ u_a = X_1\,\bar{u}_1 + X_2(\bar{u}_2 + f\bar{u}_1) + u_{ap}^0\end{cases} \tag{6-10}$$

6.2.4　拱圈截面内力

将式（6-9）和式（6-10）代入正则方程［式（6-1）］可得

$$\begin{cases}X_1(\delta_{11} + \bar{\beta}_1) + X_2(\delta_{12} + \bar{\beta}_2 + f\bar{\beta}_1) + (\Delta_{1p} + \beta_{ap}^0) = 0 \\ X_1(\delta_{21} + \bar{u}_1 + f\bar{\beta}_1) + X_2(\delta_{22} + \bar{u}_2 + f\bar{u}_1 + f\bar{\beta}_2 + f^2\,\bar{\beta}_1) + (\Delta_{2p} + f\beta_{ap}^0 + u_{ap}^0) = 0\end{cases} \tag{6-11}$$

令

$$\begin{cases}a_{11} = \delta_{11} + \bar{\beta}_1 \\ a_{22} = \delta_{22} + \bar{u}_2 + f\bar{u}_1 + f\bar{\beta}_2 + f^2\,\bar{\beta}_1 \\ a_{12} = a_{21} = \delta_{12} + \bar{\beta}_2 + f\bar{\beta}_1 = \delta_{21} + \bar{u}_1 + f\bar{\beta}_1 \\ a_{10} = \Delta_{1p} + \beta_{ap}^0 \\ a_{20} = \Delta_{2p} + f\beta_{ap}^0 + u_{ap}^0\end{cases} \tag{6-12}$$

则（6-11）式可简写为

$$\begin{cases}a_{11}X_1 + a_{12}X_2 + a_{10} = 0 \\ a_{21}X_1 + a_{22}X_2 + a_{20} = 0\end{cases} \tag{6-13}$$

解式（6-13）的二元一次方程组，可得多余未知力为

$$
\begin{cases}
X_1 = \dfrac{a_{22}a_{10} - a_{12}a_{20}}{a_{12}^2 - a_{11}a_{22}} \\
X_2 = \dfrac{a_{11}a_{20} - a_{12}a_{10}}{a_{12}^2 - a_{11}a_{22}}
\end{cases}
\tag{6-14}
$$

则任意截面 i 处的内力（图 6-9）为

$$
\begin{cases}
M_i = X_1 + X_2 y_i + M_{ip}^0 \\
N_i = X_2\cos\varphi_i + N_{ip}^0
\end{cases}
\tag{6-15}
$$

式中 M_{ip}^0——基本结构因外荷载作用在任意截面 i 处产生的弯矩；

y_i——截面 i 的纵坐标；

N_{ip}^0——基本结构因外载荷作用在任意截面 i 处产生的剪力；

φ_i——截面 i 与垂直线之间的夹角。

求出截面弯矩和轴力后，即可绘出半衬砌隧道结构的内力图，如图 6-10 所示，并确定出危险截面。

上述计算是将拱圈视为自由变形得到的计算结果。由于没有考虑弹性抗力，所以弯矩是比较大的，因此截面也较厚。如果围岩较坚硬，或者拱的形状较尖，则可能有弹性抗力。衬砌背后的密实回填是提供弹性抗力的必要条件，但是拱部的回填相当困难，不容易做到密实。仅在起拱线以上 1~1.5m 范围内的超挖部分，由于是用与拱圈同级的混凝土回填的，可以做到密实以外，其余部分的回填则比较松散，不能有效地提供弹性抗力。拱脚处无径向位移，故弹性抗力为零，最大值在起拱线上 1~1.5m 处，中间的分布规律较复杂，为简化计算可以假定为按直线分布。考虑弹性抗力的拱圈计算，可参考曲墙式衬砌进行。

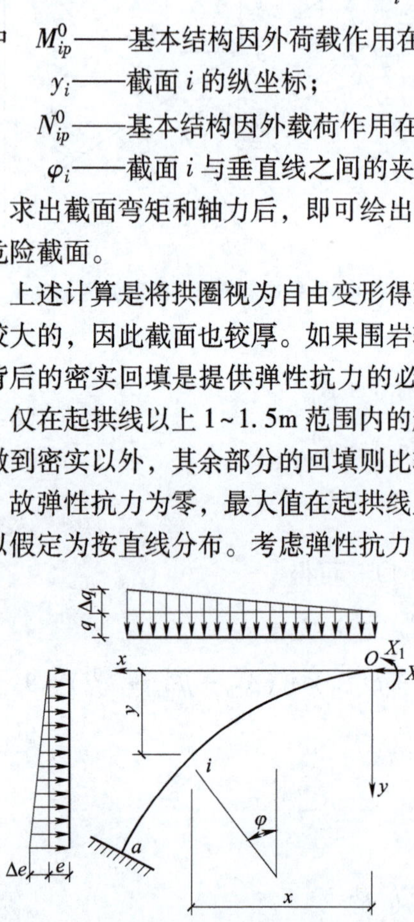

图 6-9 基本结构受力图

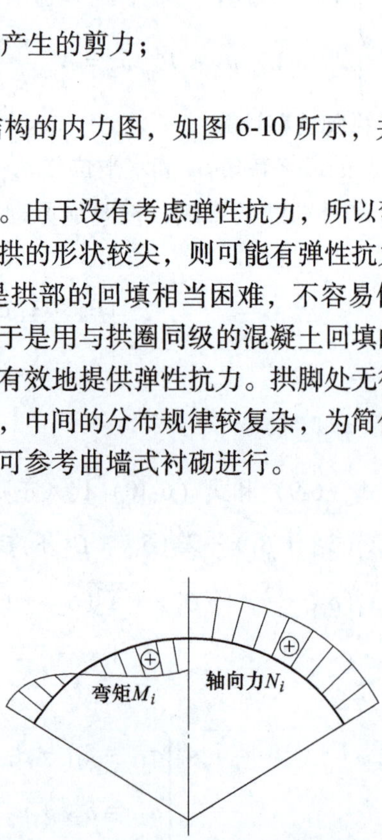

图 6-10 半衬砌隧道结构的内力图

6.3 曲墙式衬砌计算

在衬砌承受较大的垂直方向和水平方向的围岩压力时，常常采用曲墙式衬砌形式。它由拱圈、曲边墙和底板组成，有向上的底部压力时设仰拱。曲墙式衬砌常用于Ⅰ~Ⅳ级围岩中，拱圈和曲边墙作为一个整体按无铰拱计算，施工时仰拱是在无铰拱已受力之后修建的，因此一般不考虑仰拱对衬砌内力的影响。

6.3.1　计算图式

在主动荷载作用下，顶部衬砌向隧道内变形而形成脱离区，两侧衬砌向围岩方向变形，引起围岩对衬砌的被动弹性抗力，形成抗力区。抗力图形分布规律按结构变形特征作以下假定（图 6-11）：

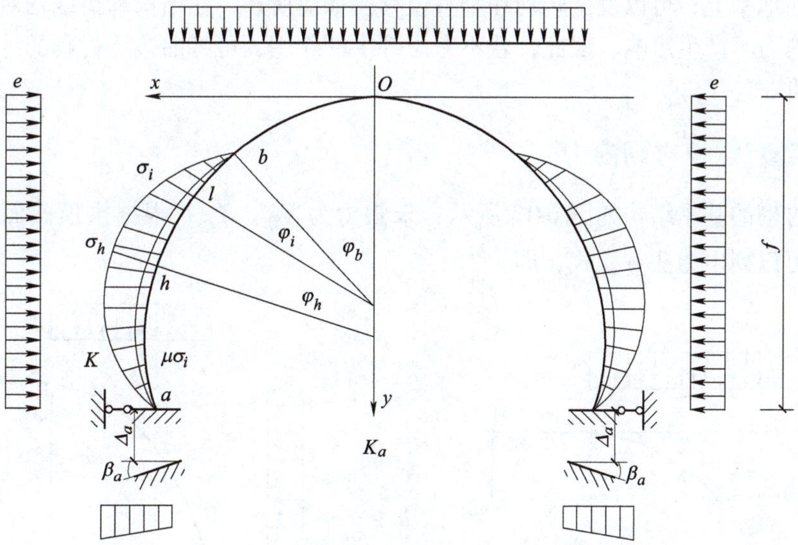

图 6-11　按结构变形特征的抗力图形分布

1）上零点 b（即脱离区与抗力区的分界点）与衬砌垂直对称中线的夹角假定为 $\varphi_b=45°$。

2）下零点 a 在墙脚。墙脚处摩擦力很大，无水平位移，故弹性抗力为零。

3）最大抗力点 h 假定发生在最大跨度处附近，计算时一般取 $ah=\frac{2}{3}ab$，为化简计算，可假定在分段的接缝上。

4）抗力图形的分布按以下假定计算。

拱部 bh 段抗力按二次抛物线分布，任一点的抗力 σ_i 与最大抗力 σ_h 的关系为

$$\sigma_i=\frac{\cos^2\varphi_b-\cos^2\varphi_i}{\cos^2\varphi_b-\cos^2\varphi_h}\sigma_h \tag{6-16}$$

边墙 ha 段的抗力为

$$\sigma_i=\left[1-\left(\frac{y_i'}{y_h'}\right)^2\right]\sigma_h \tag{6-17}$$

式中　φ_i、φ_b、φ_h——点 i、b、h 所在截面与垂直对称轴的夹角；

y_i'——i 点所在截面与衬砌外轮廓线的交点至最大抗力点 h 的距离；

y_h'——墙底外缘至最大抗力点 h 的垂直距离。

ha 段边墙外缘一般都做成直线形，且比较厚，因刚度较大，故抗力分布也可假定为与高度呈直线关系。若 ha 段的一部分外缘为直线形，则可将其分为两部分分别计算，即曲边

墙段按式（6-17）计算，直边墙段按直线关系计算。

两侧衬砌向围岩方向的变形引起弹性抗力，也引起摩擦力，其大小等于弹性抗力和衬砌与围岩间的摩擦系数的乘积，如下式所示：

$$S_i = \mu\sigma_i \tag{6-18}$$

计算表明，摩擦力影响很小，可以忽略不计，而忽略摩擦力的影响是偏于安全的。墙脚弹性地固定在地基上，可以发生转动和垂直位移。如前所述，在结构和荷载均对称时，垂直位移对衬砌内力不产生影响。因此，若不考虑仰拱的作用，可将曲边墙衬砌的计算简图表示为图 6-12 的形式。

6.3.2 力法方程和衬砌内力

曲边墙衬砌的基本结构如图 6-13 所示，未知力为 X_{1p}、X_{2p}，根据拱顶截面相对变位为零的条件，可以列出力法方程式，即

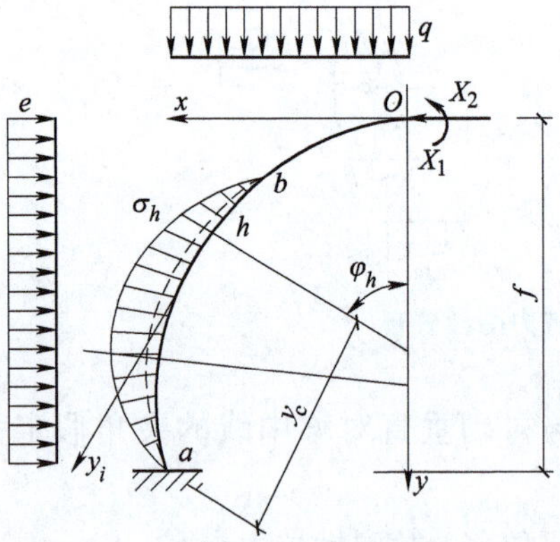

图 6-12 曲边墙衬砌的计算简图

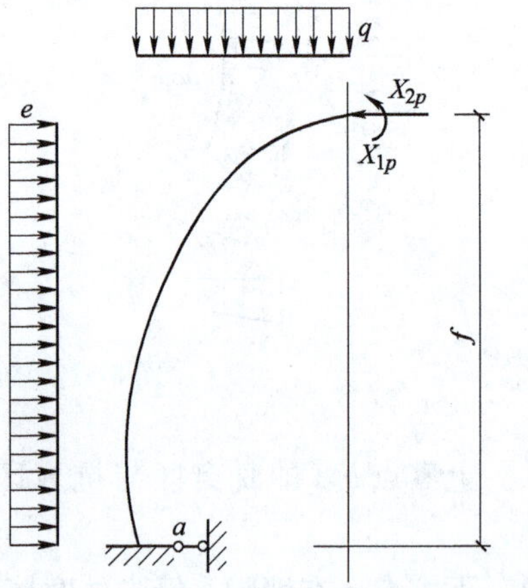

图 6-13 曲边墙衬砌的基本结构图

$$\begin{cases} X_{1p}\delta_{11} + X_{2p}\delta_{12} + \Delta_{1p} + \beta_{ap} = 0 \\ X_{1p}\delta_{21} + X_{2p}\delta_{22} + \Delta_{2p} + f\beta_{ap} + u_{ap} = 0 \end{cases} \tag{6-19}$$

式中 β_{ap}——墙底转角；

u_{ap}——墙底位移。

分别计算 X_{1p}、X_{2p}和外荷载的影响，然后按照叠加原理相加得到

$$\beta_{ap} = X_{1p}\bar{\beta}_1 + X_{2p}(\bar{\beta}_2 + f\bar{\beta}_1) + \beta_{ap}^0 \tag{6-20}$$

由于墙底无水平位移，故 $u_{ap}=0$，代入式（6-19）整理可得

$$\begin{cases} X_{1p}(\delta_{11} + \bar{\beta}_1) + X_{2p}(\delta_{12} + f\bar{\beta}_1) + \Delta_{1p} + \beta_{ap}^0 = 0 \\ X_{1p}(\delta_{21} + f\bar{\beta}_1) + X_{2p}(\delta_{22} + f^2\bar{\beta}_1) + \Delta_{2p} + f\beta_{ap}^0 = 0 \end{cases} \tag{6-21}$$

式中 δ_{ik}、Δ_{ip}——基本结构的单位位移和主动荷载位移，可由式（6-6）求得；

$\bar{\beta}_1$——墙底单位转角，可参照式（6-6）计算；

β_{ap}^0——基本结构墙底的荷载转角，可参照式（6-9）计算；

f——衬砌的矢高。

求得 X_{1p}、X_{2p}后，在主动荷载作用下，衬砌内力即可参照式（6-15）计算，即

$$\begin{cases} M_{ip} = X_{1p} + X_{2p}y_i + M_{ip}^0 \\ N_{ip} = X_{2p}\cos\varphi_i + N_{ip}^0 \end{cases} \tag{6-22}$$

在具体进行计算时，还需进一步确定被动抗力 σ_h的大小，这需要利用最大抗力点 h 处的变形协调条件。在主动荷载作用下，由式（6-22）可解出内力 M_{ip}、N_{ip}，并求出 h 点的位移 δ_{hp}，主动荷载与被动荷载叠加如图 6-14b 所示。对于在被动荷载作用下的内力和位移，可以通过 $\bar{\delta}_h=1$ 的单位弹性抗力图形作为外荷载时所求得的任一截面内力 $\overline{M}_{i\sigma}$、$\overline{N}_{i\sigma}$ 和最大抗力点 h 处的位移，如图 6-14c 所示，并利用叠加原理求出 h 点的最终位移为

$$\delta_h = \delta_{hp} + \sigma_h\delta_{h\sigma} \tag{6-23}$$

由文克尔假定可以得到点的弹性抗力与位移的关系：$\sigma_h=k\,\delta_h$，代入（6-23）式可得

$$\delta_h = \frac{\delta_{hp}}{1 - k\delta_{h\sigma}} \tag{6-24}$$

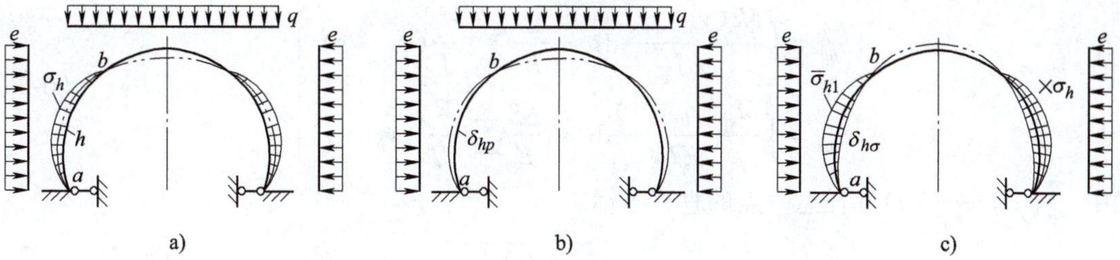

图 6-14　主动荷载与被动荷载叠加

a）主动荷载和被动荷载共同作用　b）主动荷载的作用　c）被动荷载作用

6.3.3　最大抗力值的计算

由式（6-24）可知，欲求 σ_h则应先求出δ_{hp}和$\delta_{h\sigma}$。变位由两部分组成，即结构在荷载作用下的变位和因墙底变位（转角）而产生的变位之和。前者按结构力学方法，先画出外载荷弯矩（M_{ip}）图和抗力弯矩（$M_{i\sigma}$）图，如图 6-15a 和图 6-15b 所示，再在 h 点处的所求变位方向上加一单位力 $P=1$，绘出变位点单位力弯矩（$\overline{M}_{ih}$）图，如图 6-15c 所示，墙底变位在 h 点处产生的位移可由几何关系求出，如图 6-15d 所示。位移可以表示为

$$\begin{cases} \sigma_{hp} = \int \dfrac{M_p \overline{M}_h}{EJ}\mathrm{d}s + y_{ah}\beta_{ap} \approx \dfrac{\Delta S}{E}\sum \dfrac{M_p \overline{M}_h}{J} + y_{ah}\beta_{ap} \\ \delta_{hp} = \int \dfrac{M_\sigma \overline{M}_h}{EJ}\mathrm{d}s + y_{ah}\beta_{a\sigma} \approx \dfrac{\Delta S}{E}\sum \dfrac{M_\sigma \overline{M}_h}{J} + y_{ah}\beta_{a\sigma} \end{cases} \tag{6-25}$$

β_{ap}是因主动荷载作用而产生的墙底转角，$\beta_{a\sigma}$是因单位抗力作用而产生的墙底转角，可参照式（6-9）计算；y_{ah}为墙底中心 a 至最大抗力截面的垂直距离。如果 h 点所对应的$\varphi_h=90°$，则该点的径向位移和水平位移相差很小，故可视为水平位移。又由于结构与荷载对称时，拱顶截面的垂直位移对 h 点径向位移的影响可以忽略不计。因此，计算该点水平位移时，可以取如图 6-16 所示的结构，使计算得到简化。按照结构力学方法，在 h 点加一单位

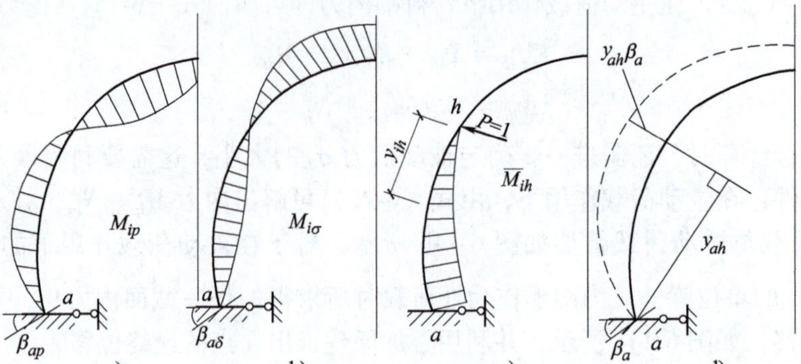

图 6-15　指定点的内力与变为图

a）外荷载弯矩图　b）抗力弯矩图　c）变位点单位力弯矩图　d）墙脚变位在 h 点处产生的位移

力 $P=1$，可以求得δ_{hp}和$\delta_{h\sigma}$

$$\left.\begin{aligned}\delta_{hp}&=\int\frac{M_p(y_h-y)}{EJ}\mathrm{d}s\approx\frac{\Delta S}{E}\sum\frac{M_p}{J}(y_h-y)\\\delta_{h\sigma}&=\int\frac{M_\sigma(y_h-y)}{EJ}\mathrm{d}s\approx\frac{\Delta S}{E}\sum\frac{M_\sigma}{J}(y_h-y)\end{aligned}\right\}\tag{6-26}$$

式中　y_h、y——h 点和任意一点的垂直坐标。

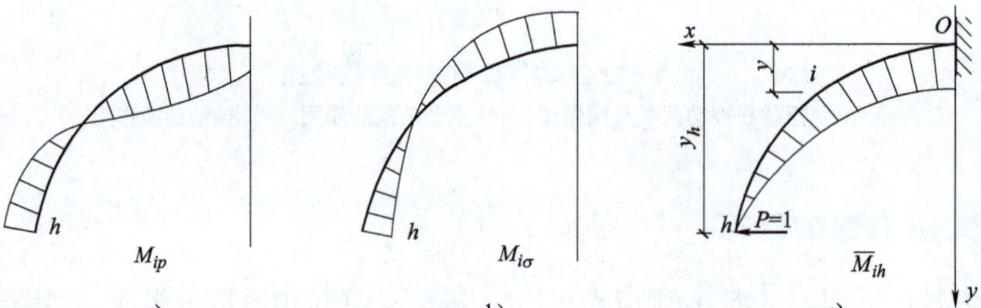

图 6-16　外荷载及单位荷载的弯矩图

a）外荷载弯矩图　b）抗力弯矩图　c）变位点单位力弯矩图

6.3.4　在单位抗力作用下的内力

将$\overline{\sigma}_h=1$抗力图视为外荷载单独作用时，未知力$X_{1\sigma}$、$X_{2\sigma}$可以参照X_{1p}、X_{2p}的求法得出。参照式（6-21）可以列出力法方程，即

$$\begin{cases}X_{1\sigma}(\delta_{11}+\beta_1)+X_{2\sigma}(\delta_{12}+f\beta_1)+\Delta_{1\sigma}+\beta^0_{a\sigma}=0\\X_{1\sigma}(\delta_{21}+f\overline{\beta}_1)+X_{2\sigma}(\delta_{22}+f^2\overline{\beta}_1)+\Delta_{2\sigma}+f\beta^0_{a\sigma}=0\end{cases}\tag{6-27}$$

式中　$\Delta_{1\sigma}$、$\Delta_{2\sigma}$——单位抗力图为荷载所引起的基本结构$X_{1\sigma}$及$X_{2\sigma}$方向的位移；

$\beta^0_{a\sigma}$——单位抗力图为荷载所引起的基本结构墙底转角，$\beta^0_{a\sigma}=M^0_{a\sigma}\beta_1$。

解出 $X_{1\sigma}$及 $X_{2\sigma}$后，即可求出衬砌在单位抗力图为荷载单独作用下任意截面内力，即

$$\begin{cases}M_{i\sigma}=X_{1\sigma}+X_{2\sigma}y_i+M_{i\sigma}^0\\N_{i\sigma}=X_{2\sigma}\cos\varphi_i+N_{i\sigma}^0\end{cases}\tag{6-28}$$

6.3.5　衬砌最终内力计算及校核

衬砌任一截面最终内力值可利用叠加原理求得

$$\begin{cases}M_i=M_{ip}+\sigma_hM_{i\sigma}\\N_i=N_{ip}+\sigma_hN_{i\sigma}\end{cases}\tag{6-29}$$

校核计算结果正确性时，可以利用拱顶截面转角和水平位移为零的条件和最大抗力点 a 的位移条件，即

$$\begin{cases}\int\dfrac{M_i\mathrm{d}s}{EJ}+\beta_a\approx\dfrac{\Delta S}{E}\sum\dfrac{M_i}{J}+\beta_a=0\\\int\dfrac{M_iy_i\mathrm{d}s}{EJ}+f\beta_a\approx\dfrac{\Delta S}{E}\sum\dfrac{M_iy_i}{J}+f\beta_a=0\\\int\dfrac{M_iy_{ih}\mathrm{d}s}{EJ}+y_{ah}\beta_a\approx\dfrac{\Delta S}{E}\sum\dfrac{M_iy_{ih}}{J}+y_{ah}\beta_a=\dfrac{\sigma_h}{k}\end{cases}\tag{6-30}$$

式中　β_a——墙底截面最终转角，$\beta_a=\beta_{ap}+\sigma_h\beta_{a\sigma}$。

6.4　直墙式衬砌计算

直墙式衬砌的计算方法很多，如力法、位移法及链杆法等，本节仅介绍力法。这种直墙式衬砌广泛用于道路隧道，它由拱圈、直边墙和底板组成。计算时仅计算拱圈及直边墙，底板不进行衬砌计算，需要时按道路路面结构计算。

6.4.1　计算原理

拱圈按弹性无铰拱计算，与6.3节所述方法相同，拱脚支撑在边墙上，边墙按弹性地基上的直梁计算，并考虑直墙与拱圈的相互影响，如图6-17所示。由于拱脚并非直接固定在岩层上，而是固定在直墙顶端，所以拱脚弹性固定的程度取决于墙顶的变形。拱脚有水平位移、垂直位移和角位移，墙顶位移与拱脚位移一致。当结构对称和荷载对称时，垂直位移对衬砌内力没有影响，计算中只需考虑水平位移与角位移。边墙支撑拱圈并承受水平围岩压力，可看作置于具有侧向弹性抗力系数为 K 的弹性地基上的直梁。有展宽基础时，其高度一般不大，可以不计其影响。由于边墙高度远远大于底部宽度，对基础的作用可看作是置于具有基底弹性抗力系数为 K_a 的弹性地基上的刚性梁。衬砌结构在主动荷载（围岩压力和自重等）的作用下，拱圈顶部向坑

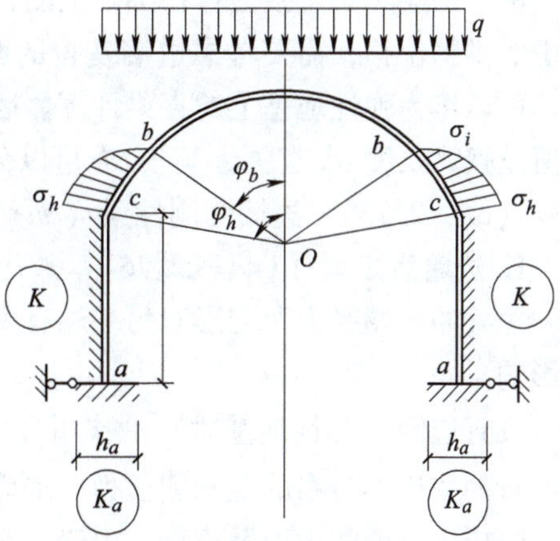

图6-17　直墙与拱圈的相互影响

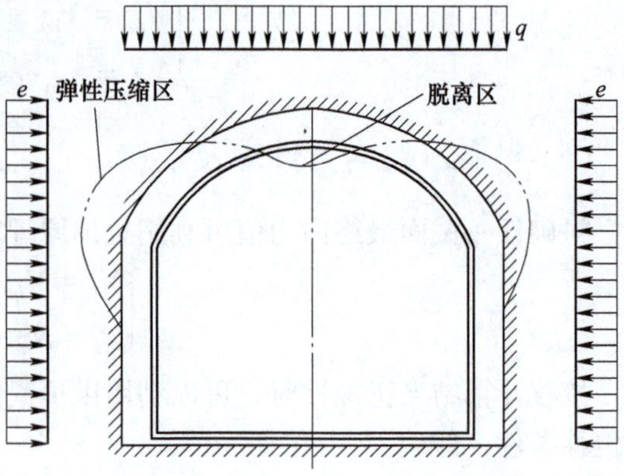

图 6-18　主动荷载下的脱离区与抗力区

道内部产生位移（图 6-17），这部分结构能自由变形，没有围岩弹性抗力。拱圈两侧压向围岩，形成抗力区，引起相应的弹性抗力（图 6-18）。在实际施工中，拱圈上部间隙一般很难做到回填密实，因而拱圈弹性抗力区范围一般不大。弹性抗力的分布规律及大小与多种因素有关。由于拱圈是弹性地基上的曲梁，尤其是曲梁刚度改变时，其计算非常复杂，因而仍用假定抗力分布图形法。直墙式衬砌拱圈变形与曲墙式衬砌拱圈变形近似，计算时可用曲墙式衬砌关于拱部抗力图形的假定，认为按二次抛物线形状分布。上零点φ_b位于 45°~55°间，最大抗力在直边墙的顶面（拱脚）c 处，b、c 间任一点 i 处的抗力为φ_i 的函数，即

$$\sigma_i = \frac{\cos^2\varphi_b - \cos^2\varphi_i}{\cos^2\varphi_b - \cos^2\varphi_h}\sigma_h \tag{6-31}$$

当 $\varphi_b=45°$，$\varphi_h=90°$时，上式可简化为

$$\sigma_i = (1 - 2\cos^2\varphi_i)\sigma_h \tag{6-32}$$

弹性抗力引起的摩擦力可由弹性抗力乘以摩擦系数μ 求得，但通常可以忽略不计。弹性抗力 σ_i（或 σ_h）为未知数，可根据文克尔假定建立变形条件，增加一个 $\sigma_i=k\,\delta_i$ 的方程式。

由上述可以看出，直墙式衬砌的拱圈计算原理与 6.2 节中拱圈计算及 6.3 节中曲墙式衬砌计算相同，可以参照相应公式计算。

6.4.2　边墙的计算

由于拱脚不是直接支撑在围岩上的，而是支撑在直边墙上的，所以直墙式衬砌的拱圈计算中的拱脚位移，需要考虑边墙变位的影响。直边墙的变形和受力状况与弹性地基梁相类似，可以作为弹性地基上的直梁计算。墙顶（拱脚）变位与弹性地基梁（边墙）的弹性特征值及换算长度 αh 有关，其按 αh 可以分为三种情况：边墙为短梁（$1<\alpha h<2.75$）、边墙为长梁（$\alpha h\geqslant 2.75$）、边墙为刚性梁（$\alpha h\leqslant 1$）。

1. 边墙为短梁（$1<\alpha h<2.75$）

短梁的一端受力及变形对另一端有影响，计算墙顶变位时，要考虑到墙脚的受力和变形的影响。

设直边墙（弹性地基梁）端作用有拱脚传来的力矩M_c、水平力 H_c、垂直力V_c以及作用于墙身的按梯形分布的主动侧压力。求墙顶所产生的转角β_{cp}^0及水平位移μ_{cp}^0，然后即可按以前方法求出拱圈的内力及位移。由于垂直力对墙变位仅在有基底加宽时才产生影响，而目前直墙式衬砌的边墙基底一般均不加宽，所以不需考虑。根据弹性地基上直梁的计算公式可以求得边墙任一截面的位移 y、转角 θ、弯矩 M 和剪力 N，再结合墙底的弹性固定条件，得到墙底的位移和转角。这样就可以求得墙顶的单位变位和荷载（包括围岩压力及抗力）变位。

由于短梁一端荷载对另一端的变形有影响，墙脚的弹性固定状况对墙顶变形必然有影响，所以计算公式的推导是复杂的，下面仅给出结果。直墙在单位荷载和外荷载下的变位图如图 6-19 所示。

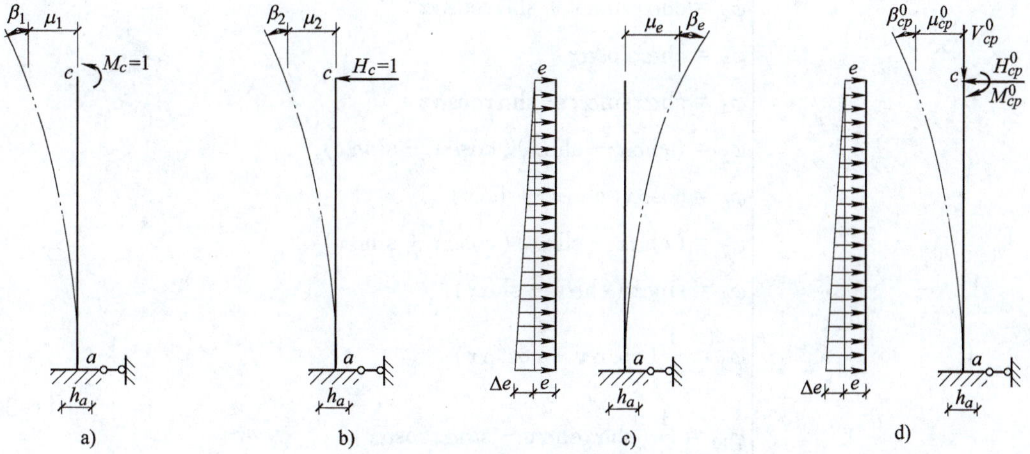

图 6-19 直墙在单位荷载和外荷载下的变位图

a）单位弯矩变位图 b）单位水平力变位图 c）主动侧压力变位图 d）荷载综合变位图

墙顶在单位弯矩$M_c=1$ 单独作用下，墙顶的转角$\bar{\beta}_1$ 和水平位移$\bar{u}_1$ 为

$$\begin{cases}\bar{\beta}_1 = \dfrac{4\alpha^3}{c}(\varphi_{11} + \varphi_{12}A) \\ \bar{u}_1 = \dfrac{2\alpha^2}{c}(\varphi_{13} + \varphi_{11}A)\end{cases} \tag{6-33}$$

墙顶在单位水平力 $H_c=1$ 单独作用下，墙顶位移$\bar{\beta}_2$ 和$\bar{u}_2$ 为

$$\begin{cases}\bar{\beta}_2 = \bar{u}_1 = \dfrac{2\alpha^3}{c}(\varphi_{13} + \varphi_{11}A) \\ \bar{u}_2 = \dfrac{2\alpha}{c}(\varphi_{10} + \varphi_{13}A)\end{cases} \tag{6-34}$$

在主动侧压力（梯形荷载）作用下，墙顶位移β_e、u_e 为

$$\begin{cases}\beta_e = -\dfrac{\alpha}{c}(\varphi_4 + \varphi_3 A)e - \dfrac{\alpha}{c}\left[\left(\varphi_4 - \dfrac{\varphi_{14}}{\alpha h}\right) + \left(\varphi_3 - \dfrac{\varphi_{10}}{\alpha h}\right)A\right]\Delta e \\ u_e = -\dfrac{1}{c}(\varphi_{14} + \varphi_{15}A)e - \dfrac{1}{c}\left(\dfrac{\varphi_2}{2\alpha h} - \varphi_1 + \dfrac{\varphi_4}{2}A\right)\Delta e\end{cases} \tag{6-35}$$

其中：$\alpha = \sqrt[4]{\dfrac{k}{4EJ}}$；$A = \dfrac{k\beta_a}{2a^3} = \dfrac{6}{nh_a^3 a^3}$；$n = \dfrac{k_0}{k}$；$c = (\varphi_9 + \varphi_{10}A)$；

式中 k_0——基底弹性抗力系数；

k——侧向弹性抗力系数；

β_a——是基底作用有单位力矩时所产生的转角 $\beta_a = \dfrac{1}{k_a J_a}$；

h——边墙的侧面高度。

在边墙顶 $x=0$，在墙底 $x=h$，则

$$
\left\{\begin{aligned}
\varphi_1 &= \mathrm{ch}\alpha x\cos\alpha x \\
\varphi_2 &= \mathrm{ch}\alpha x\sin\alpha x + \mathrm{sh}\alpha x\cos\alpha x \\
\varphi_3 &= \mathrm{ch}\alpha x\cos\alpha x \\
\varphi_4 &= \mathrm{ch}\alpha x\sin\alpha x - \mathrm{sh}\alpha x\cos\alpha x \\
\varphi_5 &= (\mathrm{ch}\alpha x - \mathrm{sh}\alpha x)(\cos\alpha x - \sin\alpha x) \\
\varphi_6 &= \cos\alpha x(\mathrm{ch}\alpha x - \mathrm{sh}\alpha x) \\
\varphi_7 &= (\mathrm{ch}\alpha x - \mathrm{sh}\alpha x)(\cos\alpha x + \sin\alpha x) \\
\varphi_8 &= \sin\alpha x(\mathrm{ch}\alpha x - \mathrm{sh}\alpha x) \\
\varphi_9 &= \frac{1}{2}(\mathrm{ch}^2\alpha x + \cos^2\alpha x) \\
\varphi_{10} &= \frac{1}{2}(\mathrm{sh}\alpha x\mathrm{ch}\alpha x - \sin\alpha x\cos\alpha x) \\
\varphi_{11} &= \frac{1}{2}(\mathrm{sh}\alpha x\mathrm{ch}\alpha x + \sin\alpha x\cos\alpha x) \\
\varphi_{12} &= \frac{1}{2}(\mathrm{ch}^2\alpha x - \sin^2\alpha x) \\
\varphi_{13} &= \frac{1}{2}(\mathrm{ch}^2\alpha x + \sin^2\alpha x) \\
\varphi_{14} &= \frac{1}{2}(\mathrm{ch}\alpha x - \cos\alpha x)^2 \\
\varphi_{15} &= \frac{1}{2}(\mathrm{sh}\alpha x + \sin\alpha x)(\mathrm{ch}\alpha x - \cos\alpha x)
\end{aligned}\right. \tag{6-36}
$$

求出墙顶单位变位后，不难求出由基本结构传来的拱部外荷载，包括主动荷载及被动荷载使墙顶产生的转角及水平位移。当基础无展宽时，墙顶位移为

$$
\left\{\begin{aligned}
\beta_{cp}^0 &= M_{cp}^0\,\overline{\beta}_1 + H_{cp}^o\,\overline{\beta}_2 + e\,\overline{\beta}_e \\
u_{cp}^0 &= M_{cp}^0\,\overline{u}_1 + H_{cp}^o\,\overline{u}_2 + e\,\overline{u}_e
\end{aligned}\right. \tag{6-37}
$$

墙顶截面的弯矩M_c，水平力 H_c，转角β_c和水平位移μ_c为

$$
\left\{\begin{aligned}
M_c &= M_{cp}^0 + X_1 + X_2 f \\
H_c &= H_{cp}^0 + X_2 \\
\beta_c &= X_1\,\overline{\beta}_1 + X_2(\overline{\beta}_2 + f\,\overline{\beta}_1) + \beta_{cp}^0 \\
u_c &= X_1\,\overline{u}_1 + X_2(\overline{u}_2 + f\,\overline{u}_1) + u_{cp}^0
\end{aligned}\right. \tag{6-38}
$$

以M_c、H_c、β_c及μ_c为初参数，即可由初参数方程求得距墙顶为 x 的任一截面的内力和位移。若边墙上无侧压力作用（即 $e=0$）时，则

$$\begin{cases} M = -u_c \dfrac{k}{2\alpha^2}\varphi_3 + \beta_c \dfrac{k}{4\alpha^3}\varphi_4 + M_c\varphi_1 + H_c \dfrac{1}{2\alpha}\varphi_2 \\ H = -u_c \dfrac{k}{2\alpha}\varphi_2 + \beta_c \dfrac{k}{2\alpha^2}\varphi_3 - M_c\alpha\varphi_3 + H_c\varphi_1 \\ \beta = u_c\alpha\varphi_4 + \beta_c\varphi_1 - M_c \dfrac{2\alpha^3}{k} - H_c \dfrac{2\alpha^2}{k}\varphi_3 \\ u = u_c\varphi_1 - \beta_c \dfrac{1}{2\alpha}\varphi_2 + M_c \dfrac{2\alpha^2}{k}\varphi_3 + H_c \dfrac{\alpha}{k}\varphi_4 \end{cases} \quad (6\text{-}39)$$

2. 边墙为长梁（$\alpha h \geqslant 2.75$）

当换算长度 $\alpha h \geqslant 2.75$ 时，可将边墙视为弹性地基上的半无限长梁（简称长梁）或柔性梁，近似看为 $\alpha h = \infty$。此时边墙具有柔性，可认为墙顶的受力（除垂直力外）和变形对墙底没有影响。这种衬砌应用于较好围岩中，不考虑水平围岩压力作用。由于墙底的固定情况对墙顶的位移没有影响，故墙顶单位位移可以简化为

$$\begin{cases} \bar{\beta}_1 = \dfrac{4\alpha^3}{k} \\ \bar{u}_1 = \bar{\beta}_2 = \dfrac{2\alpha^2}{k} \\ \bar{u}_2 = \dfrac{2\alpha\beta}{k} \\ \beta_e = -\dfrac{\alpha}{c}(\varphi_4 + \varphi_3 A) \\ u_e = -\dfrac{1}{c}(\varphi_{14} + \varphi_{15} A) \end{cases} \quad (6\text{-}40)$$

3. 边墙为刚性梁（$\alpha h \leqslant 1$）

换算长度 $\alpha h \leqslant 1$ 时，可近似作为弹性地基上的绝对刚性梁，近似认为 $\alpha h = 0$（即 $EJ = \infty$）。此时认为边墙本身不产生弹性变形，在外力作用下只产生刚体位移，即只产生整体下沉和转动。由于墙底摩擦力很大，所以不产生水平位移。当边墙向围岩方向位移时，围岩将对边墙产生弹性抗力，墙底处为零，墙顶处为最大值 σ_h，中间呈直线分布，墙底面的抗力按梯形分布。刚性边墙的受力图如图 6-20 所示。

由静力平衡条件，墙底中点 a 的力矩有如下表达式

$$M_a - \left[\frac{\sigma_h h^2}{3} + \frac{(\sigma_1 - \sigma_2)h_a^2}{12} + \frac{s h_a}{2}\right] = 0 \quad (6\text{-}41)$$

式中　s——边墙外缘由围岩弹性抗力所产生的摩擦力 $s = \mu \dfrac{\sigma_h h}{2}$；

μ——衬砌与围岩间的摩擦系数；

σ_1、σ_2——墙底两边沿的弹性应力。

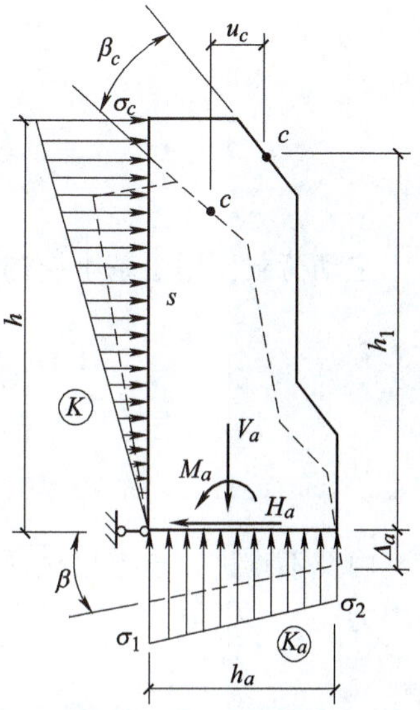

图 6-20　刚性边墙的受力图

由于边墙为刚性，故底面和侧面均有同一转角 β，二者应相等，即

$$\beta = \frac{\sigma_1 - \sigma_2}{k_a h_a} = \frac{\sigma_h}{kh} \tag{6-42}$$

$$\sigma_1 - \sigma_2 = n\sigma_h \frac{h_a}{h} \tag{6-43}$$

式中，$n=\dfrac{k_a}{k}$，对同一围岩，因基底受压面积小，压缩得较密实，可取为 1.25。

将式（6-43）代入式（6-41）得

$$\sigma_h = \frac{12M_a h}{4h^3 nh_a^3 + 3\mu h_a h^2} = \frac{M_a h}{J'_a} \tag{6-44}$$

式中　J'_a——刚性墙的综合转动惯量，$J'_a=\dfrac{4h^3 nh_a^3+3\mu h_a h^2}{12}$。

因而墙侧面的转角为

$$\beta = \frac{\sigma_h}{kh} = \frac{M_a}{kJ'_a} \tag{6-45}$$

由此可求出墙顶（拱脚）处的单位位移及荷载位移

$M_c=1$ 作用于 c 点时，则$M_a=1$，故

$$\begin{cases} \bar{\beta}_1 = \dfrac{1}{kJ'_a} \\ \bar{u}_1 = \bar{\beta}_1 h_1 = \dfrac{h_1}{kJ'_a} \end{cases} \tag{6-46}$$

式中　h_1——自墙底至拱脚 c 点的垂直距离。

$H_c=1$ 作用于 c 点时，则$M_a=H_1$，故

$$\begin{cases} \bar{\beta}_2 = \dfrac{h_1}{kJ'_a} = \bar{\beta}_1 h_1 \\ \bar{u}_2 = \bar{\beta}_2 h_1 = \dfrac{h_1^2}{kJ'_a} = \bar{\beta}_1 h_1^2 \end{cases} \tag{6-47}$$

主动荷载作用于基本结构时，则$M_a=M_{ap}^0$，故

$$\begin{cases} \beta_{cp}^0 = \dfrac{M_{ap}^0}{kJ'_a} = \bar{\beta}_1 M_{ap}^0 \\ u_{cp}^0 = \beta_{cp}^0 h_1 = \dfrac{M_{ap}^0 h_1}{kJ'_a} \end{cases} \tag{6-48}$$

由此不难进一步求出拱顶的多余未知力和拱脚（墙顶）处的内力，以及边墙任一截面的内力。

6.5　衬砌截面强度验算

为了保证衬砌结构强度的安全性，需要在算出结构内力之后进行强度检算。目前我国

《公路隧道设计规范第一册　土建工程》规定，隧道衬砌和明洞按破坏阶段验算构件截面强度，即根据混凝土和石砌材料的极限强度计算出偏心受压构件的极限承载能力，与构件实际内力相比，计算截面的抗压（或抗拉）强度安全系数 K，检查是否满足规范所要求的数值，即

$$K=\frac{N_{jx}}{N}\geqslant K_{gf} \tag{6-49}$$

式中　N_{jx}——截面的极限承载能力；

N——截面的实际内力（轴向力）；

K_{gf}——规范所规定的强度安全系数，见表6-3和表6-4。

衬砌的任一截面均应满足强度安全系数要求，否则必须修改衬砌形状和尺寸并重新计算，直到满足要求为止。

表6-3　混凝土和砌体结构的强度安全系数

圬工种类	混凝土		砌体	
荷载组合	永久荷载+基本可变荷载	永久荷载+其他可变荷载+其他可变荷载	永久荷载+基本可变	永久荷载+基本可变荷载+其他可变荷载
混凝土或砌体达到抗压极限强度	2.4	2.0	2.7	2.3
混凝土达到抗拉极限强度	3.6	3.0	—	—

表6-4　钢筋混凝土结构的强度安全系数

荷载组合	永久荷载+基本可变荷载	永久荷载+基本可变荷载+其他可变荷载
钢筋达到设计强度或混凝土达到抗压或抗剪极限强度	2.0	1.7
混凝土达到抗拉极限强度	2.4	2.4

对于混凝土和石砌矩形截面构件，当偏心距 $e_0\leqslant 0.2d$ 时，按抗压强度控制承载能力，并用下式计算

$$KN\leqslant \varphi\alpha R_a bd \tag{6-50}$$

式中　K——混凝土或石砌结构安全系数；

N——轴向力；

b——截面宽度；

d——截面厚度；

φ——构件的纵向弯曲系数，对于隧道衬砌、明洞拱圈及墙背紧密回填的明洞边墙，可取 $\varphi=1$，其他构件见规范；

α——轴向力的偏心影响系数，可查规范或由 $\alpha=1-1.5\frac{e}{d}$ 求得；

R_a——混凝土或石砌体的抗压极限强度。

从抗裂角度要求考虑，对于混凝土矩形截面偏心受压构件，当 $e>0.2d$ 时，按抗拉强度控制承载能力，并用下式计算

$$KN \leqslant \varphi \frac{1.75R_1bd}{\frac{6e_0}{d}-1} \tag{6-51}$$

式中　R_1——抗拉极限强度。

规范对隧道衬砌和明洞的混凝土偏心受压构件的轴向力偏心距限制为：不宜大于 0.45 倍截面厚度；石料砌体偏心受压构件不宜大于 0.3 倍截面厚度。基底偏心距的限制为：岩石地基不应大于 0.25 墙底厚度；土质地基不应大于 1/6 墙底厚度。

隧道衬砌和明洞的基底应力不得大于地基允许承载力。隧道衬砌地基允许承载力可根据围岩类别用工程类比法和经验估算的方法加以确定，有条件的可进行现场试验。

拱脚截面的混凝土为间隙灌注或拱圈为混凝土而边墙用石砌时，按（6-50）式进行验算，其偏心距按石砌构件要求加以限制。

6.6　隧道洞门计算

隧道结构除了要对其洞身衬砌进行强度检算外，隧道两端的洞门也应进行检算。作用在隧道洞门上的力主要是土压力，因此洞门可以视作挡土墙，按路基挡土墙相同的方法对隧道洞门进行计算。

作用于洞门端墙及挡墙墙背的主动土压力按库仑理论进行计算。无论墙背仰斜或直立，土压力的作用方向均假定为水平，墙体前部的被动土压力一般情况下不予考虑。具体土压力的计算可参考相关书籍。

6.6.1　计算部位（检算条带）的选取及计算要点

1. 柱式及端墙式洞门

这类洞门的端墙独立承受墙背土压力，因此要求端墙自身有足够的强度和整体稳定性。柱式、端墙式洞门检算条带如图 6-21 所示，分别取Ⅰ、Ⅱ作为“检算条带”，检算墙身截面偏心和强度，以及基底偏心、应力及沿基底的滑动和绕墙趾倾覆的稳定性。

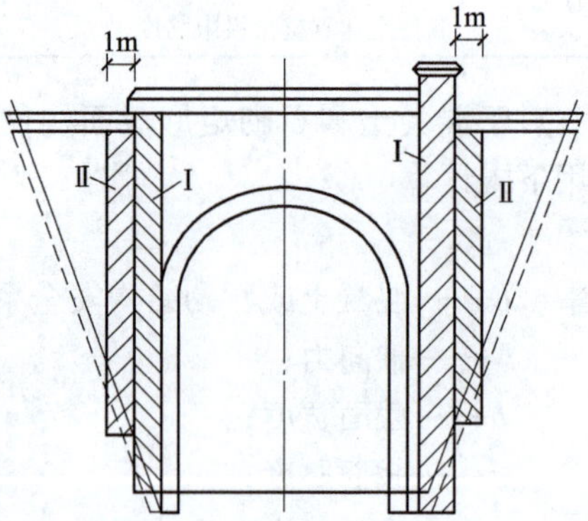

图 6-21　柱式、端墙式洞门检算条带

2. 有挡墙及翼墙的洞门

这类洞门的端墙是在挡墙、翼墙的共同作用下承受墙背的土压力。端墙墙身截面应满足偏心和强度的要求，并应满足与挡墙、翼墙共同作用时的整体稳定性。

（1）翼墙式洞门计算图式（图 6-22）

1）检算翼墙时取洞门端墙墙趾前之翼墙宽 1m 的条带“Ⅰ”，按挡土墙检算偏心、强度及稳定性。

2）检算端墙时取最不利部分“Ⅱ”作为检算条带，检算其界面偏心和强度。

3）检算端墙与翼墙共同作用部分“Ⅲ”的滑动稳定性。

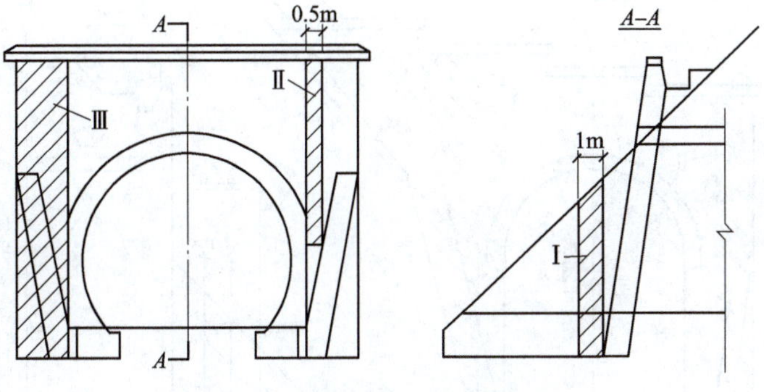

图 6-22　翼墙式洞门检算条带

（2）偏压式洞门计算图式（图 6-23）

1）检算“Ⅰ”“Ⅲ”部分中高者作为检算条带，检算其偏心、强度及稳定性。

2）取“Ⅱ”部分作为检算条带，检算界面偏心及强度。

3）取“*abcde*”部分作为端墙与挡墙共同作用，检算其稳定性。

（3）翼墙式、挡翼墙式、单侧挡墙式明洞门

1）对于图 6-24 所示的挡翼墙式洞门检算条带，取“Ⅰ”“Ⅱ”部分（翼墙式和单侧挡墙式只取“Ⅰ”）作为检算条带，检算其界面偏心及强度；同时在“Ⅰ”条带底部取“Ⅲ”部分，按简支梁和直接受剪核算其强度。

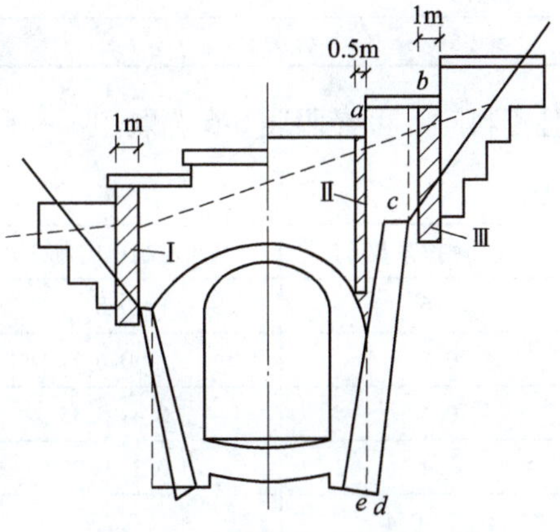

图 6-23　偏压式洞门检算条带

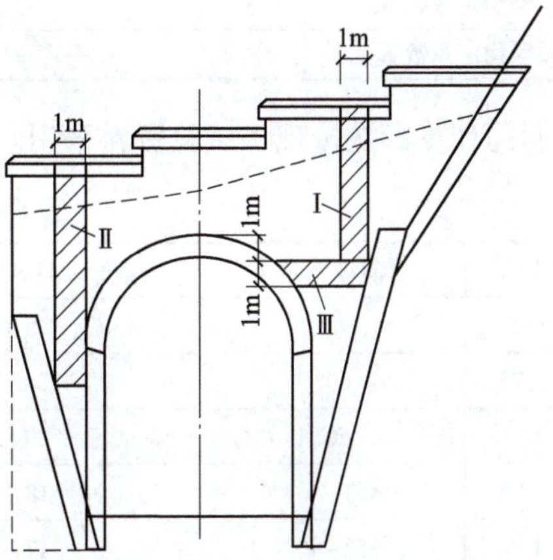

图 6-24　挡翼墙式洞门检算条带

2）对于图 6-25 所示的挡翼墙式明洞门检算条带，取“Ⅰ”“Ⅱ”部分（翼墙式和单侧挡墙式只取“Ⅰ”）端墙和挡墙或翼墙共同作用，检算其整体稳定性。

3）翼墙的计算（图 6-25），取“Ⅲ”部分（按 2.5m 墙长之平均高度作为计算高度），按挡土墙检算偏心、强度及稳定性。

6.6.2　洞门计算内容

洞门具体计算内容包括墙身偏心及强度，绕墙趾的抗倾覆性、沿基底滑动的稳定性及基底压应力，洞门端墙及挡（翼）墙计算结果应满足表 6-5 的要求。此外，对于高洞门

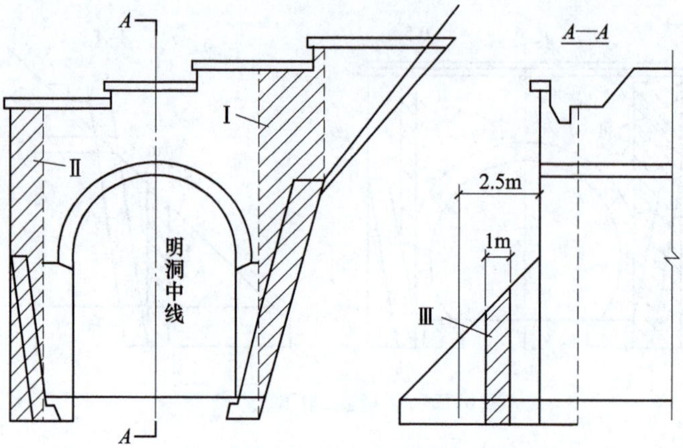

图 6-25 挡翼墙式明洞门检算条带

墙（包括洞口路堑高挡土墙），为避免拉应力过大，设计时应适当控制界面拉应力。

表 6-5 洞门端墙及挡（翼）墙主要检算规定

墙身截面压应力 σ	≤允许应力
墙身截面偏心距 e	≤0.3 倍截面厚度
基底应力 σ	≤地基允许承载力
基底偏心距 e	岩石地基≤$B/4$，土质地基≤$B/6$（B 为墙底厚度）
滑动稳定系数 K_c	≥1.3
倾覆稳定系数 K_0	≥1.5

洞门计算参数按现场试验资料采用。当缺乏试验资料时，可参照表 6-6 选取。

表 6-6 洞门计算参数

仰坡坡率	计算摩擦角 ψ	重度 $\gamma/(\mathrm{kN \cdot m^{-3}})$	基底摩擦系数 f	基底控制压应力/MPa
1 : 0.5	70°	25	0.6	0.8
1 : 0.75	60°	24	0.5	0.6
1 : 1.0	50°	20	0.4	0.4~0.35
1 : 1.25	43°~45°	18	0.4	0.3~0.25
1 : 1.5	38°~40°	17	0.35~0.4	0.25

1. 抗倾覆计算

$$K_0 = \frac{\sum M_y}{\sum M_0} \tag{6-52}$$

式中 K_0——倾覆稳定系数；

$\sum M_y$——全部的垂直力对墙趾的稳定力矩；

$\sum M_0$——全部的水平力对墙趾的稳定力矩。

2. 抗滑动计算

（1）水平基底

$$K_c = \frac{\sum Nf}{\sum E} \tag{6-53}$$

（2）倾斜基底

$$K_c = \frac{(\sum N + \sum E\tan\alpha)f}{\sum E - \sum N\tan\alpha} \tag{6-54}$$

式中　K_c——滑动稳定系数；

$\sum N$——作用于基底上的垂直力之和；

$\sum E$——墙后主动土压力之和；

f——基底摩擦系数；

α——基底倾斜角。

3. 基底合力偏心距计算

（1）水平基底

$$e = \frac{B}{2} - c \tag{6-55}$$

（2）倾斜基底

$$e' = \frac{B'}{2} - c' \tag{6-56}$$

式中　e——水平基底偏心距；

e'——倾斜基底偏心距；

B——水平基底宽度；

B'——倾斜基底宽度。

$$c = \frac{\sum M_y - \sum M_0}{\sum N}, c' = \frac{\sum M_y - \sum M_0}{\sum N'}$$

$$N' = \sum N\cos\alpha + \sum E\sin\alpha$$

4. 基底压应力

（1）水平基底

$$e \leqslant \frac{B}{6}\text{时}, \sigma_{\min}^{\max} = \frac{\sum N}{B}\left(1 \pm \frac{6e}{B}\right) \tag{6-57}$$

$$e > \frac{B}{6}\text{时}, \sigma_{\max} = \frac{2}{3}\frac{\sum N}{c} \tag{6-58}$$

（2）倾斜基底

$$e' \leqslant \frac{B'}{6}\text{时}, \sigma_{\min}^{\max} = \frac{\sum N'}{B'}\left(1 \pm \frac{6e'}{B'}\right) \tag{6-59}$$

$$e' > \frac{B'}{6}\text{时}, \sigma_{\max} = \frac{2}{3}\frac{\sum N'}{c'} \tag{6-60}$$

式中 σ_{max}——基底最大压应力；

σ_{min}——基底最小压应力。

5. 洞门墙身截面偏心及强度

（1）偏心距

$$e_b = \frac{M}{N} \tag{6-61}$$

式中 M——计算截面以上各力对截面形心力矩的代数和；

N——作用于截面以上垂直力之和。

（2）应力

$$\sigma = \frac{N}{F} \pm \frac{M}{W} = \frac{N}{b}\left(1 \pm \frac{6e_b}{b}\right) \tag{6-62}$$

式中 F——截面面积；

W——截面抵抗矩；

b——截面宽度。

当截面应力出现负值时，除其绝对值应该满足表 6-5 的要求外，尚应检算不考虑圬工承受拉应力时受压区应力重分布的最大压应力，其值不得大于允许值。

6.6.3 洞门端墙厚度的设计

确定洞门端墙厚度的方法是，当洞门正面基本尺寸拟定后，在端墙的控制部为一般截取 1m 的检算条带视作挡土墙。对检算条带进行截面偏心或基底偏心计算，以求得检算条带的厚度作为端墙的厚度，进而计算强度和稳定性，符合规范后，再结合工程类比确定端墙的厚度。

求检算条带厚度的具体做法有两种：一是按截面偏心等于允许偏心控制设计，反求条带的厚度；另一种是先假定检算条带的厚度，用试算法计算其强度和偏心，使之符合规范的要求，最后根据检算结果确定检算条带的厚度。

复习思考题

1. 隧道结构上的荷载类型及组合有哪些？
2. 围岩压力与土压力的区别是什么？
3. 简述半衬砌及曲墙式衬砌的计算原理。

第 7 章　隧道施工

本章提要：本章主要介绍新奥法施工的基本方法，叙述不同地质条件下采用不同隧道断面开挖方案（如全断面法、台阶法、台阶分部开挖法等）及喷锚支护技术的运用，介绍预支护技术、二次衬砌施工以及初期支护中锚杆和喷射混凝土施工工艺，还概要地说明了其他隧道施工方法，如新意法等。

7.1　概述

1. 矿山法隧道施工的特点

矿山法隧道施工的特点如下：

1）隐蔽性大，未知因素多。

2）作业空间有限，工作面狭窄，施工工序干扰大。

3）施工过程作业的循环性强，因隧道工程是纵长的，施工严格地按照一定顺序循环作业，如开挖就必须按照“钻孔—装药—爆破—通风—出渣”的顺序循环。

4）施工作业的综合性强，在同一工作环境下进行多工序作业（掘进、支护、衬砌等）。

5）施工过程的地质力学状态是变化的，围岩的物理力学性质也是变化的，因此隧道施工是动态的。

6）作业环境恶劣，作业空间狭窄，施工噪声大，粉尘、烟雾多，潮湿，光线暗，地质条件差及安全问题等给施工人员带来了不利的工作环境。

7）作业风险性大。风险性是与隐蔽性和动态性是关联的，在施工过程中，施工人员必须随时关注隧道施工的风险性。

8）气候影响小。隧道施工可以不受或少受昼夜更替、季节变换、气候变化等自然条件改变的影响，可以持续稳定地安排施工。

隧道施工宜符合安全环保、工艺先进、质量优良、进度均衡、节能降耗的本着“安全、有序、优质、高效”的指导思想，按照“保护围岩、内实外美、重视环境、动态施工”的原则组织施工。

2. 隧道施工方法

根据隧道穿越地层的不同情况和目前隧道施工方法的发展，隧道施工方法可按以下方式分类。

- 隧道施工方法
  - 山岭隧道施工方法
    - 矿山（钻爆）法
    - 掘进机法
  - 浅埋及软土隧道施工方法
    - 明挖法
    - 盖挖法
    - 浅埋暗挖法
    - 盾构法
  - 水底隧道施工方法
    - 沉管法
    - 盾构法

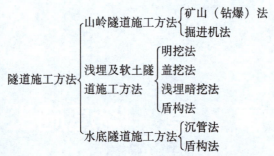

矿山法最早用于挖矿。在进行隧道开挖的时候基本上都需要采用钻眼爆破的方法进行开挖，因此矿山法俗称钻爆法。由于新奥法的出现，为了强调新奥法与传统的矿山法的区别，将新奥法从矿山法中独立的分出来。

建立在新奥法施工原则基础上的矿山法是我国目前应用最广、最成熟的隧道修建方法。这种方法的施工是严格按照“钻孔—装药—爆破—通风—出渣”的顺序，一步一步循环开挖，并趋向大断面少分部开挖，辅以简单易行而安全可靠的强有力的支护结构。常用的方法为全断面、台阶法、台阶分部开挖法、中隔壁法（CD 法）、交叉中隔壁法（CRD 法）、双侧壁导坑法等。

掘进机法包括隧道掘进机（Tunnel Boring Machine，TBM）法和盾构掘进机法。隧道掘进机法主要适用于岩石地层，盾构掘进机法主要适用于土质围岩，尤其适用于软土、流沙和淤泥等地层中。

隧道掘进机法是利用岩石隧道掘进机在岩石地层中暗挖隧道的一种施工方法。它利用刀具一次便将隧道整个断面切削成型，在掘进的同时还有出渣及自动推进的功能。盾构（Shield）是一种具有金属外壳的筒状机械，主要用于软土隧道暗挖施工。在金属外壳的掩护下，盾构可以同步完成土体开挖、土渣排运、整机推进和管片安装等作业，将隧道一次开挖成形。

明挖法是在露天的路堑地面上，或是从地表向下开挖的基坑内，先修筑衬砌结构物，然后敷设外贴式防水层，再回填覆盖土石。明挖法多用于地下铁道、城市市政隧道、山岭隧道等埋深很浅、难以暗挖的地段。

沉管法是将预制好的隧道管段浮运到隧道设计位置，然后沉入基槽并进行水下连接，从而形成隧道。

除了上述几种常用方法外，隧道及地下工程还有新意法和挪威法等。

新意法即岩土控制变形分析法，是 20 世纪 70 年代中期由意大利的学者在研究围岩的压力拱理论和新奥法施工理论的基础上提出的。它是在困难地质情况下，通过对隧道掌子面前方围岩核心土进行超前支护和加固减小或避免围岩变形，并进行全断面开挖的方法。

挪威法（NMT）是对新奥法的完善和补充，其特点是在施工中观察和量测求出 Q 值并进行围岩分类，在支护体系上的最大特点是把一次支护作为永久衬砌，借助监测结果确定是否需加筑二次衬砌。

3. 施工方法选择

在长期的实践中，我国借鉴国外和国内的施工经验已经积累了相当丰富的施工方法和理论，逐渐形成了具有中国特色的施工方法体系。在工程施工的时候应选择合理的施工方法，体现出技术先进、经济合理以及安全使用等要求。一般来说，选择施工方法时要考虑以下几个因素：

（1）施工条件　大量的工程经验证明，施工条件是决定施工方法的最基本因素，它包括一个施工队伍所具备的施工能力、素质以及管理水平。我国的隧道施工队伍的素质和施工装备参差不齐，所以在施工方法的选择上必须考虑施工条件的影响。

（2）围岩条件　围岩条件包括围岩级别、地下水及不良地质现象。围岩的级别是对围岩工程性质的综合判定，对施工方法的选择起到决定性作用。从施工的技术发展趋势看，地质条件对施工方法的选择起到非常重要的作用，但基本的施工方法变化不是很大，全断面和超短台阶法的结合，全地质型掘进机和自由断面掘进机等的开发都说明了这一点。

（3）隧道断面的面积　在选择施工方法上，隧道的尺寸、形状对施工方法的选择也有一定的影响。目前，隧道断面面积朝着大断面的方向发展（公路隧道已经朝着三车道甚至四车道方向发展），在单线和双线的铁路隧道、双车道公路隧道中越来越多地采用全断面及台阶法开挖；而在更大的断面上，先修建超前导坑，再扩大形成全断面的施工方法为当前的主要施工方法。

（4）埋深　隧道的埋深与围岩的初始应力有着极大的关系，通常将埋深分为浅埋和深埋两类。在同样的地质下，由于埋深不同，施工方法的选择上也有很大的差异。

（5）工期　工期作为设计条件之一，在一定程度上会影响基本的施工方法的选择，因为工期决定了在一定生产条件下，对开挖、运输的基本能力的要求，即对施工均衡选取机械化水平和管理模式的要求。

（6）环境条件　在隧道施工的时候会对周围环境产生振动、噪声、地下水条件的变化等不良的影响，环境条件也应成为施工方法选择的一个必须要考虑的点，尤其在城市中是一个重要的因素。

综上所述，隧道及地下工程施工方法的选择是一项“模糊”的决策过程，施工方法依赖于人员的知识、经验和地理环境、设备设施等因素。对于重要的工程，需要汇集专家们的意见，广泛论证，通常还需要进行试验模拟才最终选出相应的施工方法。

7.2　新奥地利隧道施工法

新奥地利隧道施工法（New Austrian Tunneling Method，NATM）简称新奥法，是奥地利隧道工程师拉布西维兹 1963 年提出来的。它是一种采用控制爆破掘进的手段，以喷射混凝土和锚杆为主要支护措施，通过监测围岩的变形，动态修正设计参数和变动施工方法的隧道施工方法，其核心内容是充分发挥围岩的自承能力。它是在早喷锚技术上总结发展起来的。

7.2.1　施工程序及基本原则

1. 施工程序

隧道的施工过程通常包括地层中挖出土石，形成符合设计轮廓尺寸的坑道，进行必要的初期支护和永久衬砌。隧道施工过程中的各项程序为隧道施工的基本作业。为了保证隧道施工时环境良好，洞内一些相应辅助作业是必不可少的，比如照明、通风、供水等。新奥法施工流程如图 7-1 所示，隧道施工过程的主要作业如图 7-2 所示。

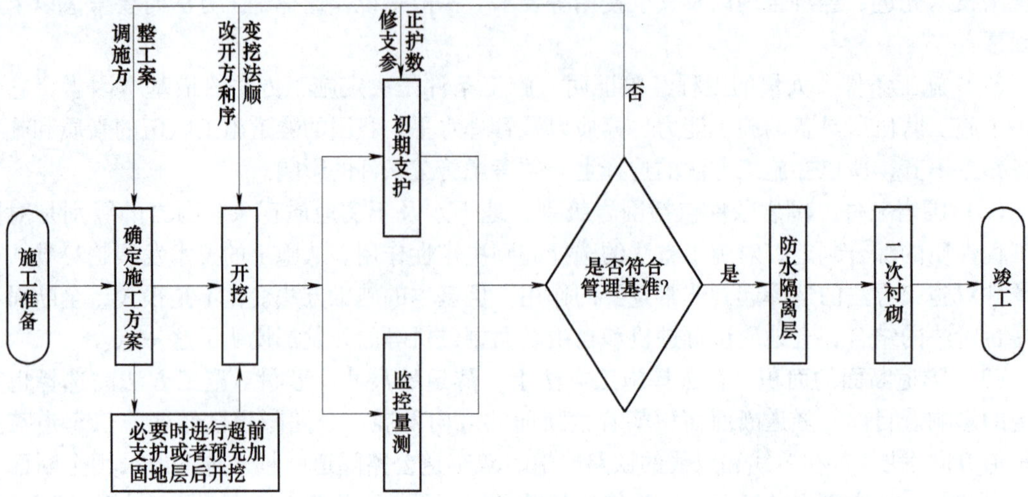

图 7-1 新奥法施工流程

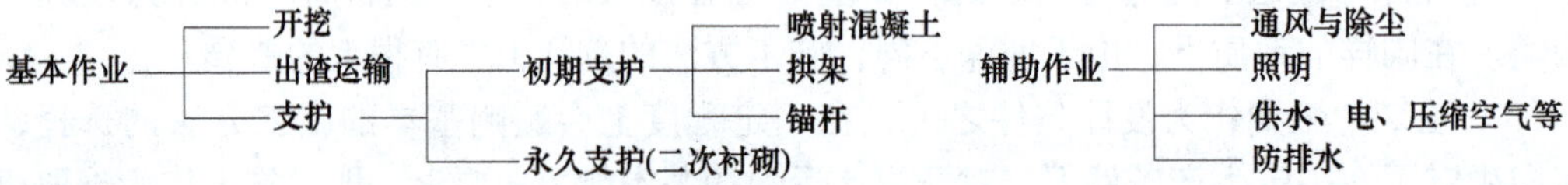

图 7-2 隧道施工过程的主要作业

2. 隧道施工应遵循的基本原则

新奥法的基本原则可简要的概括为“少扰动、早喷锚、勤测量、早封闭”。在隧道施工过程中，建立设计—施工检验—地质预测—修正设计的一体化的施工管理系统，以不断地提高和完善隧道施工技术。

1）少扰动。在施工中必须充分保护岩体，尽量减少对岩体的扰动，避免过度破坏岩体的强度。在进行隧道施工时，要尽量地减少对围岩的扰动次数、扰动强度、扰动范围和扰动持续的时间。因此，能用机械开挖的就不用钻爆法开挖，采用钻爆法开挖时，要严格控制爆破；尽量采用大面积开挖；根据围岩级别、开挖方法和支护条件选择合理的循环掘进尺度；对于自稳性差的围岩，循环进尺应短一些；支护要尽量紧靠开挖面，缩短围岩松弛时间。

2）早喷锚。为了充分发挥岩体的承载能力，应允许并控制岩体的变形。开挖后及时施作初期喷锚支护，使围岩的变形进入受控状态。这样做一方面是为了使围岩不致因变形过度而产生坍塌失稳，另一方面是使围岩变形适度发展，以充分发挥围岩的自承能力，必要时可采取超前支护措施。

3）勤测量。以直观、可靠的测量方法和测量数据来准确评价围岩（或围岩支护）的稳定状态，或判别其动态发展趋势，以便及时调整支护形式和开挖方法，确保施工安全和顺利进行。在施工各个阶段，应进行现场监控量测，及时提出可靠、数量足够的量测信息，如坑道周边的位移或收敛、接触应力等，并及时反馈用来指导施工和修改设计。

4）早封闭。为了改善支护结构的受力功能，施工中应尽快使之闭合，从而形成封闭的筒形结构。这样做一方面采取喷射混凝土等防护措施，避免围岩因长时间暴露而致使强度和稳定性的衰减，尤其是对于易风化的软弱围岩；另一方面更为重要的是适时为围岩施作封闭支护，这样不仅可以阻止围岩变形，而且可以使支护和围岩进入良好的共同工作状态。

7.2.2　基本施工方法

按新奥法施工的开挖面的大小和位置可分为：全断面法、台阶法、分部开挖法三大类及若干变化方案。

1. 全断面法

全断面法

全断面法是按照隧道设计轮廓一次爆破成型的施工方法。其施工顺序如下：

1）用钻孔台车钻眼，然后安装炸药、连接导火线。

2）退出钻孔车，引爆炸药，开挖出整个隧道断面。

3）排除危石，安设拱部锚杆和喷第一层混凝土。

4）用装渣机将石渣装入渣车，运出洞外。

5）安设边墙锚杆和喷射混凝土。

6）必要时可喷拱部第二层混凝土和隧道底部混凝土。

7）开始下一轮循环。

8）在初期支护变形稳定后，或按施工组织中规定日期灌注二次衬砌。

全断面法一般用于Ⅰ~Ⅲ级岩质较完整的硬岩中，必须具备大型施工机械，且适合较长的隧道。根据围岩的稳定程度可以不设锚杆或者设短锚杆，也可以先出渣，然后进行初期支护。全断面法的优点是：工序少，相互干扰少，便于组织和施工管理；工作空间大，便于组织大型机械化施工，因此施工进度快。我国公路隧道目前进洞水平一般在150~300m。全断面法应该注意的问题有：

1）搞清楚开挖面前方的地质情况，随时做好应急措施，以确保施工安全。

2）各种施工机械设备必须配套，保证充分发挥机械效率。

3）加强各项辅助作业，尤其加强通风，保证工作面有足够的新鲜空气。

台阶法

2. 台阶法

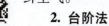

台阶法是适应性最广的施工方法，其变化方案多、围岩适应性大，被称为全地质型施工方法。根据台阶长度，台阶法可划分为长台阶法、短台阶法和超短台阶法。台阶法如图7-3所示。

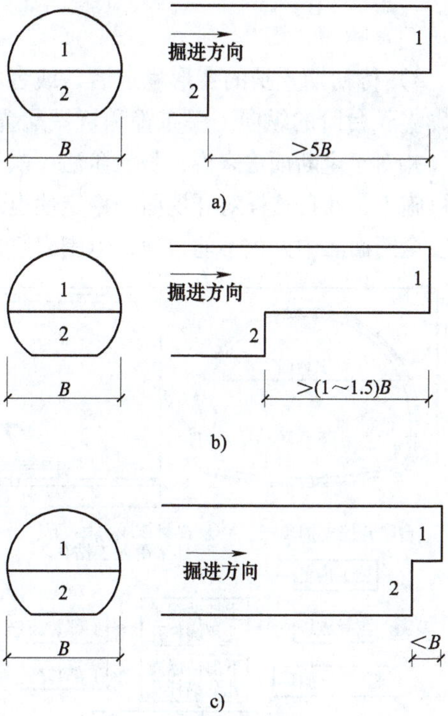

图7-3　台阶法

a）长台阶法　b）短台阶法　c）超短台阶法

（1）长台阶法　长台阶法是将断面分成上下两个断面进行开挖。长台阶法的作业顺序包括以下内容：

1）对于上断面，用两臂钻孔台车钻眼、装药爆炸，地层较软时亦可用挖掘机开挖。安设锚杆和钢筋网，必要时加设钢支撑，喷射混凝土。根据支护结构形成闭合断面时间，必要时在开挖上端面，可建临时底拱，形成上半断面的临时闭合结构，然后在开挖下半断面时将临时拱挖掉。从经济观点来看，这样造价高，可改用短台阶法。

2）对于下断面，用两臂钻孔台车钻眼、装药爆破，装渣直接运至洞外，安设边墙锚杆和喷射混凝土，用反铲挖掘机开挖水沟，喷底部混凝土。开挖下半断面时，其炮眼布置方式有两种：平行于隧道轴线的水平眼；由上台阶向下钻进的竖直眼又称为插眼，其示意图如图7-4所示。前一种方式的炮眼主要布置在设计断面轮廓线上，能有效地控制开挖断面；后一种方式的爆破效果较好，但爆破时石渣飞出较远，容易打坏机械设备。

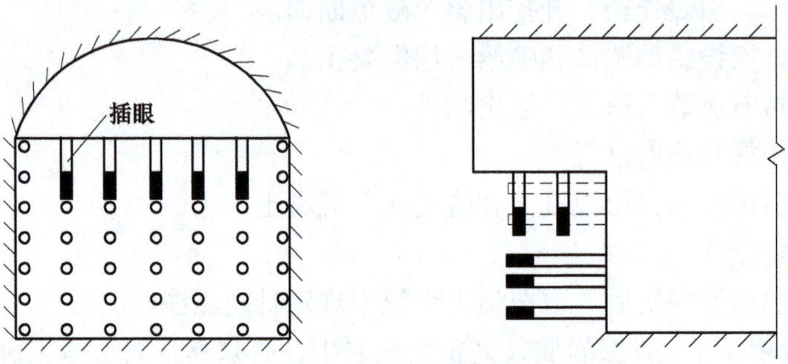

图 7-4　插眼示意图

3）待初期支护的变形稳定后，或者根据施工组织所规定的日期敷设防水层和建造二次衬砌。长台阶的纵向工序布置和机械配置如图7-5所示。

相对于全断面法来说，长台阶法一次开挖的断面和高度都比较小，只需配置中型钻孔台车即可施工，而且这样对开挖面的稳定性也十分有利。所以，它的使用范围较全断面法广泛，凡是在全断面法中开挖不能自稳，但围岩坚硬不用底拱封闭的断面情况都可以采用长台阶法。

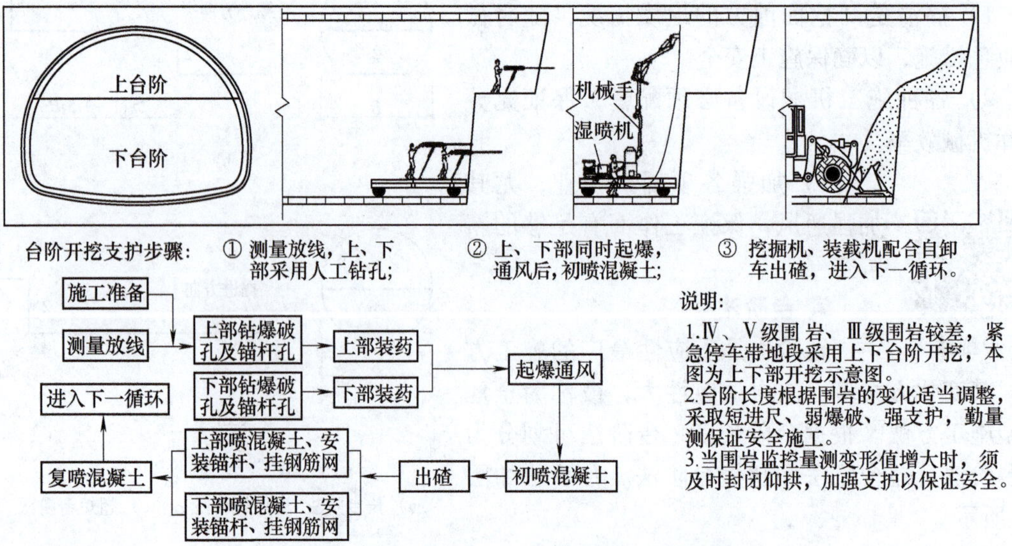

图 7-5　长台阶的纵向工序布置和机械配置

（2）短台阶法 短台阶法同长台阶法一样也分成上下两个断面进行开挖，只是两个断面相距较近，一般上台阶长度小于5倍但大于1倍洞跨，上下断面采用平行作业。短台阶法的作业顺序和长台阶法相同。短台阶法是新奥法施工主要采用的方法之一，短台阶法可以缩短支护结构闭合时间，适用于Ⅰ～Ⅴ级围岩。短台阶法的缺点是上台阶出渣对下半断面施工干扰较大。为解决这种问题，可以设置由上半断面过渡到下半断面的坡道。将上台阶的石渣直接运出。应用短台阶法时应该注意：初期支护全断面要闭合在距开挖面30m以内，或距开挖上半断面开始的30d内完成。

（3）超短台阶法 超短台阶法也分成上下两部分，但上台阶仅超前3～5m，只能采用交替作业。超短台阶法施工作业（图7-6）顺序：用一台停在台阶下的长臂挖掘机或单臂掘进机开挖上半断面至一个进尺，安设拱部锚杆、钢筋网或钢支撑，喷拱部混凝土；用一台机械开挖下半断面至一个进尺，安设边墙锚杆、钢筋网或长钢支撑，喷边墙混凝土；开挖水沟、安设底部钢支撑，喷射拱脚混凝土；灌注二次衬砌。

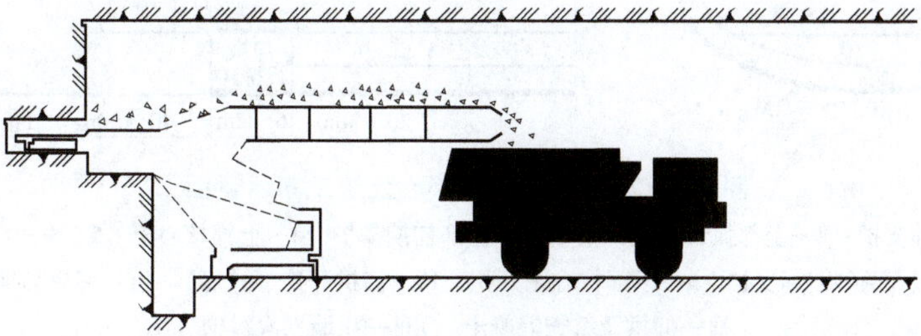

图7-6 超短台阶法施工作业

应该注意的是，在所有台阶法施工中，开挖下半断面时要求做到以下几点：

1）下半断面的开挖应在上半断面初期支护基本稳定后进行，或采用其他有效措施保护初期支护体系的稳定；采用单侧落底或双侧交错落底，避免上部初期支护两侧同时悬空。

2）下部边墙开挖后必须立即喷射混凝土，并按规定做初期支护。

3）量测工作必须及时，以观察拱顶、拱脚和边墙中部位移值，当发现速率增大，应立即进行底拱封闭，或缩短进尺，加强支护，分割掌子面。

施工中选择何种台阶法需要根据以下两个条件来确定：

1）根据初期支护形成闭合断面的时间要求。

2）上断面施工所用的开挖、支护、出渣等机械设备对施工场地大小的要求，然后选择具体哪一种台阶法。

3. 分部开挖法

分部开挖法是将隧道断面分部开挖成型，且一般将某部分岩体超前开挖。分部开挖法可分为几种变化方案：环形开挖预留核心土法、三台阶七步开挖法、双侧壁导坑法、中隔壁法、交叉中隔壁法等。

（1）环形开挖预留核心土法 环形开挖预留核心土法又称为台阶分部开挖法，一般将断面分成环形拱部、上部核心土、下部台阶三部分。

1）施工工序。环形开挖预留核心土法工序示意图如图7-7所示。用人工或单臂掘进机开挖环形部分；架设钢支撑、喷混凝土；在拱部初期支护保护下，用挖掘机或单臂掘进机开挖核心土和下台阶，随时接长钢支撑和喷混凝土、封底；根据初期支护变形情况或施工安排建造二次衬砌。

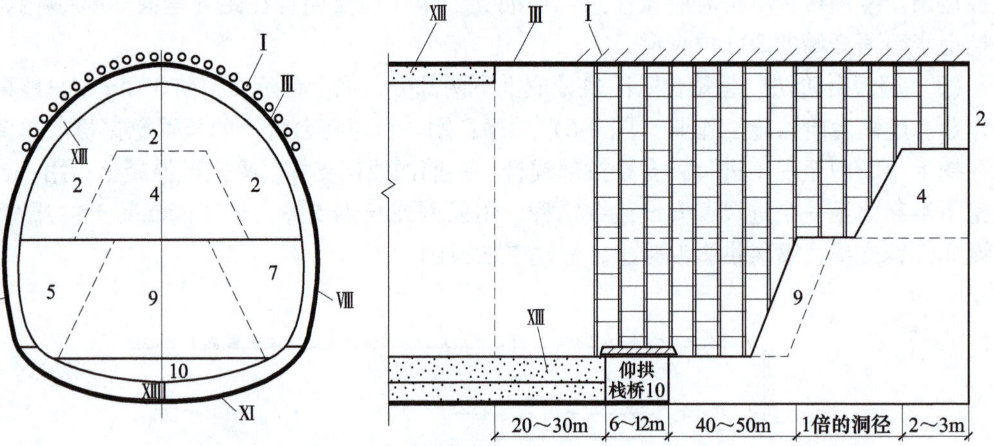

图7-7　环形开挖预留核心土法工序示意图

Ⅰ—超前支护　2—上部弧形导坑开挖　Ⅲ—上部初期支护　4—上部核心土　5、7—两侧开挖

Ⅵ、Ⅷ—两侧初期支护　9—下部核心土开挖　10—仰拱开挖（捡底）　Ⅺ—仰拱初期支护

Ⅻ—仰拱及填充混凝土　ⅩⅢ—拱墙二次衬砌

2）施工要点。①环形开挖预留核心土法将开挖断面分为上、中、下及底部四个部分逐级掘进施工，核心土面积应不小于整个断面面积的50%。上部宜超前中部3~5m，中部超前下部3~5m，下部超前底部10m左右；②核心土与下台阶开挖应在上台阶支护完成后、喷射混凝土强度达到设计强度的70%后进行，为防止上台阶初期支护下沉、变形，其底部宜加设槽钢托梁，托梁与钢架连为一体，钢架底部应按设计要求设置锁脚锚杆，并与纵向槽钢焊接，锚杆布设俯角宜为30°；③每一台阶开挖完成后，及时喷射4cm厚混凝土对围岩进行封闭，设立型钢钢架及锁脚锚杆，分层复喷混凝土到设计厚度，必要时各台阶设临时仰拱加强支护，完成一个开挖循环；④对土质的隧道应以核心土为基础设立3根临时钢架竖撑以支撑拱顶和拱腰，核心土应根据围岩量测结果适当滞后开挖。

3）优点。与超短台阶法相比，台阶长度可以加长，减少上下台阶施工干扰；而与下述的侧壁导坑法相比，施工机械化程度较高，施工速度可加快。该方法施工中应该注意的问题如下：虽然核心土增强了开挖面的稳定，但开挖中围岩要经受多次扰动，而且断面分块多，支护结构形成全断面封闭时间长，这些都有可能使围岩变形增大。因此，它常要结合辅助施工措施对开挖工作面及前方岩体进行预支护或预加固。

（2）三台阶七步开挖法　三台阶七步开挖法是以弧形导坑预留核心土法为基本模式，分为上、中、下三台阶七个开挖面，各部位的开挖与支护沿隧道纵向错开，平行推进的施工方法。

1）施工工序。三台阶七步开挖法工序示意图如图7-8所示。

2）施工要点。①以机械开挖为主，必要时辅以弱爆破，各分步平行开挖，平行施作初期支护，各分部初期支护衔接紧密，及时封闭成环；②仰拱紧跟下台阶，及时闭合构成稳固的支

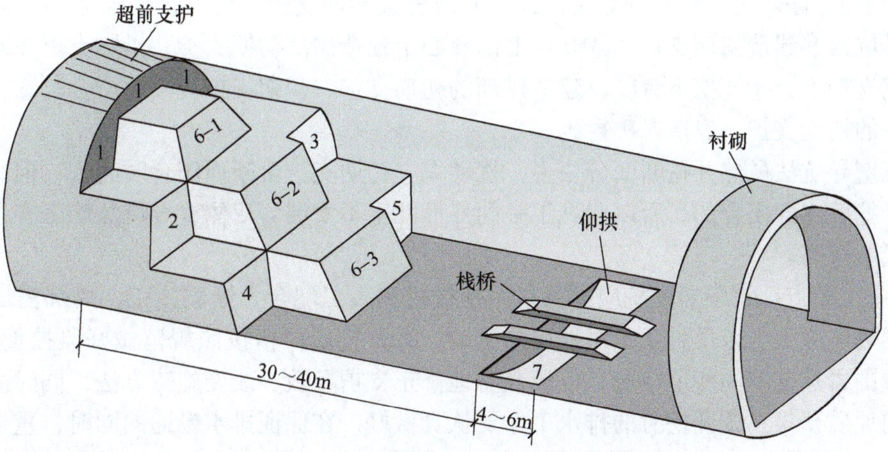

图 7-8 三台阶七步开挖法工序示意图

护体系；③施工过程通过监控量测，掌握围岩和支护的变形情况，及时调整支护参数和预留核心变形量，保证施工安全；④完善洞内临时防排水系统，防止地下水浸泡拱墙角基础。

3）优缺点及适用条件。施工空间大，方便机械化施工，可以多作业面平行作业，部分软岩或土质地段可以采用挖掘机直接开挖，工效较高。地质条件变化时，便于灵活、及时地转换施工工序，调整施工方法。在台阶法开挖基础上，预留核心土，左右错开开挖，利于开挖工作面稳定。当围岩变形较大或突变时，在保证安全好满足净空要求的前提下，可尽快调整闭合时间。

(3) 双侧壁导坑法（又称为眼镜工法） 当隧道跨度很大，地表沉陷要求严格，围岩条件特别差，单侧壁导坑法难以控制围岩变形时，可采用双侧壁导坑法。经现场实测得知，双侧壁导坑法所引起的地表沉陷仅为短台阶法一半左右。双侧壁导坑法工序示意图如图 7-9 所示。

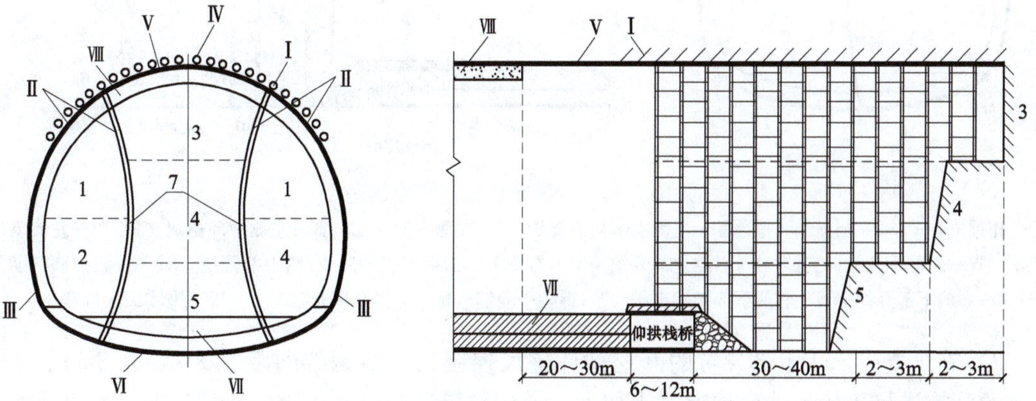

图 7-9 双侧壁导坑法工序示意图

Ⅰ—超前支护 1—左（右）侧导坑上部开挖 Ⅱ—左（右）侧导坑上部支护 2—左（右）侧导坑下部开挖 Ⅲ—左（右）侧导坑下部支护成环 Ⅳ—拱部超前小导管 3—中壁拱部开挖 Ⅴ—拱部初期支护 4—中壁中部开挖 5—中壁下部开挖 Ⅵ—中壁下部初期支护 7—拆除临时支护 Ⅶ—仰拱及填充混凝土 Ⅷ—拱墙二次衬砌

1）施工工序。①开挖一侧导坑，并及时地将其初期支护闭合；②相隔适当距离后开挖另一侧导坑，并建造初期支护；③开挖上部核心土建造拱部初期支护，拱脚支撑在两侧壁导坑的初期支护上；④开挖下台阶，建造拱部的初期支护，初期支护全断面闭合；⑤拆除导坑临空部分的初期支护，建造二次衬砌。

双侧壁导坑法虽然开挖断面分块多，扰动大，初期支护全断面闭合时间长，但每个分块都是在开挖后立即闭合的，所以在施工中间变形几乎不发展。双侧壁导坑法施工安全，但速度慢，成本较高。

2）施工要点。①围岩开挖应尽量采用挖掘机和人工配合无爆破施工，局部需爆破施工时，宜弱爆破施工，以尽量减少对地层的扰动；②开挖应严格按照规范做好监控量测工作，随时掌握围岩及支护的变形情况，以便及时地修正支护参数，改变施工方法，同时应有较准确的超前地质预报；③开挖时的排水工作要认真做好，在保证排水畅通的同时，重点对两侧临时排水沟铺砌抹面，防止钢支撑基底软化；④侧壁导坑开挖后，应及时进行初期支护并尽早形成封闭环；侧壁导坑形状应近于椭圆形断面，导坑跨度宜为整个隧道跨度的三分之一；左右导坑施工时，前后拉开距离不宜小于 15m；导坑与中间土体同时施工时，导坑应超前 30~50m。

（4）中隔壁法（CD 法）　中隔壁法是在软弱围岩大跨隧道中常用的一种方法。这种方法是将断面分成左、右两部分，每一部分又分为上、下几个台阶。

1）中隔壁法施工　工序示意图如图 7-10 所示。

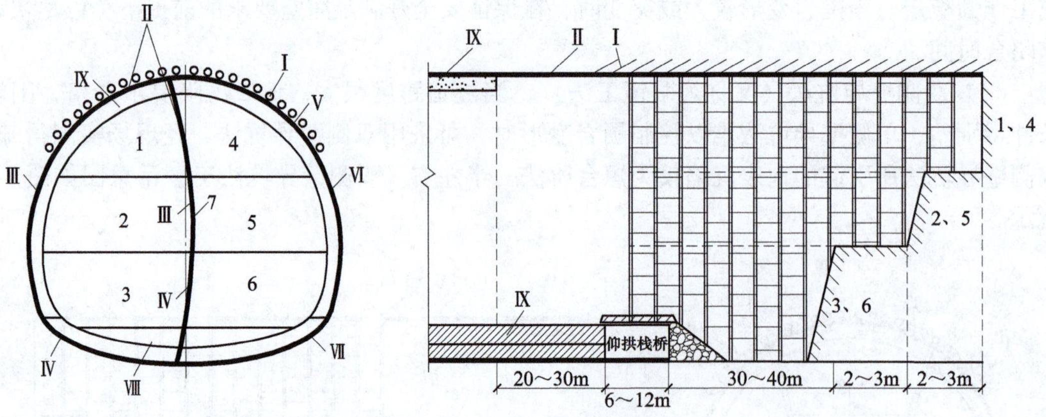

图 7-10　中隔壁法工序示意图

Ⅰ—超前支护　1—左侧上部开挖　Ⅱ—左侧上部初期支护　2—左侧中部开挖　Ⅲ—左侧中部初期支护　3—左侧下部开挖　Ⅳ—左侧下部初期支护　4—右侧上部开挖　Ⅴ—右侧上部初期支护　5—右侧中部开挖　Ⅵ—右侧中部初期支护　6—右侧下部开挖　Ⅶ—右侧下部初期支护　7—拆除中隔墙　Ⅷ—仰拱及填充混凝土　Ⅸ—拱墙二次衬砌

2）施工要点。①上部导坑的开挖循环进尺控制为 1 榀钢架间距（0.75~0.8m），下部导坑的开挖进尺可依据地质情况适当加大；②中隔壁法或交叉中隔壁法施工时，初期支护完成后方可进行下一分部开挖，地质较差时，每个台阶底部均应按设计要求设临时钢架或临时仰拱；各部开挖时，周边轮廓应尽量圆顺；应在先开挖侧喷射混凝土强度达到设计要求后再进行另一侧开挖；左右两侧导坑开挖工作面的纵向间距不宜小于 15m；当开挖形成全断面时，应及时完成全断面初期支护闭合；③导坑开挖孔径及台阶高度可根据施工机具、人员等安排进行适当调整；应配备适合导坑开挖的小型机械设备，提高导坑开挖效率；④中隔壁的拆除工艺是关键技术，中隔壁拆除时间的判定要以拱顶下沉和净空收敛为依据，一般在拱顶下沉 7d 内增量在 2mm 以下作为拆除中壁的基准同时要求中隔壁的拆除应滞后于仰拱，一次拆除长度应根据量测数据慎重确定，拆除后应立即施作二次衬砌。

（5）交叉中隔壁法（CRD 法）　交叉中隔壁法是在软弱围岩大跨隧道中先分部开挖隧道一侧，施作部分中隔壁和横隔板，并封闭成环；再分部开挖隧道另一侧，完成横隔板施工，最终隧道整个断面封闭成环的施工方法。交叉中隔壁法的特点是各部增设临时仰拱和两侧交叉开挖，每步封闭成环，且封闭时间短，以抑制围岩变形，达到围岩沉降可控，初期支护安全稳定的目的。该法除喷锚支护及增设足够强度和刚度的型钢或钢格栅支撑外，还应采用多种辅助措施进行超前加固。

1）交叉中隔壁法　施工工序示意图如图 7-11 所示。

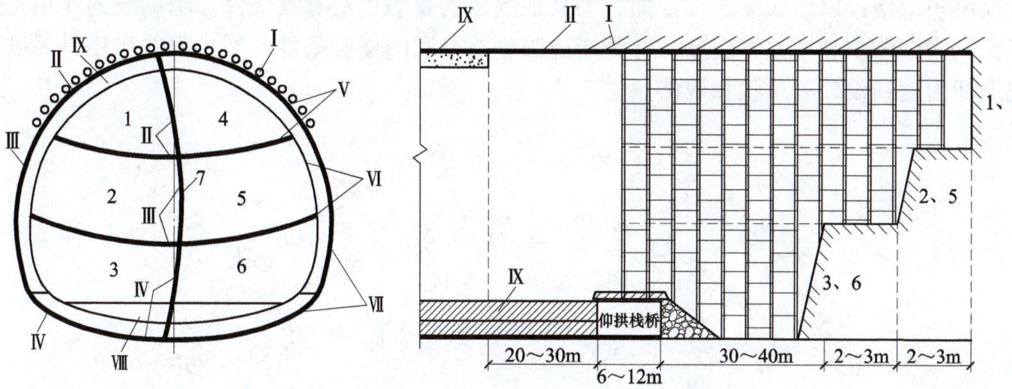

图 7-11　交叉中隔壁法施工工序示意图

Ⅰ—超前支护　1—左侧上部开挖　Ⅱ—左侧上部初期支护　2—左侧中部开挖　Ⅲ—左侧中部初期支护　3—左侧下部开挖　Ⅳ—左侧下部初期支护　4—右侧上部开挖　Ⅴ—右侧上部初期支护　5—右侧中部开挖　Ⅵ—右侧中部初期支护　6—右侧下部开挖　Ⅶ—右侧下部初期支护　7—拆除中隔墙及临时仰拱　Ⅷ—仰拱及填充混凝土　Ⅸ—拱墙二次衬砌

2）施工要点。①根据地质条件，隧道断面的分部应以初期支护受力均匀，便于发挥人力、机械效率为原则，一般水平方向分为两部，上下方向分二至三层开挖；②先行施工部位的临时支撑（中隔壁、临时仰拱），均应有向外（下）鼓的弧度；③各部分开挖及支护应自上而下，开挖后及时施作初期支护、中隔壁、设置临时仰拱，步步成环；④缩短各部开挖面的间距，使初期支护尽早封闭成环。

7.2.3　新奥法的掘进技术

钻孔爆破法开挖工作包括钻眼、装药、爆破等几项内容，对于开挖工作应该做到以下几点要求：按设计要求开挖断面；石渣大小应便于装渣作业；掘进速度快，少占作业循环时间；爆破在充分发挥其能力的前提下，减少对围岩的振动破坏，减少对施工用具设备及支护结构的破坏，并尽量节省爆破器材消耗。

1. 钻眼机具

隧道工程通常使用的凿岩机有风动凿岩机、液压凿岩机和凿岩台车，另有电动和内燃凿岩机，但较少采用。其工作原理都是利用镶嵌在钻头体前端的凿刃反复冲击并转动破碎岩石而成孔。

1）风动凿岩机。风动凿岩机俗称风钻，主要是手持式气腿凿岩机，它是以压缩空气的膨胀为驱动力，具有灵活方便，使用简单等优点，缺点是工人劳动强度大、能耗大、噪声大等。

2）液压凿岩机。液压凿岩机是以电力带动高压油泵，通过改变油路使活塞往复运动，进行冲击作业。与风动凿岩机相比，液压凿岩机具有动力能耗少、凿岩速度快、凿岩功效高、环境保护较好等优点。

3）凿岩台车。将多台液压凿岩机安装在一个专门移动的设备上，实现多机同时作业。

炮眼布置

2. 炮眼布置

炮眼类型按其所在位置、爆破作用、布置方式和有关参数的不同分为：掏槽眼、辅助眼、周边眼（图 7-12）。掏槽眼的作用是在开挖面上某一部位的围岩掏出一个槽，以形成新的临空面，为其他炮眼的爆破创造有利条件。辅助眼的作用是进一步扩大掏槽体积和增大爆破量，并为周边眼创造有利的爆破条件。周边眼的作用是爆破后使坑道断面达到设计的形状和规格。

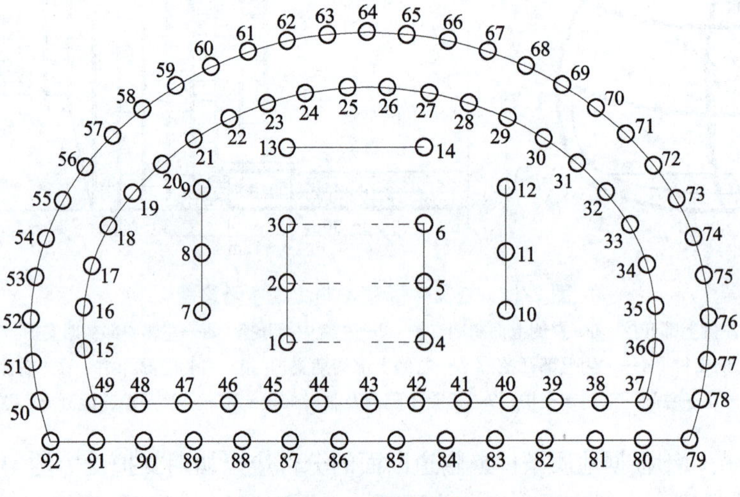

图 7-12　炮眼种类

1~6—掏槽眼　7~49—辅助眼　50~92—周边眼

炮眼布置的原则和方法：

1）先布置掏槽眼，其次周边眼，最后辅助眼。掏槽眼一般布置在开挖面中央偏下部位，其深度应比其他炮眼深 15~20cm。为爆出平整的开挖面，除掏槽眼和底部炮眼外，所有掘进眼眼底应落在同一平面上。底部炮眼深度一般与掏槽眼相同。

2）周边眼沿设计轮廓线均匀布置。将周边眼的眼口放在设计轮廓线以内，眼底应根据岩石抗爆破性来确定位置，应将炮眼方向以 0.03~0.05 的斜率外插。对于坚硬岩石，眼底放在设计轮廓线以外 10~15cm，对于中硬岩石，眼底放在设计轮廓线上，对于软弱岩石，眼底放在设计轮廓线以内 10~15cm。对于周边眼中的底眼，其眼底放在设计轮廓线以外 10~15cm。周边眼炮眼间距和最小抵抗线长度比辅助眼小，目的是使爆破出的隧道轮廓较为平顺和控制超欠挖量。

3）辅助眼的布置由施工经验决定。辅助眼的布置主要是解决炮眼间距 E 和最小抵抗线 W 的问题。这可以由施工经验决定，一般抵抗线约为炮眼间距的60%~80%，为0.6~0.9m。

3. 掏槽眼形式

根据排列形式可以将掏槽眼分为斜眼掏槽和直眼掏槽。斜眼掏槽如图7-13所示。斜眼掏槽与直眼掏槽比较见表7-1。

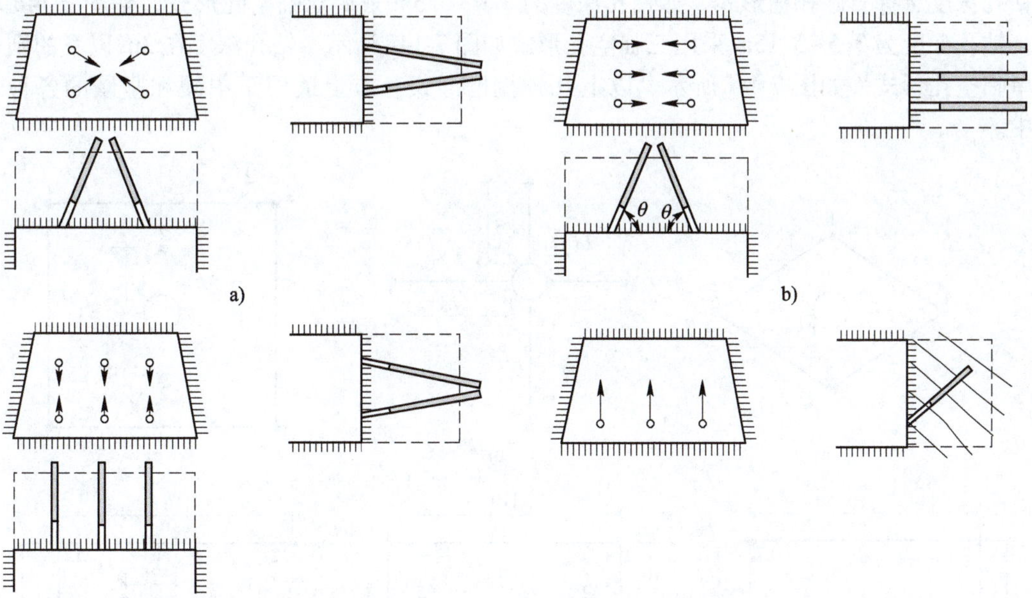

图 7-13　斜眼掏槽

a）锥形　b）垂直楔形　c）水平楔形　d）爬眼

表 7-1　斜眼掏槽和直眼掏槽比较

名称	斜眼掏槽	直眼掏槽
常见形式	锥形掏槽、楔形掏槽、复式掏槽	平行龟裂掏槽、角柱掏槽、螺旋掏槽
优点	适用于各类岩层的爆破，掏槽效果好，槽腔体积大，能将槽腔内的岩石全部或大部抛出，形成有效的自由面，为掘进眼爆破创造出较有利的破岩条件，槽孔的位置和倾角的精度对掏槽效果影响不大	炮孔深度不受断面限制，便于中深孔爆破，掏槽参数可不随炮孔深度和断面改变而改变，只需要调整装药量，易台钻平行作业，爆堆集中而有利于装岩，抛掷距离近，不易崩坏设备
缺点	钻孔的角度在空间上难以掌握，多台钻机施工互相干扰较大；斜孔掏槽深度受平导掘进宽度的限制；掏槽参数与平导各炮孔有关；爆堆分散，岩石抛掷距离较远	炮孔数目多，占用雷管段数多，装药量大、单耗高，地槽眼的间距和平行度要求较高，在有瓦斯各煤尘爆炸危险的地方使用空孔掏槽爆破存在一定的安全隐患

（1）斜眼掏槽　其特点是掏槽眼与开挖面斜交（图 7-13），最常用的是垂直楔形掏槽（图 7-13b）。斜眼掏槽的优点是可以按岩层实际情况选择掏槽方式和掏槽角度。此种掏槽形式的优点是容易把岩石抛出，而且需要的掏槽眼数量少。缺点是眼深受坑道断面尺寸的限制，不便多台钻机一起工作。

（2）直眼掏槽　直眼掏槽可以多机一起工作，对加快掘进速度有利（图 7-14）。一般按照钻孔深度选择直眼掏槽形式，如钻孔深度为 3.0~3.5m 采用双临空孔形式，如图 7-14d 所示。钻孔深度为 3.5~5.15m 采用三临空孔形式如图 7-14e 所示。钻孔深度在 3m 以下的则采用单临空孔形式，如图 7-14f 所示。以上几种掏槽形式基本上适用于中硬和坚硬的各种岩层中。

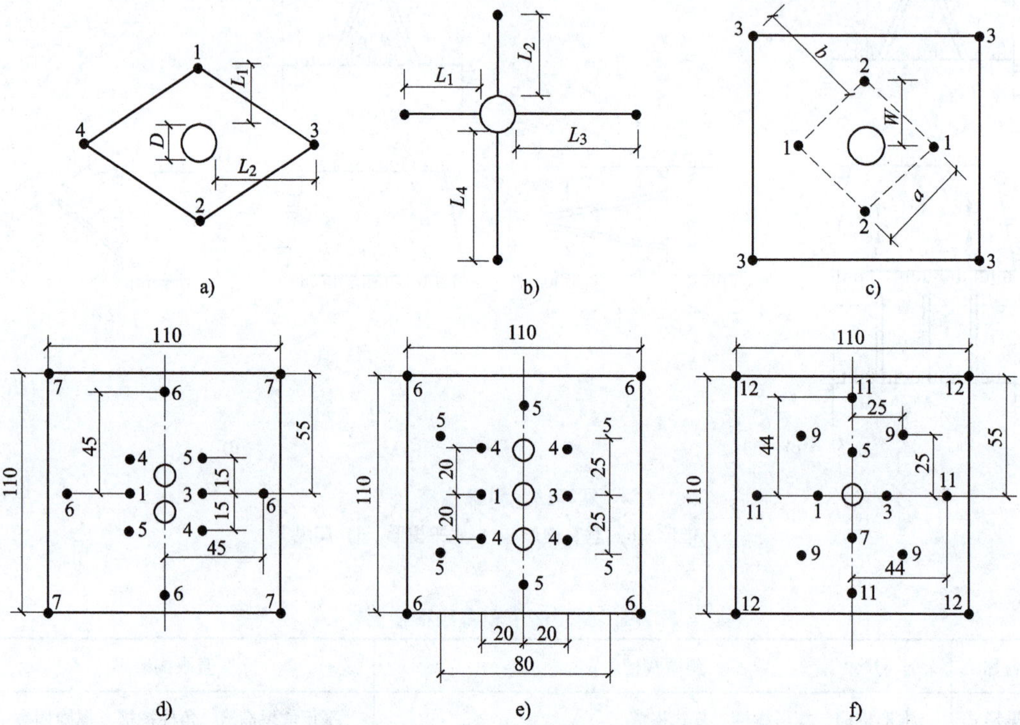

图 7-14　直眼掏槽（单位：cm，炮眼旁数字为毫秒雷管段别）

a）菱形　b）螺旋形　c）对称形　d）双临空孔形式　e）三临空孔形式　f）单临空孔形式

4. 控制爆破

在隧道爆破施工中，首要的要求是炮眼利用率高，开挖轮廓及尺寸准确，对围岩振动小。按通常的周边炮眼布置，若断面一次性开挖，难以达到预想的形状，采用光面爆破与预裂爆破技术，可以控制爆破轮廓，尽量保持围岩稳定性。

（1）光面爆破　光面爆破是指爆破后断面轮廓整齐，超挖和欠挖符合规定要求的爆破。其主要标准是：①开挖轮廓成型规则，岩面平整；②岩面上保持 50%以上孔痕，并无明显的爆破裂缝；③爆破后围岩壁上无危石。光面爆破的优点，在完整岩体可以从直观感觉中明显看到。在地质条件不是很好的地方采用光面爆破，表面效果看起来较差，但减轻对围岩的振动破坏，减少超挖和避免冒顶等方面，其实作用还是很大的。

1）光面爆破的基本原理。实现光面爆破，就要使周边炮眼起爆后优先沿各孔中心连线形成贯通裂缝，然后由于爆炸气体的作用，使裂解的岩体向洞内抛撒。其代表性的理论有三种：一种认为成缝主要是由于爆破应力波动的作用引起的，提出了应力波理论；第二种认为裂缝主要是由于爆破高压气体准静应力的作用引起的，提出了静压力破坏理论；第三种是应力波与爆炸气体压力共同作用理论，这种理论很多人认可。

2）光面爆破的主要参数及技术措施。确定合理的光面爆破参数，是获得良好的光面爆破效果的重要保证。光面爆破的主要参数包括周边眼的间距、光面爆破层的厚度、周边眼密集系数、周边眼的线装药密度等。影响光面爆破参数选择的因素很多，主要有岩石的爆破性能、炸药品种、一次爆破的断面大小等。其中影响最大的是地质条件。为了获得良好的光面爆破效果，可采取以下技术措施：①适当加密周边眼；周边眼孔距适当缩小，可以控制爆破轮廓，避免超欠挖，又不致过大增加钻眼工作量；②合理确定光面爆破层厚度；所谓爆破层厚度，就是周边眼与最外层辅助眼之间的一圈岩石层。光面爆破层厚度就是周边眼最小抵抗线；③合理用药，用于光面爆破的炸药，既要求有较高的破岩应力能，又要消除或减轻爆破对围岩的扰动，所以宜采用低猛度、低爆速、传爆性能好的炸药，但在炮眼底部，为了克服眼底岩石的夹制作用，应该用高爆速炸药；④采用小直径药卷不耦合装药结构，在装药结构上，宜采用比炮眼直径小的小直径药卷连续或间隔装药，炮眼直径与药卷直径之比称为耦合系数。当采用间隔装药时，相邻炮眼所用药串的药卷位置应错开，以便充分利用炸药效能；⑤保证光面爆破眼同时起爆，据测定，各炮眼的起爆时差超过0.1s时就同于单个炮眼爆破。使用即发雷管与导爆索起爆是保证光面爆破眼同时起爆的好方法，同段毫秒雷管起爆次之；⑥要为周边眼光面爆破创造临空面，这可以在开挖程序和起爆顺序上予以保证，并应注意不要使先爆落的石渣堵死周边眼的临空面，均匀的光面爆破层是有效地实现光面爆破的重要一环，应对靠近光面爆破层的辅助眼的布置和装药量给予特殊注意。以上几点是通过实践总结而来的有效措施。

（2）预裂爆破　预裂爆破原理与光面爆破原理相同。只是在爆破的顺序上，光面爆破是先引爆掏槽眼，接着引爆辅助眼，最后才引爆周边眼，而预裂爆破则是首先引爆周边眼，使沿周边眼的连心线炸出平顺的预裂面。这个预裂面的存在对后爆的掏槽眼和辅助眼的爆炸波能起反射和缓冲作用，可以减轻爆炸波对围岩的破坏影响，爆破后的开挖面整齐规则。由于成洞过程和破岩条件不同，在减轻对围岩的扰动程度上，预裂爆破比光面爆破的效果更好一些。所以，预裂爆破很适用于稳定性差而又要求控制开挖轮廓的软弱岩层。但预裂爆破的周边眼间距和最小抵抗线都要比光面爆破的小，相应地要增多炮眼数量，增大钻眼工作量。

7.2.4　新奥法的支护技术

1. 预支护技术

针对软弱破碎岩石条件下的工作面稳定问题，可以采用的特殊稳定措施有超前支护和注浆加固两大类。超前支护又分为超前锚杆支护和超前管棚支护。注浆加固又分为超前小导管注浆和超前深孔帷幕注浆。

（1）超前锚杆支护　超前锚杆支护是指沿开挖轮廓线，以一定的外插角向开挖面前方钻孔安装锚杆，形成对前方围岩的预锚固，而后在提前形成的围岩锚固圈保护下进行开挖等作业（图7-15）。超前锚杆支护的柔性较大，整体刚度较小，它主要适用于地下水较少，破碎、软弱围岩的隧道工程中，如裂隙发育的岩体、断层破碎带、浅埋无显著偏压的隧道等。超前锚杆支护施工采用凿岩机或专用的锚杆台车钻孔，用锚固剂或砂浆锚固，工艺简单、工效高。

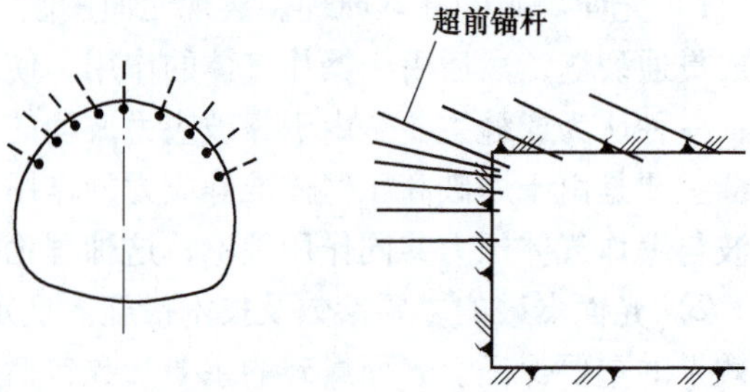

图7-15　超前锚杆布置示意图

超前锚杆支护的技术要点如下：

1）超前锚杆支护的超前量、环向间距、外插角等参数，应视围岩地质条件、施工断面大小、开挖循环进尺和施工条件而定。一般超前长度为循环进尺的3~5倍，宜为3~5m，环向间距宜采用0.3m，外插角宜用10°~30°；搭接长度宜为超前长度的40%~60%，即大致形成双层或双排锚杆。

2）超前锚杆宜用早强砂浆全黏结式锚杆，锚杆材料可用直径不小于22mm的螺纹钢筋。

3）超前锚杆的安装一般要求孔位偏差不超过10cm，外插角不超过2°，锚固长度不小于设计长度的96%。

4）开挖时应注意保留前方有一定长度的锚固区，以使超前锚杆的前端有一个稳定的支点。其尾端应尽可能多地与系统锚杆及钢筋网焊接。若掌子面出现滑塌现象，则应及时喷射混凝土封闭开挖面，并尽快打入下一排超前锚杆，否则不能继续开挖。

5）开挖后应及时喷射混凝土，并尽快封闭环形初期支护。

6）开挖过程中应密切注意观察锚杆变形及喷射混凝土层的开裂、起鼓等情况，以掌握围岩动态，及时调整开挖及支护参数，遇地下水时，则应钻孔引排。

（2）超前管棚支护　超前管棚支护是利用钢拱架沿开挖轮廓线以较小的外插角、向开挖面前方打入钢管构成的棚架来加固开挖面前方岩层的预支护方法。采用长度小于10m的钢管，称为短管棚；采用长度为10~45m且较粗的钢管，称为长管棚。为增加钢管外围岩的剪切强度，从插入的钢管内压注充填水泥或砂浆，使钢管与围岩一体化。超前管棚支护应采用钢管或钢插板作为纵向预支撑，采用钢拱架作为环向支撑，整体刚度较大，对围岩变形的限制能力较强，且能提前承受早期围岩压力。因此，超前管棚支护主要适用于围岩压力较大、对围岩变形及地表下沉有较严格要求的软弱、破碎岩层的隧道工程，如土砂质地层、强膨胀性地层、强流变性地层、裂隙发育的岩体、断层破碎带、浅埋有显著偏压等地层的隧道施工。在地下水较多时，可利用钢管注浆堵水和加固地层。管棚的配置、形状、施工范围、管棚间隔及断面等应根据地质条件、周边环境、隧道开挖断面埋深以及开挖方法等因素来决定，一般多采用如图7-16所示的配置和形状。

短管棚一次超前量少，施工基本上与开挖作业交替进行，占用循环时间较多，但钻孔安装或顶入安装较容易。长管棚一次超前量大，虽然增加了单次钻孔或打入长钢管的作业时间，但减少了安装钢管的次数，减少了与开挖作业之间的干扰。在长钢管的有效超前区段内，基本上可以进行连续开挖，也更适于采用大中型机械进行大断面开挖。

（3）超前小导管注浆　超前小导管注浆是在开挖前，沿坑道周边向前方岩层内打入带孔小导管，并通过小导管向岩层压注起胶结作用的浆液，待浆液硬化后，在坑道周围岩体就形成一定厚度的加固圈，在此加固圈的保护下即可安全地进行开挖等作业（图7-17）。若小

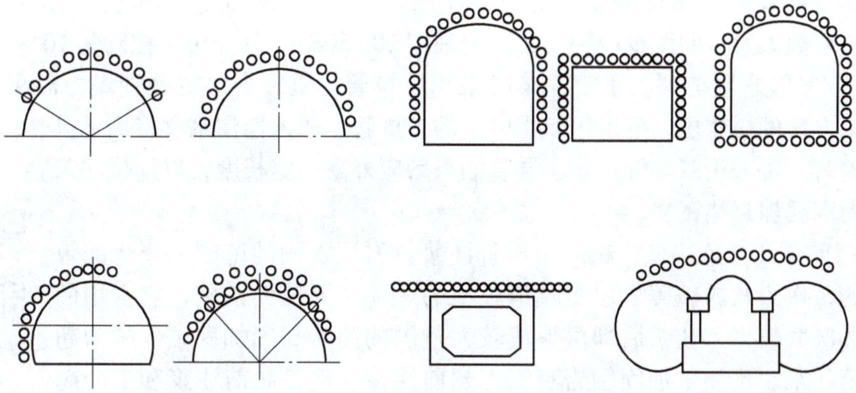

图 7-16　管棚的配置和形状

导管前端焊一个简易钻头，则可钻孔、插管一次完成，等同自进式注浆锚杆。

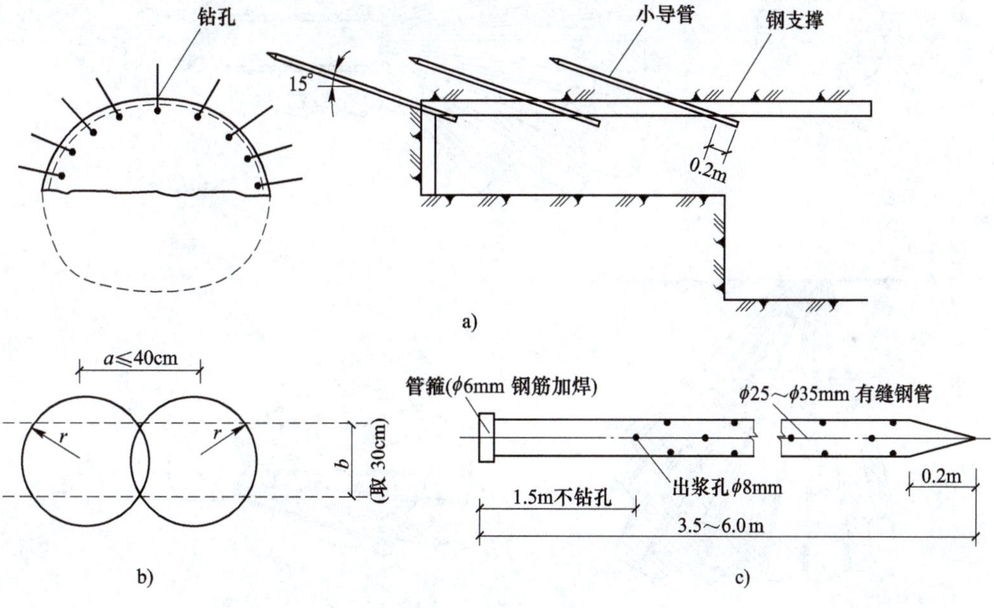

图 7-17　超前小导管注浆

a）超前小导管布置　b）注浆半径及孔距选择　c）小导管全图

通过小导管将浆液压注到岩体裂隙中并硬化后，不仅将岩块或颗粒胶结为整体起到了加固作用，而且填塞了裂隙，阻隔了地下水向坑道渗流的通道，起到了堵水作用。因此，超前注浆小导管不仅适用于一般软弱破碎岩层，也适用于含水的软弱破碎岩层。

但超前小导管注浆对围岩加固的范围和强度是有限的，在围岩条件特别差而变形又严格控制的隧道施工中，超前小导管注浆常常作为一项主要的辅助措施，与管棚结合起来加固围岩。

超前小导管的布设与安装按以下要求进行：①小导管钻孔安装前，应对开挖面及 5m 范围内隧道喷射 5~10cm 厚的混凝土封闭；②小导管一般采用壁厚 2mm 的焊接钢管或直径 40mm 的无缝钢管制作，长度宜为 3~6m，前端做成尖锥形，前段管壁上每隔 10~20cm 交错钻眼，眼孔直径宜为 6~8mm。③钻孔直径应比管径大 20mm 以上，环向间距应按地层条件而定，渗透系数大时，间距也应加大，一般采用 20~50cm；外插角应控制为 10°~30°，一般采用 15°；④Ⅴ级岩层劈裂、压密注浆时采用单排管；Ⅵ级岩层或处理塌方时可采用双排管；地下水丰富的松软层，可采用双排以上的多排管；渗入性注浆宜采用单排管；大断面或注浆效果差时，可采用双排管；⑤小导管插入后应外露一定长度，以连接注浆管，并用塑胶泥将导管周围孔隙封堵密实。

（4）超前深孔帷幕注浆　超前小导管注浆对岩层加固的范围和止水的效果是有限的，作为软弱破碎岩层中隧道施工的一项主要辅助措施，它占用的时间和循环次数较多，注浆后即可形成较大范围的筒状封闭加固区，称为超前深孔帷幕注浆。预注浆加固围岩有洞内超前注浆、地表超前注浆和平导超前注浆三种方式，如图 7-18 所示。

超前小导管安装

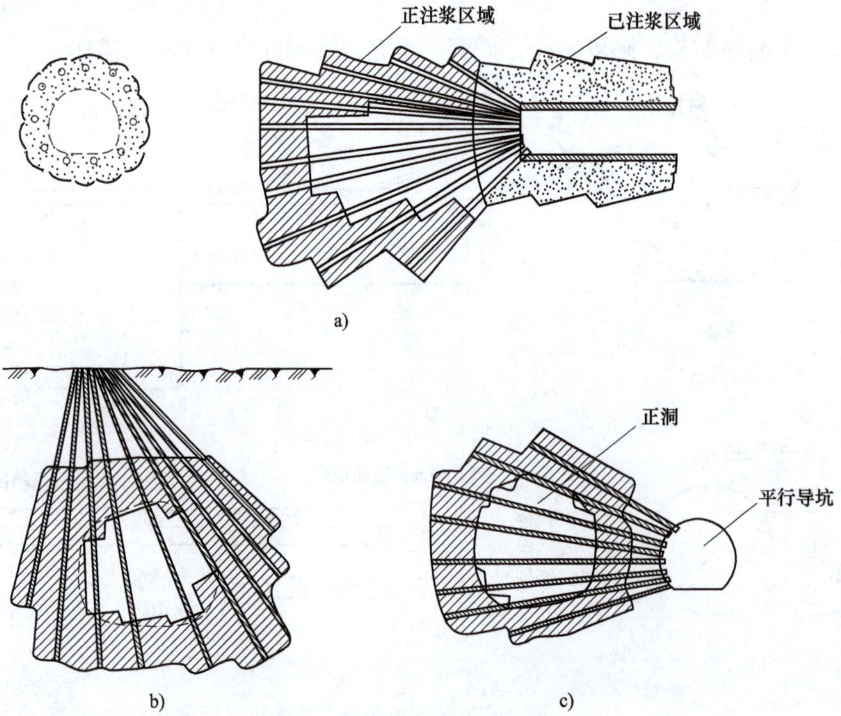

图 7-18　超前深孔帷幕注浆方式

a）洞内超前注浆　b）地表超前注浆　c）平导超前注浆

如果隧道埋深较浅，则注浆作业可在地面进行；对于深埋长大隧道可利用辅助平行导坑对正洞进行预注浆，这样可以避免与正洞施工的干扰，有利于缩短建设工期。

2. 初期支护

初期支护是指在隧道开挖后围岩自稳能力不足的条件下，为保证隧道在施工期间的稳定和安全所采取的工程措施。初期支护主要用锚杆和喷射混凝土来支护围岩，并且初期支护施工完成后也作为永久承载结构的一部分，与围岩共同构成永久的隧道结构承载体系。

锚杆钻孔和安装 a

锚杆钻孔和安装 b

（1）锚杆支护　锚杆是用金属或其他抗拉性能的材料制作的一种杆状构件，其具有支护结构简单、施工方便、成本低、工程适应性强等特点。按其对围岩加固的区域，锚杆可分为系统锚杆、超前锚杆和局部锚杆三种。系统锚杆是指在一个掘进进尺范围内的岩体被挖除后，沿隧道横断面的径向安装在围岩内的锚杆。其目的在于对已暴露的围岩进行锚固，以便在已加固且稳定的坑道中进行循环的开挖等作业。超前锚杆是指沿开挖轮廓线，以稍大的外插角，向开挖面前方围岩内安装的锚杆。这些锚杆形成对前方围岩的预锚固，开挖等作业在提前形成的围岩锚固圈的保护下进行。局部锚杆是指为维护围岩的局部稳定或对初期支护的局部加强，只在一定的区域安装的锚杆。

（2）喷射混凝土支护　喷射混凝土可以作为隧道工程的永久性或临时性支护，也可以与各种形式的锚杆、钢纤维、钢拱架、钢筋网等构成组合式支护结构。它的灵活性也很大，可以根据需要分次追加厚度。除用于地下工程外，喷射混凝土支护还广泛应用于地面工程的边坡防护、加固，基坑防护，结构补强等。随着喷射混凝土原材料、速凝剂及其他外加剂、施工工艺、机械的研究和应用，喷射混凝土无论是作为新材料，还是新的施工工艺，将有更为广阔的发展前景。喷射混凝土的工艺种类分为干喷、湿喷和混合喷射，其主要区别在于投料程序不同，尤其是加水和速凝剂的时间不同。

1）干喷。干喷是将骨料、水泥和速凝剂按一定的比例干拌均匀，然后装入喷射机，用压缩空气使干集料在软管内呈悬浮状态送到喷枪，再在喷嘴处与高压水混合，以较高速度喷射到岩面上。干喷施工工艺如图7-19所示。干喷的缺点是产生的粉尘量大，回弹量大。干喷时，加水是由喷嘴处的阀门控制的，水胶比的控制程度与喷射手操作的熟练程度有关，但使用的机械较简单，机械清洗和故障处理容易。

拱顶喷射混凝土　拱腰喷射混凝土　边墙喷射混凝土

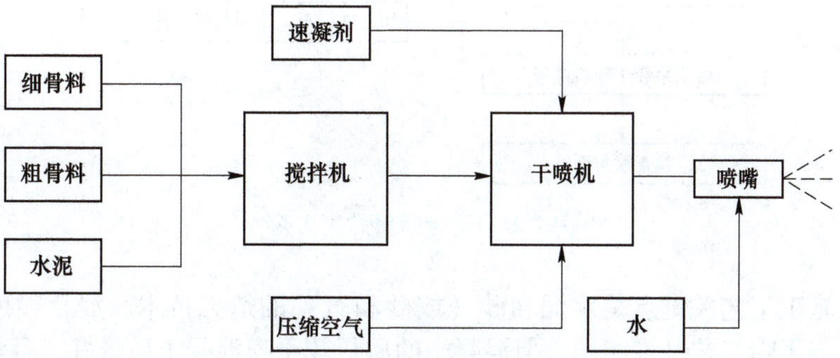

图7-19　干喷施工工艺

2）湿喷。湿喷是将骨料、水泥和水按设计比例拌和均匀，用湿式喷射机压送到喷头处，再在喷头上添加速凝剂后喷出。湿喷施工工艺如图7-20所示。湿喷混凝土质量容易控制，喷射过程中的粉尘和回弹量很少，是应当发展应用的喷射工艺。湿喷对喷射机械要求较高，机械清洗和故障处理较麻烦，不宜用于喷层较厚的软岩和渗水隧道。

3）混合喷射。混合喷射又称水泥裹砂造壳喷射法或SEC式喷射，此方法将部分砂加水拌湿，投入全部水泥强制搅拌造壳，然后加第二次水和减水剂拌和成SEC砂浆，将另一部

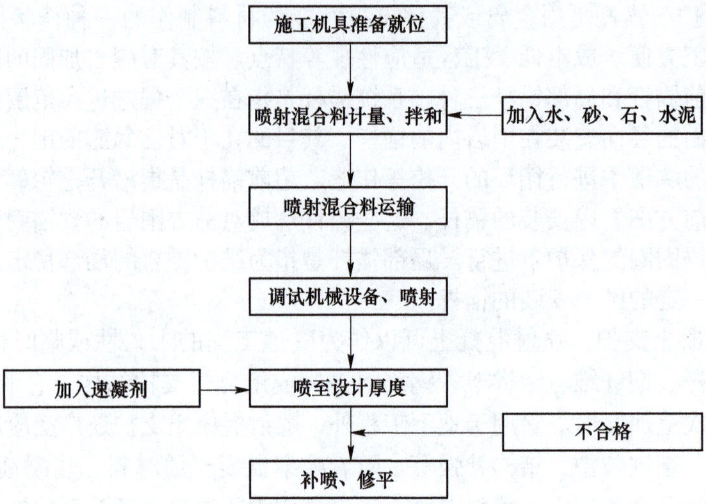

图 7-20 湿喷施工工艺

分砂、石和速凝剂强制搅拌均匀，最后分别用砂浆泵和干式喷射机压送至混合管混合后喷出。混合喷射施工工艺如图 7-21 所示。

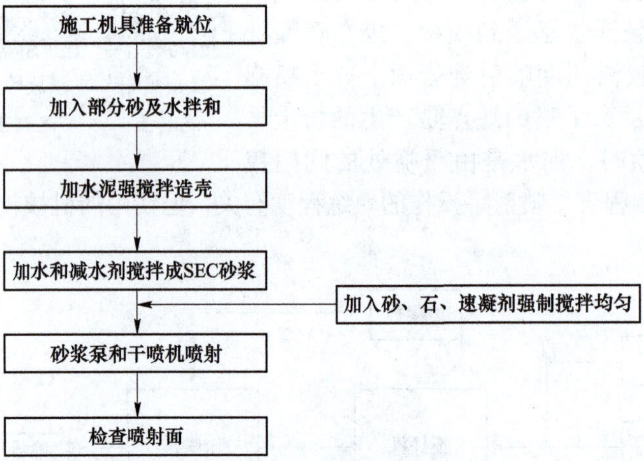

图 7-21 混合喷射施工工艺

混合喷射施工工艺关键点是水泥和砂（或砂和石）的造壳技术。混合喷射工艺使用的主要机械设备与干喷工艺基本相同，但混凝土的质量较干喷混凝土质量好，且粉尘和回弹量有大幅度降低。混合喷射使用机械数量较多，工艺较复杂，机械清洗和故障处理很麻烦。因此，混合喷射工艺一般只用在喷射混凝土体量大和大断面隧道工程中。由于喷射工艺不同，喷射混凝土强度不同，干喷和潮喷混凝土强度较低，一般只能达到 C20，而混合喷射和湿喷混凝土强度则可达到 C30~C35。

（3）钢纤维喷射混凝土　普通混凝土抗压强度高，但抗拉强度低，其抗拉强度仅为抗压强度的 1/8 左右。为改善混凝土的性能，提高混凝土抗拉强度，人们常常在混凝土内添加各类增强纤维。钢纤维喷射混凝土是指在喷射混凝土中加入钢纤维，弥补喷射混凝土的脆性破坏缺陷，改善喷射混凝土的物理力学性能的新型混凝土。作为混凝土增强材料，钢纤维在投入搅拌机后，要求其形状、尺寸能均匀地分散到混凝土中，同时喷射混凝土要容易输送、喷射。若钢纤维过长、过细，搅拌过程中细纤维易集结，并在喷射过程中易堵塞管道。反之，若钢纤维过短、过粗，运输、搅拌过程中易与混凝土分离下沉，不能均匀分布于混凝土中，起不到有效增强力学性能的作用。通常在喷射钢纤维混凝土中，钢纤维的直径（或等效直径）为0.3~0.6mm，长度为20~40mm，长径比为40~60，钢纤维的体积掺量为1%~2%。为增大钢纤维与混凝土的内聚力，通常可改变钢纤维的表面特征，因而有几何形状、断面形状多样的钢纤维。

3. 二次支护

隧道的二次支护（永久衬砌）通常采用模筑混凝土衬砌，衬砌质量直接影响整个隧道的工程质量和使用功能，因此施工必须严格按照设计参数进行，以确保质量。目前隧道支护通常采用复合式衬砌，由一次支护和二次支护组成，一次支护帮助围岩达到施工期间的初步稳定，二次支护则提供安全储备或承受后期围岩压力。提供安全储备的二次支护应在围岩或围岩加一次支护稳定后施作；对于要求承载的二次支护，则应根据量测数据及时施作。二次模筑混凝土衬砌施工的工作内容有：混凝土浇筑前的准备工作，混凝土的浇筑、养护与拆模，以及必要时在成洞地段对衬砌背后进行的压浆、仰拱和底板等。

（1）混凝土浇筑前的准备工作　混凝土浇筑前的准备工作包括开挖断面检测、放线定位与立模、混凝土制备和运输等。这些准备工作除应按模筑混凝土工程的要求进行外，还应注意以下几点：

1）断面检查。根据隧道中线和水平测量，检查开挖断面是否符合设计要求，欠挖部分应按规范要求进行修凿，并做好断面检查记录。墙脚地基应挖至设计标高，并在浇筑前清除虚渣，排除积水，找平支撑面。

2）放线定位。根据隧道中线和标高及断面设计尺寸，测量确定衬砌立模位置，并放线定位。采用整体移动式模板台车时，先确定轨道的铺设位置。轨道铺设应稳固，其位移和沉降量均应符合施工误差要求。轨道铺设和台车就位后，还需进行位置、尺寸检查。放线定位时，为了保证衬砌不侵入建筑限界，需预留误差量和预留沉落量，并注意曲线加宽。预留误差时考虑到放线测量误差和拱架模板就位误差，为保证衬砌净空尺寸，一般将衬砌内轮廓尺寸扩大5cm。预留沉落量是考虑到未凝混凝土的荷载作用会使拱架模板变形和下沉，后期围岩压力作用和衬砌自重作用（尤其是先拱后墙法施工时的拱部衬砌）会使衬砌变形和下沉。这部分预留沉落量根据实测数据确定或参照经验确定。预留误差量和预留沉落量应在拱架模板定位放线时一并考虑确定，并按此架设拱架模板和确定模板架的加工尺寸。

3）拱架模板准备。使用拼装式拱架模板时，立模前应在洞外放样台上将拱架和模板进行试拼，检查其尺寸、形状，不符合要求的应予修整，配齐配件，模板表面要涂抹防锈剂。洞内重复使用时应注意检查修整。拱架模板尺寸应按计算的施工尺寸放样到放样台上，并注意曲线加宽后的衬砌及模板尺寸。使用整体移动式模板台车时，在洞外组装并调试好各机构的工作状态，检查好各部尺寸，保证进洞后投入正常使用。每次脱模后应予检修。图7-22所示为当前隧道衬砌施工常用的形式。

4）立模。根据放线位置，架设安装拱架模板或模板台车就位。安装和就位后，应做好各项检查，包括位置、尺寸、方向、标高、坡度、稳定性等，并注意处理好以下几个问题：①每排拱架应架设在垂直于隧道中线的竖直平面内，不得倾斜；对于曲线隧道，因曲线外弧长、内弧短，应分段调整拱架方向和模板长度；②拱架应立于稳固的地基上。拱架下端一般应焊接端头板，以增大支撑面，减少下沉；当地基较软弱时，应先用碎石垫平，再用短枕木支垫，此垫木不得伸入衬砌混凝土中。当采用整体移动式模板台车时，其行走轨道应铺设稳定，轨枕间距要适当，道床要振捣密实，必要时可先施作隧道底板，防止过量下沉；③拱架的架设要牢固稳定，保证其不产生过量位移，拱架立好后还应对其稳定性进行检查，固定的方法有横向有临时支撑（断面较小时采用）、斜撑（断面较大时采用）、锚杆（锚固于围岩，穿过衬砌、模板、墙架，用螺栓垫板固定，拉住墙架），纵向有拱架间撑木，拉杆及斜撑，拱架与围岩之间的顶撑等，其中锚杆应先行安设，并作抗拔力的施工验算，拱架模板的架设和加强，均应考虑其腹部的通行空间，以保证洞内运输的畅通；④挡头模板应同样安装稳固，挡头板常用木板加工，现场拼铺，以便与岩壁之间的缝隙嵌堵严密；⑤设有各种防水卷材、止水带时，应先行安装好，并注意挡头板不得损伤防水材料，以免影响防水效果。

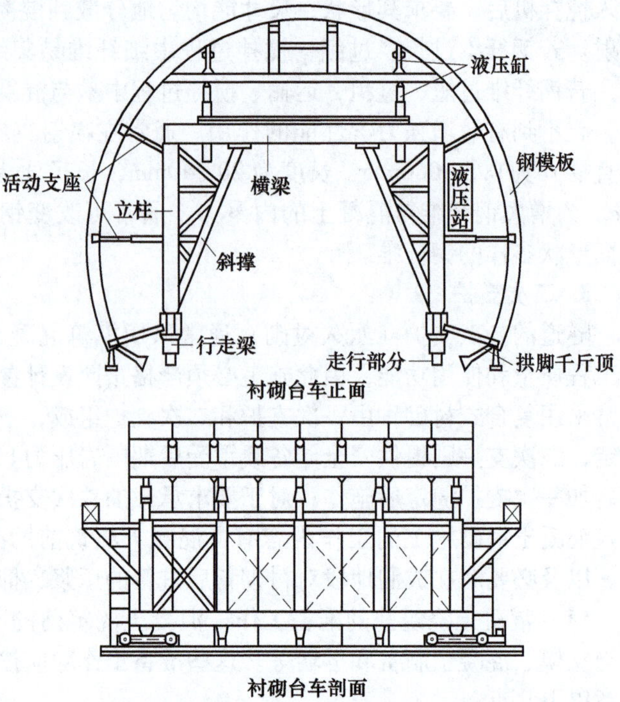

图 7-22　隧道衬砌施工常用的形式

5）混凝土制备与运输。洞内空间狭小，混凝土多在洞外拌制好后，用运输工具运送到工作面再浇筑。其实际待用时间中主要是运输时间，尤其是长、大隧道和运距较远时，因此运输工具的选择应注意装卸方便，运输快速，保证拌好的混凝土在运输过程中不发生漏浆、离析泌水、坍落度损失和初凝等现象。工程中，选用各种斗车、罐式混凝土运输车，或输送泵等机械输送混凝土。

（2）混凝土的浇筑、养护与拆模　在做好上述准备工作后，即可进行混凝土浇筑。隧道衬砌混凝土的浇筑应注意以下几点：

1）保证捣固密实，使衬砌具有良好的抗渗防水性能，尤其应处理好施工缝。

2）整体模筑时，应注意对称浇筑，两侧同时或交替进行，以防止未凝混凝土对拱架模板偏压引起的偏移。

3）若因故不能连续浇筑，则应按规定进行接缝处理。衬砌接缝应为半径方向。

4）边墙基底以上 1m 范围内的超挖，宜用同级混凝土同时浇筑。其余部分的超挖、欠挖应按设计要求及有关规定处理。

5）衬砌的分段施工缝应与设计沉降缝、伸缩缝及设备洞位置统一考虑，合理确定位置。

6）封口方法。当衬砌混凝土浇筑到拱部时，需改为沿隧道纵向进行浇筑，边浇筑边铺封口模板，并进行人工捣固，最后堵头。这种封口称为活封口，当两段衬砌相接时，纵向活封口受到限制，此时只能在拱顶中央留出一个 50cm×50cm 的缺口，然后进行死封口。封口形式如图 7-23 所示。采用整体式模板台车配以混凝土输送泵时，可以简化封口。

7）隧道施工过程中，多数情况下洞内的湿度能够满足混凝土的养护条件，但在干燥无水的地下条件下，应注意进行洒水养护。采用普通硅酸盐水泥拌制的混凝土，其养护时间一般不少于 7d，掺有外加剂或有抗渗要求的混凝土，一般不少于 14d。养护用水的温度应与环境温度基本相同。

8）二次支护的拆模时间应根据混凝土强度增长情况来确定。一般应等混凝土强度达到 2.5MPa 时方可拆模。有承载要求时，应根据具体受力条件来确定。

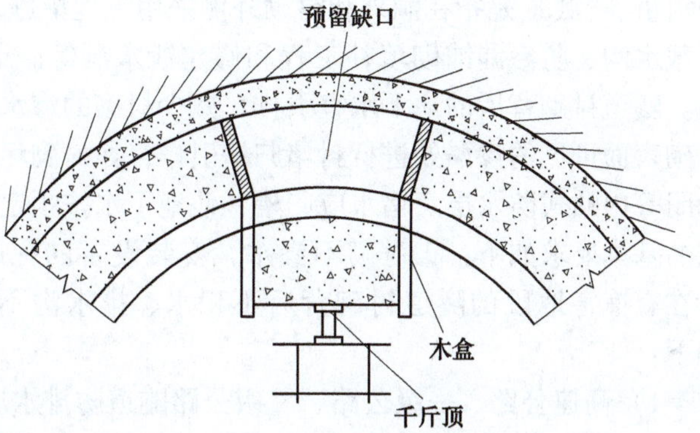

图 7-23 封口形式

（3）压浆、仰拱和底板 在浇筑衬砌混凝土时，虽然要求将超挖部分回填，但由于操作方法方面的原因，其中有些部位并不可能回填得很密实。这种情况在拱顶背后一定范围内较为明显。因此，要求在衬砌混凝土达到设计强度后，对这些部位进行压浆处理，以使衬砌与围岩（或一次支护）密贴（全面紧密接触），达到限制围岩后期变形，改善衬砌受力工作状态的目的。压浆浆液材料多采用单液水泥浆。若设计无仰拱，则铺底通常在拱墙修筑好且开挖完毕后进行，以避免与拱墙衬砌和开挖作业相互干扰。若设计有仰拱，说明侧压和底压较大，则应及时修筑仰拱，使衬砌环向封闭，避免边墙挤入造成开裂甚至失稳。但仰拱和底板施工占用洞内运输道路，给前方开挖出渣和衬砌作业的进料造成干扰。因此，应对仰拱和低板的施作时间、分块施工顺序和与运输的干扰问题等进行合理安排。

仰拱和底板可以纵向分条、横向分段浇筑。纵向通常可分为左右两部分交替进行；横向分段长度应视边墙施工缝、伸缩缝、沉降缝及运输要求来确定。当侧压力较大时，底部开挖分段长度不能太长，以免墙脚挤入。

为施工方便，仰拱和底板可以合并浇筑，但应保证仰拱混凝土强度符合设计要求。待仰拱和底板纵向贯通，且混凝土达到一定强度后，方能允许车辆通行。其端头可以采用石渣土填成顺坡通过。浇筑仰拱和底板时，必须把隧道底部的虚渣、杂物及淤泥清除干净，并排除积水。超挖部分应用同级混凝土或片石混凝土浇筑密实。

7.2.5 隧道防排水施工

隧道和地下工程处于岩土层中，当隧道穿过或靠近含水地层，时刻受到地下水的渗透作用，如衬砌的防排水设施不完善，地下水就会侵入隧道，发生隧道渗漏水病害。为了改善隧道渗漏水状况，提高隧道防排水技术水平，有关部门都针对隧道防水状况提出了相应的防排水要求。

隧道拱顶涌水

1. 防排水原则

隧道防排水应遵循“防、排、截、堵相结合，因地制宜，综合治理”的原则，采取切实可靠的设计、施工措施，保障结构物和设备的正常使用和行车安全。对地表水和地下水应进行妥善处理，洞内外应形成完整的防排水系统。“防”是指隧道衬砌应具有一定的防水能力，防止地下水渗入。“排”是指衬砌背后空隙及围岩不积水，减少衬砌背后的渗水压力和渗水量。“截”是指在洞外和衬砌外侧采用工程措施，拦截引导流向隧道的水源，如增设洞顶截水沟、防渗漏铺砌填补工程和修建泄水洞等。地表水应截流、汇集排除、防止积水下渗。隧道衬砌背后的地下水宜引排，减少衬砌的渗水压力和渗水量。“堵”是指在隧道内对衬砌表面可见的渗漏处进行封堵归槽引排，如衬砌圬工内压浆、喷浆、喷涂乳化沥青和抹面封闭等内贴式防水层。堵水应归槽，使地下水按预定路径排走。具体地说，对铁路隧道防排水的基本要求如下：①衬砌不渗水，安装设备的孔眼不渗水；②道床排水畅通，不浸水；③在有冻害地段的隧道衬砌背后不积水、排水沟不冻结。对公路隧道防排水的基本要求如下：

1）高速公路、一级公路、二级公路隧道防排水应满足下列要求：

① 拱部、边墙、路面、设备箱洞不渗水。

② 有冻害地段的隧道衬砌背后不积水，排水沟不冻结。

③ 车行横通道、人行横通道等服务通道拱部不滴水，边墙不淌水。

2）三级公路、四级公路隧道应满足下列要求：

① 拱部、边墙不淌水，路面不积水，设备箱洞不渗水。

② 有冻害地段的隧道衬砌背后不积水，排水沟不冻结。

③ 当采取防排水工程措施时，应注意保护自然环境。当隧道内渗漏水引起地表水减少，影响居民生产、生活用水时，应对围岩采取堵水措施，减少地下水的渗漏。

2. 隧道防水类型

隧道可分为防水型隧道和排水型隧道两类：

（1）防水型隧道（承受水压）　防水型隧道通过采取各种措施，如防水层、止水带等，将水封堵在隧道衬砌之外。不排水的全封闭防水型隧道在静水头不超过 30m 的地方广泛应用，如武广客运专线浏阳河隧道就是采用此种类型。经过大量的工程实践，人们认识到 60m 水头是防水型隧道的上限，虽然超过 60m 水头从技术上来讲防水问题仍然可以解决，但是对隧道防水材料和结构的要求的大大提高。在防水型隧道中也要设置排水系统，为隧道渗漏水预留排水通道。实践证明，即使是精心设计和进行隧道施工，也可能产生渗漏。防水型隧道在支护结构设计和防水材料选用时，必须考虑水压的作用。

（2）排水型隧道　在排水对地面生态环境影响不大的地区，利用衬砌背后的盲沟等排水设备，让水流入隧道内排水沟排出洞外。地下水允许排放量是根据隧道周围的具体情况确定的。在高水位以及不允许过量排放地下水处修建时，应采取“以堵为主，限量排放”，即控制排放的原则。渝怀铁路圆梁山隧道高水压富水区设计时，地下水允许排放量为 $5m^3/(m \cdot d)$。

若地面生态和社会环境敏感，则要求严格限制排水以免对其造成影响，特别是在隧道地区居民分布密集或存在地下水供水水源，大量排水会对环境等造成重大影响的场合，可以优先设计防水型隧道。当隧道穿过岩溶发育带、断层破碎带，预计围岩中地下水水量丰富，采用以排为主可能影响生态环境时，应根据实际情况采用“以堵为主，限量排放”的原则，达到堵水有效、防水可靠、经济合理的目的。在岩溶地下水发育地段，则采用“以疏为主，以堵为辅”的原则，应强调尽量维系岩溶暗河的既有通路，不要随意封堵溶洞和暗河。

3. 防水工程措施

隧道防水工程措施包括围岩注浆堵水，初期支护喷射混凝土防渗，防水层防水，施工缝、变形缝防水，防水混凝土，衬砌背后回填注浆等。

（1）初期支护喷射混凝土防渗　喷射混凝土作为防水层是国际隧道协会所提倡的。国际隧道协会工作组对喷射混凝土作为防水层做了大量的研究，并指出其影响因素很多，例如若其暴露于有侵蚀性的物质地下水环境中，必须采取特殊措施，如添加硅粉或钢纤维、采用低水化热水泥等，才能提高喷射混凝土的防渗性能。Lemake 等人通过对大量隧道及地下工程的防水研究指出，喷射混凝土作为隧道防水层与防水板同样重要，如果忽略了这个问题就会导致隧道渗漏。为提高喷射混凝土的防渗性能，应做到以下几点：

1）对喷射混凝土的围岩基面进行处理。喷射前对围岩基面进行处理是十分必要的，从防水角度，对松散危石、渗漏水的处理特别重要。松散危石的节理、已经张开的裂隙是喷层背后主要的积水空间，使结构承受的水压力加大；围岩渗漏水直接影响喷射混凝土的喷射质量，对大股涌水宜采用注浆堵水，对小股水或裂隙渗漏水宜采用注浆或导管引排后再喷射混凝土，对大面积潮湿的岩面宜采用黏结性强的混凝土，如添加外加剂、掺合料以改善混凝土的性能。

2）对喷射混凝土背后空隙进行注浆。在软弱围岩段，支护要采用钢架再加上锚杆、钢筋网纵向连接筋等，使喷混凝土层内部及其围岩接触面密布，这样加大了喷射难度，不可避免地在内部及靠围岩侧形成阴影，造成喷射混凝土内部及其与围岩接触面不密实，形成空隙，因而对支护及其背后注浆是十分必要的，它是提高支护抗渗能力的重要保证。

3）对突出的锚杆进行处理。对于突出于围岩面的锚杆端部，可事先进行切割；对喷后突出的钢筋头，可将其切割后再补喷或用砂浆覆盖。

4）对喷射混凝土湿润养护，减少裂纹。当喷射混凝土产生裂纹时，应视裂纹情况，采用补喷混凝土、灌浆等方式将裂缝封闭。

5）调整混凝土配合比或掺加外加剂等，提高混凝土的抗渗能力。通过试验确定喷射混凝土的最佳配合比或采用掺加抗渗外加剂这两种途径均可提高混凝土的抗渗能力。当围岩变形大时，可采用纤维喷射混凝土以提高支护层防裂能力。

综上所述，喷射混凝土支护层作为复合式衬砌的最外层支护及第一道防水屏障，其施作质量和防水效果受围岩开挖、施作工艺及结构形式影响很大，不作任何处理的喷射混凝土的防水能力是非常有限的。

（2）防水层防水　山岭隧道复合式衬砌中的防水层是隧道防排水技术的核心，是保证隧道防水功能的重要措施。防水层为不透水表面光滑的高分子防水卷材，它不仅起到将地层渗水拒于二次衬砌之外的作用，而且对初期支护与二次衬砌还起到隔离与润滑作用，使初期支护喷射混凝土对二次衬砌模筑混凝土的约束应力减少，从而避免二次衬砌产生裂缝，提高二次衬砌的防水抗渗能力。防水层通常由缓冲垫层与防水板两部分组成。缓冲垫层直接安设在基层上作为防止静力穿刺的保护层，也提供一定的排水能力。

（3）施工缝、变形缝防水　施工缝是由于隧道衬砌混凝土施工所产生的接缝，是防水薄弱环节之一，也是隧道中最容易发生渗漏的地方。隧道衬砌施工缝处理不好，不仅造成衬砌混凝土裂缝及洞内漏水，严重影响隧道正常使用和行车安全，而且还会降低结构的强度和耐久性。为防止由于衬砌不均匀下沉而引起裂损，在地质条件变化显著、衬砌受力不均匀地段应设置沉降缝；为防止由于温度变化剧烈或混凝土凝结时的收缩引起衬砌开裂，应设置伸缩缝。这两种结构统称为变形缝。变形缝应采用柔性材料做防水处理。施工缝、变形缝的防水设计应满足以下要求：

1）变形缝应满足密封防水、适应变形、施工方便、检修容易等要求。严寒地区洞口段应设多条伸缩缝。变形缝处混凝土结构的厚度不得小于30cm。

2）用于沉降的变形缝，其最大允许沉降量差值不应大于30m。当计算沉降量大于30mm时，应在设计时采取措施。

3）用于沉降的变形缝宽度为20~30mm；止水带、遇水膨胀橡胶条和嵌缝材料均须满足一定的性能指标要求，其中抗拉强度不应小于0.2MPa，最大伸长率应大于300%。

（4）防水混凝土　隧道二次衬砌混凝土既是承载结构，也是防水的最后一道防线，因此要求衬砌既要有足够的强度，还要有一定的抗渗性。防水泥凝土是以水泥、砂、石为原料，通过规定的级配比并掺入少量外加剂，通过调整配合比、抑制或减少空隙率，改变空隙特征、增加各原材料界面的密实性方法，配置成的具有一定抗渗能力的防水混凝土。二次衬砌方式混凝土抗渗性能不得低于P8。

（5）衬砌背后回填注浆　回填注浆是指二次衬砌完成后，为了填充二次衬砌与防水板之间的空隙进行注浆。回填注浆应在衬砌混凝土强度达到70%后进行。一般来说，通过浇筑二次衬砌时拱顶按一定间距预埋的垂向注浆管可进行回填注浆。

4. 排水工程措施

（1）排水盲管　环向排水盲管的作用是在岩面和初期支护喷射混凝土之间、初期支护混凝土与防水板之间提供过水通道，并使之渗到纵向排水管。环向盲管一般选用ϕ50mm软式透水管。环向排水管视施工期间地下水的渗漏情况设置，具有很大的中央灵活性，间距一般不应大于10m。纵向排水盲管是沿纵向设置在衬砌底部防水板与初期支护之间的透水盲管，目前常用的纵向排水管是直径为80~150mm的弹簧排水盲管或带孔透水管。纵向排水管的作用是将环向排水管等排下来的水汇集并通过横向排水管排到侧沟或中央排水管（沟）。横向排水盲管位于衬砌基础的下部，布设方向与隧道轴线垂直，是连接纵向排水管与侧沟或中央排水管（沟）的水流通道。横向排水盲管通常为高强度硬质塑料管，施工中先在纵向盲管上预留接头。接头要牢靠，保证纵向盲管与侧沟或中央排水管（沟）间水路通畅，严防接头处断裂导致纵向盲管排出水在基床面下漫流，造成翻浆冒泥。

（2）侧沟　隧道内侧沟主要用于汇集地下水，并将地下水引入中央排水管（沟），同时起到沉淀和部分排水的作用。侧沟设置应满足以下要求：

1）侧沟坡度应与隧道坡度一致。

2）水沟断面应根据水量大小确定，要保证有足够的过水能力，且便于清理和检查。

3）双线隧道可设置双侧或中心水沟。

4）洞内水沟均应设置盖板。

5）根据地下水情况，于衬砌墙脚紧靠盖板底面高程处，每隔一定距离设置一个直径为10cm的泄水孔。

（3）中央排水管（沟）　中央排水管（沟）是主要排水管，它同时汇集道床顶部积水，疏干底板下积水。中央排水管（沟）采用带孔预制混凝土管段拼接而成，纵向间隔一定距离设置检查井。

（4）缓冲排水层　防水板背面的缓冲排水层不仅具有保护防水板的功能，还要具有一定的排水能力。缓冲排水层选用的无纺布应符合下列要求：

1）具有一定的厚度，每平方米质量不宜小于300g。

2）具有良好的导水性。

3）具有适应初期支护时由于荷载和温度变化引起变形的能力。

4）具有良好的化学稳定性和耐久性，能抵抗地下水或混凝土、砂浆析出水的侵蚀。

7.2.6　洞口段施工

洞口段指隧道开挖可能给洞口地表造成不良影响（如下沉、塌穴等）的隧道范围。不同隧道的地形、地质情况不同，线路位置不同，其洞口地段的范围不尽相同。一般地，可认为洞口浅埋段即隧道洞口段，如图7-24所示。隧道洞口段是隧道的咽喉，对安全施工非常重要。隧道洞口段施工的特点是：埋深浅；岩石较为破碎，地质条件差；地表、地下水较为丰富，且向洞口周围汇集，施工易塌方，施工难度大。因此，施工前要做好充分的调查，了解洞口外场和邻近工程的情况，全面考虑并确定合理的施工方案。条件允许时，应妥善安排，尽早施工，为洞身施工创造条件。隧道洞口地段施工，主要包括边坡、仰坡土石方处理、路堑挡墙、洞门圬工、洞口防排水系统、洞口检查设备安装、洞口及洞口地段的隧道衬砌工程等。一般地，宜先修筑洞外工程，再开挖洞口。洞门结构一般在暗洞施工一段后再行施工，但边坡、仰坡的防护应及时完成。

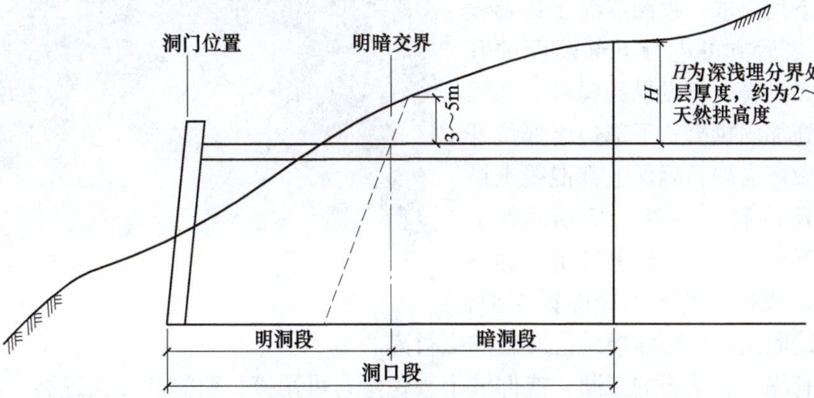

图7-24　隧道洞口段

1. 进洞方式

洞口段施工中最关键的工序就是进洞开挖。洞口段施工方法的确定取决于诸多因素，如地质条件、地形条件、施工机具配备情况、洞外相邻建筑的影响、隧道自身构造特点等，其中最主要的是地质条件。按地质条件，有以下几种进洞方式可供选择。

（1）全断面法进洞　当洞口段岩体级别为Ⅰ、Ⅱ级，地层条件良好时，一般可采用全断面直接开挖进洞，初始10~20m区段的开挖应将爆破进尺控制在2~3m。洞口3~5m区段可以挂网喷混凝土支护及设钢拱架予以加强，其余施工支护一般采用素喷混凝土支护即可，视情况也可在拱部设置局部锚杆。

（2）台阶法进洞　当洞口段岩体级别为Ⅲ、Ⅳ级，地层条件较好时，可采用台阶法进洞。爆破进尺控制在1.5~2.5m。施工支护采用系统锚杆和钢筋网喷射混凝土，必要时设置钢拱架加强施工支护。当洞口段围岩为Ⅳ、Ⅴ级，地层条件较差时，上部开挖进尺一般控制在1.5m以内，并严格控制爆破药量。施工支护采用超前锚杆（或超前小导管注浆）与系统锚杆相结合，挂网喷射混凝土。架设间距为0.5~1.0m的格栅钢拱架支护。全断面开挖完并施作完施工支护后，适时施作整体式模筑混凝土衬砌。

（3）管棚法进洞　当岩层为Ⅴ、Ⅵ级时，要格外慎重进洞，建议采用管棚法进洞。上部开挖进尺一般控制在0.5~1.0m，尽量不爆破而用反铲等机械挖掘，施工支护采用管棚与系统锚杆相结合，并采用挂网喷射混凝土支护。架设间距为0.5~1.0m的型钢拱架支护（一般为18~22号工字钢），锚杆可采用中空注浆锚杆。

（4）其他进洞方法　当洞口段岩层为Ⅴ级及以上，地层条件很差时，可采用分部开挖法和其他特殊方法进洞施工。具体方法有预留核心土环形开挖法，插板法或管棚法，侧壁导坑法，下导坑先进再上挑扩大、由内向外施工法，预切槽法等。开挖前应对围岩进行预加固，如采用超前预注浆锚杆或管棚注浆法加固后，用钢架紧贴洞口开挖面支护，再进行开挖作业。开挖进尺应控制在1.0m以下，宜采用人工开挖，必要时才采用弱爆破。施工支护采用网喷混凝土、系统锚杆；钢拱架纵向间距为0.5~1.0m，必要时可在开挖底面施作临时仰拱。开挖完毕后及早施作钢筋混凝土衬砌。当衬砌采用先拱后墙法施工时，下部断面开挖应符合下列要求：拱圈混凝土达到设计强度的70%之后方可进行下部断面的开挖；可采用扩大拱脚、打设拱脚锚杆、加强纵向连接等措施加固拱脚；下部边墙部位开挖后，应及时做好支护，确保上部混凝土拱的稳定。导坑法进洞法如图7-25所示，下导坑掘进15~20m，反挑开挖上导坑，然后由里往外扩大，边挖边及时施作喷锚支护，待形成设计开挖断面后，施作模筑混凝土加强衬砌。

图7-25　导坑法进洞法

如果洞口有塌方、落石的威胁，或仰坡不甚稳定，可用接长明洞的方式进洞，即在洞口处先施作一段明洞拱圈，拱圈抵紧仰坡坡脚，在明洞拱圈上及时回填以加固仰坡，然后用上述方法之一暗挖进洞。

2. 洞口段施工技术措施

在场地清理进行施工准备时，应先清理洞口上方及侧方有可能滑塌的表土、灌木及山坡危石等。平整洞顶地表，排除积水，整理隧道周围流水沟渠，施作洞口边、仰坡顶处的天沟。

1）洞口施工避开雨期和融雪期。在进行洞口土石方工程时，不得采用深眼大爆破或集中药包爆破，以免影响边坡和仰坡的稳定。应按设计要求进行边坡和仰坡放线，自上而下逐段开挖，不得掏底开挖或上下重叠开挖。

2）洞口部分圬工基础必须置于稳固的地基上，必须清除虚渣杂物、泥化软层和积水。当地基强度不够时，可结合具体条件采取扩大基础、桩基、压浆加固地基等措施。

3）洞门拱墙应与洞内相邻的拱墙衬砌同时施工连接成整体，确保拱墙连接良好。洞门端墙的砌筑与回填应两侧同时进行，防止对衬砌产生偏压。

4）洞口段洞身施工时，应根据地质条件、地表沉陷控制以及保障施工安全等因素选择开挖方法和支护方式。洞口段洞身衬砌应根据工程地质、水文地质及地形条件，至少设置长度不小于50m的模筑混凝土加强段，以提高圬工的整体性。

5）洞门完成后，洞门以上仰坡脚受破坏处应及时处理。若仰坡地层松软破碎，宜用浆砌片石或铺种草皮防护。

3. 明洞施工

在山岭隧道中，往往采用明洞结构来保护洞口的安全。明洞施工能否顺利施作直接影响到明（洞）暗（洞）交界的里程。在实际中，由于明洞施作与边坡、仰坡刷坡配合得不好而导致明暗交界里程一再变动、明洞数次接长的实例不少。因此，对于明洞施工应该予以高度重视。明洞施工根据地形、地质情况有以下几种施工方法。

（1）先墙后拱法　先墙后拱法又称为全部明洞先墙后拱法，如图7-26所示。这种方法适用于埋深较浅，且按临时边坡开挖能暂时稳定的对称式明洞。根据地质条件及开挖深度选择临时边坡坡率，从上往下分台阶开挖，直至路基设计标高。如果地质条件较好，也可只用一种边坡坡率。台阶直立坡适用于稳定的坡体。如果地质条件较差，则应将直立坡改为斜坡。随即浇筑边墙及拱圈混凝土，并施作外贴式防水层，最后回填两侧及洞顶。先墙后拱法的优点是衬砌整体性好，施工空间大，有利于施工。其缺点是土方开挖量大，刷坡较高。

（2）先拱后墙法　当路堑边坡较高、明洞埋置较深，或明洞位于松散土层中，不能一挖到底（全部明挖可能引起边坡坍塌）时，应采用先拱后墙法施工，如图7-27所示。施工步骤为：开挖拱部以上土石（挖至拱脚），浇筑拱圈，施作外贴式防水层，进行初步回填，然后暗挖拱脚以下土石，浇筑边墙，故此方法又称明拱暗墙法。因边墙是暗挖，所以在选择挖马口方式时要慎重，以防止掉拱。先拱后墙法的优点是土石方开挖量较小，刷坡较少。其缺点是衬砌整体性较差，边墙的施工空间窄小，防水层施工作业不方便。

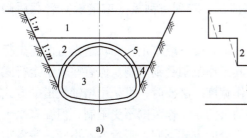

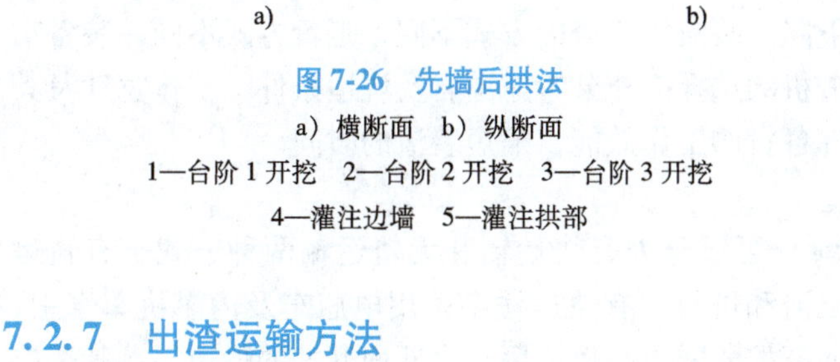

图7-26　先墙后拱法

a）横断面　b）纵断面

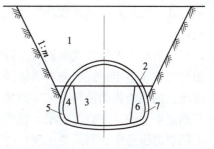

1—台阶1开挖　2—台阶2开挖　3—台阶3开挖

4—灌注边墙　5—灌注拱部

图7-27　先拱后墙法

1—上台阶开挖　2—灌注拱部

3—下台阶核心土开挖

4—左侧马口开挖　5—灌注左侧边墙

6—右侧马口开挖　7—灌注右侧边墙

7.2.7　出渣运输方法

出渣是隧道基本作业之一。出渣作业能力的强弱决定了出渣作业时间占整个作业循环所用时间的比例（一般在40%~60%），因此出渣运输作业能力的强弱在很大程度上影响施工速度。在选择出渣方式时，应对隧道或开挖坑道断面的大小、围岩的地质条件、一次开挖量、机械配套能力、经济性及工期要求等相关因素综合考虑。

出渣作业可以分解为：装渣、运渣、卸渣三个环节，分述如下。

1. 装渣

装渣就是把开挖下来的石渣装入车辆。

（1）渣量计算　出渣量应为开挖后的虚渣体积，计算方法为

$$Z = R\Delta LS \tag{7-1}$$

式中　Z——单循环爆破后石渣量（m^3）；

R——岩体松胀系数，见表 7-2；

Δ——超挖系数，视爆破质量而定，一般可取 1.15~1.25；

L——设计循环尺寸（m）；

S——开挖断面面积（m^2）。

表 7-2　岩体膨胀系数 R

岩石类别	Ⅰ		Ⅱ		Ⅲ	Ⅳ	Ⅴ	Ⅵ
土石名词	沙砾	黏性土	砂夹卵石	硬黏土	石质	石质	石质	石质
膨胀系数 R	1.15	1.25	1.3	1.35	1.6	1.6	1.8	1.85

（2）装渣方式　装渣的方式可以采用人力装渣或机械装渣。人力装渣劳动强度大，速度慢，仅在短隧道缺乏机械或断面小而无法使用机械装渣时才考虑采用。机械装渣速度快，可缩短作业时间，目前隧道施工中常用，但仍需配少数人工辅助。

（3）装渣机械　装渣机械的类型很多，按其扒渣机构形式可分为：铲斗式、蟹爪式、立爪式、挖斗式。铲斗式装渣机为间歇性非连续装渣机，有翻斗后卸、前卸和侧卸式三种卸渣方式。蟹爪式，立爪式和挖斗式装渣机是连续装渣机，均配备刮板（或链板）转载后卸机构。

装渣机的走行方式有轨道走行和轮胎走行两种。也有配备履带走行和轨道走行两套走行机构的。轨道走行式装渣机须铺设走行轨道，因此其工作范围受到限制。但有些轨道走行式装渣机的装渣机构能转动一定的角度，以增加其工作宽度。必要时，可采用增铺轨道的方式来满足更大的工作宽度要求。轮胎走行式装渣机移动灵活，工作范围不受限制，但在有水土质围岩的隧道中，有可能出现打滑和下陷。装渣机扒渣的方式不同，走行方式不同，装备功率不同，则其工作能力各不相同。装渣机的选择应充分考虑围岩及坑道条件、工作宽度及其与运输车辆的匹配和组织，以充分发挥各自的工作效能，缩短装渣的时间。

2. 运输

隧道施工的洞内运输（出渣和进料）可以分为有轨运输和无轨运输两种方式。有轨运输是铺设小型轨道，用轨道式运输车出渣和进料。有轨运输多采用电瓶车及内燃机车牵引，斗车或梭式矿车运渣，它既适应大断面开挖的隧道，也适用于小断面开挖的隧道，尤其适应于较长的隧道运输（3km 以上），是一种适应性较强的和较为经济的运输方式。无轨运输是采用各种无轨运输车出渣和进料。其特点是机动灵活，不需要铺设轨道，能适用于弃渣场离洞口较远和道路坡度较大的场合；缺点是由于多采用内燃驱动，作业时，在整个洞中排出废气，污染洞内空气，故一般适用于大断面开挖和中等长度的隧道中，并应注意加强通风。运

输方式的选择应充分考虑与装渣机的匹配和运输组织，还应考虑与开挖速度及运量的匹配，以尽量缩短运输和卸渣时间。必要时应作技术经济合理性分析，以求方案最佳。

3. 卸渣

洞内的石渣运至洞外渣场卸掉称为卸渣。在隧道洞口，要根据地形特点考虑弃渣的利用和处理，进行全面规划，合理安排卸渣。要注意节约用地，不占或少占农田。沿河弃渣要注意避免堵塞河道。

根据洞口地形线路布置卸渣路线。卸渣路线要短，堆渣场地势要低，应尽量避免倒运弃渣。对于可利用洞内弃渣作路基及材料的卸渣场地，还要考虑到取用时的方便性。

7.3　浅埋暗挖法

7.3.1　浅埋暗挖法的概念

新奥法是20世纪60年代奥地利专家拉布西维兹在前人的隧道工程经验的基础上提出来的一套隧道设计和施工技术，其核心是利用围岩支护隧道使围岩本身形成支承环。

我国在20世纪70年代末至80年代初开始将新奥法应用于地下工程施工，并于20世纪80年代中后期开始系统地研究新奥法在浅埋暗挖地层中的应用。

在新奥法基础上，结合国情，我国创立了浅埋暗挖法。浅埋暗挖法沿用新奥法原理体系，将监控量测信息反馈设计和施工，同时采取超前支护、改良地层和注浆加固等配套技术来完成隧道的设计和施工。1984年，浅埋暗挖法首次在大秦线军都山隧道进口黄土段研究试验成功。此后，浅埋暗挖法又成功地运用于北京地铁复兴门车站折返线工程。

由于该方法取得了较大的经济和社会效益，1987年8月25日，北京市科学技术委员会、铁道部科技司共同组织了国家级成果鉴定，与会专家和各级领导对该方法进行了认真的讨论，确定该方法命名为“浅埋暗挖法”。“浅埋暗挖法”已被原建设部批准为国家级工法。经过多年不断总结、完善，浅埋暗挖法已在城市地铁、市政、电力隧道、城市地下过街通道和地下停车场等工程中推广应用，并已形成一套完整的配套技术，也形成各地域各城市的特色，如南京地铁较流塑地层暗挖施工工法，广州地铁含水砂层暗挖施工工法等。

7.3.2　深埋、浅埋和超浅埋的判定

目前深埋、浅埋和超浅埋的提法有很多，但都不太准确，有必要进行区分。上述几种埋置深度隧道的设计和施工方法都有区别。一般深埋隧道荷载按塌落拱计算，可按新奥法原则设计，可利用围岩自身承载力，其主要问题是隧道施工的安全性；浅埋隧道按松散荷载计算，超浅埋隧道则按全土桩加地面动、静换算荷载计算，其主要问题是应控制地层位移，保护环境。目前，根据工程类比，参照国内外工程实践和理论计算，相关专家进行了一系列现场试验、模型试验和有限元电算分析，并对全国已经运营隧道中产生衬砌裂缝的100多千米隧道进行了调查，结合围岩测定和塌方的调查资料进行分析，现提出深埋、浅埋和超浅埋隧道分界深度的建议值。

（1）对已建成隧道裂缝的调查分析　隧道衬砌裂缝约有2/3发生在浅埋段，裂缝发生的规律是：拱腰多、拱顶少；衬砌与地层不密贴多，密贴少；无防水隔离层少，有防水隔离

层少；先拱后墙法施工多，先墙后拱法施工少；全断面一次模筑衬砌多，全断面间隙灌注少；刚性大衬砌厚多，刚性柔衬砌薄少；按矿山法施工多，按新奥法施工少；小断面开挖施工多，大断面、全断面开挖施工少。从以上规律可以看出，裂缝的产生与埋深有很紧密的关系，是判断隧道合理埋深的重要条件。

（2）分界判别标准　深浅埋隧道的分界深度，目前多以隧道开挖对地表不产生影响的原则来确定，目前常认为深埋隧道洞顶覆盖岩体厚度应大于2倍的塌方高度。围岩变形过大时，隧道上方会形成塌落拱（压力拱），如图7-28所示。塌方是围岩失稳破坏最直观的形式。统计资料表明，当埋深大于2倍塌方高度时，才能用塌落拱公式计算。塌落拱高度与围岩类别有关，根据我国铁路隧道调查资料，Ⅲ级以上围岩岩体强度较高，一般未出现由于浅埋而失稳破坏的情况。因此，通常在Ⅲ～Ⅵ级围岩中才考虑浅埋隧道的设计问题。

TB 10003—2016《铁路隧道设计规范》规定，当埋深大于Ⅵ级围岩35m、Ⅴ级围岩18m、Ⅵ级围岩10m、Ⅲ级围岩5m为深埋隧道，反之则为浅埋隧道。

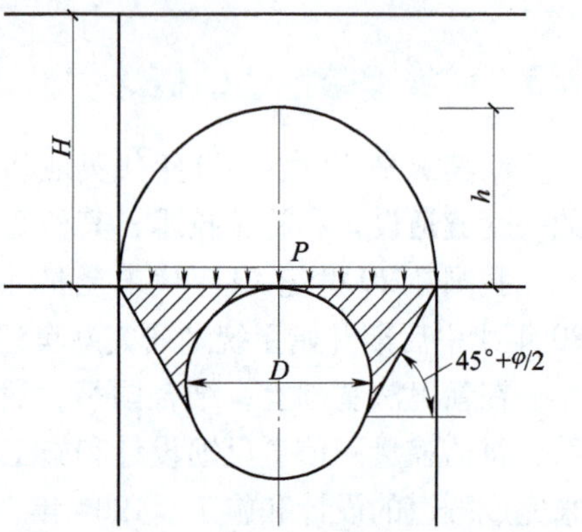

图7-28　塌落拱

《铁路隧道新奥法指南》规定，当埋深大于下列数值时为深埋隧道：Ⅵ级围岩4D、Ⅴ级围岩2D、Ⅳ级围岩1D、Ⅲ级围岩0.5D；应用实测压力P和垂直土柱重量γH之比来确定深埋、浅埋和超浅埋的判别方法（图7-28）。据国内外近50个试验段资料得：当$\frac{P}{\gamma H}\leqslant 0.4$时为深埋，当$0.4<\frac{P}{\gamma H}\leqslant 0.6$时为浅埋；当$0.6<\frac{P}{\gamma H}\leqslant 1.0$时为超浅埋。例如，北京复兴门折返线隧道，在双线隧道处应用机械式支柱压力计进行拱脚径向压力量测，得出$0.43<\frac{P}{\gamma H}<0.46$，按以上方法判断为浅埋。超浅埋、浅埋、深埋隧道划分示意图如图7-29所示。

在初期支护作用下，围岩塑性区到达地表（图7-29），当地中围岩变形和地表下沉值相等时，即覆盖整体位移下沉时为超浅埋。荷载计算除按γH全部土柱外，还应计算地面交通冲击荷载。

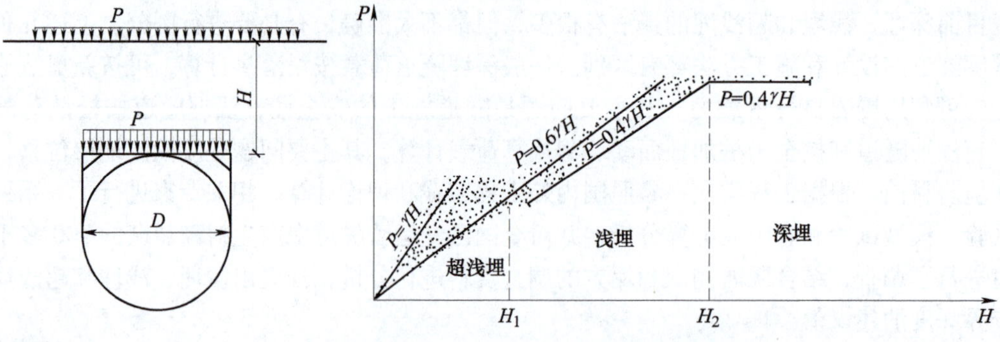

图7-29　超浅埋、浅埋、深埋隧道划分示意图

7.3.3　浅埋暗挖法的机理

1. 浅埋暗挖法的原理及特点

新奥法理论建立在岩石的刚性压缩特性和岩石的三向压缩应力、应变特性以及摩尔学说的基础上，并考虑了隧道掘进时的空间效应和时间效应。这一理论集中在支护结构种类、支护结构构筑时机、岩压以及围岩变位四者的关系上，贯穿在不断变化的设计施工过程中。浅埋暗挖法源于新奥法，但强调进行预支护和及时支护，控制地面沉降，保证施工和地面、地下建筑物的安全，其精髓是“管超前、严注浆、短开挖、强支护、快封闭、勤量测”。浅埋暗挖法机械化程度低，主要是靠人工施工，因此较为机动灵活，对工程的适应性较强，可做成各种结构形式，在地质情况较差的情况下需要采取辅助施工措施。

2. 浅埋暗挖法的支护

由于此方法多应用于松软的第四纪地层中，因围岩自身承载能力差，为了避免对地表建筑物和地中构筑物造成破坏，应严格控制地表沉降量；为此要求一次支护刚度较大，且要及时进行支护，从图 7-30 的围岩和支护的刚度曲线中可以看出，稳定点 C 应靠近 A 点工作，尽量避免较大的地层损失。

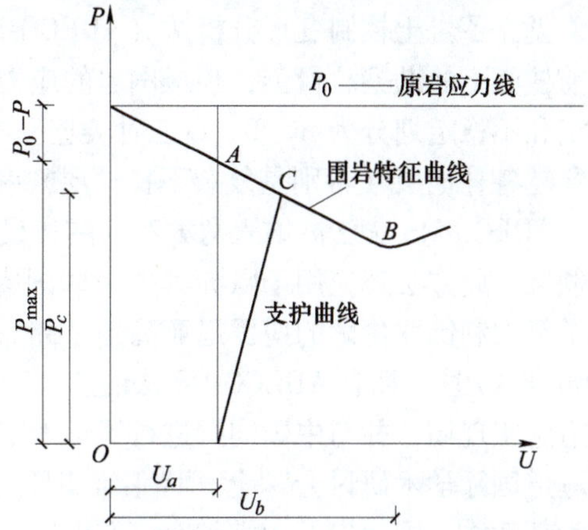

图 7-30　围岩和支护的刚度曲线

（1）浅埋暗挖法应遵循的原则　浅埋暗挖法应结合工程环境条件和隧道本身的安全性能制定地表下沉控制基准值；综合环保要求、施工安全、工期和造价等因素选择施工工法，强调采用预加固措施（如超前管棚、锚杆、注浆和冷冻等）；隧道支护应考虑时间和空间效应；隧道开挖后应尽早提供具有足够刚度和早强的初期支护，以便控制围岩变形；早施作仰拱、封闭成环，仰拱距工作面的距离越近越好，最大不宜大于 1 倍洞径；一般情况下，二次衬砌应在围岩和初期支护变形基本稳定后施作，但对于在采取辅助措施后尚未满足稳定性要求的，则可提前施作二次衬砌（由于浅埋隧道荷载较为明确，提前施作二次衬砌是可能的）；加强监控量测，及时进行信息反馈，及时调整支护参数；应采用复合式衬砌。

（2）浅埋暗挖法支护设计特点　工程类比是浅埋暗挖法支护设计的主要依据，工程设计前，首先要把本段的地质条件与类似的工程地质条件以及结构形式进行充分分析对比，以便确定出本工程的预选设计方案；对荷载结构模式进行结构计算，其计算结果和结构实际受力情况比较接近；控制围岩变形时候浅埋暗挖法设计施工的核心问题；设计和施工应紧密结合，设计时应充分考虑施工措施的可行性和可操作性；由于浅埋隧道地质条件较为明确，其设计应尽量准确，尽量避免因施工组织和支护结构进行大规模的变更而造成工期和工程费用的变动。

（3）浅埋暗挖法支护设计方法　根据有关设计规范和工程实际情况，目前浅埋暗挖法支护结构设计仍以工程类比法为主，以量测为手段的现场监控设计法和以计算为依据的理论分析设计法为辅。

地下工程支护结构设计是一门经验性较强的学科。长久以来，地下工程都是凭借经验进行设计和施工的。这些经验来自大量工程实践，有一定的科学依据。此外，工程类比法也在不断发展。除了日益增多的经验积累外，还要使其越来越符合理论观点，使经验的处理越来越科学化，如在经验设计法中引用各种量测数据，以及采用统计数学、模糊数学及电算工具等现代手段。

7.4 新意法

7.4.1 简介

20 世纪 70 年代中期，意大利学者 Pietro Lunardi 对数百座隧道进行理论和现场试验研究，创立了岩土控制变形分析法（ADECO-RS 法）。ADECO-RS 法是通过对隧道掌子面前方超前核心土的勘察、量测，预报围岩的应力-应变形态，并依据隧道开挖后围岩稳定、暂时稳定和不稳定划分为 A、B、C 三种类型，在其基础上进行信息化设计和施工，确保隧道安全穿越各种地层（特别是复杂不良地层）和实现全断面开挖的一种隧道设计、施工方法。

ADECO-RS 法已被纳入意大利的隧道设计和施工规范，并广泛应用于意大利的公路和铁路领域。此方法还应用于欧洲其他一些国家的隧道项目。2006 年 7 月，铁道部有关领导考察了意大利佛罗伦萨的博罗尼亚高速铁路采用 ADECO-RS 法施工的 Raticosa 隧道施工现场。2006 年 10 月，拥有 ADECO-RS 法的意大利特莱维集团来到我国，考察了郑西客运专线黄土隧道施工现场，并与中国同行进行了学术交流。2006 年 11 月，在北京召开的“中国高速铁路隧道国际学术研讨会”上，特莱维集团对 ADECO-RS 法做了专题报告，并将其用中文解释为新意法。国际岩石力学学会（ISRM）的 Frederic L. Pellet 于 2006 年在我国巡回讲学中也称岩土控制变形分析法（ADECO-RS 法）为新意大利隧道施工法（New Italian Tunneling Method，NITM）。随着我国经济的快速发展，隧道修建的规模越来越大，速度进一步加快，将有越来越多的隧道穿越各种软弱不良地层，而且隧道周边环境也将更加复杂。因此，需要引进、消化和吸收国外先进的隧道设计、施工技术，以进一步提高我国隧道修建技术水平。

1. 超前核心土

超前核心土是指掌子面前方一定体积的土体，呈圆柱形，圆柱体的高度和直径大致等于隧道直径。

2. 掌子面挤出变形

掌子面挤出变形是开挖介质对隧道开挖产生的变形反应的主要表现形式，其主要发生在超前核心土内；挤出变形的大小取决于超前核心土的强度、变形特性及其所处的原始应力场；挤出变形发生在隧道掌子面的表面，沿隧道水平轴线方向发展，其几何形状大概呈轴对称（掌子面鼓出），或在掌子面形成螺旋状突出。

3. 隧道预收敛

隧道预收敛是掌子面前方的理论轮廓线的收敛变形，全部取决于超前核心土的强度及变形特性与其原始应力状态之间的关系。

7.4.2 新意法隧道设计施工程序

新意法隧道设计施工按如图 7-31 所示的程序进行。

7.4.3 新意法与新奥法的比较

新意法与新奥法的不同之处可归结为两点，具体如下：

（1）地层变形反应的分析方式不同 新奥法对地层变形反应的分析仅限于掌子面的后方，仅对隧道收敛进行分析；新意法不仅对掌子面后方的地层变形反应（收敛）进行分析，而且更注重对掌子面及掌子面前方地层的变形反应（掌子面挤出变形和预收敛）进行分析。

（2）地层变形反应的控制方式不同 由于对地层变形反应的分析方式不同，新奥法与新意法对地层变形反应的控制方式也不同。新奥法采用锚杆、喷射混凝土、钢拱架、施作仰拱等手段，仅对掌子面后方的隧道施加约束作用；新意法不仅要求隧道的支护措施（包括二次衬砌和仰拱）要与掌子面保持适当距离，不能落后掌子面太远，对隧道提供连续的约束作用，而且要求对超前核心土采取适当的防护和加固措施，提高其强度和变形特性，对隧道提供超前约束作用。

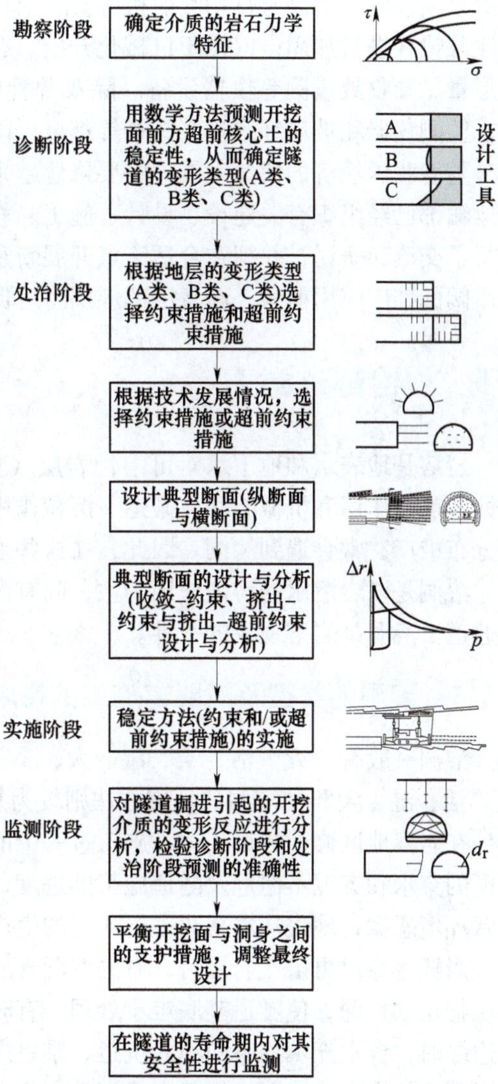

图 7-31 新意法隧道设计施工程序

7.4.4 新意法的优点

新意法重视隧道加固措施，将隧道加固措施视为控制和调节隧道变形不可缺少的工具，从而把隧道加固措施视为隧道最终稳定结构的一部分（关注隧道变形量，隧道工程的造价与其变形量成正比）。在这一方面值得注意的是，在地下工程总造价中，隧道加固措施和地层改良措施的造价变化幅度很大；而隧道开挖和衬砌的造价相对较为稳定，对于所有地层，其变化幅度都不大。采用新意法可以对隧道进行完整可靠的设计，从而在任何地层条件下进行机械化全断面隧道施工。采用新意法也可以很容易地在隧道施工期间客观测量出掌子面与超前核心土体系的应力-应变体系，从而有效克服了之前的围岩分级方法的缺陷（之前的围岩分级方法是对地质力学类别与地层的变形反应进行比较）。

综上所述，新意法在意大利及其他欧洲国家已得到较为广泛的应用。该方法适用于所有地层，尤其是复杂多变的不良地层。国外的工程实例显示，采用该方法不仅可以有效控制工程进度、工程质量和施工安全，还可以降低工程造价。在极为复杂的不良地层中，施工进度可以达到每月 30~50m 成洞。

新意法全断面机械化施工需要相应的配套机械设备，如高效率的双臂管棚钻机、全断面钢拱架架设机、混凝土自动喷射机等。超前核心土一般采用抗拉强度、抗剪强度低的玻璃纤维注浆锚杆进行加固，以便于机械化开挖。在监测方面，需要相应的收敛量测、掌子面挤出变形量、预收敛量测等仪器设备。除双臂管棚钻机外，新意法隧道施工的其他配套机械设备、监测仪器和玻璃纤维注浆锚杆等都可以国产化。

随着我国经济的快速发展，将要修建越来越多的穿越复杂、软弱地层的大断面隧道。交通运输部已经组织有关建设、设计、施工、教学、科研等单位与意大利特莱维集团就新意法进行了交流和研讨，并拟在合适工点开展新意法引进试点工作。可以预见，新意法在我国具有广阔的推广应用前景，新意法的应用将对促进我国隧道工程技术的进步产生积极作用。

7.5 岩溶隧道施工

岩溶是地表水和地下水对可溶性岩层（如碳酸岩类、硫酸岩类、卤盐类等）进行化学侵蚀、崩解作用和机械破坏、搬运、沉积作用形成的各种地表和地下溶蚀现象。我国碳酸岩类分布极广，常会遇到溶洞。因此，在这些地区修建隧道，必须予以注意。

溶洞是以岩溶水的溶蚀作用为主，间有潜蚀和机械塌陷作用而造成的基本水平方向延伸的通道。溶洞是岩溶现象的一种。

7.5.1 溶洞的类型及对隧道施工的影响

溶洞一般有“死、活、干、湿、大、小”几种。“死、干、小”的溶洞比较容易处理，而“活、湿、大”的溶洞的处理方法则较为复杂。

在岩溶地区修建隧道工程，施工过程中的突水和突泥已成为最严重的工程灾害之一，大规模的突水和突泥不但危及隧道施工的进度，而且一旦施工措施不佳，常常会使隧道建成后运营环境恶劣，地表环境恶化，给人们的生产和生活造成重大的损失。

当隧道穿过可溶性岩层时，有的溶洞岩质破碎，容易发生坍塌。有的溶洞位于隧道底部充填物松软且深，使隧道基底难于处理。有时遇到填满饱含水分的充填物溶槽，当坑道掘进其边缘时，含水充填物不断涌入坑道，难以遏止，甚至使地表开裂下沉，山体压力剧增。有时遇到大的水囊或暗河，岩溶水或泥砂夹水大量涌入隧道。有的溶洞、暗河迂回交错，分支错综复杂，范围宽广，处理十分困难。

7.5.2 隧道遇到溶洞的处理措施

根据溶洞的分布、类型、溶洞周壁岩层及地下水情况，按照“以疏为主、堵排结合、因地制宜、综合治理”的原则，分别以疏导、宣泄、填、跨越、注浆加固等措施处理。

1. 疏导

遇到暗河或溶洞有水流时，宜排不宜堵。应在查明水源流向及其与隧道位置关系后，用暗管、涵洞、小桥等设施宣泄水流或开凿引水洞将水排出洞外（图 7-32）。当岩

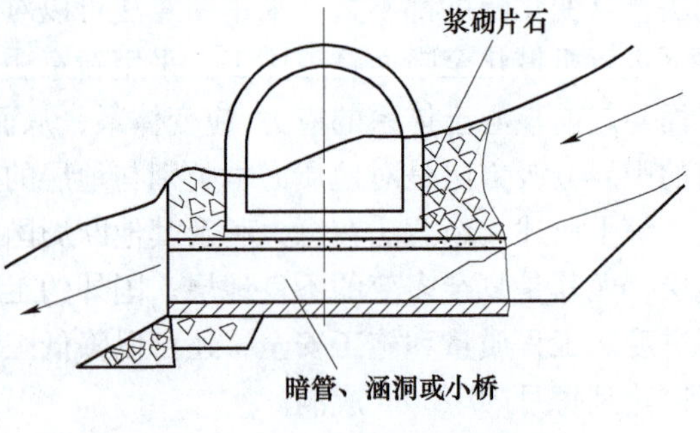

图 7-32　桥涵宣泄水流示意图

溶水流位置在隧道顶部或高于隧道顶部时，应在适当距离处，开凿引水斜洞（或引水槽）将水位降低到隧底高程以下，再行引排。当隧道设有平行导坑时，可将水引入平行导坑排出。

2. 宣泄

当岩溶水量较大时，应采用泄水洞宣泄岩溶水，降低地下水位，保持隧道干燥，泄水洞应位于地下水来源一侧。

3. 填

对已停止发育、跨径较小，无水的溶洞，可根据其与隧道相交的位置及其充填情况，采用混凝土填实、浆砌片石或干砌片石予以回填封闭，或加深边墙基础，加固隧道底部（图7-33）。当隧道拱顶部有空溶洞时，可视溶洞的岩石破碎程度在溶洞顶部采用锚杆或钢筋网加固。必要时可考虑注浆加固并加设隧道护拱及拱顶回填进行处理（图7-34）。

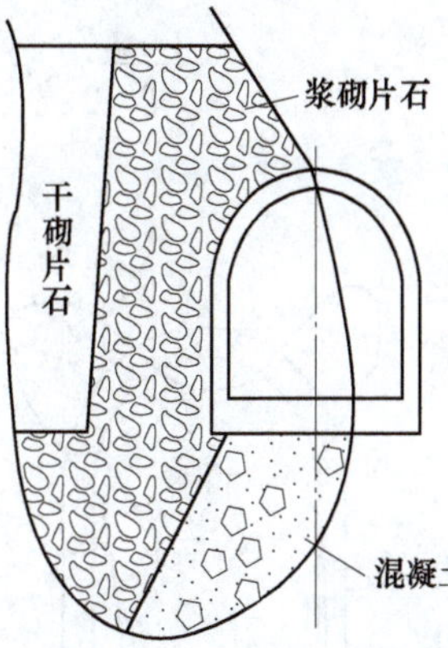

图7-33　溶洞堵填示意图

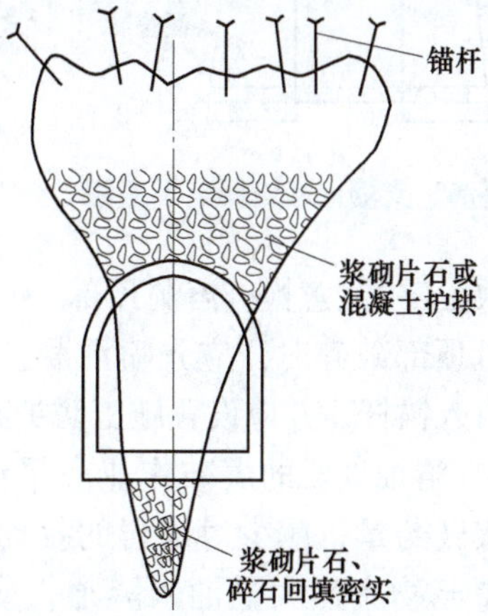

图7-34　锚喷加固与护拱示意图

4. 跨越

当隧道一侧遇到狭长而较深的溶洞时，可加深该侧的边墙基础通过（图7-35）。隧道底部遇到较大溶洞并有水流时，可在隧道底部以下砌筑圬工支墙，支撑隧道结构，并在支墙内套设涵管引排溶洞水（图7-36）。隧道边墙部位遇到较大、较深的溶洞，不宜加深边墙基础时，可在边墙部位或隧底以下筑拱跨过（图7-37）。当隧道中部及底部遇有深狭的溶洞时，可加强两边边墙基础，并根据情况设置桥台架梁跨过（图7-38）。隧道穿过大溶洞，情况较为复杂时，可根据情况采用墙梁、行车梁等，由设计单位负责特殊设计后施工。

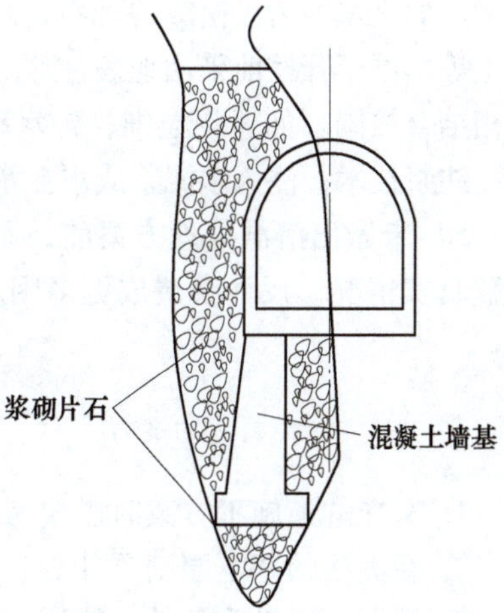

图7-35　加深边墙基础示意图

7.5.3　溶洞地段隧道施工注意事项

溶洞地段隧道施工应注意以下事项：

1）当施工到达溶洞边缘时，各工序应紧密衔接，支护和衬砌超前。施工前应结合施工现场情况，查明溶洞的分布范围、类型、规模、发育程度、填充物及地下水的情况，及时正确地制定施工方案及安全措施。

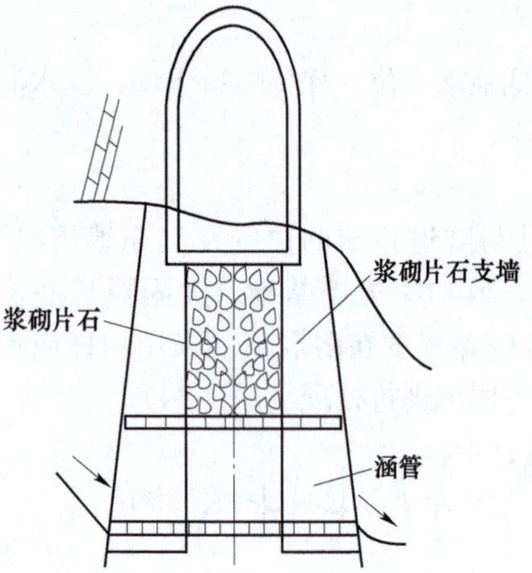

图 7-36　支墙内套设涵管示意图

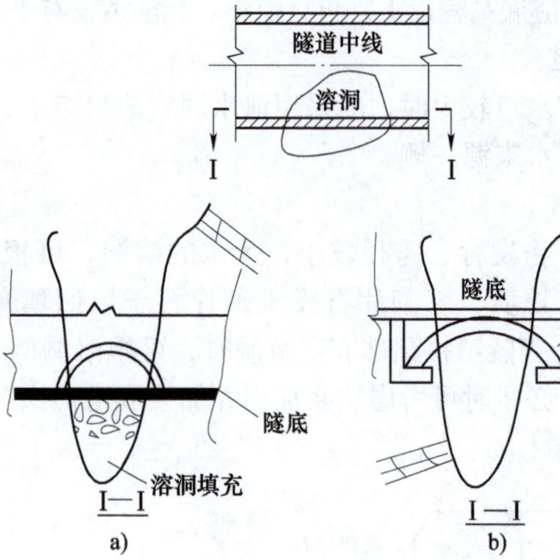

图 7-37　筑拱跨过示意图

2）施工中注意检查溶洞顶部，及时处理危石。当溶洞较大较高且顶部破碎时，应先喷混凝土加固，再在靠近溶洞顶部附近打入锚杆，并应设置施工防护架或钢筋防护网。

3）在溶蚀地段的爆破作业应尽量做到多打眼、少装药，并控制爆破药量，减少对围岩的扰动。防止在一次爆破后溶洞内的填充物突然大量涌入隧道，或溶洞水突然袭击隧道，造成严重损失。

4）在溶洞充填体中掘进，如充填物松软，可同超前支护施工。如充填物为极松散的砾石、块石堆积或流塑状黏土及砂黏土等，可于开挖前采用地表注浆、洞内注浆或地表和洞内注浆相结合加固。如遇颗粒细、含水率大的流塑状土壤，可采用劈裂注浆技术，注入水泥浆或水泥水玻璃双液浆进行加固。

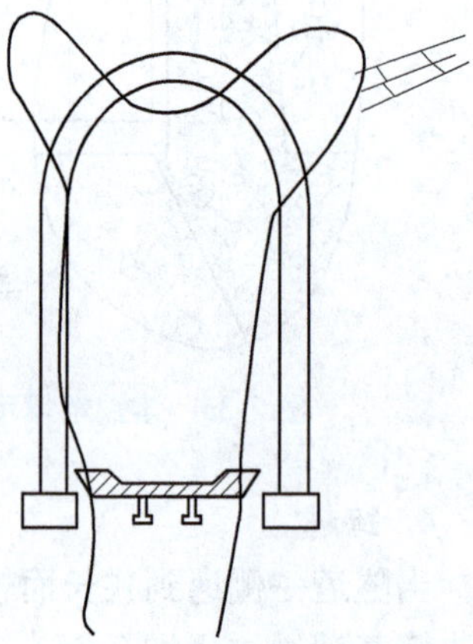

图 7-38　架梁跨过示意图

5）未做出溶洞处理方案前，不能将弃渣随意倾填于溶洞中。弃渣覆盖溶洞，不但不能了解真实情况，反而会造成更多困难。

复习思考题

1. 选择隧道施工方案时需要考虑哪些因素？
2. 新奥法的基本原则是什么？
3. 根据不同地质条件，隧道开挖方法有哪些？
4. 光面爆破和预裂爆破有哪些联系和区别？
5. 隧道进洞方式有哪些？
6. 隧道深浅埋的判别标准有哪些？
7. 隧道防排水基本原则是什么？

第8章 地下工程

本章提要： 本章阐述地下铁道、城市地下街、地下仓库等地下工程，并简单介绍了地下停车场、地下综合管廊、人防工程、地下水库等地下工程。

8.1 地下铁道

在我国，城市人口不断增长、机动车和非机动车数量迅速增长，很多大城市交通紧张状况突出，市区的客运交通流量猛增，而城市人均道路面积很少，如上海市人均道路面积仅为 $2.2m^2$，要增加道路面积非常困难，道路拥挤、交通堵塞状况日益严重。目前很多城市道路交通的平均车速已下降至 10km/h 以下，很多路口交通负荷度已经饱和。根据国内外的经验，建设大容量快速轨道交通（包括地铁和轻轨）是缓解交通紧张状况的有效途径，尤其是在市内建设地下铁道，向地下发展是城市发展的一种趋势。

在交通拥挤，行人密集，道路又难以扩建的街区，以地铁代替地面交通工具有以下优点：

1）地铁交通安全、快捷、方便，一般不会堵车，所以省时、准时，可为乘客带来效益，乘坐地铁通常要比利用地面交通工具节省 1/2～2/3 的时间。地铁以车组方式运行，载客量大，正点率高，安全舒适。

2）对于多条立体交叉地下铁道，在交叉点设有楼梯式电梯或垂直电梯，换乘极为方便。地铁的出入口可以建在最繁华的街区，或建在大型百货商店以及其他公共场所的建筑物内，方便乘客乘坐。

3）可以改造地面环境，降低噪声、减少废气污染，为把地面变成优美的步行街区创造条件。

4）地铁可节省地面空间，保存城市中心“寸土寸金”的土地。

5）有一定的抗地震破坏的能力。

一般认为，城市人口超过百万时，就有必要考虑修建地铁。但是，地铁建设周期长，投资高。因此，一个城市是否修建地铁，必须根据国民经济状况等综合因素，经可行性论证才可确定。

8.1.1 线路网的规划

1. 路网规划原则

路网规划应遵循以下主要原则：

1）地铁线路网的基本走向必须满足城市交通需要，应该充分利用城市已有的道路网。因此，路网应贯穿城市中心和城市人口集中区域、城市的重大枢纽，这样有利于人口集散，居民出行，有利于解决地上、地下旅客换乘。地铁车站一般以750m为吸引半径。地铁两平行网线间距离，在市区一般以1400m左右为宜，同时需考虑街道布局；除特殊情况外，两线间距离最好不小于800m，且不大于1600m。

2）必须考虑城市远景发展的要求，考虑城区改造和郊区发展的需要，注意地铁与地面交通的分工、配合及衔接。规划期限近期为交付运营后第10年，远期为25~30年。

3）选线应从国力、地区财政、技术水平及施工能力的实际出发，要充分研究和注意到施工中可能遇到的困难，考虑到与城市其他地下建筑和管线布置的关系。

2. 地铁路网的形式

地铁路网可分为放射状、环状、综合型路网等几种形式。

（1）放射状路网　随着城市的发展，地铁路网由交通最繁忙的城市中心向城市四周呈放射状扩展，这种路网所有线路都通达市中心，能直接实现换乘，但市郊之间必须经过市中心的换乘站，不方便，且换乘站上的客流量大，换乘客流相互干扰也大。此外，因多条线路交汇，换乘车站设计施工难度也大。

（2）环状路网　基本上与城市结构和地面上的道路系统相配合，沿城市繁华地区客流量集中的道路下呈环状布置地铁路网，实现地铁车站与地面各交通站点的换乘，不同地铁线路之间避开市中心换乘，有利于分散市中心交通压力。

（3）综合型路网　由放射状和环状路网组成的综合型路网。世界上相当多的城市地铁路网采用这种形式。

3. 地下铁道的线路设计

地下铁道的线路设计首先要确定线路的走向、线路形式（如地下、地面、高架）、位置和长度。线路选择的核心是与客观存在的最大客流量的流向吻合，线路运营后能否发挥最大效益将与此密切相关。

地铁线路的走向与埋深、工程地质和水文地质条件、地面和地下空间现状等影响较大，直接关系到造价高低和施工难易。地铁的埋深是指线路的轨面到地面的距离。一般埋深越小越经济，施工越容易，但埋深也受不良地质、技术条件、已有地下管线、建筑物基础和其他地下工程等的制约。地铁埋深一般以20m左右为界，划分为浅埋和深埋两种。图8-1为不同埋深地铁的纵剖面示意图。地铁线路设计除选线工作外，还须选择车站的位置、确定车站的类型。

4. 限界

地铁限界是指限定车辆运行及轨道区周围构筑物超越的轮廓线，分车辆限界、设备限界和建筑限界。在线路上运行的车辆，必须与隧道边缘、各种建筑物及设备保持一定的距离，以确保列车的安全运行，限界越大行车安全度越高，但工程投资也随着增加。因此，限界是地铁设计的重要技术经济指标。

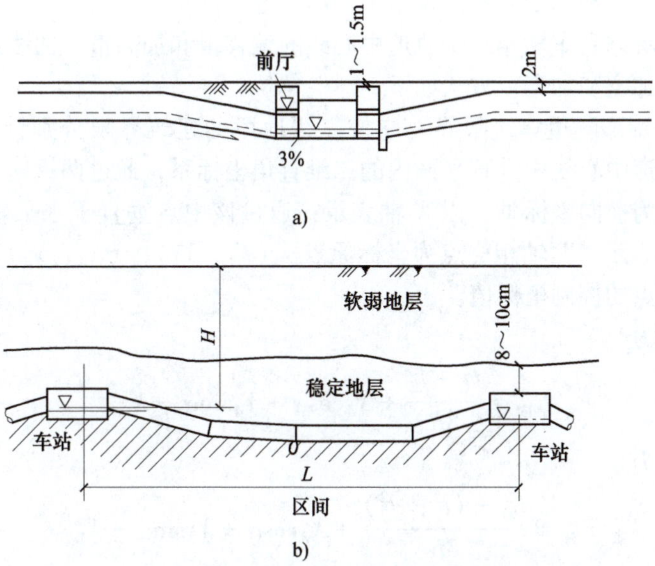

图 8-1　不同埋深地铁的纵剖面示意图

a）浅埋地下铁道纵剖面图　b）深埋地下铁道纵剖面图

（1）车辆限界　它是指平直线上正常运行状态下所形成的最大动态包络线，用以控制车辆制造，以及指定站台和站台门的定位尺寸。车辆任何部分都不允许超出此限界。

（2）设备限界　它是指在故障运行状态下所形成的最大动态包络线，用以限制行车区的设备安装。

（3）建筑限界　它是指在设备限界基础上，满足设备和管线安装尺寸的最小有效断面。在建筑限界以内、设备限界以外的空间，应能满足固定设备和管线安装的需要，所有构筑物的任何凸出部分都不得侵入。

设计制定限界必须按照车辆的基本参数以及限界基本参数的规定制定。我国各地铁车型车辆的基本参数见表 8-1。

表 8-1　我国各地铁车型车辆的基本参数　（单位：mm）

<table>
<tr><th rowspan="4">项目</th><th colspan="4">车型</th></tr>
<tr><th rowspan="3">A 型</th><th colspan="3">B 型</th></tr>
<tr><th colspan="2">B_1型</th><th rowspan="2">B_2型</th></tr>
<tr><th>上部受流</th><th>下部受流</th></tr>
<tr><td>计算车辆长度</td><td>22100</td><td colspan="3">19000</td></tr>
<tr><td>车辆最大宽度</td><td>3000</td><td colspan="3">2800</td></tr>
<tr><td>车辆高度</td><td>3800</td><td colspan="3">3800</td></tr>
<tr><td>车辆定距</td><td>15700</td><td colspan="3">12600</td></tr>
<tr><td>转向架固定轴距</td><td>2500</td><td colspan="3">2300（2200）</td></tr>
<tr><td>地板面距走行轨面高度</td><td>1130</td><td colspan="3">1100</td></tr>
</table>

上述地铁限界是按车辆在平直轨道上运行状况下的需要制定的。直线地段区间直线地段各种类型的隧道建筑限界与设备限界的间距应能满足各种设备安装的要求，所以在隧道断面

设计时，应该考虑施工和测量误差以及结构变形量等。

在曲线段还应考虑到车辆相对于轨道中心线的偏移量和加高量。曲线地段地铁限界根据该段断面形状进行加宽和加高，方法如下：

（1）矩形和马蹄形隧道建筑限界　应按直线地段的建筑界限分别计算其加宽和加高。限界坐标系是与轨道中心线相垂直平面内的二维直角坐标系，通过两钢轨顶中心连线的中点引出的水平线定义为横向坐标轴，以 X 轴表示；通过该中点垂直于水平轴的垂线定义为纵向坐标轴，以 Y 轴表示，两轴相交点为坐标原点。(X_1, Y_1)，(X_4, Y_4)，(X_8, Y_8) 分别为计算加宽和加高点的控制坐标值。

曲线内侧加宽为

$$E_{内} = \frac{l_1^2 + l_2^2}{8R} + X_4\cos\alpha + Y_4\sin\alpha - X_4 \tag{8-1}$$

曲线外侧加宽为

$$E_{外} = \frac{L_0^2 - (l_1^2 + l_2^2)}{8R} + X_8\cos\alpha + Y_8\sin\alpha - X_8 \tag{8-2}$$

顶部加高为

$$E_{高} = Y_1\cos\alpha + X_1\sin\alpha - Y_1 \tag{8-3}$$

$$\alpha = \arcsin\left(\frac{h}{s}\right) \tag{8-4}$$

式中　$E_{内}$——曲线内侧加宽（mm）；

$E_{外}$——曲线外侧加宽（mm）；

$E_{高}$——顶部加高（mm）；

L_0——车体长度（mm）；

l_1——车辆定距（mm）；

l_2——车辆固定轴距（mm）；

R——圆曲线半径（mm）；

h——超高值（mm）；

s——内外轨中心距离（mm）。

（2）圆形隧道建筑限界　应按全线最小曲线半径来确定其加高和加宽。

（3）道岔区的建筑限界　直线段应根据不同种类的道岔和车辆有关尺寸计算其加宽量，根据安装设备计算其加宽量。

在道岔导曲线范围的内侧加宽为

$$e_{内} = \frac{l_1^2 + l_2^2}{8R_0} \tag{8-5}$$

在道岔导曲线范围的外侧加宽为

$$e_{外} = \frac{L_0^2 - (l_1^2 + l_2^2)}{8R_0} \tag{8-6}$$

式中　$e_{内}$——在道岔导曲线范围的内侧加宽（mm）；

$e_{外}$——在道岔导曲线范围的外侧加宽（mm）；

R_0——道岔导曲线半径（mm）。

(4) 竖曲线地段的建筑限界 根据竖曲线的形式计算加高。

凹形竖曲线范围内加高为

$$\Delta H_1 = \frac{l_1^2 + l_2^2}{8R_1} \tag{8-7}$$

凸形竖曲线范围内加高为

$$\Delta H_2 = \frac{L_0^2 - (l_1^2 + l_2^2)}{8R_2} \tag{8-8}$$

式中 ΔH_1——凹形竖曲线范围内加高(mm);

R_1——凹形竖曲线半径(mm);

ΔH_2——凸形竖曲线范围内加高(mm);

R_2——凸形竖曲线半径(mm)。

(5) 车站(直线地段)站台高度 应低于车厢地板面50~100mm。站台边缘与车厢外侧面的空隙宜采用100mm。

8.1.2 线路网规划

线路是机车车辆和列车运行的基础,地铁线路是指由路基、隧道、地铁车站、轨道组成的整体工程结构。线路必须经常保持完好状态,以使列车能按规定的最高速度,安全、平稳、准确和不间断地运行。地铁线路按其在运营中的作用,可分为正线、辅助线、车场线。正线为载客运营的线路,行车速度高,密度大,必须保证行车安全和舒适,标准要求高。辅助线是指为保证正线运营而配置的线路,辅助线包括折返线、渡线、联络线、停车线、出入线、安全线等;通常用于空载列车折返、停放、检查、转线及出入车辆段服务,一般不行驶载客车辆,速度要求较低,线路标准要求也较低。车场线是场区作业的线路,行车速度低,线路标准只要满足场区作业需要即可。

地铁的线路网可由多条线路组成,但每条线路均应按独立运行进行设计。同一城市内各条线路之间,不应出现平面交叉,如需要交叉,则应在线路的相交处(包括与其他交通线路的相交处),按立体交叉布置,用电梯或行人阶梯联系,以保证地铁高效、安全运行和人员换乘。但为解决调车、处理必须转线运行事宜,线路之间可根据需要设置联络线。因为转线运行的情况很少,故联络线为单线。

1. 线路平面

(1) 线路平面位置与埋深的确定 线路平面位置,特别是车站位置应尽可能与地面交通相对应,地下线路应尽可能采用直线,减少弯曲线路,平面位置与埋设深度应综合考虑以下因素:

1) 地面建筑物,地下管线和其他地下建筑物的现状与规划。

2) 工程地质与水文地质条件。

3) 地铁准备采用的结构类型与施工方法、运营要求等。

通过技术经济比较确定平面位置与埋设深度,有条件时,线路应与地面铁路接轨。

(2) 最小曲线半径的确定 它是指当列车以“平衡速度”通过曲线时,能够保证列车安全、稳定运行的圆曲线半径的最低限值。平面位置与埋深确定之后,进行线路平面设计。线路平面的中心线由直线和曲线(圆曲线及缓和曲线)组成,曲线设置在两相邻直线间。

列车以一定速度通过曲线时，为了列车的安全和乘客的舒适，曲线最大外轨超高和未被平衡的离心加速度应受限制。这需要由最小曲线半径的合理选定来控制。

最小曲线半径与地铁线路的性质、车辆性能、行车速度、地形地物条件等有关。最小曲线半径是修建地下铁道的一个主要技术参数，对行车速度、安全、稳定有很大影响，并直接影响地铁建筑费用与运营费用。

最小曲线半径的计算公式为

$$R_{min} = \frac{11.8V^2}{h_{max} + h_{gy}} \tag{8-9}$$

式中 R_{min}——满足欠超高要求的最小曲线半径（m）；

V——设计速度（km/h）；

h_{max}——最大超高（mm），$h_{max}=120$mm；

h_{gy}——允许欠超高（mm），$h_{gy}=153a$，a 为当速度要求超高大于最大超高值时，产生的未被平衡离心加速度（m/s²），规范规定取 $a=0.4$m/s²。

列车在曲线上运行产生离心力，通常以设置超高（$h=11.8V^2/R$）来产生向心力，以达到平衡离心力的目的。当 R 一定时，V 越大，要求设置的超高就越大，但规定最大超高 $h_{max}=120$mm。因此，当速度要求设置的超高大于最大超高值 h_{max} 时，就会产生未被平衡的离心加速度 a。

按目前我国地铁车辆运行情况，一般取 $R_{min}=300$m；在困难情况下，取 $R_{min}=250$m。地下铁道列车运行速度见表 8-2。

表 8-2 地下铁道列车运行速度

R/m	V/(m/s)	
	$a=0$	$a=0.4$m/s²
300	55.25	67.90
250	50.21	61.96

地铁正线最小曲线半径一般情况下为 300~600m，困难情况下为 250~300m。国内城市地下铁道最小曲线半径见表 8-3。

表 8-3 国内城市地下铁道最小曲线半径

城市	一般情况/m			困难情况/m		
	正线	辅助线	车场线	正线	辅助线	车场线
北京	300	200	110	250	150	80
上海	300~400	150~200	150	250~350	150	120~150
广州	350~400	150	150	300~350	150	150

我国 GB 50157—2013《地铁设计规范》规定了线路平面的最小曲率半径，见表 8-4。

表 8-4 最小曲率半径

线路	一般情况/m		困难情况/m	
	A 型车	B 型车	A 型车	B 型车
正线	350	300	300	250
联络线、出入线	250	200	150	
车场线	150	150	—	

注：除同心圆曲线外，曲率半径应以 10m 的倍数取值。

（3）缓和曲线的确定　在地铁线路上，直线和圆曲线不是直接相连的，它们之间需要插入一段缓和曲线，其目的在于满足曲率过渡、轨距加宽和超高过渡的需要，以保证乘客舒适、安全。缓和曲线示意图如图8-2所示。

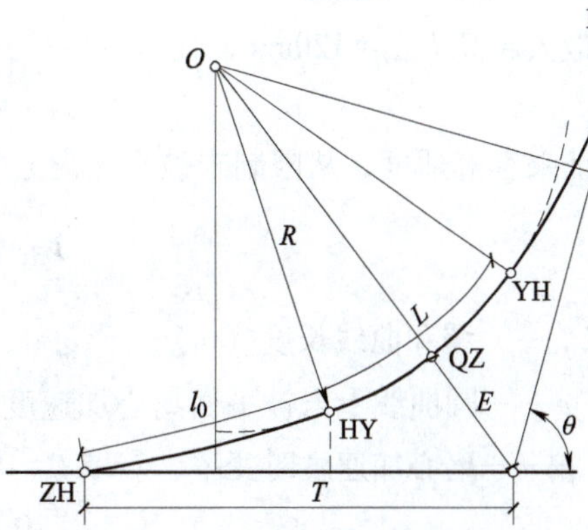

图8-2　缓和曲线示意图

ZH—缓点　HY—缓圆点　QZ—曲中点

YH—圆缓点　HZ—缓直点

缓和曲线的半径是变化的，与直线连接一端的半径为无穷大，逐渐变化到等于所要连接的圆曲线半径（R）。

为便于测设、养护维修和缩短曲线长度，我国地铁常采用三次抛物线型的缓和曲线。三次抛物线型的缓和曲线其方程式为

$$y=\frac{x^3}{6C} \tag{8-10}$$

式中　C——缓和曲线的半径变化率，$C=\frac{SVl_2^2}{gi}=\rho L=Rl_0$；

S——两股钢轨轨顶中心间距（mm），$S=1500$mm；

V——设计速度（km/h）；

l_2——车辆固定轴距（mm）；

g——重力加速度（9.81m/s^2）；

i——超高顺坡率（‰）；

ρ——相应于缓和曲线长度为L处的曲率半径（m）；

L——缓和曲线上某一点至终点的长度（m）；

R——曲线半径（m）；

l_0——缓和曲线全长（m）。

按超高顺坡率的要求，一般超高顺坡率不宜大于2%，困难地段不应大于3%，按此要求，缓和曲线的最小长度为

$$L_{01}\geqslant\frac{H}{3} \tag{8-11}$$

式中　L_{01}——缓和曲线长度（m）；

H——圆曲线实设超高（m）。

保证乘客舒适度要求，按允许的超高时变率，缓和曲线的最小长度为

$$L_{02}\geqslant\frac{HV}{3.6f} \tag{8-12}$$

式中　L_{02}——缓和曲线长度（m）；

V——设计速度（km/h）；

f——允许的超高时变率，$f=40$mm/s。

$$L_{02}\geqslant\frac{HV}{3.6f}=0.007Vh \tag{8-13}$$

式中　h——超高（mm）。

将最大超高 $h_{max}=120$mm，代入（8-13），得

$$L_{02} \geqslant 0.84V$$

保证乘客舒适度，从限制未被平衡离心加速度时变率，缓和曲线的最小长度为

$$L_{03} \geqslant \frac{aV}{3.6\beta} \tag{8-14}$$

式中　L_{03}——缓和曲线长度（m）；

a——圆曲线上未被平衡离心加速度（m/s^2），$a=0.4m/s^2$；

β——离心加速度时变率，若取 $\beta=0.3m/s^2$，则有

$$L_{03} \geqslant \frac{0.4V}{3.6\times0.3} = 0.37V$$

（4）路线平面圆曲线的夹直线长度的确定　两相邻曲线间的直线段，称为夹直线。线路内圆曲线的长度越短，对改善瞭望条件，减少行车阻力和养护维修有利，但最短不能小于车辆的全轴距，具体有以下规定：

1）正线及辅助线的圆曲线最小长度不宜小于 20m，在困难情况下，不得小于一个车辆的全轴距。

2）正线及辅助线上两相邻曲线间的夹直线长度不应小于 20m，车场线上的夹直线长度不得小于 3m，即不应短于车辆转向架的轴距。

3）为避免增加勘测设计、施工和养护维修的困难，地铁线路不宜采用复曲线。

2. 线路纵断面

（1）线路的坡度　地铁线路因排水的需要和各站台线路的标高不同，线路是有坡度的。坡度的大小用千分率表示。各段线路上的坡度应该满足下列要求：

1）正线的最大坡度宜采用 30‰，困难地段可采用 35‰，辅助线的最大坡度宜采用 40‰（均不包括各种坡度折减值）。最大坡度是根据地铁机车最大起动力，考虑到载客重车，行驶在大坡道，以及列车行驶在最不利地段（坡度大，处于小半径曲线）起动的情况下做出的规定。正线最大坡度是线路的主要技术标准之一，它对线路的埋深、工程造价及运营都有较大的影响。

2）一般情况下，线路的坡度与隧道排水沟坡度是一致的，为了满足排水需求，隧道内正线最小坡度不宜小于 3‰，困难地段，在确保排水的条件下，可采用小于 3‰的坡度。

3）隧道内车站坡度应尽量平缓，车站站台线路坡度宜采用 3‰，在困难条件下可设在 2‰或不大于 5‰的坡道上。站台段线路应只设在一个坡道上，可使设计、施工均简单，也有利于排水。

4）根据溜车条件，规定车场线坡度不大于 1.5‰。

5）为便于道岔的养护和维修，道岔应铺设在较缓的坡道上。规定道岔设在不大于 5‰的坡度上，困难条件可将道岔设在不大于 10‰的坡道上。

（2）线路竖曲线半径　坡道与坡道、坡道与平道的交点处变坡，列车通过变坡点时会产生附加加速度，车钩应力将发生变化。为保证行车平顺与安全，当两相邻坡段的坡度代数差大于或等于 2‰时，就应设置竖曲线连接，竖曲线半径为

$$R_r = \frac{V^2}{3.6^2 a_r} \tag{8-15}$$

式中 R_r——竖曲线半径（m）；

V——行车速度（km/h）；

a_r——列车通过变坡点产生的附加速度（m/s^2），一般情况下 $a_r=0.1m/s^2$，困难情况下 $a_r=0.17m/s^2$。

竖曲线半径应符合表8-5的规定。车站站台和道岔范围不得设置竖曲线，竖曲线离开道岔端部的距离不应小于5m。线路纵向坡段的长度有最小长度限制，一般情况下，不宜小于远期列车计算长度，但又不宜太长，满足相邻曲线间的夹直线长度的要求即可，夹直线长度≥50m。

表8-5 竖曲线半径

线别		一般情况/m	困难情况/m
正线	区间	5000	3000
	车站端部	3000	2000
辅助线		2000	
车场线		2000	

3. 轨道

轨道铺设于路基上，是直接承受机车、车辆巨大压力的部分，由钢轨、轨枕、道床、道岔等组成。轨道设计应保证列车安全、平稳、快速运行。其构造应具有足够的强度、稳定性、弹性和耐久性，还应满足绝缘、减振、防锈要求。

（1）钢轨　钢轨起直接承受车轮压力，引导车轮运行方向的作用，钢轨的类型和强度以kg/m来表示。正线辅助线钢轨应依据远、近期客流量，并经技术经济综合比较确定，宜采用60kg/m钢轨，也可采用50kg/m钢轨。车场线宜采用50kg/m的钢轨。正线半径小于400m的曲线地段，应采用全长淬火钢轨或耐磨钢轨。正线钢轨接头应采用对接，曲线内股应采用厂制缩短轨调整钢轨接头位置。正线、直线段、半径在250m及以上的曲线段采用无缝线路，其余可用连接件连接。连接件可分接头连接件和中间连接件两类，中间连接件是把钢轨扣紧在轨枕上的零件，故又称钢轨扣件。扣件应具有足够的强度、扣压力和耐久性。

（2）轨枕与道床　轨枕是钢轨的支座，起着保持钢轨位置、固定轨距、承受钢轨传来的压力并将其传递给道床（基础）的作用。轨枕结构形式有混凝土整体道床、钢筋混凝土短轨枕式整体道床、新型轨下基础、轨枕碎石道床、木枕碎石道床等几种。隧道内采用混凝土整体道床，地面线多采用轨枕碎石道床，高架线宜采用新型轨下基础。

（3）道岔　道岔是线路连接设备之一，起着将机车、车辆由一股道转入另一股道的调车作用。终始车站、中间站、行车线、检修线的附近，车辆需要折返、调动的部位均须设置道岔。道岔应设在直线地段，道岔端部至曲线端部的距离应大于5m，车场线可减少到3m。

8.1.3 地铁车站

地铁车站是供乘客上下车和换乘、候车的场所，一般包括供乘客使用、运营管理、技术设备和生活辅助四大部分。供乘客使用的部分主要有地面出入口和站厅、地下中间站厅和售票厅、检票处、站台和隧道、楼梯和自动扶梯等。

地铁车站的形式、规模、建筑装修标准应根据预测的长远客流量大小、所处位置的重要性以及长远发展规划等因素来确定，车站建筑设计原则应力求简洁、明快、大方、易于识别，体现现代交通建筑特点。地铁车站设计中，还应充分利用地下、地上空间实行综合开发，也必须考虑车场的防灾、抗灾等方面的要求。

1. 车站位置

地铁车站一般设置在地下。地铁车站位置通常应设在客流量大的地点，如商业中心、文化娱乐中心及地面交通枢纽等地方，以便能最大限度地吸引客流和方便乘客。为了便于不同线路间的换乘，在地铁不同线路的交会处设置车站是必要的。

站间距离应根据具体情况确定，站间距离太短会降低运营速度，增大能耗、配车数量，增加工程投资；站间距离太大，对乘客不方便，增大车站负荷。因此，市区、人口稠密、人流集散点多的区域，车站设置应该密些，站间距离短些；郊区、建筑稀疏、人流集散点少的区域，站间距离可以大一些。我国已建地铁部分线路站间距离见表 8-6。我国已有地铁线路，站间距离市区多为 1km 左右，郊区不大于 2km。

表 8-6　我国已建地铁部分线路站间距离

城市	级别	线路运营长度/km	车站数	平均站间距离/m
北京	一线西段	16.87	12	1534
	环线	23.01	18	1278
天津	一期工程	7.4	7	1100
上海	一期中段	15.67	13	1306
广州	一线	17.97	16	1198

车站应尽量接近地面。因为地铁车站的造价与其埋深有关，尤其浅埋明挖车站更为明显，车站接近地面时，工程量小，方便乘客进、出车站。

车站在有条件的情况下，应尽量布置在纵断面凸形部位上，采用节能纵坡的设计，即机车车辆进站为上坡；出站为下坡，有利于机车的起动与制动。

车站的总体布局应符合城市规划、城市交通规划、环境保护和城市景观的要求，妥善处理好与地面建筑、地下管线、地下构筑物的关系。车站设计必须满足客流需求，保证乘降安全、疏导迅速、布置紧凑、便于管理，并具有良好的通风、照明、卫生、防灾等设施，为乘客提供舒适的乘车环境。

2. 车站类型

按照运营性质的不同，车站类型可分为终始点站、中间站、区域站和换乘站。

（1）终始点站　线路的终始点站位于线路的两端，往往设在郊外，设有线路折返设备，机车车辆可以在此折返，并可作为列车停留，临时检修用。

（2）中间站　供乘客中途上、下车之用。中间站的通过能力决定着整个线路的最大通过能力。

（3）区域站　在线路上客流量分布是不均匀的，在客流量最集中的线段两端的车站设置折返线，在客流高峰区段内增开区间列车，故称区域站或区间站。区域站有利于客流的疏散。

（4）换乘站　位于地铁不同线路交叉点的车站，除供乘客上下车之外，还可由此站经楼梯、地道等通道去其他站层，换乘另一条线路的列车。

3. 站台形式

站台是地铁车站的最主要部分，是分散上下车人流、供乘客乘降的场地。各地车站站台断面类型多样，有高架式、地面式、半地下式等。按与正线的位置关系，站台可分为岛式站台、侧式站台和岛、侧混合式站台等。

（1）岛式站台　适用于规模较大的车站，如终始点站、换乘站，这种方式上下行车线共用一个站台，可起到分配和调节客流的作用，对于需要中途折返的乘客比较方便。我国地铁车站多采用岛式站台，如北京、上海地铁。

（2）侧式站台　适用于规模较小的车站，如中间站，不同方向的两条正线分别使用各自的站台，上、下行的乘客可避免互相干扰。我国天津、法国巴黎、英国伦敦等城市采用侧式站台。

（3）岛、侧混合式站台　多用于比较复杂的车站，如大型换乘站，一般可为一岛一侧、一岛两侧。岛式与侧式站台之间应该以天桥或地道相互连通。

4. 站厅布置

站厅是地铁车站用于售票、检票、布置部分设备房间的场所，其布置方式与售票、检票方式有关。应使付费区与非付费区有明显的交界处，形成不同的功能分区。站厅布置形式一般可分为分离式、贯通式、分区式站厅，站厅也有与地下商业街连通在一起布置的。

5. 出入口布置

车站出入口的位置最好选择在沿线主要街道的交叉路口或广场附近，尽量扩大服务半径，方便乘客。一个车站的出入口的数量要视客运需要与疏散的要求而定，最低不得少于2个，且在街道两侧均应设有车站出入口。在客流量较大的情况下（如车站位于街道的十字交叉口处），出入口数量以4个为宜，这样利于乘客从不同方向进出地铁。

6. 风厅（风道）布置

地下车站按通风、空调工艺要求，一般需设活塞风井、通风井和排风井。每个地下车站通常设置1~2个通风道。

在满足功能的前提下，根据地面建筑的现场条件和规划要求，按照优先与其他建筑合建，尽量弱化体量的原则，风井可集中或分散布置。因城市景观的需求，不论分散还是集中布置均应尽量与地面建筑相结合。

7. 车站功能的综合化

地铁车站功能的综合化是指与城市其他交通方式的综合，与地下市政公用设施的综合，与商业、服务设施的综合，或与民防工程设施的综合等。

地铁车站造价昂贵，在地下铁道的投资中所占比重很大，一般车站的造价相当于相同长度隧道造价的3~10倍。在地下铁道车站的总体设计中应妥善考虑车站功能综合化问题。

8.2　城市地下街

城市地下街是指修建在城市繁华的商业街下或客流集散量较大的车站广场下，内设由许多商店、人行通道和广场等组成的综合性地下建筑。

城市地下街是具有多种功能的城市的重要组成部分，有利于城市可持续发展。伴随着地下街建设规模的不断扩大，可将地下街同各种地下设施综合考虑，形成具有城市功能的地下大型综合体。

1. 城市地下街的设计原则

1）城市地下街的建设必须与城市再开发同步进行，纳入城市地下空间利用的总体规划。国家和地方政府颁发的有关法律、法规是建筑工程规划的指导性文件，城市总体规划是根据社会对城市的需求而设计的城市发展规划。城市地下街规划应是城市规划的补充，应与城市总体规划相结合。

2）在拟建城市地下街时，首先要明确其功能，并相应确定各组成部分的合理比例，特别要与城市地下交通设施、公用设施等一起综合考虑。城市地下街规划应考虑人、车流量状况。在旧城区改造或在原有地下人防工程的基础上建设的，要考虑地面建筑物的性质、规模、布局、是否需拆除、有无扩建、改造或新建的可能、文物与历史遗迹的保护、市政设施建设中远期规划等。

3）进行经济、社会和环境效益综合分析，预测可能的投资偿还期。

4）地下街规划要考虑发展成地下综合体的可能性。

2. 城市地下街的规划设计

城市地下街按规模分有小型（$\leqslant 3000m^2$）、中型（$>3000m^2$ 且 $\leqslant 10000m^2$）、大型（$>10000m^2$）城市地下街；按使用功能分有地下商业街，地下文化娱乐街、地下工厂街、地下多功能街等几种。城市地下街平面形式有道路交叉口型地下街、中心广场型地下街、复合型地下街等。

（1）道路交叉口型地下街　道路交叉口型地下街多数处在城市中心区较宽阔的主干道下，平面布置大多为“一”字形或“十”字形。其特点是地面交叉口处的地下空间也相应设交叉口，并沿街道走向布置，同地面有关建筑设施相连，出入口方便人流集散。

（2）中心广场型地下街　此类型地下街通常设在城市交通枢纽，如火车站、中心广场地下，并同车站首层或地下层相连接。若为广场，出入口可设在下沉式露天广场，供人们休息。中心广场型地下街平面布置通常为矩形，这种地下街常设置在客流量、停车量大的区域，起分流作用，常与地下车库相连。

（3）复合型地下街　复合型地下街是指中心广场型地下街与道路交叉口型地下街的复合，几个地下街连接成一体的复合型地下街带有“地下城”的意思。复合型地下街可与中心广场、地面车站、地铁车结、高架桥立体交叉口相通，具有商业、文化娱乐、体育、宾馆等多种功能。

3. 城市地下街平面布置

城市地下街的平面布置可按矩形平面、带形平面、圆形和环形平面、横盘式平面等类型布置。

（1）矩形平面　这种形式多用于大、中跨度的地下空间。设计时要注意长、宽、高的比例，避免过高或过低，造成空间浪费或给人以压抑感。

（2）带形平面　这种形式跨度较大，为坑道式，设计时应根据功能要求及货柜特点综合考虑。如为单面货柜，其宽度以 6~8m 为宜，双面货柜其宽度以 10~16m 为宜，长度不限。

（3）圆形和环形平面　这种形式多用于大型商场（或商业中心），四周设置商业街，中间为商场，其特点是充分体现商场功能，管理方便。

（4）横盘式平面　这种形式用于综合型的地下商业街，适应现代商业的发展，能把购物、休息、游乐、社交融于一体。

4. 横断面设计

城市地下街的横断面有拱形断面、平顶断面、拱平结合断面等形式。

（1）拱形断面　结构受力好，起拱高度较低（约 2m），拱部空间可充分利用。

（2）平顶断面　由拱形结构加吊而成，或顶板做成平顶。

（3）拱平结合断面　中央大厅为拱形断面，两侧做成平顶。

5. 纵断面设计

城市地下街的纵剖面可随地表面起伏而变，最小纵向坡度必须满足排水需要，一般不得小于 3%。

6. 结构类型

城市地下街一般埋深较浅，结构类型一般有直墙拱、矩形框架、梁板式结构等。

（1）直墙拱　墙体部分通常用砖或块石砌筑，拱部视其跨度大小可采用预制混凝土拱或现浇钢筋混凝土拱。拱可为半圆拱、圆弧拱、抛物线拱等多种形式。

（2）矩形框架　采用明挖法施工时，多采用矩形框架，其优点是经济，易于施工。由于矩形框架弯矩较大，故采用钢筋混凝土结构。矩形框架可以是单跨、多跨、多层多跨框架形式，多跨或多层多跨框架的中间隔墙可以用梁、柱代替，这样不但使结构轻巧、美观，节约材料，还可改善通风条件。

（3）梁板式结构　梁板式结构的顶、底板为现浇钢筋混凝土，围墙和隔墙可为砖砌结构，在地下水位较高或防护等级要求较高时，围墙、隔墙均做成钢筋混凝土结构。

8.3　地下仓库

地下仓库是修建在地下作为短期或长期存放生活资料与生产资料用的仓库。地下仓库具有隔热保温良好、储品不易变质、能耗小、维修和运营费用低、节省材料、占地面积小、库内发生事故时对地面波及较小、节省地面仓库用地、运输距离短等突出优点。

由于地下仓库储存的物资不同，其仓储原则与设计要求也各有所不同。下面仅对地下燃油库、地下储气库、地下粮库进行介绍。

8.3.1　地下燃油库

地下燃油库用于储存液体燃油，具有容量大、损失少、安全和经济的特点。在各类地下仓库中，地下燃油库始终占有较大的比重，并有着巨大的发展潜力。

液体燃油主要有航空煤油、航空汽油、车用汽油、柴油、煤油等。液体燃料与储存相关的特性有比重、黏度、温度、压力、易燃性、可燃性、挥发性等。液体燃料的比重一般都小于 1，不溶于水。因此遇水时总是浮在水的上部在稳定地下水位以下，可以靠水和液体的压力差来储存液体燃料。

1. 地下燃油库的布置要求

地下燃油库的布置首先要保证工艺流程的合理和交通运输的便利，工艺流程的合理主要表现在作业区与储存区的关系上，如距离的远近，高差的大小，输油管道是否短、顺等。对于战备地下油库，发油应做到自流，即使电源被切断，或地上作业区一部分遭到破坏仍可照常发油，保证战时需要，要自流发油，就必须使作业区与储存区之间有必要的高差，使输油管保持一定的坡度。防火、防爆是油库布置的特殊要求之一，必须按照规定保证各个区之间和各个建筑物之间的防火、防爆距离。

2. 地下燃油库的类型

地下燃油库可分为开凿洞室储库、盐岩溶洞室油库、废旧矿坑油库等。目前，地下燃油库仍以开挖法形成地下空间进行储藏者为多，即多以开凿洞室储库为主。开凿洞室储库可分为岩石中金属罐油库、地下水封石油洞库、地下盐岩洞室油库等。

（1）岩石中金属罐油库　岩石中金属罐油库须按功能进行明确分区，油库规划方案中，应有铁路或公路通过库区，必要时库区应备有铁路专用线，行政区、生活区应布置在作业区的上风方向，各区之间力争联系方便。油库的地下储油区由岩石中的洞罐、操作间、通道、风机房等组成。洞罐有立式罐和卧式罐两种类型。立式罐滤体为圆柱形，顶为半球形或割球形，岩洞衬砌后安装钢罐或其他金属罐，钢罐与洞壁间留出 0.7~0.9m 的空隙，顶部留 1.0~1.2m 间隙，以便施工和维修，所以也称为离壁钢罐。卧罐又分离壁和贴壁两种。卧式离壁罐与立式罐基本相同，只是由于钢油罐是卧式横放，故岩洞一般为直墙拱顶洞室。卧式贴壁罐是在洞室的衬砌和底板上贴上一层钢板成丁腈橡胶板，直接储油。

（2）地下水封石油洞库　地下水封石油洞库是利用油比水轻，油、水不相溶的特性，在稳定的地下水位以下完整坚硬岩石中开挖洞罐，不衬砌而直接储油，依靠岩石的承载力和地下水的压力将油品封存在洞罐中。

地下水封石油洞库的原理如下：

1）当储藏在基岩洞室内的原油液压和气压小于地下水水压时，原油就不会流到洞室外。

2）将渗透到洞室内的地下水适当排出，保持洞室内一定量的地下水流，可以维持一定的原油存储量。

3）可以人工补给地下水，只需调节水封就能够长期、安全、定量地储藏原油。

根据以上水封油库原理，建造地下水封石油洞库必须具备以下 3 个基本条件：

1）岩石完整、坚硬，岩性均一，地质构造简单。

2）在适当深度有稳定的地下水位存在，而水量又不很大。

3）所储存的油品比重小于 1，不溶于水，并且不与岩石或水发生化学作用。

根据洞罐内水垫层厚度是否固定可分为两类储油方法：固定水位法、变动水位法。

1）固定水位法。洞罐内水垫层厚度固定（0.3~0.5m），水面不因储油量多少而变化，水垫层的厚度由泵坑周围的挡水墙高度控制，当水量过多时，水漫过挡水墙，流入泵坑，水泵由水面位置自动控制。固定水位法不需大量注水、排水，运营费用低，但在油面低的情况下，上部空间大，除油品挥发损耗外，还存在爆炸危险。固定水位法对储存原油、柴油、汽油比较适用。

2）变动水位法。洞罐内水垫层厚度不固定，随储油量的多少而变化，油面位置固定在洞罐顶部。储油时随进油、随排水，发油时边抽油、边进水；罐内无油时，则被水充满。泵井设在洞罐附近，利用连通管原理进行注水和抽水。变动水位法的优缺点与固定水位法相反。由于变动水位法是利用水位的高低调节洞罐内的压力，因此对于航空煤油、液化气等要求在一定压力下储存的液体燃料比较适用。

水封石洞油库具有以下优点：

1）安全性好。抗震性好，操作竖井封闭性强，正常操作无油气外漏，平时无着火可能，即使着火，也很容易扑救。

2）节省投资。当库容达到一定规模时（一般大于或等于 10 万 m^3），比地上洞库投资节省。如青岛市、大连市两处各 300 万 m^3油库的投资比地面油库的投资分别节省约 4 亿~5 亿元人民币。

3）适合战备要求。地下洞库一般处在地下水位线下 20~30m，一般的枪、炮、炸弹对其不会产生破坏。

4）占地面积少。地下洞库一般建在山体的岩石中，地面设施很少，以青岛市黄岛区建设的 300 万 m^3油库为例，地下洞库占地约 $300m^3$，而地上库占地要 $5800m^3$，地下洞库的建设可解决用地紧张问题。

5）维修费用低。其维修费用只占相同库容地上库费用的 1/6，这一项就可每年节约数百万元。

6）对自然景观破坏小。特别是在山区，不需要大量开山。

7）建设速度快。与地面油库施工速度比，地下工程进度很快，量测监控反馈技术对快速施工有很大作用。

8）使用寿命长。地下油库使用寿命一般在 100 年以上，地面油库 25 年就要大修或重建。

8.3.2　地下储气库

地下储气库是利用地下气密的多孔岩层或洞穴作为仓库储存燃气，是储存大量燃气最经济和比较安全的方法。地下储气库应该建在靠近大量用气的地区，气体液化后，体积大为缩小，有利于储存。地下储气库可调节燃气的季节供需不平衡，在需求高峰时保证供气量；使长距离输气管线和设备均衡运行，以提高管线和设备的利用率，降低输气成本；在发生事故等紧急情况下保障供气量。

地下储气可分为枯竭油气层储存、地下含水层储气、盐穴储气、内衬岩洞储气、地下罐体储气等类型。

（1）枯竭油气层储存　利用枯竭油气层作储气库，一般不需要建设费用，可利用原有的井注气和采气。储气库中必须存有部分气体作为垫层气，而枯竭油气层通常有残留气体可直接利用，不必再填充垫层气，这是一种最经济的储气库，地下储气库中有 80%以上属于此种类型。

（2）地下含水层储气　利用背斜含水砂层构造来储气，构造平缓但面积较大时也可用于储气。含水砂层应有较大的厚度、孔隙率和渗透率、合适的深度。渗透性对燃气注入和采出的速度有重大意义。渗透率高，排气时水能很快压回，可回收一部分消耗于注气的能量。

（3）盐穴储气　盐穴储气是向盐岩层注入淡水，将盐岩层溶解，再将盐水排出，形成溶洞进行储气。这种储气库密闭性能好，储气压力高，采气率大，但与含水层储气库比，储气容量小，单位容量投资高。也可利用废矿井储气，但要求盖层和矿井密闭，此方法一般储气压力较低，故这种储气库的数量很少。

（4）内衬岩洞储气　内衬岩洞储气是在比较坚硬的岩石中人工挖出一个洞室，利用岩石的高抗压性，在洞内做一层比较薄的钢内衬，该内衬主要起密封作用，用于储存气体。

（5）地下罐体储气　为了使天然气或石油气在液态状态下储存，地下储气库应能提供低温或超压条件。

液化天然气的主要成分是甲烷，无色、无味、无毒且无腐蚀性。液化天然气的体积约为同量气态天然气体积的1/600，重量仅为同体积水的45%左右。液化天然气地下储罐有如下优点：占地面积小，能高效利用有限的土地资源；液化天然气不会泄至地上；外观不会对周围产生危险感，易被公众接受。

液化石油气是丙烷和丁烷的混合物，通常伴有少量的丙烯和丁烯。加压冷却制成液体时，体积约缩减为原来的1/250。一般采用特殊钢制成的双层箱储罐低温常压储藏。液化石油气油罐的储藏量都比较小。

8.3.3　地下粮库

地下粮库主要用于储存粮食。地下环境为储存粮食提供了非常有利的条件，地下粮库具有存粮多、存期长、节省人力、减少损耗、粮情稳定等特点。地下储粮的保鲜程度和营养价值都高于相同存期的地面储粮。地下粮库的有以下优点：储粮品质好，稳定性强，虫霉繁殖少，损耗降低，管理方便，不必翻仓。地下粮库不足之处是一次性投资较高和缺乏对其内部环境参数的监测手段。

地下粮库的主要任务是尽可能长时间和尽可能多地储存粮食，保证战时粮食供应并兼顾平时的使用。粮食储藏的最合适的条件是温度为15℃左右，相对湿度在50%~60%，而地下储粮可以用较少的投资满足上述条件。

地下粮库由粮仓、运输通道、运输设备、少量管理用房、风机房等组成，大型的粮库可能还有米、面加工车间，有的还附有少量的食油库或冷藏库。

为了加大粮库面积和充分利用空间，粮库的顶部一般采用跨折板结构。先根据储粮总量计算出所需粮库总面积（一般每平方米储粮面积（即粮库面积）可存放袋装粮1.2~1.5t），再根据结构跨度、码垛方式、运输方式确定粮库的宽度。袋装粮码成的垛称为桩，有实桩和通风桩两种。实桩的粮袋互相靠紧，适用于长期储存的干燥粮食，堆放高度可达20m。通风桩还有工字、井字等形式，使粮袋间留有一定空间以便通风，避免粮垛发热，高度一般为8~12m，桩的宽度和长度可按排列的粮袋尺寸和数量确定。桩和桩之间要留出0.6m的空隙，桩与墙之间要有0.5m的距离，以便人员通过。粮库的长度一般不受限制，可按储存品种、密闭要求、管理要求等适当确定。

8.4　地下停车场

地下停车场是指建筑在地下用来停放各种大小机动车辆的建筑物，也称为地下车库。

因为城市汽车总量在不断增加，而相应的停车场不足，城市汽车“行车难，停车难”的现象已经十分普遍。因此，充分利用地下空间建设停车场，对于缓解城市道路拥挤具有重要的作用。

地下停车场的特点有：造价高，工期长；地下停车场容量大；基本不占用城市土地，使城市能留出更多的开敞空间用于绿化和美化，提高城市环境质量；地下空间在防护上的优越性，易使大容量的地下停车库与人防设施结合起来。

1. 地下停车场的选点要求

1）地下停车场宜选在水文、工程地质条件好、道路畅通的位置。当车库位于岩层中，岩层厚度、岩性、走向、边坡及洪水位等应予考虑。

2）寒冷地区停车库门应避免朝北或正对冬季主导风向；门口应有足够的露天场地作为停车、调车、洗车等用。

3）车场车辆进出频繁，是消防重点之一，且有一定噪声，须按现行防火规范设置一定的消防距离和卫生间距，出口不宜靠近医院、学校、居住建筑。

4）与城市地下街、地铁车站等大型地下设施相结合。

5）专业车库、有特殊要求的车库应考虑其特殊性。如消防车库对出入、上水要求较高。

6）地下停车场一般应做到平时和战时均能使用，地下车库选点应与人防工程结合，应设两个出入口（存放量少于25辆的停车库可设一个出入口）。

2. 地下停车场分类

地下停车场分类可按建筑形式、使用方式、运输方式、地质条件进行分类。地下停车场的分类见表8-7。

表8-7　地下停车场的分类

按建筑形式	按使用性质	按车辆在车场内的运输方式	按所处地质条件
单建式停车场	公共停车场	坡道式停车场	土层地下停车场
附建式停车场	专用停车场	机械式停车场	岩层地下停车场

地下停车场按建筑形式可分为单建式停车场和附建式停车场。单建式停车场一般建于城市广场、公园、道路、绿地或空地之下，主要特点是不论规模大小，对地面上的城市空间和建筑物基本没有影响，除少量出入口和通风口外，顶部覆土后可以为城市保留开敞空间，附建式停车场是利用地面高层建筑及其裙房的地下室布置的地下专用停车场。这种类型的地下停车场使用方便，节省用地，规模适中，但设计中要选择合适的柱网，以满足地下停车和地面建筑使用功能的要求。

地下停车场按使用性质可分为公共停车场和专用停车场。公共停车场是供车辆暂时停放的场所，是具有公共使用性质的一种市政服务设施。专用停车场以停放载重车为主，还包括其他特殊用途的车辆，如消防车、急救车等。

地下停车场按车辆在车场内的运输方式可分为坡道式（又称为自走式）停车场和机械式停车场。坡道式停车场是利用坡道出入车辆，优点就是造价、运行成本低，可以保证必要的进出车速度，且不受机电设备运行状态影响，目前所建的地下停车场多为这种类型。其缺点是用于交通运输使用面积与整个停车场面积之比接近于0.9∶1，使用面积的有效利用率大大低于机械式停车场，并增加了通风量和相关管理人员。机械式停车场是利用机械设备对汽车的出入进行垂直自动运输，取消了坡道，使停车场内使用效率增加，通风和消防也变得容易和安全，还减少了相应的管理人员。其缺点就是一次性投资很大，运营费高，进出车的时间也比较长。

地下停车场按所处地质条件分为土层地下停车场和岩层地下停车场。岩层地下停车场布置比较灵活，一般不需要垂直运输，地形、地质条件有利时，规模几乎不受限制，对地面及地下其他工程几乎没有影响，节省用地效果明显。但岩石洞室作为停车场多是单跨，而由多个单跨洞室组成的大规模车场，行车正道面积所占比重较高。

3. 地下停车场设计

地下停车场由停车间、通道、坡道或机械提升间、调车场地、洗车设备等组成，每种设施的数目要因地制宜，辅助设施与停车间要分开安排，尽量少影响停车场作业。

停车场的平面布置主要是进行停放汽车的停车室、各种动线及各项设施的布置与规划。按使用要求，一般地下停车场平面布置的内容分为通风设备区、车库区和办公区。地下停车场平面布置可按下列原则考虑：地下公共车库的使用面积按每辆车 20~40m 估算，辅助设备面积可按停车间的 10%~25%估算，停车间在总建筑面积中所占比例应达到一定值，对于专用车库占 65%~75%比较合适，对于公共车库占 75%~85%为宜。

停车场类型确定后，停车间及通道坡道设计的最主要依据是所选定的基本车型。一个停车库不可能服务太多种车型，否则会影响车库建筑面积和空间使用率，也不易进行运行管理，因此，在设计时，一般要选定一种用于本车库的标准车型，且该车型在尺寸和性能上具有一定代表性。

车辆的存放方式主要指车辆停放后车的纵轴线与建筑轴线所成的角度。目前，国内外停车库较普遍地采用倒进顺出的直角停车方式。

地下车库出入口设计必须贯彻“以人为本”的理念，以优化空间环境、创造美好居住环境、提高人们生活质量为目标。出入口位置要明显，进出车方便、安全，不应设在宽度小于 6m 或坡度大于 10%的道路上，且不宜设在交通量大的公路旁，口外应设有明显的标志牌。除小型地下车库（<25 辆）外，其他地下车库出入口应将进口与出口分开设置，并与地面车辆行驶方向一致。

地下停车场结构形式主要有两种，即矩形结构和拱形结构。矩形结构又分为梁板结构、无梁楼盖、幕式楼盖，其侧墙通常为钢筋混凝土墙，大多为浅埋。拱形结构又分单跨、多跨、幕式及抛物线拱、预制拱板等多种类型，特点是占用空间大、节省材料、受力好，但是相对矩形结构来说，使用不够广泛。

停车间的柱网尺寸受两方面影响：一是停车技术要求，二是结构设计要求。综合分析柱网尺寸的影响因素进而确定一个最经济合理的布置方案，是车库设计的主要内容之一。一般以停放一辆车平均需要的建筑面积作为衡量柱网是否合理的综合指标，柱网由跨度和柱距两个方向上的尺寸组成，柱距尺寸取决于两柱之间所停放的车型尺寸和车辆数目、必要的安全距离，两柱间可停 1~3 辆车，跨度指车位所在跨度（简称车位跨）和行车通道所在跨度（简称通道跨），这两个跨度的尺寸不宜统一。

坡道是地下停车场与地面或层间连接的通道，一般分为斜道坡道和螺旋坡道两种。车道坡度一般规定在 17%以下，特殊情况下可适当加大。斜道坡道在与出入口直接相连时，应尽可能采取缓坡。为了行驶平缓，最好在斜道两端 3.6m 范围内设置缓和曲线。螺旋坡道平面面积小、布置灵活，得到广泛应用。

4. 地下停车场的辅助设施、交通安全以及防火

地下停车场的辅助设施包括洗车设施、修理设施、充电间、加油设施、口部建筑物。地下车库内车辆、人员往来频繁，存在一定的交通安全隐患，应采取措施防止交通事故的发生，例如，设立引导或制止车辆入库的明显文字或箭头标志以及门内外互相联系的通信设备等。地下停车场防火问题非常重要，良好的防火措施是为了防止和减少火灾对汽车库、停车场的危害，以保障人员和财产的安全。

8.5 地下综合管廊

地下综合管廊是指各种管道、电缆集中敷设在一起，为管理、维修公用设施服务所占用的地下空间。地下综合管廊如图 8-3 所示。

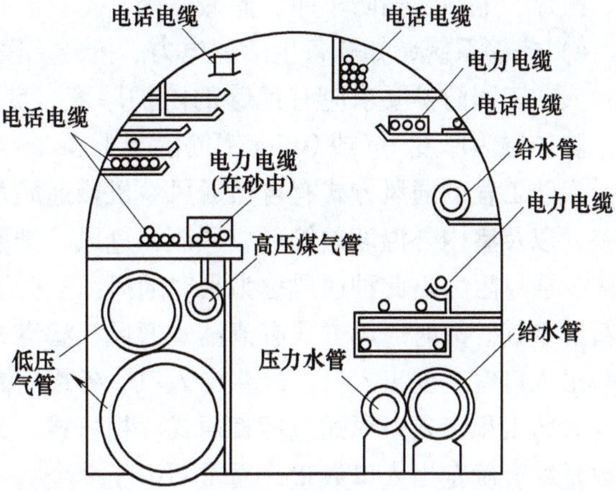

图 8-3 地下综合管廊

地下综合管廊可分为干线管道和供给管道两类：

1）干线管道是间接为沿管道地区服务的收容干线电缆（如电力线和连接电话中继站的电缆）和布设下水道的空间，主要设在车道下面。

2）供给管道是收容沿管道地区直接服务的电缆和管路的设施。

地下综合管廊具有以下优点：

1）集中规划管道，可避免乱用地下空间，避免多次开挖路面，影响交通和居民生活。

2）可以暗挖施工，减少对地面交通的影响，可保护城市地面环境。

3）一般埋置较深，不影响浅层地下空间的利用，节省城市空间。

4）可做到使地下管线较短。

5）便于各种管线相互配合，空间利用率高，相互影响小；便于人员进入检修，减少故障的发生，并可全部回收旧电缆。

6）管线结构老化慢，使用寿命长，易于扩建，利于战时防护。

7）工程造价与各管线分别设置的总造价相比，增加并不多，综合经济与环境效益明显。

8.6 人防工程

人防工程是为防御战时各种武器的杀伤破坏而修筑的地下建筑，通常有指挥所、掩蔽部、通信设施、水库、储库、医院、交通干线等。人防工程建设原则是以战时为主，兼顾平时利用，做到平战结合，使其在和平时期也能发挥经济和社会效益。

人防工程规划必须同城市地下空间及城市建设规划相统一，在总体规划的指导下进行。人防工程规划应考虑以下因素：

1）城市的战略地位、重要程度。

2）水文地质和工程地质、地形条件（应尽可能避开重要的军事设施及重要地段，如桥梁、码头、车站等）。

3）施工和运输条件。

4）原有的地面建筑及地下空间状况。

人防工程规划应包括以下内容：

1）街、企业、区的规划体系（单项体系服从于城市体系）。

2）连接通道网，满足“既能独立又连成整体”的要求。

3）确定重点工程的项目、等级、数量、规模及位置。这些工程通常有指挥所、食品加工、医疗、电站、消防车库、储藏库等。

4）完善系统，如具备生活、电力、抢救、医疗、指挥、动力、物资系统。

人防工程防护要求应有足够的防护厚度，良好的口部防护及伪装措施。为保证覆土厚度，防护层为厚度1m或0.7m钢筋混凝土。

人防工程的通风方式有自然通风、机械通风及混合通风。自然通风是利用风压、地形的高差，以及室内外温度差等形成风流，进风、排风路线要畅通，防止出现涡流、死角，尽可能减少通风阻力。此种通风称为平时通风。战时通风必须能消毒、过滤，从而使室内有清洁的新鲜空气。战时通风方式有清洁式通风、滤毒式通风、隔绝式通风。

出入口有主要出入口、次要出入口、备用出入口与连通口，在不同的状态下起不同的作用。人防工程出入口形式包括直通式、拐弯式、穿廊式、垂直式等形式。根据防灾要求、人员数量综合确定出入口数量，通常不少于2个。

人防工程门包括防护门、密闭门、防爆波活门等。防护门设在出入口第一道，作用是阻挡冲击波。密闭门设在第二或第三道，作用是起密闭阻挡毒气进入室内的作用。防爆波活门是通风口处抗冲击波的设备，能在冲击波超压作用下的瞬间关闭。

8.7 地下水库

地下水库将水蓄存在地下岩土的空隙中，用水时，把水取出。这种方式又叫“含水层人工补给”或“含水层储存与回采”。地下蓄水的方式有以下几种：

1）把水灌注在未固结的岩土层和多孔隙的冲积物中，包括河床堆积、冲积扇及其他适合的蓄水层等。

2）把水覆注于已固结的岩层中，如能透水的石灰岩或砂岩蓄水层等。

3）把水灌注于结晶质的岩体中。

4）把水储存于人工岩石洞穴或蓄水池里。

通过修建地表水库可调蓄水资源，解决水资源短缺问题，并带来巨大的经济利益，但也有不少问题，例如，库区泥沙淤积降低了水库调蓄能力，甚至导致洪灾加剧；水库壅水及水库渗漏导致库区地下水位抬升，引起次生沼泽化和盐渍化，触发滑坡崩塌，破坏洄游鱼类的生态环境；库区移民造成了沉重的社会经济负担等。

我国已经开始实施地下水库调蓄工程，如北京西郊、山东龙口、大连旅顺等地都已经修建了地下水库，积累了一定的经验。处于永定河冲洪积扇上部的北京西郊地下水库是个多年调节型地下水库。该地下水库利用旧河道、平原水库、深井、废弃砂石坑进行回灌，取得了一定的效果，使得永定河河床地下水位上升 2~3m。山东龙口黄水河地下水库建成于 1995 年，是国内第一个设计功能较为完整的地下水库，通过修建拦河闸、地下坝及大量引渗设施，联合调蓄地表水与地下水。

复习思考题

1. 地下铁道设计的限界有哪几种？
2. 地铁路网常用形态有哪几种？
3. 地下街平面布置有哪几种类型？
4. 简述地下水封石洞油库的原理。
5. 地下储气有哪些方式？
6. 地下储水有哪些方式？

第 9 章　隧道工程计算实例

> **本章提要：**以实例的形式介绍隧道结构计算的两个算例，包括拱形半衬砌结构算例和拱形曲墙式衬砌结构算例，可为初学者学习隧道工程计算提供参考。

9.1　拱形半衬砌结构算例

1. 基本资料

隧道的衬砌结构断面及拱圈几何尺寸如图 9-1 所示，围岩级别为Ⅱ级，仅有围岩垂直均布压力作用在拱圈上。围岩弹性抗力系数 $K=1.25\times10^{6}\mathrm{kN/m^{3}}$，围岩重度 $\gamma=26\mathrm{kN/m^{3}}$。拱圈用 C20 混凝土，弹性模量 $E=2.6\times10^{7}\mathrm{kPa}$，计算强度 $R_{a}=1.1\times10^{4}\mathrm{kPa}$，$R_{i}=1.3\times10^{3}\mathrm{kPa}$，混凝土重度 $\gamma_{h}=24\mathrm{kN/m^{3}}$。

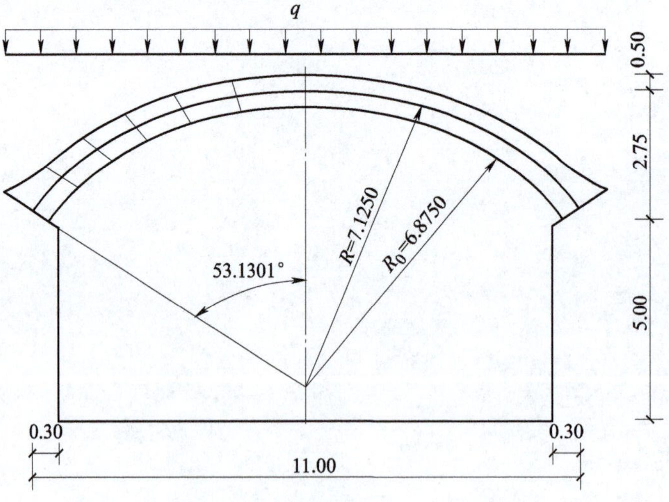

图 9-1　衬砌结构断面及拱圈几何尺寸（单位：m）

2. 计算衬砌几何尺寸

当 $l_0=11.00\mathrm{m}$ 时，初拟矢高 $f_0=2.75\mathrm{m}$，拱顶厚度 $d_0=0.50\mathrm{m}$，拱脚局部加大的厚度

$d_n=0.80\text{m}$。

拱圈内缘半径为

$$R_0=\frac{l_0^2}{8f_0}+\frac{f_0}{2}=\left(\frac{11.00^2}{8\times 2.75}+\frac{2.75}{2}\right)\text{m}=6.875\text{m}$$

拱轴半径为

$$R=R_0+\frac{d_0}{2}=\left(6.875+\frac{0.50}{2}\right)\text{m}=7.125\text{m}$$

拱脚截面与竖直线间的夹角余弦为

$$\cos\varphi_n=\frac{R_0-f_0}{R_0}=\frac{(6.875-2.750)\text{m}}{6.875\text{m}}=0.600$$

故而，有

$$\varphi_n=53.130°$$

$$\sin\varphi_n=\frac{l_0}{2R_0}=\frac{(11.000)\text{m}}{(2\times 6.875)\text{m}}=0.800$$

拱轴跨度为

$$l=2R\sin\varphi_n=(2\times 7.125\times 0.800)\text{m}=11.400\text{m}$$

拱轴矢高为

$$f=f_0+\frac{d_0}{2}-\frac{d_0}{2}\cos\varphi_n=(2.750+0.250-0.250\times 0.600)\text{m}=2.850\text{m}$$

此处拱脚截面厚度，按未加大时的厚度0.5m计算。

3. 荷载计算

围岩垂直均布压力为

$$q_1=0.45\times 2^{S-1}\gamma\omega$$

式中　S——围岩级别，此处$S=2$；

γ——围岩重度，$\gamma=26\text{kN/m}^3$；

ω——跨度影响系数，$\omega=1+i(l_m-5)$，毛洞跨度$l_m=11.000+2(d_n+0.10)\cos\varphi_n=(11.000+2\times(0.80+0.10)\times 0.60)\text{m}=12.080\text{m}$，其中0.10m为一侧平均超挖量，$l_m=5\sim15\text{m}$时，$i=0.1$，此处$\omega=1+0.1\times(12.080-5)=1.708$。

所以，有

$$q_1=(0.45\times 2^{2-1}\times 26\times 1.708)\text{kPa}=39.967\text{kPa}$$

衬砌自重为

$$q_2=\gamma_h d_0=(24\times 0.500)\text{kPa}=12.000\text{kPa}$$

回填材料自重（考虑超挖0.1m，用浆砌块石回填，浆砌块石重度$\gamma=23\text{kN/m}^3$）为

$$q_3=\gamma d_0=(23\times 0.1)\text{kPa}=2.300\text{kPa}$$

则全部垂直均布荷载为

$$q=q_1+q_2+q_3=(39.967+12.000+2.300)\text{kPa}=54.267\text{kPa}$$

4. 计算单位位移（不考虑拱脚截面加大的影响）

用辛普生法近似计算，计算原理见本章附注。

$$\varphi_n = 53.130° = \frac{\pi}{180°} \times 53.130° = 0.927\text{rad}$$

$$\frac{f}{l} = \frac{2.850\text{m}}{11.400\text{m}} = \frac{1}{4}$$

可不计轴力影响。

半拱轴线弧长为

$$S = \varphi_n R = (0.927 \times 7.125)\text{m} = 6.6070\text{m}$$

将轴线分成 6 段，每段长为

$$\Delta S = \frac{S}{n} = \frac{6.6070\text{m}}{6} = 1.1012\text{m}$$

单位位移计算表见表 9-1。

表 9-1　单位位移计算表

截面	φ_i	$\cos\varphi_i$	$1-\cos\varphi_i$	$y_i=R(1-\cos\varphi_i)$	y_i^2	$(1+y_i)^2$	乘积分系数 1/3
0	0°	1	0	0	0	1	1
1	8.8550°	0.9881	0.0119	0.0848	0.0072	1.1768	4
2	17.7100°	0.9526	0.0474	0.3377	0.1140	1.7894	2
3	26.4201°	0.8944	0.1056	0.7524	0.5661	3.0709	4
4	35.4201°	0.8149	0.1851	1.3188	1.7392	5.3768	2
5	44.2751°	0.7160	0.2840	2.0235	4.0946	9.1416	4
6	53.1301°	0.6000	0.4000	2.8500	8.1225	14.8225	1
Σ				5.8686	10.1668	27.9040	

由下列近似公式计算得到

$$\delta_{11} = \int_0^S \frac{1}{EI}\text{d}S \approx \frac{\Delta S}{EI}n = 1.101 \times 6\frac{1}{EI_0} = 6.606\frac{1}{EI_0}$$

$$\delta_{12} = \delta_{21} = \int_0^S \frac{y}{EI_0}\text{d}S \approx \frac{\Delta S}{EI_0}\Sigma y_i = \frac{1.101}{EI_0} \times 5.8686 = 6.4625\frac{1}{EI_0}$$

$$\delta_{22} = \int_0^S \frac{y^2}{EI_0}\text{d}S \approx \frac{\Delta S}{EI_0}\Sigma y_i^2 = \frac{1.101}{EI_0} \times 10.1668 = 11.1957\frac{1}{EI_0}$$

利用误差校核公式，有

$$\delta_{11} + 2\delta_{12} + \delta_{22} = (6.606 + 2 \times 6.4625 + 11.1957)\frac{1}{EI_0} = 30.7279\frac{1}{EI_0}$$

$$\int_0^S \frac{(1+y_i)^2}{EI}\text{d}S \approx \frac{\Delta S}{EI_0}\Sigma(1+y_i)^2 = \frac{1.101}{EI_0} \times 27.9040 = 30.7279\frac{1}{EI_0}$$

相对误差为

$$\Delta = 0$$

说明计算结果可靠。

5. 计算载位移（不考虑拱脚截面加大的影响）

荷载作用下，基本结构的各截面弯矩及轴力，按下式计算

$$M_{ip}^0 = -\frac{1}{2}qx^2 = -\frac{1}{2}q\,(R\sin\varphi_i)^2 = -\frac{1}{2}q(7.1250^2\times\sin^2\varphi_i) = -25.3828q\sin^2\varphi_i$$

$$N_{ip}^0 = qx\sin\varphi_i = qR\sin^2\varphi_i = 7.1250q\sin^2\varphi_i$$

载位移计算表见表 9-2。

由下列公式计算得到

$$\Delta_{1p} = \int_0^S \frac{M_p}{EI}\mathrm{d}S \approx \frac{\Delta S}{EI_0}\sum M_{ip}^0 = -\frac{1.1012}{EI_0}\times 36.7273 = -40.441\frac{q}{EI_0}$$

$$\Delta_{2p} = \int_0^S \frac{yM_p}{EI}\mathrm{d}S \approx \frac{\Delta S}{EI_0}\sum M_{ip}^0 y_i = -\frac{1.1012}{EI_0}\times 61.9899q = -68.2633\frac{q}{EI_0}$$

表 9-2　载位移计算表

截面	φ_i	$\sin\varphi_i$	$\sin^2\varphi_i$	$y=R(1-\cos\varphi_i)$	$N_{ip}^0(q)$	$M_{ip}^0(q)$	$M_{ip}^0 y_i(q)$	$M_{ip}^0(1+y_i)(q)$	乘积分系数 1/3
0	0°	0	0	0	0	0	0	0	1
1	8.855°	0.1539	0.0237	0.0848	0.1689	-0.6016	-0.0510	-0.6526	4
2	17.710°	0.3042	0.0925	0.3377	0.6591	-2.3479	-0.7929	-3.1408	2
3	26.420°	0.4472	0.2000	0.7524	1.4250	-5.0766	-3.8196	-8.8962	4
4	35.421°	0.5796	0.3359	1.3188	2.3933	-8.5261	-11.2442	-19.7703	2
5	44.271°	0.6981	0.4873	2.0235	3.4720	-12.369	-25.0287	-37.3977	4
6	53.130°	0.8000	0.6400	2.8500	4.5600	-16.245	-46.2983	-62.5433	1
Σ						-36.7273	-61.9899	-98.7172	

注：$M_{ip}^0 = -25.382q\sin^2\varphi_i$，$N_{ip}^0 = 7.1250q\sin^2\varphi_i$。

按式校核结果如下

$$\Delta_{1p}+\Delta_{2p} = -(40.4441+68.2633)\frac{q}{EI_0} = -108.7074\frac{q}{EI_0}$$

$$\int_0^S \frac{(1+y)M_p}{EI}\mathrm{d}S \approx \frac{\Delta S}{EI_0}\sum M_{ip}^0(1+y) = -\frac{1.1012}{EI_0}\times(-98.7172q) = -108.7074\frac{q}{EI_0}$$

相对误差为

$$\Delta = 0$$

说明计算结果可靠。

6. 计算拱脚弹性固定系数（考虑拱脚截面加大的影响）

荷载作用下，基本结构拱脚处的弯矩及轴力分别为

$$M_p^0 = -\frac{1}{8}ql^2 = -\frac{1}{8}q\times 11.4000^2 = -16.245q$$

$$N_p^0 = \frac{1}{2}ql\sin\varphi_n = -\frac{1}{2}q\times 11.4000\times 0.8 = 4.5600q$$

拱顶和拱脚截面的惯性矩为

$$I_0 = \frac{1}{12}d_0^3 = \left(\frac{1}{12} \times 0.50^3\right) \text{m}^4 = 0.01042\text{m}^4$$

$$I_n = \frac{1}{12}d_n^3 = \left(\frac{1}{12} \times 0.8^3\right) \text{m}^4 = 0.04267\text{m}^4$$

$$I_n = \frac{0.04267\text{m}^4}{0.01042\text{m}^4}I_0 = 4.0950I_0$$

由拱脚弹性固定系数的有关公式得

$$\beta_1 = \frac{1}{KI_n} = \frac{E}{4.0950I_0KE} = \frac{2.6 \times 10^7}{4.0950 \times 1.25 \times 10^6 EI_0} = 5.0794\frac{1}{EI_0}$$

$$\mu_1 = \beta_2 = 0$$

$$\mu_2 = \frac{\cos^2\varphi_n}{Kd_n} = \frac{EI_0\cos^2\varphi_n}{Kd_nEI_0} = \frac{2.6 \times 10^7 \times 0.01042 \times 0.6^2}{1.25 \times 10^6 \times 0.8EI_0} = 0.0975\frac{1}{EI_0}$$

$$\beta_p = M_p^0\beta_1 = -16.2450 \times 5.0794\frac{q}{EI_0} = -82.5149\frac{q}{EI_0}$$

$$\mu_p = \frac{N_p^0\cos\varphi_n}{Kd_n} = N_p^0\frac{\mu_2}{\cos\varphi_n} = 4.560 \times \frac{0.0975}{0.6}\frac{q}{EI_0} = 0.7410\frac{q}{EI_0}$$

7. 计算拱顶截面未知力

由相关公式计算得

$$a_{11} = \delta_{11} + \beta_1 = (6.6072 + 5.0794) \times \frac{1}{EI_0} = \frac{11.6856}{EI_0}$$

$$a_{12} = a_{21} = \delta_{12} + \beta_2 + f\beta_1 = (6.4625 + 2.85 \times 5.0794) \times \frac{1}{EI_0} = \frac{20.9388}{EI_0}$$

$$a_{22} = \delta_{22} + \mu_2 + 2f\beta_2 + f^2\beta_1 = (11.1957 + 0.0975 + 2.85^2 \times 5.0794) \times \frac{1}{EI_0} = \frac{52.5506}{EI_0}$$

$$a_{10} = \Delta_{1p} + \beta_p = -(40.4441 + 82.5149)\frac{q}{EI_0} = -122.9590\frac{q}{EI_0}$$

$$a_{20} = \Delta_{2p} + f\beta_p + \mu_p = -(68.2633 + 2.85 \times 82.5149 - 0.7410)\frac{q}{EI_0} = -302.6898\frac{q}{EI_0}$$

将上式代入方程组

$$a_{11}X_1 + a_{12}X_2 + a_{10} = 0$$
$$a_{21}X_1 + a_{22}X_2 + a_{20} = 0$$

得

$$11.6856X_1 + 20.9388X_2 - 122.9590q = 0$$
$$20.9388X_1 + 52.5506X_2 - 302.6898q = 0$$

解联立方程组，得拱顶截面的未知力为

$$X_1 = \frac{a_{20}a_{12} - a_{10}a_{22}}{a_{11}a_{22} - a_{12}^2} = \frac{-302.6898 \times 20.9388 - (-122.9550) \times 52.5506}{11.6856 \times 52.5506 - (20.9388)^2}q = 0.7037q$$

$$X_2 = \frac{a_{10}a_{12} - a_{20}a_{11}}{a_{11}a_{22} - a_{12}^2} = \frac{-122.9550 \times 20.9388 - (-302.6898) \times 11.6856}{11.6856 \times 52.5506 - (20.9388)^2}q = 5.475q$$

8. 各截面内计算

各截面的弯矩和轴力分别为

$$M_i = X_1 + X_2 y_i + M_{ip}^0$$
$$N_i = X_2 \cos\varphi_i + N_{ip}^0$$

其中：

$$M_{ip}^0 = -25.382q \sin^2\varphi_i$$

各截面内力计算表见表9-3，衬砌结构轴力和弯矩图如图9-2所示。

表9-3　各截面内力计算表

截面	$X_2y_i(q)$	$X_2\cos\varphi_i(q)$	$X_1(q)$	$M(q)$	$N(q)$	$e(m)$
0	0	5.4759	0.7037	0.7037	5.4759	0.1285
1	0.4644	5.4107	0.7037	0.5665	5.5796	0.1015
2	1.8492	5.2163	0.7037	0.2050	5.8754	0.0349
3	4.1201	4.8976	0.7037	−0.2528	6.3226	−0.0400
4	7.2216	4.4623	0.7037	−0.6008	6.8556	−0.0876
5	11.0805	3.9207	0.7037	−0.5848	7.3927	−0.0791
6	15.6063	3.2855	0.7037	0.0650	7.8455	0.0083

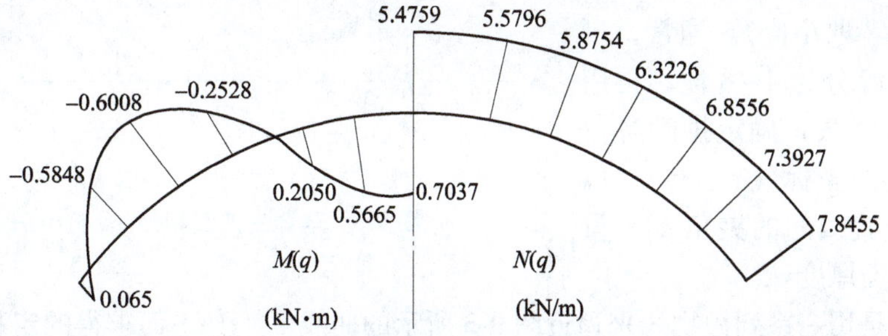

图9-2　衬砌结构轴力和弯矩图

9. 截面强度验算

截面0—0

$$N_0 = 5.4759q = (5.4759 \times 54.267)\text{kN/m} = 297.161\text{kN/m}$$

$$e_0 = \frac{0.7037q}{5.4759q} = 0.1285\text{m} > 0.2d_0 = (0.2 \times 0.50)\text{m} = 0.1\text{m}$$

故有

$$K = \varphi\frac{1.75R_l b d_0}{N_0\left(\frac{6e_0}{d_0} - 1\right)} = \frac{1.75 \times 1.3 \times 10^3 \times 1 \times 0.50}{297.161 \times \left(\frac{6 \times 0.1285}{0.50} - 1\right)} = 7.06 > 3.6$$

地下建筑结构中，衬砌与围岩满回填时，一般取纵向弯曲系数$\varphi=1$。

截面 4—4

$$N_4 = 6.8556q = 6.8556 \times 54.267 = 372.033\text{kN/m}$$

$$e_4 = \frac{0.6008q}{6.8556q} = 0.0876\text{m} < 0.2d_4(0.2 \times 0.5)\text{m} = 0.1\text{m}$$

故有

$$K = \varphi \frac{R_a b(d_4 - 1.5e_4)}{N_4} = \frac{1.1 \times 10^4 \times 1 \times (0.5 - 1.5 \times 0.0876)}{372.033} = 10.90 > 2.4$$

本例中，各截面强度都已满足要求。如果强度不足，可采取加大截面，或改用钢筋混凝土材料等方法来满足要求。

附注：变位积分的近似计算——辛普生法

变位值的计算归根结底就是求定积分，但当截面和拱轴线以及荷载的变化规律所用的数学表达式比较复杂时，进行积分比较困难。因此，在实际工作中，通常采用数值积分法来计算。在拱的变位计算中，常采用辛普生公式，此公式比较简单，精度较高，较为实用。

在利用辛普生公式求定积分之前，首先用图解法以一定的比例绘出拱圈的断面，如图 9-3 所示；然后用图解法（或数值法）确定拱圈的轴线长，并将其等分为几段（偶数段）。分段的多少与计算精度的要求有关，每段长度一般取 1.0～1.5m 为宜（跨度小者取小值）。通常，可将半个拱轴线等分为 4～8 段，再用图解法（或数值法）确定拱圈各分段截面中心点的坐标（x_i，y_i），以及该截面与竖直线间的夹角 φ_i，量出或算出各截面厚度 d_i。

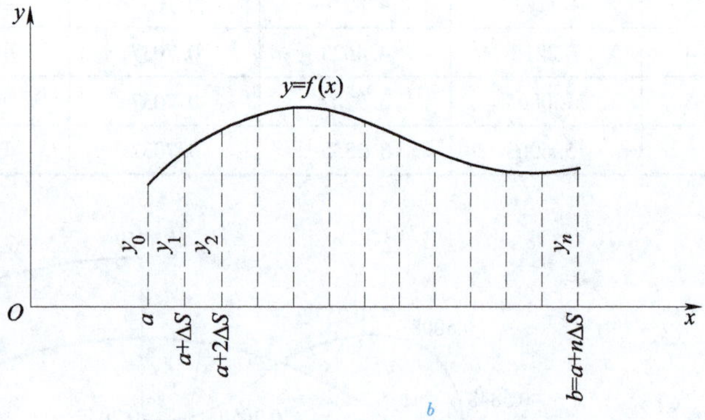

图 9-3　辛普生法求积分 $\int_a^b f(x)\mathrm{d}x$ 图示

辛普生法是用一系列抛物线来逼近图 9-3 所示的曲线 $y=f(x)$ 而求得的定积分数值。若令 $y=f(x)$ 为任意自变量 x 的函数，令 y_0，y_1，…，y_n 分别为 $x=a$，$a+\Delta S$，…，$a+n\Delta S$ 时函数 $y=f(x)$ 的值，则此函数的近似积分公式可表达为

$$\int_a^b f(x)\mathrm{d}x = \frac{1}{3}\frac{b-a}{n}(y_0 + 4y_1 + 2y_2 + \cdots + 2y_{n-2} + 4y_{n-1} + y_n)$$

式中，$b-a$ 为积分段的总长。

每段长度为 $\Delta S=\dfrac{b-a}{n}$，于是上式可改写为

$$\int_a^b f(x)\mathrm{d}x = \frac{\Delta S}{3}(y_0 + 4y_1 + 2y_2 + \cdots + 2y_{n-2} + 4y_{n-1} + y_n)$$

此即辛普生公式。利用此公式时，分段为 $\Delta S=\dfrac{S}{n}$（S 为拱轴线长），分段数 n 必须为偶

数。

现以此例中求拱顶单位变位为例，说明辛普生公式的应用。假设 $n=6$，则有

$$\delta_{12}=\int_0^S \frac{y}{EI}\mathrm{d}S \approx \frac{\Delta S}{3E}\left(\frac{y_0}{I_0}+4\frac{y_1}{I_1}+2\frac{y_2}{I_2}+4\frac{y_3}{I_3}+2\frac{y_4}{I_4}+4\frac{y_5}{I_5}+2\frac{y_6}{I_6}\right)$$

比例中 $I_1=I_2=\cdots=I_6$，所以有

$$\delta_{12}=\frac{\Delta S}{EI}\frac{1}{3}(y_0+4y_1+2y_2+4y_3+2y_4+4y_5+y_6)=\frac{\Delta S}{EI}\sum y_i$$

式中　$\sum y_i$——$\sum y_i=\frac{1}{3}(y_0+4y_1+2y_2+4y_3+2y_4+4y_5+y_6)$。

将表 9-1 中 $y_i=R(1-\cos\varphi_i)$ 栏的数值代入上式，得

$$\sum y_i=\frac{1}{3}(0+4\times 0.0848+2\times 0.3377+4\times 0.7524+2\times 1.3188+$$

$$4\times 2.0235+2.8500)=\frac{1}{3}\times 17.6058=5.8686$$

此值即为表 9-1 中相应栏最下一行的总和值（Σ）。其他两个总和值也按此法算得。

9.2　拱形曲墙式衬砌结构算例

1. 基本资料

某一级公路隧道衬砌结构断面如图 9-4 所示。围岩级别为Ⅳ级，重度 $\gamma=20\text{kN/m}^3$，围岩的弹性抗力系数 $K=0.5\times10^6\text{kN/m}^3$，衬砌材料为 C20 混凝土，弹性模量 $E_h=2.6\times10^7\text{kPa}$，重度 $\gamma_h=20\text{kN/m}^3$。

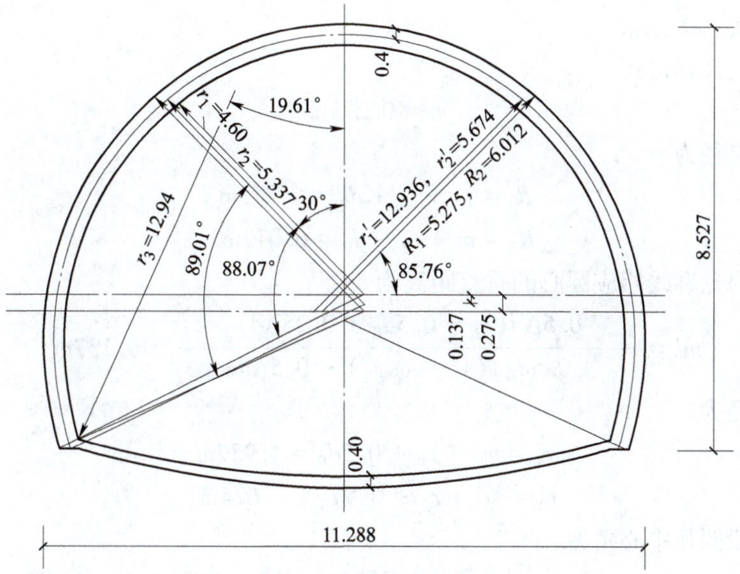

图 9-4　衬砌结构断面（单位：m）

2. 荷载确定

（1）围岩竖向均布压力为

$$q_1 = 0.45 \times 2^{S-1}\gamma\omega$$

式中 S——围岩级别，此处 $S=3$；

γ——围岩重度，$\gamma=20\text{kN/m}^3$；

ω——跨度影响系数，$\omega = 1 + i(l_m - 5)$，毛洞跨度 $l_m = (11.29 + 2 \times 0.06)\text{m} = 11.41\text{m}$，其中 0.06m 为一侧平均超挖量，$l_m = 5 \sim 15\text{m}$ 时，$i=0.1$，得 $\omega=1+0.1\times(11.41-5)=1.641$。

所以，有

$$q = 0.45 \times 2^{4-1} \times 20 \times 1.641 = 118.152\text{kPa}$$

此处超挖回填层重度忽略不计。

（2）围岩水平均布力为

$$e = 0.25q = 0.25 \times 118.152 = 29.538\text{kPa}$$

3. 衬砌几何要素

（1）衬砌几何尺寸　内轮廓线半径 $r_1=4.60\text{m}$，$r_2=5.3371\text{m}$；内径 r_1、r_2 所画圆曲线的终点截面与数直轴的夹角 $\varphi_1=30°$，$\varphi_2=118.0733°$；拱顶截面厚度 $d_0=0.4\text{m}$；墙底截面厚度 $d_n=0.8\text{m}$。此处墙底截面为自内轮廓半径 r_2 的圆心向内轮廓墙底作连线并延长，与外轮廓相交，其交点到内轮廓墙底间的连线。在此前提下，有如下三心圆变截面拱圈尺寸计算公式。

外轮廓线与内轮廓线相应圆心的垂直距离为

$$m = \frac{\Delta d(r_2 + d_0 + 0.5\Delta d)}{(r_2 + d_0)(1 - \cos\varphi_2) - \Delta d\cos\varphi_2}$$

式中 Δd——$\Delta d=d_n-d_0$。

代入数值，计算得到

$$m = 0.275\text{m}$$

外轮廓线半径为

$$R_1 = m + r_1 + d_0 = 5.275\text{m}$$
$$R_2 = m + r_2 + d_0 = 6.012\text{m}$$

拱轴线与内轮廓线相应圆心的垂直距离为

$$m' = \frac{0.5\Delta d(r_2 + 0.5d_0 + 0.25\Delta d)}{(r_2 + 0.5d_0)(1 - \cos\varphi_2) - 0.5\Delta d\cos\varphi_2} = 0.137\text{m}$$

拱轴线半径为

$$r_1' = m' + r_1 + 0.5d_0 = 4.937\text{m}$$
$$r_2' = m' + r_2 + 0.5d_0 = 5.674\text{m}$$

拱轴线各段圆弧中心角为

$$\theta_1 = 30°$$
$$\theta_2 = 89.0090°$$

（2）半拱轴线长度 S 及分段轴长 ΔS　分段轴线长度为

$$S_1=\frac{\theta_1}{180°}\pi r_1'=\left(\frac{30°}{180°}\times 3.14\times 4.937\right)\text{m}=2.584\text{m}$$

$$S_2=\frac{\theta_2}{180°}\pi r_2'=\left(\frac{89.009°}{180°}\times 3.14\times 5.674\right)\text{m}=8.810\text{m}$$

半轴线长度为

$$S=S_1+S_2=(2.584+8.810)\text{m}=11.394\text{m}$$

将半拱轴线分为 8 段，每段轴长为

$$\Delta S=\frac{S}{8}=\frac{11.394}{8}=1.424$$

（3）各分块接缝（截面）中心几何要素

1）与竖直轴的夹角 α_i。

$$\alpha_1=\Delta\theta_1=\frac{\Delta S}{r_1'}\times\frac{180°}{\pi}=16.537°$$

$$\Delta S_1=2\Delta S-S_1=(2\times 1.424-2.584)\text{m}=0.264\text{m}$$

$$\alpha_2=\theta_1+\frac{\Delta S_1}{r_2'}\times\frac{180°}{\pi}=30°+\frac{0.265}{5.674}\times\frac{180°}{\pi}=32.675°$$

$$\Delta\theta_2=\frac{\Delta S}{r_2'}\times\frac{180°}{\pi}=\frac{1.424}{5.674}\times\frac{180°}{\pi}=14.389°$$

$$\alpha_3=\alpha_2+\Delta\theta_2=32.675°+14.389°=47.064°$$

$$\alpha_4=\alpha_3+\Delta\theta_2=47.064°+14.389°=61.453°$$

$$\alpha_5=\alpha_4+\Delta\theta_2=61.453°+14.389°=75.842°$$

$$\alpha_6=\alpha_5+\Delta\theta_2=75.842°+14.389°=90.231°$$

$$\alpha_7=\alpha_6+\Delta\theta_2=90.231°+14.389°=104.620°$$

$$\alpha_8=\alpha_7+\Delta\theta_2=104.620°+14.389°=119.009°$$

另一方面，$\alpha_8=\theta_1+\theta_2=30°+89.0090°=119.009°$

所以，闭合差 $\Delta\approx 0$。

注：因墙底面水平，计算衬砌内力时用 $\varphi_8=90°$。

2）接缝中心点坐标计算。

$$a_1=(r_2'-r_1')\cos\theta_1=(5.674-4.937)\text{m}\times\cos 30°=0.638\text{m}$$

$$a_2=a_1\tan\theta_1=0.638\text{m}\times\tan 30°=0.369\text{m}$$

$$H_1=a_1+r_1'=(0.638+4.937)\text{m}=5.575\text{m}$$

$$x_1=r_1'\sin\alpha_1=4.937\text{m}\times\sin 16.537°=1.405\text{m}$$

$$x_2=r_2'\sin\alpha_2-a_2=(5.674\times\sin 32.675°-0.369)\text{m}=2.694\text{m}$$

$$x_3=r_2'\sin\alpha_3-a_2=5.674\times\sin 47.064°-0.369=3.785\text{m}$$

$$x_4=r_2'\sin\alpha_4-a_2=5.674\times\sin 61.453°-0.369=4.615\text{m}$$

$$x_5=r_2'\sin\alpha_5-a_2=5.674\times\sin 75.842°-0.369=5.133\text{m}$$

$$x_6=r_2'\sin\alpha_6-a_2=5.674\times\sin 90.231°-0.369=5.305\text{m}$$

$$x_7=r_2'\sin\alpha_7-a_2=5.674\times\sin 104.620°-0.369=5.121\text{m}$$

$$x_8=r_2'\sin\alpha_8-a_2=5.674\times\sin 119.009°-0.369=4.593\text{m}$$

$$y_1 = r_1(1 - \cos\alpha_1) = 4.937 \times (1 - \cos16.537°) = 0.204\text{m}$$
$$y_2 = H_1 - r_2'\cos\alpha_2 = 5.575 - 5.674 \times \cos32.675° = 0.799\text{m}$$
$$y_3 = H_1 - r_2'\cos\alpha_3 = 5.575 - 5.674 \times \cos47.064° = 1.710\text{m}$$
$$y_4 = H_1 - r_2'\cos\alpha_4 = 5.575 - 5.674 \times \cos61.453° = 2.864\text{m}$$
$$y_5 = H_1 - r_2'\cos\alpha_5 = 5.575 - 5.674 \times \cos75.842° = 4.187\text{m}$$
$$y_6 = H_1 - r_2'\cos\alpha_6 = 5.575 - 5.674 \times \cos90.231° = 5.598\text{m}$$
$$y_7 = H_1 - r_2'\cos\alpha_7 = 5.575 - 5.674 \times \cos104.620° = 7.007\text{m}$$
$$y_8 = H_1 - r_2'\cos\alpha_8 = 5.575 - 5.674 \times \cos119.099° = 8.327\text{m}$$

当然，也可在图上直接量出 x_i、y_i（图 9-5）。

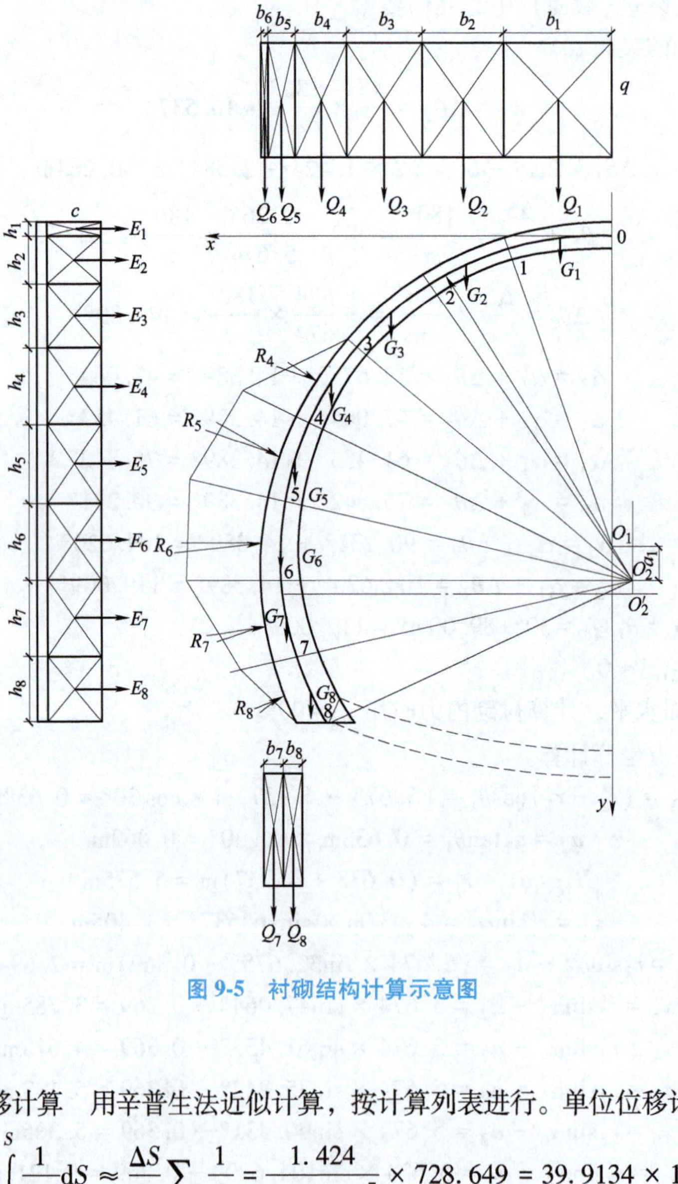

图 9-5　衬砌结构计算示意图

4. 计算位移

（1）单位位移计算　用辛普生法近似计算，按计算列表进行。单位位移计算表见表 9-4。

$$\delta_{11} = \int_0^S \frac{1}{E_h I}\mathrm{d}S \approx \frac{\Delta S}{E_h}\sum\frac{1}{I} = \frac{1.424}{2.6 \times 10^7} \times 728.649 = 39.9134 \times 10^{-6}$$

表 9-4　单位位移计算表

截面	α	$\sin\alpha$	$\cos\alpha$	x	y	d	I	$\frac{1}{I}$	$\frac{y}{I}$	$\frac{y^2}{I}$	$\frac{(1+y^2)}{I}$	乘积分系数 1/3
0	0°	0	1	0	0	0.4	0.005	187.5	0	0	187.5	1
1	16.537	0.286	0.958	1.405	0.204	0.411	0.006	172.414	35.207	7.189	250.017	4
2	32.675	0.540	0.841	2.694	0.799	0.443	0.008	137.552	109.931	87.857	445.271	2
3	47.064	0.732	0.681	3.785	1.710	0.488	0.009	103.306	176.674	302.147	758.800	4
4	61.453	0.878	0.478	4.615	2.864	0.544	0.013	74.571	213.557	611.584	1113.270	2
5	75.842	0.969	0.245	5.133	4.187	0.608	0.018	53.362	223.447	935.663	1435.9188	4
6	90.231	1.000	-0.004	5.305	5.598	0.677	0.026	38.745	216.896	1214.214	1686.746	2
7	104.620	0.968	-0.252	5.121	7.007	0.745	0.035	29.019	203.349	1424.9485	1860.663	4
8	90	1	0	4.593	8.327	0.572	0.016	64.309	535.486	4458.882	5594.160	1
Σ								728.649	1390.320	6321.993	9831.277	

注：1. I 为截面惯性矩，$I=\frac{bd^3}{12}$，b 取单位长度。

2. d 为每分段厚度，单位为 m。

3. 不考虑轴力的影响。

$$\delta_{12}=\delta_{21}=\int_0^S \frac{\overline{M_1M_2}}{E_hI}\mathrm{d}S\approx\frac{\Delta S}{E_h}\sum\frac{y}{I}=\frac{1.424}{2.6\times10^7}\times1390.32=76.1580\times10^{-6}$$

$$\delta_{22}=\int_0^S \frac{\overline{M_2^2}}{E_hI}\mathrm{d}S\approx\frac{\Delta S}{E_h}\sum\frac{y^2}{I}=\frac{1.424}{2.6\times10^7}\times6321.9930=346.3108\times10^{-6}$$

计算精度校核

$$\delta_{11}+2\delta_{12}+\delta_{22}=(39.9134+2\times76.1580+346.3108)\times10^{-6}=538.5312\times10^{-6}$$

$$\delta_{ss}=\frac{\Delta S}{E_h}\sum\frac{(1+y^2)}{I}=\frac{1.424210}{2.6\times10^{-6}}\times9831.2770=538.5309\times10^{-6}$$

闭合差 $\Delta\approx0$。

（2）载位移——主动荷载在基本结构中引起的位移

1）每一楔形上的作用力，包括竖向力、水平压力、自重力。

竖向力为

$$Q_i=qb_i$$

式中　b_i——衬外缘相邻两截面之间的水平投影长度，由图 9-5 量取。

$b_1=1.4637\text{m}$　　$b_2=1.3505\text{m}$　　$b_3=1.1493\text{m}$　　$b_4=0.890\text{m}$　　$b_5=0.5732\text{m}$

$b_6=0.2158\text{m}$　　$b_7=0.0011\text{m}$　　$\sum b_i=5.6436\text{m}\approx\frac{B}{2}=5.6439$（校核）

水平压力为

$$E_i=eh_i$$

式中　h_i——衬砌外缘相邻两截面之间得竖直投影长度，由图 9-5 量取。

$h_1=0.2071\text{m}$　　$h_2=0.6056\text{m}$　　$h_3=0.9317\text{m}$　　$h_4=1.1897\text{m}$　　$h_5=1.3790\text{m}$

$h_6=1.4862\text{m}$　　$h_7=1.5018\text{m}$　　$h_8=1.2255\text{m}$　　$\sum h=8.5259\text{m}\approx H=8.5268$（校核）

自重力为

$$G_i=\frac{d_{i-1}d_i}{2}VS\gamma_h$$

式中　d_i——接缝 i 的衬砌截面厚度。

注：计算 G_8 时，应使第 8 个楔形体的面积乘以 γ_h。

作用在各楔块上的力均列入表 9-5，各集中力均通过相应图形的形心。

2）外荷载在基本结构中产生的内力。外荷载位移 M_{ip}^0 计算表见表 9-5。

楔块上各集中力对下一接缝的力臂由图 9-5 中量得，分别记为 a_Q、a_G、a_E。

内力按下式计算：

弯矩为

$$M_{ip}^0=M_{i-1,p}^0-\Delta x_i\sum_{i-1}(Q+G)-\Delta y_i\sum_{i-1}E-Qa_Q-Ga_G-Ea_E$$

轴力为

$$N_{ip}^0=\sin\alpha_i\sum_i(Q+G)-\cos\alpha_i\sum_i E$$

内力 N_{ip}^0、M_{ip}^0 计算如图 9-6 所示。

式中　Δx_i、Δy_i——相邻两接缝中心点的坐标增值，$\Delta x_i=x_i-x_{i-1}$，$\Delta y_i=y_i-y_{i-1}$。

M_{ip}^0、N_{ip}^0 计算见表 9-5 及表 9-6。

基本结构中，主动荷载产生的弯矩的校核为

$$M_{8p}^0=-q\frac{B}{2}\left(x_8-\frac{B}{4}\right)=\left[-118.152\times\frac{118.2878}{2}\times\left(4.5936-\frac{11.2878}{4}\right)\right]\text{kN}\cdot\text{m}$$
$$=-1181.404\text{kN}\cdot\text{m}$$

$$M_{8E}^0=-\frac{e}{2}h^2=\left[-\frac{1}{2}\times29.538\times8.5268^2\right]\text{kN}\cdot\text{m}=-1073.800\text{kN}\cdot\text{m}$$

$$M_{8E}^0=-\sum G_i(x_8-x_i+a_{gi})$$
$$=-G_1(x_8-x_1+a_{g1})-G_2(x_8-x_2+a_{g2})-G_3(x_8-x_3+a_{g3})-G_4(x_8-x_4+a_{g4})$$
$$-G_5(x_8-x_5+a_{g5})-G_6(x_8-x_6+a_{g6})-G_7(x_8-x_7+a_{g7})-G_8a_{g8}$$
$$=[-13.289\times(4.5936-1.4052+0.6919)-14.046\times(4.5936-2.6947+0.6151)-$$
$$15.256\times(4.5936-3.7855+0.5081)-16.899\times(4.5936-4.6156+0.3173)-$$
$$18.868\times(4.5936-5.1331+0.2123)-12.041\times(4.5936-5.3054+0.0403)-$$
$$23.284\times(4.5936-5.1217+0.1346)-23.812\times(-0.3417)]\text{kN}\cdot\text{m}$$
$$=-68.990\text{kN}\cdot\text{m}$$

$$M_{8p}^0=M_{8q}^0+M_{8E}^0+M_{8G}^0=(-1181.404-1073.800-68.990)\text{kN}\cdot\text{m}=-2324.194\text{kN}\cdot\text{m}$$

另一方面，从表 9-5 中得到

$$M_{8p}^0=-2328.448\text{kN}\cdot\text{m}$$

闭合差为

$$\Delta=\frac{|2324.194-2328.448|}{2324.194}\times100\%=0.18\%$$

表 9-5　外荷载位移M_{ip}^{0}计算表

截面	集中力			力臂			$-Qa_Q$	$-Ga_G$	$-Ea_E$	$\sum_{i-1}E(Q+G)$	$\sum_{i-1}E$	Δx	Δy	$-\Delta x\sum_{i-1}E(Q+G)$	$-\Delta y\sum_{i-1}E$	M_p^0
	Q	G	E	a_Q	a_G	a_E										
0	0	0	0	0	0	0	0	0	0	0	0	0	0	0	0	0
1	172.939	13.289	6.117	0.673	0.692	0.301	-116.457	-9.195	-1.839	0	0	1.405	0.204	0	0	-127.491
2	159.564	14.046	17.888	0.554	0.615	0.489	-88.382	-8.640	-8.751	186.228	6.117	1.290	0.595	-240.141	-3.640	-477.045
3	135.792	15.256	27.521	0.393	0.508	0.632	-53.366	-7.752	-17.382	359.838	24.005	1.091	0.911	-392.511	-21.869	-969.925
4	105.167	16.899	35.141	0.207	0.371	0.724	-21.770	-6.275	-25.456	510.886	51.526	0.830	1.154	-424.086	-59.440	-1506.552
5	67.725	18.868	40.733	-0.007	0.212	0.764	0.494	-4.006	-31.108	632.952	86.667	0.518	1.323	-327.553	-114.712	-1983.837
6	25.497	21.041	43.899	-0.230	0.040	0.875	5.852	-0.848	-37.635	719.545	127.400	0.172	1.411	-123.978	-179.723	-2320.169
7	0.130	23.284	44.360	-0.522	-0.135	0.657	0.068	3.134	-29.145	766.083	171.299	-0.184	1.409	140.729	-241.412	-2446.795
8	0.000	23.812	36.199	0	-0.342	0.613	0	8.137	-22.183	789.497	215.659	-0.528	1.32	416.933	-284.540	-2328.448

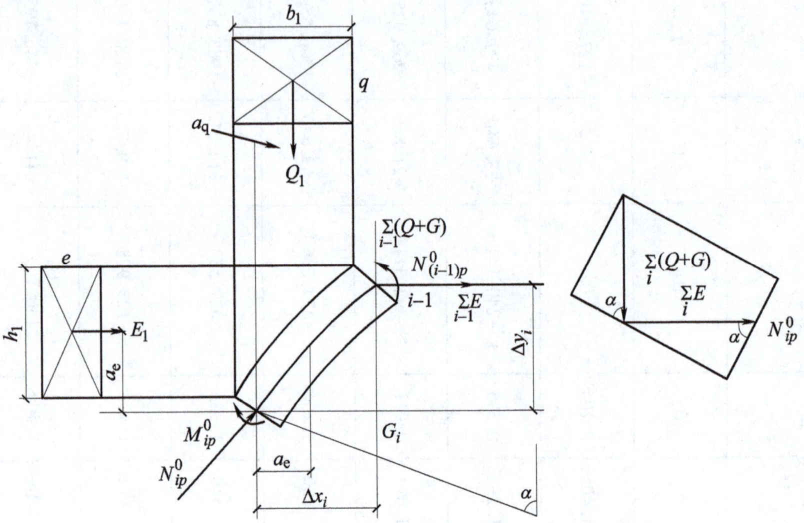

图 9-6 内力计算图

表 9-6 载位移 N_{ip}^0 计算表

截面	$\sin\alpha$	$\cos\alpha$	$\sum(Q+G)$	$\sum E$	$\sin(Q+G)$	$\cos\alpha Q\sum E$	N_p^0
0	0	1	0	0	0	0	0
1	0. 2846	0. 9586	186. 228	6. 117	53. 000	5. 864	47. 136
2	0. 5399	0. 8417	359. 838	24. 005	194. 277	20. 205	174. 072
3	0. 7321	0. 6812	510. 886	51. 526	374. 020	35. 100	338. 920
4	0. 8784	0. 4779	632. 952	86. 667	555. 985	41. 418	514. 567
5	0. 9696	0. 2446	719. 545	127. 400	697. 671	31. 162	666. 509
6	1. 0000	-0. 0040	766. 083	171. 299	766. 083	-0. 685	766. 768
7	0. 9676	-0. 2524	789. 497	215. 659	763. 917	-54. 432	818. 349
8	1	0	813. 309	251. 858	813. 309	0	813. 309

3）主动荷载位移计算表见表 9-7。

表 9-7 主动荷载位移计算表

截面	M_p^0	$\frac{1}{I}$	$\frac{y}{I}$	$(1+y)$	$\frac{M_p^0}{I}$	$\frac{M_p^0 y}{I}$	$\frac{M_p^0(1+y)}{I}$	乘积分系数 1/3
0	0	187. 5	0	1	0	0	0	1
1	-127. 491	172. 4138	35. 2069	1. 204	-21981. 208	-4488. 563	-26361. 393	4
2	-477. 045	137. 5516	109. 9312	1. 799	-65618. 303	-52442. 130	-118060. 451	2
3	-969. 925	103. 3058	176. 6736	2. 710	-100198. 878	-171360. 142	-271558. 999	4
4	-150. 952	74. 5712	213. 557	3. 864	-112375. 219	-321820. 148	-434195. 371	2
5	-1983. 837	53. 3618	223. 4472	5. 187	-105861. 113	-443. 282. 823	-549143. 939	4
6	-2320. 169	38. 7447	216. 8967	6. 598	-89894. 252	-503237. 000	-593131. 263	2
7	-2446. 795	29. 0192	203. 3491	8. 007	-71004. 033	-497553. 561	-568557. 698	4
8	-2328. 448	64. 3087	535. 4857	9. 327	-149739. 646	-1246850. 60	-1396590. 032	2
$\sum$					-627231. 980	-2489529. 840	-3116617. 506	

$$\Delta_{1p}=\int_0^S\frac{\overline{M_1M_p^0}}{E_hI}dS\approx\frac{\Delta S}{E_h}\sum\frac{M_p^0}{I}=-\frac{1.424}{2.6\times10^7}\times627231.980=-34358.079\times10^{-6}$$

$$\Delta_{2p}=\int_0^S\frac{\overline{M_2M_p^0}}{E_hI}dS\approx\frac{\Delta S}{E_h}\sum\frac{M_p^0}{I}=-\frac{1.424}{2.6\times10^7}\times2489529.840=-136369.742\times10^{-6}$$

就算精度校核

$$\Delta_1+\Delta_2=-(34358.079+136369.742)\times10^{-6}=-170727.821\times10^{-6}$$

$$\Delta_{sp}=\frac{\Delta S}{E_h}\sum\frac{M_p^0}{I}=\frac{-1.424210}{2.6\times10^7}\times3116617.506=-170719.916\times10^{-6}$$

闭合差为

$$\Delta\approx0$$

（3）载位移——单位弹性抗力及相应的摩擦力引起的位移

1）各接缝处的抗力强度。假定抗力零点在接缝3，$\alpha_3=47.0642°=\alpha_b$；最大抗力值在接缝5，$\alpha_5=47.0642°=\alpha_h$；最大抗力值以上各截面抗力强度按下式计算

$$\sigma_i=\frac{\cos^2\alpha_b-\cos^2\alpha_i}{\cos^2\alpha_b-\cos^2\alpha_h}\alpha_h$$

查表9-4，算得

$$\sigma_3=0\quad\sigma_4=0.583\sigma_h\quad\sigma_5=\sigma_h$$

最大抗力值以下各截面抗力强度按下式计算

$$\sigma_i=\left(1-\frac{y_i'^2}{y_h'^2}\right)\sigma_h$$

式中　y_i'——所考察截面外缘点到 h 点的垂直距离；

y_h'——墙角外缘点到 h 点的垂直距离。

由图9-5量得

$$y_6'=1.4682\text{m};\quad y_7'=2.9880\text{m};\quad y_8'=4.2135\text{m}$$

则

$$\sigma_6=\left(1-\frac{1.4862^2}{4.2135^2}\right)\sigma_h=0.8756\sigma_h$$

$$\sigma_7=\left(1-\frac{2.9880^2}{4.2135^2}\right)\sigma_h=0.4971\sigma_h$$

$$\sigma_8=0$$

按比例将所求得抗力绘于图9-5上。

2）各楔形块上抗力集中力 R_i'。

按下式近似计算

$$R_i'=\left(\frac{\sigma_{i-1}+\sigma_i}{2}\right)\Delta S_{i外}$$

式中　$\Delta S_{i外}$——楔块 i 外缘长度，可通过量取夹角，用弧长公式求得，R_i' 的方向垂直于衬砌外缘，并通过楔块上抗力图形的形心。

求任意四边形形心位置的近似图解法如下：

如图 9-7 所示，先连接两个对角线$\overline{AC}$和$\overline{BD}$，再等分每一对角线，使得$\overline{A1}=\overline{1C}$，$\overline{B3}=\overline{3D}$，得 1、3 两点，然后在每条对角线上，量取$\overline{AR}=\overline{C2}$，$\overline{BE}=\overline{D4}$，得 2、4 两点，连接$\overline{14}$，$\overline{23}$两条直线，其中焦点 0 即为四边形 $ABCD$ 的形心。

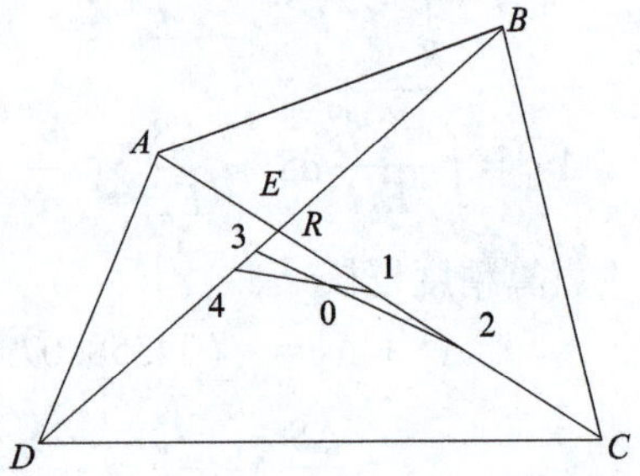

图 9-7 任意四边形形心位置的图解

3）抗力集中力与摩擦力的合力 R_i。

按下式计算

$$R_i = R_i' \sqrt{1+\mu^2}$$

式中 μ——围岩与衬砌间的摩擦系数，此处取$\mu=0.2$，则

$$R_i = R_i' \sqrt{1+0.2^2} = 1.019R_i'$$

其作用与抗力集中 R_1' 的夹角 $\beta=\arctan\mu=11.3099°$。由于摩擦阻力的方向与衬砌位移的方向相反，其方向向上。画图时，也可取切向与切向的比例为 1∶5，求出合力 R_i 的方向。R_i 的作用点即为 R_1' 与衬砌外缘点的交点。

将 R_i 的方向延长，使之交于竖直轴，量取夹角 φ_k，将 R_i 分解为水平和竖直两个分力为

$$\begin{cases} R_{\mathrm{H}} = R_i \sin\varphi_k \\ R_{\mathrm{V}} = R_i \cos\varphi_k \end{cases}$$

将以上计算列入弹性抗力及摩擦力计算表，见表 9-8。

表 9-8 弹性抗力及摩擦力计算表

截面	σ (σ_n)	$\frac{1}{2}(\sigma_{i-1}+\sigma_i)$ (σ_n)	$\Delta S_{外}$	R (σ_n)	φ_k	$\sin\varphi_k$	$\cos\varphi_k$	R_{H} (σ_n)	R_{V} (σ_n)
3	0	0	0	0	0	0	0	0	0
4	0.5830	0.2915	1.4897	0.4428	67.0678°	0.9210	0.3896	0.4078	0.1725
5	1.0000	0.7915	1.4973	1.2086	79.5222°	0.9833	0.1819	1.1884	0.2198
6	0.8756	0.9378	1.5075	1.4400	92.9536°	0.9987	−0.0515	1.4381	−0.0742
7	0.4971	0.6864	1.5144	1.0601	106.7629°	0.9575	−0.2884	1.0150	−0.3057
8	0	0.2486	1.3031	0.3304	118.7082°	0.8771	−0.4803	0.2898	−0.1587

4）计算单位抗力及其相应的摩擦力在基本结构中产生的内力。

弯矩为

$$M_{i\bar{p}}^0 = -\sum R_j r_{ji}$$

轴力为

$$N_{i\bar{p}}^0 = \sin\alpha_i \sum R_{\mathrm{V}} - \cos \sum R_{\mathrm{H}}$$

式中 r_{ji}——力 R_j 至接缝中心点 k_i 的力臂，由图 9-5 量得。

M_σ^0 和 N_σ^0 计算表见表 9-9 及表 9-10。

表 9-9　M_σ^0 计算表

截面	$R_4=0.4488\sigma_h$		$R_5=1.2086\sigma_h$		$\sigma_6=1.44006\sigma_h$		$\sigma_7=1.0601\sigma_h$		$\sigma_8=0.3304\sigma_h$		M_σ^0 (σ_h)
	r_{4i}	$-R_4r_{4i}$ (σ_h)	r_{5i}	$-R_5r_{5i}$ (σ_h)	r_{6i}	$-R_6r_{6i}$ (σ_h)	r_{7i}	$-R_7r_{7i}$ (σ_h)	r_{8i}	$-R_8r_{8i}$ (σ_h)	
4	0.4965	-0.2199	—	—	—	—	—	—	—	—	-0.2199
5	1.9171	-0.8489	0.6788	-0.8204	—	—	—	—	—	—	-1.6693
6	3.2835	-1.4539	2.0973	-2.5348	0.771	-1.1107	—	—	—	—	-5.0994
7	4.5098	-1.9969	3.4497	-4.1693	2.1882	-3.1510	0.8344	-0.8845	—	—	-10.1017
8	5.5192	-2.4439	4.6511	-5.6213	3.5331	-5.0877	2.2501	-2.3853	1.0875	-0.3595	-15.8975

表 9-10　N_σ^0 计算表

截面	α	$\sin\alpha$	$\cos\alpha$	$\sum R_V$ (σ_h)	$\sin\alpha\sum R_V$ (σ_h)	$\sum R_H$ (σ_h)	$\cos\alpha\sum R_V$ (σ_h)	N_σ^0 (σ_h)
4	61.4531°	0.8784	0.4779	0.1725	0.1515	0.4078	0.1949	-0.0434
5	75.8421°	0.9696	0.2446	0.3923	0.3840	1.5962	0.3904	-0.0100
6	90.2311°	1.0000	-0.0040	0.3181	0.3181	3.0343	-0.0121	0.3302
7	104.6200°	0.9676	-0.2524	0.0024	0.0120	4.0493	-1.0220	1.0340
8	90°	1.0000	0	-0.1463	0.1463	4.3391	0	-0.1463

5）单位抗力及相应摩擦力产生的载位移计算表见表9-11。

表 9-11　单位抗力及相应摩擦力产生的载位移计算表

截面	$M_\sigma^0(\sigma_h)$	$\frac{1}{I}$	$\frac{r}{I}$	$(1+y)$	$\frac{M_\sigma^0}{I}$	$\frac{M_\sigma^0 y}{I}$	$\frac{M_\sigma^0(1+y)}{I}$	积分系数1/3
4	-0.2199	74.5712	213.5570	3.864	-16.3982	-46.9612	-63.3594	2
5	-1.6693	53.3618	223.4472	5.187	-89.0769	-373.0004	-462.0773	4
6	-5.0994	38.7447	216.8967	6.598	-197.5747	-1106.0430	-1303.6178	2
7	-0.2017	29.0192	203.3491	8.007	-296.0452	-2074.5065	-2370.0521	4
8	-15.8975	64.3087	535.4857	9.327	-1022.3476	-8512.8840	-9535.2312	1
$\sum$					-996.9273	-6869.6400	-7866.5677	—

$$\Delta_{1\bar{\sigma}}=\int_0^S\frac{M_1M_\sigma^0}{E_hI}\mathrm{d}S\approx\frac{\Delta S}{E_h}\sum\frac{M_\sigma^0}{I}=-\frac{1.424210}{2.6\times10^7}\times996.9273=-54.6090\times10^{-6}$$

$$\Delta_{2\bar{\sigma}}=\int_0^S\frac{M_2M_\sigma^0}{E_hI}\mathrm{d}S\approx\frac{\Delta S}{E_h}\sum\frac{yM_\sigma^0}{I}=-\frac{1.424210}{2.6\times10^7}\times6869.6400=-376.3004\times10^{-6}$$

校核为

$$\Delta_{1\bar{\sigma}}+\Delta_{2\bar{\sigma}}=-(54.6090+376.3004)\times10^{-6}=-430.9094\times10^{-6}$$

$$\Delta_{S\bar{\sigma}}=\frac{\Delta S}{E_h}\sum\frac{(1+y)M_\sigma^0}{I}=-\frac{1.424210}{2.6\times10^7}\times7866.5677=-430.9094\times10^{-6}$$

闭合差为

$$\Delta=0$$

（4）墙底（弹性地基上的刚性梁）位移

单位弯矩作用下的转角为

$$\beta_{\bar{\sigma}}=\frac{1}{KI_8}=\frac{1}{0.5\times10^6}\times64.3087=128.6174\times10^{-6}$$

主动荷载作用下的转角为

$$\beta_{ap}^0=M_{8p}^0\overline{\beta_\alpha}=-2328.448\times128.6174\times10^{-6}=-299478.928\times10^{-6}$$

单位抗力及相应摩擦力作用下的转角为

$$\beta_{a\bar{\sigma}}^0=M_{8\bar{\sigma}}^0\overline{\beta_\alpha}=-15.8975\times128.6174\times10^{-6}=-2044.6851\times10^{-6}$$

5. 解力法方程

衬砌矢高为

$$f=y_8=8.3268\text{m}$$

计算力法方程的系数为

$$a_{11}=\delta_{11}+\overline{\beta_\alpha}=(39.9134+128.6174)\times10^{-6}=168.5308\times10^{-6}$$

$$a_{12}=\delta_{12}+f\overline{\beta_\alpha}=(76.1580+8.3268\times128.6174)\times10^{-6}=1147.1294\times10^{-6}$$

$$a_{22}=\delta_{22}+f^2\overline{\beta_\alpha}=(346.3018+8.3268^2\times128.6174)\times10^{-6}=9264.0662\times10^{-6}$$

$$\begin{aligned}a_{10}&=\Delta_{1p}+\beta_{ap}^0+(\Delta_{1\bar{\sigma}}+\beta_{a\bar{\sigma}}^0)\sigma_h\\&=-(34358.079+299478.928+54.6090\sigma_h+2044.695\sigma_h)\times10^{-6}\\&=-(333837.007+2099.3047\sigma_h)\times10^{-6}\end{aligned}$$

$$\begin{aligned}a_{20}&=\Delta_{2p}+f\beta_{ap}^0+(\Delta_{2\bar{\sigma}}+f\beta_{a\bar{\sigma}}^0)\sigma_h\\&=-(136369.742+8.3268\times299478.928+376.3004\sigma_h+8.3268\times2044.6951\sigma_h)\times10^{-6}\\&=-(2630070.880+17402.0676\sigma_h)\times10^{-6}\end{aligned}$$

以上将单位抗力及相应摩擦力产生的位移乘以 σ_h，即被动荷载的载位移。

求解方程为

$$\begin{aligned}X_1&=\frac{a_{22}a_{10}-a_{12}a_{20}}{a_{12}^2-a_{11}a_{22}}\\&=\frac{9264.0662\times(-333837.007-2099.3047\sigma_h)-1147.1294\times(-2630070.880-17402.0676\sigma_h)}{1147.1294^2-168.5308\times9264.0662}\\&=308.331-20961\sigma_h\end{aligned}$$

其中，$X_{1p}=308.331$，$X_{1\bar{\sigma}}=-2.0961$

$$\begin{aligned}X_2&=\frac{a_{11}a_{20}-a_{12}a_{10}}{a_{12}^2-a_{11}a_{22}}\\&=\frac{168.5308\times(-2630070.880-17402.0676\sigma_h)-1147.1294\times(-333837.007-2099.30476\sigma_h)}{1147.1294^2-168.5308\times9264.0662}\\&=245.721+2.1380\sigma_h\end{aligned}$$

其中，$X_{2p}=245.721$，$X_{2\bar{\sigma}}=-2.1380$。

6. 计算主动荷载和被动荷载（$\sigma_h=1$）分别产生的衬砌内力

计算公式为

$$\begin{cases} M_p = X_{1p} + yX_{2p} + M_p^0 \\ N_p = X_{2p}\cos\alpha + N_p^0 \end{cases}$$

$$\begin{cases} M_{\bar\sigma} = X_{1\bar\sigma} + yX_{2\bar\sigma} + M_\sigma^0 \\ N_{\bar\sigma} = X_{2\bar\sigma}\cos\alpha + N_\sigma^0 \end{cases}$$

主、被动荷载作用下衬砌弯矩计算表见表9-12，主、被动荷载作用下衬砌轴力计算表见表9-13。

表9-12　主、被动荷载作用下衬砌弯矩计算表

截面	M_p^0	X_{1p}	yX_{2p}	$[M_p]$	$M_\sigma^0(\sigma_h)$	$X_{1\bar\sigma}(\sigma_h)$	$yX_{2\bar\sigma}(\sigma_h)$	$M_{\bar\sigma}(\sigma_h)$
0	0	308.331	0	308.331	0	−20961	0	−2.0961
1	−127.491	308.331	50.176	231.016	0	−20961	0.4366	−1.6595
2	−477.045	308.331	196.380	27.666	0	−20961	1.7087	−0.3874
3	−969.925	308.331	420.232	−241.362	0	−20961	3.6564	1.5603
4	−1506.952	308.331	703.696	−494.925	−0.2199	−20961	6.1228	3.8068
5	−1983.837	308.331	1028.932	−646.574	−1.6693	−20961	8.9527	5.1873
6	−2320.169	308.331	1375.571	−636.267	−5.0994	−20961	11.9687	4.7732
7	−2449.795	308.331	1721.865	−416.599	−10.2017	−20961	14.9818	2.6840
8	−2328.448	308.331	2046.070	25.953	15.8975	−20961	17.8027	−0.1909

表9-13　主、被动荷载作用下衬砌轴力计算表

截面	N_p^0	$X_{2p}\cos\alpha$	$[N_p]$	$N_\sigma^0(\sigma_h)$	$X_{2\bar\sigma}\cos\alpha(\sigma_h)$	$N_{\bar\sigma}(\sigma_h)$
0	0	245.721	25.721	0	2.1380	2.1380
1	47.136	235.548	282.684	0	2.0495	2.0495
2	174.072	206.823	380.895	0	1.7996	1.7996
3	338.920	167.385	506.305	0	1.4564	1.4564
4	514.567	117.430	631.997	−0.0434	1.0218	0.9784
5	666.509	60.103	726.612	−0.0100	0.5230	0.5130
6	766.768	−0.983	765.785	0.3302	−0.0086	−0.3216
7	818.349	−62.020	756.329	1.0340	−0.5396	0.4944
8	813.309	0	813.309	−0.1463	0	−0.1463

7. 最大抗力值的求解

首先求出最大抗力值方向内的位移。

考虑到接缝5的径向位移与水平方向有一定的偏移，因此修正后有

$$\begin{cases} \delta_{hp} = \delta_{5p} = \dfrac{\Delta S}{E_h}\sum \dfrac{M_p}{I}(y_5 - y_1)\sin\alpha_5 \\ \delta_{h\bar\sigma} = \delta_{5\sigma} = \dfrac{\Delta S}{E_h}\sum \dfrac{M_\sigma}{I}(y_5 - y_1)\sin\alpha_5 \end{cases}$$

最大抗力值位移修正表见表 9-14，位移值为

$$\delta_{hp} = \frac{1.424210}{2.6 \times 10^7} \times 185903.734 \times 0.9696 = 9873.734 \times 10^{-6}$$

$$\delta_{h\bar{\sigma}} = -\frac{1.424210}{2.6 \times 10^7} \times 1405.6227 \times 0.9696 = -74.6555 \times 10^{-6}$$

最大抗力值为

$$\delta_h = \frac{\delta_{hp}}{\frac{1}{K} - \delta_{h\bar{\sigma}}} = \frac{9873.734 \times 10^{-6}}{\frac{1}{0.5 \times 106} + 74.655 \times 10^{-6}} = 128.807$$

表 9-14　最大抗力值位移修正表

截面	$\frac{M_p}{I}$	$\frac{M_{\bar{\sigma}}}{I}(\sigma_h)$	$(y_5 - y_i)$	$\frac{M_p}{I}(y_5 - y_i)$	$\frac{M_{\bar{\sigma}}}{I}(y_5 - y_i)(\sigma_h)$	乘积分系数 1/3
0	57812.063	-393.0188	4.1874	242082.233	-1645.7270	1
1	39830.346	-286.1207	3.9832	158652.234	-180.5487	4
2	3805.503	-53.2875	3.3882	12893.801	-180.5487	2
3	-36907.151	283.8776	1.3236	-48850.305	399.2949	4
4	-36907.151	283.8776	1.3236	-48850.305	375.7404	2
5	-34502.352	276.8037	0	0	0	4
$\sum$				185903.734	-1405.6227	

8. 计算衬砌总内力

接下来计算衬砌总内力

$$\begin{cases} M = M_p + M_{\bar{\sigma}h} \\ N = N_p + N_{\bar{\sigma}h} \end{cases}$$

衬砌总内力计算表见表 9-15。

表 9-15　衬砌总内力计算表

截面	M_p	M_σ	$[M]$	N_p	N_σ	$[N]$	e	$\frac{M}{I}$	$\frac{M_y}{I}$	乘积分系数 1/3
0	308.331	-269.992	38.339	245.721	275.389	521.110	0.0736	7188.563	0	1
1	231.016	-213.755	17.261	282.684	263.990	546.674	0.0316	2976.035	607.706	4
2	27.666	-49.900	-22.234	380.895	231.801	612.696	-0.0363	-3058.322	-2444.211	2
3	-21.362	200.978	-40.384	506.305	187.595	693.900	-0.0582	-4171.901	-134.786	4
4	-494.925	490.342	-4.583	631.997	126.025	758.022	-0.0060	-341.760	-978.732	2
5	-646.574	668.161	21.587	726.612	66.078	792.690	0.0272	1151.921	4823.555	4
6	-636.267	614.822	-21.445	765.785	41.242	807.209	-0.0266	-830.880	-4561.350	2
7	416.599	345.718	-70.881	756.329	63.329	820.011	-0.0864	-2056.910	-14413.59	4
8	25.953	-24.589	1.364	813.309	-18.844	794.465	0.0017	78.717	730.402	1
$\sum$							7188.563	-3196.355	-26628.88	

计算精度的校核为以下内容。

根据拱顶切开点的相对转角各相对水平位移应为零的条件来检查

$$\frac{\Delta S}{E_h}\sum\frac{M}{I}+\beta_a=0$$

其中，

$$\frac{\Delta S}{E_h}\sum\frac{M}{I}=-\frac{1.424610}{2.6\times10^7}\times3196.355=-175.088\times10^{-6}$$

$$\beta_a=M8\bar{\beta}_a=1.364\times128.6174\times10^{-6}=175.434\times10^{-6}$$

闭合差为

$$\Delta=\frac{175.434-175.088}{175.434}\times100\%\approx0.20\%$$

$$\frac{\Delta S}{E_h}\sum\frac{M_y}{I}+f\beta_a=0$$

其中，

$$\frac{\Delta S}{E_h}\sum\frac{M_y}{I}=-\frac{1.424610}{2.6\times10^7}\times26628.883=-1458.659\times10^{-6}$$

$$f\beta_a=8.3268\times175.434\times10^{-6}=1460.804\times10^{-6}$$

闭合差为

$$\Delta=\frac{1460.804-1458.659}{1460.804}\times100\%\approx0.15\%$$

9. 衬砌截面强度验算

验算集合控制截面：

（1）拱顶（截面0）验算

$$e=0.0736\text{m}<0.45d=0.18\text{m}$$

又有：$e=0.0736\text{m}<0.2d=0.08\text{m}$，$\frac{e}{d}=\frac{0.073\text{m}}{0.40\text{m}}=0.1825$，可得

$$\alpha=1-1.5\frac{e}{d}=1-1.5\times0.1825=0.7263$$

$$k=\frac{\alpha R_a bd}{N}=\frac{0.7263\times1.4\times10^4\times1\times0.40}{521.110}=7.8>2.4$$

式中　R_a——混凝土极限抗压强度，取 1.4×104kPa。

（2）截面 7 验算

$$e=0.0864\text{m}<0.2d=(0.2\times07450)\text{m}=0.1490\text{m}$$

$$\frac{e}{d}=\frac{0.0864\text{m}}{0.7450\text{m}}=0.1160$$

$$\alpha=1-1.5\frac{e}{d}=1-1.5\times0.1160=0.8260$$

$$k=\frac{\alpha R_a bd}{N}=\frac{0.8260\times104\times10^4\times1\times0.7450}{820.011}=10.5>2.4$$

（3）墙底（截面 8）偏心验算

$$e = 0.0017\text{m} < \frac{d}{4} = \frac{0.5715}{4} = 0.1429\text{m}$$

其他各截面偏心距均小于 0.45d。

10. 内力图

将内力计算结果按比较绘制成曲墙式初砌的轴力图和弯矩图，如图 9-8 所示。

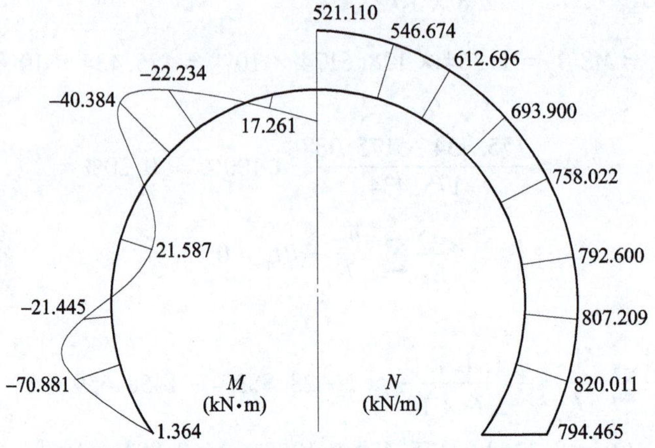

图 9-8　曲墙式衬砌的轴力图和弯矩图

参 考 文 献

[1] 彭立敏，刘小兵．隧道工程 [M]. 长沙：中南大学出版社，2009.
[2] 王成．隧道工程 [M]. 北京：人民交通出版社，2009.
[3] 覃仁辉．隧道工程 [M].2 版．重庆：重庆大学出版社，2005.
[4] 王毅才．隧道工程 [M].2 版．北京：人民交通出版社，2006.
[5] 霍润科．隧道与地下工程 [M]. 北京：中国建筑工业出版社，2011.
[6] 陶龙光，刘波，侯公羽．城市地下工程 [M].2 版．北京：科学出版社，2011.
[7] 徐辉，李向东．地下工程 [M]. 武汉：武汉理工大学出版社，2009.
[8] 关宝树．地下工程 [M]. 北京：高等教育出版社，2007.
[9] 仇文革，郑余朝，张俊儒，等．地下空间利用 [M]. 成都：西南交通大学出版社，2011.
[10] 李志业，曾艳华．地下结构设计原理与方法 [M]. 成都：西南交通大学出版社，2003.
[11] 曾亚武．地下结构设计模型 [M].2 版．武汉：武汉大学出版社，2013.
[12] 王树理．地下建筑结构设计 [M].2 版．北京：清华大学出版社，2012.
[13] 徐干成，白洪才，郑颖人，等．地下工程支护结构 [M]. 北京：中国水利水电出版社，2002.
[14] 蔡美峰，何满潮，刘东燕．岩石力学与工程 [M].2 版．北京：科学出版社，2013.
[15] 沈明荣，陈建峰．岩体力学 [M]. 上海：同济大学出版社，2006.
[16] 王文星．岩体力学 [M]. 长沙：中南大学出版社，2004.
[17] 河海大学，徐志英．岩石力学 [M].3 版．北京：中国水利水电出版社，2007.
[18] 朱汉华，王迎超，祝江鸿，等．隧道预支护原理与施工技术 [M]. 北京：人民交通出版社，2008.
[19] 王后裕，陈上明，言志信．地下工程动态设计原理 [M]. 北京：化学工业出版社，2008.
[20] 朱永全，宋玉香．隧道工程 [M].2 版．北京：中国铁道出版社，2007.
[21] 陈秋南．隧道工程 [M]. 北京：机械工业出版社，2007.
[22] 王梦恕，等．中国隧道及地下工程修建技术 [M]. 北京：人民交通出版社，2010.
[23] 周传波，陈建平，罗学东，等．地下建筑工程施工技术 [M]. 北京：人民交通出版社，2008.
[24] 招商局重庆交通科研设计院有限公司．公路隧道设计规范 第一册 土建工程：JTG 3370. 1—2018 [S]. 北京：人民交通出版社，2019.
[25] 招商局重庆交通科研设计院有限公司．公路隧道设计规范 第二册 交通工程与附属设施：JTG D70/2—2014 [S]. 北京：人民交通出版社，2014.
[26] 中交第一公路工程局有限公司．公路隧道施工技术规范：JTG F60—2009 [S]. 北京：人民交通出版社，2009.
[27] 中铁二院工程集团有限责任公司．铁路隧道设计规范：TB 10003—2016 [S]. 北京：中国铁道出版社，2017.
[28] 吴焕通，崔永军．隧道施工及组织管理指南 [M]. 北京：人民交通出版社，2005.
[29] 陈小雄．现代隧道工程理论与隧道施工 [M]. 成都：西南交通大学出版社，2006.
[30] 朱汉华，尚岳全，杨建辉，等．公路隧道设计与施工新法及其应用 [M]. 北京：人民交通出版社，2010.
[31] 高波．高速铁路隧道设计 [M]. 北京：中国铁道出版社，2010.
[32] 康军，谢永利，李睿，等．黄土公路隧道工程 [M]. 北京：人民交通出版社，2011.
[33] 贺少辉，叶锋，项彦勇，等．地下工程 [M].2 版．北京：北京交通大学出版社，2013.
[34] 交通运输部公路局，中交第一公路勘察设计研究院有限公司．公路工程技术标准：JTG B01—2014 [S]：北京：人民交通出版社，2019.
[35] 李树忱，马腾飞，冯现大．地下建筑结构设计原理与方法 [M]. 北京：人民交通出版社，2018.